首阳教育书系　　陕西师范大学研究生教育教学改

教育考试评价 理论与走向

田建荣　编著

陕西师范大学出版总社　西安

图书代号　JC24N0645

图书在版编目（CIP）数据

教育考试评价：理论与走向 / 田建荣编著. — 西安：陕西师范大学出版总社有限公司，2024.4
　　ISBN 978-7-5695-4312-4

　　Ⅰ.①教⋯　Ⅱ.①田⋯　Ⅲ.①教学评估－研究　Ⅳ.G420

中国国家版本馆 CIP 数据核字（2024）第 071575 号

教育考试评价：理论与走向
JIAOYU KAOSHI PINGJIA: LILUN YU ZOUXIANG

田建荣　编著

选题策划	曾学民
责任编辑	杨　凯
责任校对	曾学民
封面设计	鼎新设计
出版发行	陕西师范大学出版总社 （西安市长安南路 199 号　邮编 710062）
网　　址	http://www.snupg.com
经　　销	新华书店
印　　刷	西安报业传媒集团
开　　本	787 mm×1092 mm　1/16
印　　张	27.25
字　　数	500 千
版　　次	2024 年 4 月第 1 版
印　　次	2024 年 4 月第 1 次印刷
书　　号	ISBN 978-7-5695-4312-4
定　　价	123.00 元

读者购书、书店添货或发现印刷装订问题，请与本社高等教育出版中心联系。
电　话：(029) 85307864　85303622（传真）

前言

"考试"一词，最早见于董仲舒的《春秋繁露·考功名》："考试之法：大者缓，小者急；贵者舒，而贱者促。诸侯月试其国，州伯时试其部，四试而一考，天子岁试天下，三试而一考，前后三考而绌陟，命之曰计。""考试之法，合其爵禄，并其秩，积其日，陈其实，计功量罪，以多除少，以名定实，先内弟之。"在此之前，"考"与"试"是意思相近的两个概念。

"考"字在甲骨文中已出现。据考证，甲骨文中就有与《说文》中"考"字篆文形近的字。[①]汉许慎《说文解字》对"考"的解释是"考，老也。"《广雅》则将"考"解释为"击也"，有敲打的意思，即"询问"之意，可引申为"查核"。而"试"在《说文解字》中被训解为"用"的意思。《增韵》则解释为"探也""较也"，有检验、比较的含义在里面。《尚书·尧典》中有"试可乃已"，《虞书》中也有"明试以功"，都是"试用"的意思，即要通过"试官任职"来判断人物才能的大小，以决定是否选用。

"考"与"试"合成为一个词后，主要指的是对官员的"考核"和"试用"。董仲舒所言"考试之法"就是要求根据德、勤、能、绩，论功行赏，量过治罪，升黜进退。后随着人类教育活动的开展，考试便逐步被用来作为进行学生学业成绩评定、区别学识高下的手段，进而作为教学过程中一个独立的基本环节，成为教育的重要组成部分。这样，考试就有了其第二层含义，即对个体掌握知识、技能情况和效果的检验、评定

[①] 徐中舒.甲骨文字典[M].成都：四川辞书出版社，1989：941.

和测度的一种方法。

《辞海》对考试所作的解释就主要侧重于第二层意思，认为"考试是学校评定学生学习状态和教学效果，高一级学校选拔新生的基本方式之一。有水平测定与人才选拔两种功能。包括口试与笔试，开卷考试与闭卷考试，期中考试、学期考试、学年考试与毕业考试及升学考试等多种形式与类型。也在各行业、部门、机构挑选就职人员或晋升职务、职称时采用。"现在考试形式又有新的增加，如自学考试、成人高考、在线考试和各种资格考试等。可以说，考试已渗透到现代社会生活的各个领域，贯穿于个体发展的不同阶段。

数千年来，考试一词的双重含义始终并行不悖。虽则我们今天更多的是在第二个层面上理解考试的内涵，但考试的确与人类的一切评鉴、甄别活动有关。主要包括：学校考试、选举考试、铨选考试、试官考试和考课考绩等，这些考试早已成为不同时期人类社会政治、经济、文化和人们日常生活中的一件大事，得到了全社会的高度重视。在此推动下，不同历史时期都十分重视加强对考试制度的建设，对考试问题的研究也日趋活跃，并取得了丰硕成果。现在，"考试学"业已作为一门独立的学科而存在，并逐渐兴起和繁荣。

考试是伴随着教育的产生而产生、发展而发展的。由于历史和现实的共同作用，在我国，人们经常将考试与评价连用，称作"考试评价"，或者并用，称作"考试与评价"。在新形势下，能否在正确处理和把握考试与评价关系的前提下，于传统考试的基础上初步构建一个科学的教育考试与评价体系，通过实现从单一考试到多元评价的跨越，基本形成富有时代特征、彰显中国特色、体现世界水平的教育评价体系，已成为新时代考试评价改革的核心问题，也是教育改革的关键所在，意义尤其重大。但由于多种历史原因，我国教育实践中存在着把考试结果作为衡量教育质量和学生学习水平唯一尺度的现象，所以必须利用评价的观念和方法来改造考试，实现从考试到评价的根本性转变和时代性转型。

虽然有人认为，所谓考试评价就是指对特定考试之合其对应的特定价值主体（指对该考试的占有者、决定者和发起者）需要和合有关考试规律（测量规律）的程度进行判断的活动。考试评价以考试作为评价对象，目的是判断考试之合目的性和合规律性，为选用考试者正确使用考试结果提供决策依据，为进一步改进和完善考试提供决策依据。也就是说，考试评价是对考试本身进行的质量分析，主要研究考试自身的科学性、分析考试的情景适应性、探究考试对选用考试者的价值、分析选用特定考试的代价等问题。①对此，我们并不否认"考试评价"作为一个词的确也可以做此理解，并开展相应的对考试合规律性与合目的性的判断、选择及质量分析，或者事实上现今的相关文件已经把类似"建立考试命题评估制度"作为重要的改革举措。但通常在使用"考试评价"概念时还可以将其解读为"以考试为方式（手段）的评价"。在本书中，更多的是将"考试"和"评价"作为意义并列的两个概念，是密切联系、相互交织，你中有我、我中有你的同一概念，或者说，如果一定要将"考试"和"评价"区别开来，最多也是时间上从"考试"到"评价"的发展性概念视域。

事实上，考试就其功能而言，从来都是一种评价，但以往的考试是一种狭义的评价，缺乏与人的发展、社会发展这一整体架构的有机联系，也缺乏与教育活动、教育过程和教育结果相适应的具体评价目标，因此这种狭义的评价往往导致人的片面发展和片面追求升学率等现象。又由于考试在某种程度上是学校教育的指挥棒，因此这种狭义的评价又通常导致教育的应试化倾向。因此，深化考试评价改革是推动教育改革向纵深发展的重要抓手和时代课题。2020年6月30日，习近平总书记主持召开中央全面深化改革委员会第十四次会议，审议通过了《深化新时代教育评价改革总体方案》，并指出，教育评价事关教育发展方向，要全面贯彻党的教育方针，坚持社会主义办学方向，落实立德树人根本任务，遵循教育规律，针对不同主体和不同学段、不同类型教育特点，改进结果评价，强化过程评价，探索增值评价，健全综合评价，着力破除"五唯"的顽瘴痼疾，建立科学的、符合时代要求的教育评价制度和机制。

2022年，党的二十大报告从全面建设社会主义现代化国家的战略全局出发，首次对教育、科技、人才作出一体部署，强调要加快建设教育强国、办好人民满意的教育，明确了新时代教育工作的方向和要求。习近平总书记高度重视教育评价改革，作出了一系列重要指示，系统回答了新时代教育评价改革的一系列重大理论和实践问题，为深化新时代教育评价改革提供了根本遵循，指明了前进方向。②党的二十大报告明确要

---

①张远增.考试评价：考试研究的新领域[J].考试研究，2005（01）：5-11.
②张宁娟，燕新，左晓梅，等.构建科学的符合时代要求的教育评价制度：习近平总书记关于教育的重要论述学习研究之七[J].教育研究，2022（07）：4-16.

求"深化教育领域综合改革""完善学校管理和教育评价体系"。其中,把"教育评价"四个字首次写进党代会报告,充分凸显了党中央对教育评价工作的高度重视,今后我们要深入学习、全面把握、认真落实,坚持以教育评价改革牵引教育领域综合改革,加快建设全民终身学习的学习型社会、学习型大国,构建富有时代特征、彰显中国特色、体现世界水平的教育评价体系,为加快建设教育强国、科技强国、人才强国增添动力和活力。①

2020年10月13日,中共中央、国务院印发了《深化新时代教育评价改革总体方案》,这是新中国第一个关于教育评价的系统性改革文件。《总体方案》明确提出,要加强教师教育评价能力建设,"支持有条件的高校设立教育评价、教育测量等相关学科专业,培养教育评价专门人才"。我本人从2010级开始,给教育博士研究生开设了教育考试评价专题课程,结合十余年来的积累、思考和改进,主要立足国内,面向中国考试评价存在的问题和理论困惑,为使博士生们树立促进学生学习的评价理念,理解教育评价原理,能够在教育教学、学生发展和教育管理实践中实施发展性评价、过程评价等,不断跟踪、分析教学与学生学习以及学校管理过程中存在的问题与不足,并学会合理选取和运用评价工具,评价学生的学习活动和学习成果,形成基于学生学习情况诊断和改进教学的意识与能力,提高教育管理水平。特别是基于目前对教育考试评价的研究往往陷入技术性、工具性和测量化的弊端,缺少从中观层面和中介的视角对其进行历史性、理论性和规律性的把握等情况,经过反复琢磨,根据学情多次调整,逐渐形成了自己的、符合教育博士生需要的教育考试评价专题教材体系和课程内容,从而奠定了本书的编写基础。

当然,由于我所承担的这门教育博士研究生的教育考试评价专题课程属于专题类选修课,故其定位就既不是教育评价学也不是考试学,更不涉及教育统计与测量中的工具和方法的具体使用,或者说是建立在这些课程已经学过的基础上的一门专题理论研讨课和教育评价改革政策课,关键也是囿于自己的视野和能力所限,比较侧重于对教育考试评价的历史、理论、改革热点和前沿问题的探讨,故将书名最终确定为《教育考试评价:理论与走向》。全书共分8章,以我个人凝练出的"教育考试评价八大

---

① 刘自成.以教育评价改革牵引教育领域综合改革[N].中国教育报,2022-11-05(001).

走向"作为理论框架和章的命名,即历史性、综合性、多样化、科学性、过程性、公平性、国际化、信息化。旨在梳理、概括和凝练相关教育考试评价的发展历程和理论问题,探讨其实质内涵,明晰当前实施困境,进而指向未来光明前景。在编写过程中,如同我在2018年编写完成并出版的硕士研究生教材《高等教育学基础》一样,继续秉持融系统性、经典性、理论性和现实性于一体的编写宗旨,为学习者提供比较全方位的有关教育考试评价的基础知识、基本理论和基本结构,帮助学习者在较短时间内把握教育考试评价的基本原理、基本问题和主要发展趋势,初步建立起有关教育考试评价的理论体系与实施策略,进而为学生回到工作岗位抑或是终身从事更加专门具体的教育考试评价理论研究和实践探索打下良好的方法论基础和可供参考的思考路径。

作为当前教育科学研究三大领域之一的教育评价,是教育科学的方法论基础,是数量化方法在教育科学研究中的直接渗透,所以人们往往更重视考试评价中的统计与测量,其实,统计是手段,测量是工具,评价才是结果,这三者之间既相互独立又相互联系。问题是,当前在学校层面,日常测试、测验等大多是题海战术,只是为了应试,教师没有一个正确的测量观,也缺少测量与评价素养,更没有这方面的培训。而事实上,无论是职前教师课程设置还是在职教师培训,都应该将教育考试评价测量等确定为必修课程,因为教师将来必须测量学生,如果不懂测量学、评价学,只搞题海战术是不行的。对此,有研究者指出,中国的学业测量存在两个问题,一是投入力量比较少,二是理念和手段比较落后。很多学校的考试机构和地方的教育考试院等,都是行政性的,专家团队也只是临时组织,缺少专业态度,并没有太多时间进行科研。[①]而教育考试评价的最新趋势是数字化、网络化、多元化、自适应化,导致有很多问题都需要迫切进行深入研究,比如新时代教育评价改革的实现路径研究;德智体美劳全面发展教育的过程性评价研究;数字化背景下教育评价改革与发展的理念、技术和方法研究;分层分类的教育评价体系建设;教师专业的教学与学术发展评价研究;职业教育招生考试及评价改革研究;线上课程质量监测与督导评价研究;大数据、人工智能等信息技术赋能教育评价的应用研究,以及探索考试评价为学生素质教育发展、学校管理和全民终身学习服务的新路径研究等。

---

① 赵小雅.以自适应的计算机考试改进学业测评[N].中国教育报,2013-03-20(009).

本教材由于篇幅所限，只涉及了八个方面的 8 章专题研究，在每一章中也只是提炼和归纳了四个左右主要问题，彼此之间虽有一定的逻辑关系，但还是显得有些零碎，不够系统、全面和深刻。当然，这也可以理解为在每章中突出了专题研究的特点，这既是平时授课痕迹的表现，也是想抓重点和难点问题，特别是想聚焦教育考试评价的前沿和热点。当然，因为我视野有限，特别是引用的外文资料非常有限，未能紧随世界教育考试评价发展最新动态。为弥补这一点，引用期刊论文的资料比较多，书籍比较少，书后附有经反复筛选后形成的参考书目。同时，对于那些经典的论述、学界的共识以及个人认为重要的东西，都希望通过本书汇集、整理，使之存留和固定下来。所征引的相关研究者的研究成果，但凡体现新进展和言之有理者，不论作者的名气大小，发表在什么刊物上，都尽量平等地加以吸纳和引用，对此都注明了出处。另外，作为教材，反映自己的观点并不多，资料性比较强，主要是帮助学习者知道古今中外的教育考试评价都有什么。评论也较少，更多的是将史实、事实和真实的研究情况尽量反映出来，希望留给读者更多反思、评论和思考的空间。同时，为了教材体系的清晰，很多教育考试评价问题，特别是一些具体的考试评价方法等是分开展示和叙述的，其实各方法或相关内容之间是密切联系的，运用和思考时都需要进行系统安排、整体设计、客观调整与综合运用。

总之，教育考试评价改革是一项世界性、历史性、实践性难题，涉及传统文化影响、经济社会发展水平、思想观念和不同利益主体等多重因素，牵一发而动全身，必须以攻坚克难的勇气、久久为功的韧劲，进行系统设计、辨证施治、重点突破，党和国家已经为此擘画了蓝图，各级政府和学校也都在采取一系列措施深化新时代教育评价改革。但如何做好教育考试与评价，仍是一个永远无法十全十美解决的历史问题，对教育考试评价进行系统深入研究仍属不易。本书的初步探索和尝试，只能尽微薄之力，重在引发更多人的关注、讨论和思考，故衷心希望得到有关专家、学者、同学们的批评和指正。本教材除供教育博士研究生使用外，也可以作为本科生、硕士生以及在职教师的参考书或培训教材，也可供对教育考试评价有兴趣的其他读者阅读。当然，书中引用了大量已有研究和相关作者的研究成果，我所任教的历届教育博士生的专题研究和汇报也给我很多资料上的补充与思想上的启发，在此一并表示感谢！

目录

第一章 历史性：从推荐到考试 / 1

第一节 人才选拔和"学校考校"诸形态 / 1

一、从"选贤与能"到世官制 / 2

二、察举制下的学校课试 / 7

三、九品官人法与"唯才是举" / 12

四、科举考试与学校教育之关系 / 15

第二节 采行考试是历史的选择 / 18

一、科举考试的存废之争 / 18

二、考试：最古老、最公平、最好的制度 / 21

三、以考促学："有甚于今日十万督学之力" / 24

四、考试属于"必需的罪恶" / 27

第三节 中国考试发展特点规律 / 30

一、中国考试发展的主要特点 / 30

二、中国考试发展中的两难问题 / 33

三、中国考试发展基本规律 / 42

本章小结 / 46

第二章 综合性：从考试到评价 / 48

第一节 西方测验技术和评价理论的传入 / 49

一、"教育测验运动"在中国的兴起 / 49

二、"八年研究"与泰勒原理 / 54

三、基于"价值判断"的教育评价探索 / 57

四、"第四代教育评价"理论 / 59

第二节 现代教育评价的主要模式 / 61

一、行为目标模式 / 62

二、目标游离模式 / 64

三、CIPP 模式 / 66

四、应答模式 / 69

五、反对者模式 / 70

第三节 考试不再是唯一评价方式 / 72

一、考试和评价有根本区别 / 72

二、考试和评价的基本关系 / 75

三、从考试到评价：教育评价的实质内涵 / 77

四、《深化新时代教育评价改革总体方案》 / 79

第四节 中国现代教育中的"科举幽灵" / 81

一、学历主义 / 82

二、"片面追求升学率" / 86

三、"状元情结" / 89

四、走不出的应试教育 / 91

本章小节 / 94

第三章　多样化：从单一到多元 / 96

第一节　隋唐时期的多样化科举模式 / 97

一、选才方式多途：体现了荐举与考试相结合的特点 / 97

二、举士资格开放：工商子弟可以参加科举考试 / 99

三、评价主体多元：举子行卷形成的舆论对录取有影响 / 101

四、取士科目众多：促进了隋唐教育多样化发展 / 102

第二节　我国为什么长期实行统一的考试招生体制 / 104

一、高考改革中的统独之争 / 104

二、统一考试招生的优势明显 / 107

三、国情文化与统一考试招生 / 110

四、防止考试招生中的舞弊现象 / 112

第三节　高考分类考试和多元录取实现新突破 / 114

一、我国台湾地区的"大学多元入学方案" / 115

二、"3+X"：新世纪的高考综合改革 / 121

三、从高职院校"分类考试"到"职教高考" / 124

四、高考多元录取：保送生、自主招生、强基计划 / 129

第四节　国外考试招生的统一性与多样化 / 135

一、英国分权合作式的招考管理体制 / 136

二、美国高校考试招生的多元化模式 / 140

三、日本高校招生考试统一性和多样化并存 / 143

四、俄罗斯持续推进国家统一高考制度改革 / 147

本章小节 / 151

第四章 科学性：从经验型到标准化 / 153

第一节 高校招生考试标准化 / 154

一、高考标准化考试的探索与实验 / 154

二、《中国高考评价体系》发布 / 158

三、研究生招生考试的"申请—考核"制辨析 / 161

四、"第三方"教育考试评价体系的建立 / 165

第二节 教育教学评价标准化 / 168

一、素质教育评价：《义务教育质量评价指南》/ 168

二、学业成就评价：《课程标准》与学业质量标准 / 171

三、课堂教学评价：一堂好课的标准是什么？/ 174

四、教育督导监测：《中国教育监测与评价统计指标体系》/ 178

第三节 教师管理评价标准化 / 182

一、中小学教师专业标准 / 183

二、校长专业标准 / 187

三、高校学生评教指标 / 189

四、科学合理的师德考评方式 / 193

第四节 学校工作评估标准化 / 197

一、完善幼儿园评价 / 197

二、改进中小学校评价 / 200

三、健全职业学校评价 / 202

四、改进高等学校评价 / 204

本章小节 / 212

第五章　过程性：从关注结果到重视过程 / 214

第一节　过程性评价的理念 / 214

一、过程性评价的内涵与功能 / 215

二、过程性评价的特征 / 217

三、实施"教学评一体化"策略 / 219

四、坚持过程评价与结果评价的统一 / 221

第二节　过程性评价的组织与实施 / 224

一、基本组织形式：学生自评、同学互评和教师评价 / 225

二、过程性评价实施的方式 / 227

三、过程性评价实施的工具与方法 / 230

四、过程性评价与形成性评价的区别 / 233

第三节　档案袋评价法 / 236

一、什么是档案袋 / 236

二、档案袋评价的类型 / 239

三、档案袋评价的本质 / 242

四、档案袋评价法的使用与困境 / 244

第四节　创新德智体美劳过程性评价办法 / 248

一、完善德育评价 / 248

二、强化体育评价 / 252

三、改进美育评价 / 256

四、加强劳动教育评价 / 261

本章小节 / 265

第六章　公平性：从效率分数到全面发展 / 267

第一节　公平公正是考试评价制度的灵魂 / 267

一、考试公平的实质内涵 / 268

二、考试招生中公平与效率的矛盾 / 271

三、高考改革中的公平问题 / 275

四、依法治考的理论和实践 / 285

第二节　考试招生和评价中的"唯分数论" / 291

一、"唯分数论"的由来与实质 / 292

二、"唯分数论"的表现和问题 / 294

三、"唯分数论"的形成机制 / 296

四、"唯分数论"的危害和破解 / 299

第三节　成果为本的教育与评价 / 302

一、OBE：成果为本的教育 / 302

二、OBE 的结构框架和实施原则 / 305

三、基于 OBE 理念的学习成果评价 / 307

四、专业认证与 OBE 教育理念 / 309

第四节　教育评价新使命：促进学生全面发展 / 312

一、坚持发展性评价 / 313

二、实施真实性评价 / 316

三、开展表现性评价 / 319

四、探索增值性评价 / 322

本章小节 / 328

第七章　国际化：国际大规模教育评价项目 / 330

第一节　TIMSS：国际教育成就评价协会"国际数学和科学趋势研究" / 331

一、TIMSS 概述 / 331

二、TIMSS 研究目的和测评框架 / 333

三、TIMSS 试题分析与主要特点 / 335

四、TIMSS 测评结果的使用 / 336

第二节　PIRLS：国际教育成就评价协会"国际阅读素养进展研究" / 338

一、PIRLS 研究目的 / 338

二、PIRLS 测评框架 / 340

三、PIRLS 测评方式和方法 / 341

四、PIRLS 的改进与数字阅读 / 343

第三节　PISA：经济合作与发展组织"国际学生评价项目" / 345

一、PISA 的评价目的 / 346

二、PISA 的评价内容 / 347

三、PISA 的组织运行方式 / 350

四、PISA 的教育评价观 / 353

第四节　AHELO：经济合作与发展组织"高等教育学习成果评价" / 357

一、AHELO 的测评宗旨 / 357

二、AHELO 测试内容和工具 / 359

三、AHELO 测评管理与研发 / 362

四、AHELO 项目进展与应用前景 / 364

本章小节 / 366

第八章 信息化：实施教育考试评价数字化战略 / 368

第一节 招生考试录取的网络化 / 368

一、互联网+：现代信息技术对考试评价的改变 / 369

二、网上评卷和网上录取 / 372

三、促进信息技术与考试业务融合 / 375

第二节 校园考试评价的智慧化 / 380

一、标准化考点建设 / 380

二、智能机考网考："无纸化考试"抑或"在线考试" / 383

三、构建综合素质评价电子化平台 / 387

第三节 试题库建设：考试命题信息化 / 391

一、试题库建设的发展与重要性 / 392

二、题库建设理论 / 396

三、题库系统的建设与运行 / 400

第四节 教育考试评价的数字化转型 / 405

一、大数据在教育考试评价中的应用 / 406

二、人工智能赋能教育考试评价的前景 / 409

三、充分挖掘考试数据促进教育评价改革 / 412

本章小节 / 415

参考文献 / 417

第一章　历史性：从推荐到考试

考试作为一种独特的社会现象，和社会政治、经济、文化、教育等都有密切的联系。考试体现着社会对其成员资格的要求和认定，大规模社会考试还昭示出社会所需贤才的标准，进而成为人才选拔和推进人才培养的重要途径和手段。因而，考试的产生不可能一蹴而就，必须经过一个相当漫长的演变过程。考试的发明也不可能是一个人的功劳，而是无数代人不懈探索和努力的成果。考试并不是先天就有的，考试的产生必须具备相应的社会历史条件，经历相当漫长的发展过程。中国的考试大致产生于原始社会末期和奴隶社会初期。从远古实行的"冠礼"到西周制度化考试的形成，特别是从以推荐为特征的察举制到以考试为中心的科举制，中国的考试经历了一个相当漫长的孕育、发展和演变的过程。

第一节　人才选拔和"学校考校"诸形态

考试是伴随着人才选拔和教育活动的开展而出现的。原始社会考试活动就已萌芽，远古的部落首领推举、考察即是早期考试思想与实践的具体体现。先秦时期，虽然并没有建立起明确的考试制度，但通过考核、考察、选拔、任用人才的实践活动就已经出现，只不过"乡举里选"还主要是选拔大夫以下低级官吏，大夫以上高级官员则通过世官制。及至春秋战国，世官制开始衰落，明贤思想显著发展，"诸子百家"力主"选贤任能"，"尚贤"观念遂成为这一时期考试思想的集中体现。汉代，"察孝廉""举秀才",察举制正式形成。而私学的兴起,又使教育考试思想初步形成,我国最早的教育学专著《学记》就已对西周奴隶制时期学校的"考校"进行了较为详细的记载和评述,体现出考试中德行与道艺结合、连续性与阶段性相统一的思想。科举制产生后,不仅在社会上形成了考试应举、读书做官的风气,还使学校教育与考试被纳入科举的轨道,最终实现了古代人才选拔和培养方式从推荐向考试的历史性转变。

一、从"选贤与能"到世官制

考试是教育发展的产物。人类最初为了维系社会成员的生存与发展,必须将生产知识、技能和生活经验传授给下一代。而为了有效判别新生一代掌握生产技能的熟练程度和接受社会生活经验的实际效果,人类便开始了最初的考试活动。后随着知识的积累、语言的产生、文字的出现和人类意识的萌发、思维活动的开展、判断能力的增强,考试就成了一项有目的、有意识、有计划的社会活动。国外的"青年礼"和我国的"成丁礼""冠礼"等,都充分表明它们"不只是对少年是否具备成为社会正式成员的条件所进行的一种检验、考核、鉴定,而是对未成熟少年进行的有计划的集中、系统、严格的训练。成年礼不只是一种仪式,而是一个预定的教育过程"。[①] 在此过程中对青少年所实施的有目的、有计划、严格的检验和严酷的考验,可以说就是"一种原始的考试制度"。[②] 特别是为达到合格成员规定的标准所进行的考核和训练,"已经含有心理特质和身体特质的测验在内了"。[③] 因而,"青年礼""成丁礼""冠礼"可视为是广义教育考试的正式开始,我们倾向于认为这就是考试的最初源头。其实,直到"当社会出现了强制性的社会分工,特别是脑体分工之后,出现了'劳心者治人,劳力者治于人'的时候,当必须从人群中选择出管理人员或其他主要从事脑力劳动的人员的时候,人类才发明了考试"。[④]

"禅让制"是体现"选贤与能"精神的远古选举制度,可以追溯到原始社会末期军事民主制时代。我国的《礼记·礼运》有云:"大道之行也,天下为公,选贤与能,讲信修睦。故人不独亲其亲,不独子其子。"远古时代,由于生产力水平极低,初民普遍

[①] 滕大春.外国教育通史:第1卷[M].济南:山东教育出版社,1989:18.
[②] 郭齐家.中国古代考试制度[M].北京:商务印书馆,1997:4.
[③] 亚尔保德·兰.新法考试[M].浦漪人,黄明宗,译.南京:正中书局,1935:1.
[④] 杨学为.中国需要"科举学"[J].厦门大学学报(哲学社会科学版),1999(04):17-19.

未得到开化，其中若有生产技术和能力高于他人之上者，即得到大家的拥戴，成为初民的群众领袖，他们死后也为后世所崇拜，从而以传说的形式流传记载下来。如有巢氏、燧人氏、神农氏、伏羲氏、黄帝等，这些初民社会领袖的一个共同特点就是："其地位之获得不由于武力之征服或夺取，而系出于群众自然之拥戴。其所以能获得此拥戴之条件，或由于体魄坚强过人，能作任重致远之劳动；或由于能力智慧逾常，能致数多质优之生产。前者之体力为异日君王或武人政治发生之胚胎；后者之智力为异日官吏或哲人政治之渊源。总之，初民社会之群众领袖，率系选举而来。中国历史上唐虞辑让，舜禹禅逊之记载，即推选拥戴之别称也。"①

可见，"禅让制"与考试密不可分。在我国，"言必曰尧舜"。在很多人看来，尧之"试"舜就是中国考试的本原，见之于史籍中的禅让恰是从尧、舜时期开始的。②《尚书·虞书》载，四岳举鲧治水，帝曰："异哉！试可乃已。"而四岳举舜嗣位，帝曰"我其试哉！"及舜历试诸难，帝曰："格汝舜，询事考言，乃言底可绩。"沈兼士先生说"此实为考试制度的滥觞"。③但也有研究者认为，这时的"试"还不是现在的考试，而是在实践中观察试用，④它指的是"试职"和"考绩"，不是现代意义上的考试。甚至有人断言："考试不可能在原始社会末期出现。"⑤

进入阶级社会后，我国开始实施世官制。世官制又称世卿世禄制，主要存在于夏、商、周时期。它通过家族血缘关系来确定政府各级官员的任命，将官职限定在贵族范围内，由贵胄子弟世代继承祖上的权位。西周时的"乡举里选"虽然很盛行，但仅限于作为士、府吏和胥徒等的选拔，大夫以上仍是世袭，并不在选举之列。周室东迁进入春秋时期后，世卿世禄的局面继续维持。但殷周时期在实行世官制的同时，仍保留有若干远古"选贤与能"的遗存形态，⑥个别圣明的统治者依然注意从下级贵族、平民和奴隶中提拔有才干的人，委以重任，这实属难能可贵。《论语·颜渊》载："汤有天下，选于众，举伊尹。"而伊尹据说是一位处士，耕于有莘国之野，也有说他是一位

---

① 张金鉴.中国文官制度史[M].台北：华冈出版有限公司，1977：1.
② 黄新宪.中国考试发展史略[M].福州：福建人民出版社，1992：2.
③ 沈兼士.中国考试制度史[M].北京：中国和平出版社，2014：1.
④ 杨学为.中国需要"科举学"[J].厦门大学学报（哲学社会科学版），1999（04）：17-19.
⑤ 李春祥，侯福禄.河南考试史[M].郑州：中州古籍出版社，1993：2.
⑥ 黄留珠.中国古代选官制度述略[M].西安：陕西人民出版社，1989：12.

厨师。此外，商王武丁拔擢傅说于版筑奴隶之间，表现出了不拘一格选拔人才的勇气。周文王更是千方百计寻访到穷困年老但才能卓著的姜尚，才灭商平定了天下。

西周通过"乡兴贤能"选拔低级官吏。据《周礼·地官·司徒》记载："三年则大比，考其德行道艺，而兴贤者能者。"具体办法为：由乡里选出的贤者、能者，申报至司徒，称"选士"；司徒考定其中秀异者，荐举入大学，曰"造士"。在大学，根据《学记》所载："比年入学，中年考校。一年视离经辩志，三年视敬业乐群，五年视博习亲师，七年视论学取友，谓之小成。九年知类通达，强立而不反，谓之大成。""大成"之后，另据《王制》所载，乃由"大乐正论造士之秀者，以告于王，而升诸司马，曰进士。司马辩论官材，论进士之贤者，以告于王，而定其论。论定，然后官之；任官，然后爵之；位定，然后禄之。"如此，在西周便形成了融乡里选举与国学造士为一体，养士与造士结合，选士与选官衔接，并兼顾德行与道艺的考试选才、育才思想，这成为中国古代选士理论的基础。

当时考核的内容主要是"试射"。《礼记·射义》中说："诸侯岁献贡士于天子，天子试之于射宫。其容体比于礼，其节比于乐，而中多者，得与于祭。"旨在借助"试射"来检验应试者的道德水平。"射"在西周国学和乡学中也是最为重要的学习内容和必考的主要科目。天子的辟雍作为国家的最高学府，实是一座"射宫"，是专门用于教射、比射选士的所在。而乡里选举的关键环节也是要行"乡射之礼"，以此让乡里的人了解被举荐者，以取得一致的意见。当然，西周的考试还非常重视检查礼乐、书数及驾车的本领，以尽量使德行考察和道艺考试相结合。但在德行与技能相同的情况下，射箭水平的高低起着决定性的作用。何休《春秋公羊经传解诂》注说："行同而能耦，别之以射，然后爵之"。[①] 因为，培养奴隶主贵族子弟娴熟的武艺和选拔为奴隶主服务的骁勇善战的军事人才，是当时社会的迫切要求。射者，作为男子之事，在奴隶社会倍加重视是很自然的。只是到了西周时期，奴隶制已基本稳固，才逐渐凸显了礼乐德行的内容。但这种崇尚武功的风气此后仍长期存在。"合观《周官》《王制》《射义》之文，可知古代各地方的贡士，是专讲武艺的"，[②] 后来文治才渐渐兴起，对所

[①] 孟宪承，陈学恂，张瑞璠，等.中国古代教育史资料[M].北京：人民教育出版社，1961：44.
[②] 沈兼士.中国考试制度史[M].北京：中国和平出版社，2014：6.

取人才就不再以此为限。

及至春秋战国，群雄并起，争霸天下，人才遂成为国之大柄。恰此时，游士遍天下，各国诸侯竞相延纳，此时"布衣卿相，盛极一时，楚才晋用，蔚成风气，秦王以客卿而成帝业，四公子以养士而致伟功，则其时所以荐举人才，当亦各有其道。惟其事乃因势制宜之特殊运用，乃应变之措施，非定型之制度，殆不过'存于一心'之妙述也，不足以言其体系"。[①] 即此时各国开始竞相起用新兴的士阶层来处理国事，布衣卿相首开先例，一时国之兴衰完全系于所拥有的人才数量和质量，正所谓"得士者昌，失士者亡"，"入楚楚重，出齐齐轻"，养士用士之法盛行，官爵世袭制度开始有所松动。无数的历史经验证明，"为政在人"，许多情况下正如孔子所言"其人存，则其政举；其人亡，则其政息"。[②] 于是，世官制急速解体，明贤思想得到进一步发展，选贤任能成为时尚。诸子百家虽各自在哲学观点上有所不同，但都强调尚贤、贵贤、选贤。孔子力主"举贤才"。[③] 他的"学而优则仕"的贤才思想逐步为人们所接受。

选于众、举贤才是孔子理想的人才选拔模式。仲弓问政。子曰："先有司，赦小过，举贤才。"[④] 就是说要给手下做事的人带头，宽容人家的小过错，提拔优秀人才。但"能否打破等级之间的界限，变封闭为流动，并指出一条实际可行的道路来，这正是孔子的伟大贡献。"[⑤] "学而优则仕"将人才培养和选拔联结，是孔子培育和选拔人才的途径。"学而优则仕"这句话虽是孔子弟子子夏说的，但在思想本质上和孔子本人所倡导的"举贤才""学也，禄在其中矣"等主张是完全一致的。"仕而优则学，学而优则仕"完整的意思是"做官成绩优秀，有余力时应去教人；而学习成绩优秀，有余力时则可以去做官"。[⑥] 其中的"优"字包含着想打破在教育中存在的世袭制局面，让为官者中的优秀人才，在干好本职工作之余或致仕以后从事教育和讲学，也要求选拔在学业上已取得优异成绩、能做到游刃有余的人从政为官。学习成绩优秀是做官的条件，

---

① 张金鉴.中国文官制度史[M].台北：华冈出版有限公司，1977：40-41.
② 朱熹.四书章句集注：中庸[M].北京：中华书局，1983：28.
③ 黄留珠.秦汉仕进制度[M].西安：西北大学出版社，1985：13.
④ 朱熹.四书章句集注：论语·子路[M].北京：中华书局，1983：141.
⑤ 何怀宏.世袭社会及其解体：中国历史上的春秋时代[M].北京：生活·读书·新知三联书店，1996：184.
⑥ 田建荣."学而优则仕"新释[J].孔子研究，1991（01）：128-129.

如果不学习或学习成绩低劣，就没有做官的资格，这可以说才是其真正进步意义之所在。以学习优秀、为官成绩卓著作为仕进的条件和为师的标准，进而彻底否定了世卿世禄世官制存在的合理性，体现了孔门师生在人才选拔问题上对平等的诉求，这无疑对当时乃至其后推动社会进步都有积极作用和深远意义。

秦朝，作为群雄争霸的最终结果，在于推行了比较正确和颇具特色的人才选拔政策。秦统一之前"仕进之途计有保举、军功、客、吏道、通法、征士等多种，而尤以军功与客及两途相结合而产生之客卿制度，最为重要"。[①] 秦始皇平定天下后，多种仕进途径基本上被保留了下来，但在"以法为教""以吏为师"的政策之下，"重法吏"遂成为秦仕进制度的显著特点。于是，"吏道"和"通法"被突出强调，恰是在"取吏"的过程中，秦朝运用了考试的办法。根据《睡虎地秦墓竹简》记载，秦时设有"学室"，专招"史"之子，将其培养成为能从事文书事务工作的吏员。《汉书·艺文志》载："汉兴，萧何草律，亦著其法，曰'太史试学童，能讽书九千以上，乃得为吏。又以六体试之，课最者以为尚书、御史、史书令史。吏民上书，字或不正，辄举劾'。"这是秦代学校考试生活的真实写照。恰秦朝又推动"书同文"，建立以书写练习为主要任务的学校和实施以文字为主要内容的考察办法，还特别注重从小孩子抓起，的确有助于从根本上切实做好中国历史上第一次文字规范化、定型化工作。

总之，先秦时期，并没有独立的"考试"概念。但西周的选士贡士和春秋战国的不拘一格招贤纳士，在世官世袭占主导地位的时代，的确开辟了古代选士制度的新境界。在先秦，"择贤""举贤""任贤"等"选贤与能"观念虽与"考试"并不完全是一回事，但却与"考试"互为表里，关系至为密切。由于当时还没有建立起明确的考试制度，但春秋战国时期的养士用士制，其中富含着考试、考察的成分。然而，先秦的选贤任能范围仍十分有限，所选职位在先秦官制中并不占十分重要的地位。虽说考试在此时期已萌芽，但考试活动还主要反映在任职后的"试用"之中，实属考课、考绩性质，这与现代意义上的考试仍存在相当的距离。因而，真正的考试可以说只有从汉代的察举制才算真正兴起。

---

① 黄留珠.秦汉仕进制度[M].西安：西北大学出版社，1985：78.

二、察举制下的学校课试

西汉和东汉在中国考试发展史上是属于察举制占主导地位的历史时期。察举制是一种推荐制度，在制度上并不强行考试，而主要是根据人的"德行"，通过举荐和策问，授以相应官职。由于"孝廉"是两汉察举制的主体和核心，所以，以儒术取士是汉代察举制的主要特征。这导致"以贤能为标准来甄选政府官吏和尽量避免政治上亲私作用的各种方法，其中很多创始于汉代"。[①]只不过到东汉末年，作伪成风，流弊渐生，孝子廉吏已徒有虚名，进而从根本上动摇了察举制存在的思想基础，当然这也是考试发展中的过程使然。为弥补制度的不足，革除选举所产生的流弊，就不得不寻找更加客观的取士标准和采用客观、公正的考试方法。汉代察举考试和太学课试的兴起，为我国考试发展树起了一座新的里程碑。

董仲舒是西汉中前期处在重大历史转折时期的一位改革家、思想家。他依据时代的发展要求，以儒术为中心，杂糅了阴阳五行、法、墨等家思想，构建起以"天人感应"为核心的新理论体系，并以此为基准提出了"重选举""兴学校""独尊儒术"三大文教政策，这对汉代乃至后世封建社会的政治思想、教育制度以及作为二者联系之纽带的人才选拔理论与实践，都产生了极为重大而深远的影响。尤其是他的"治国以积贤为道"的重要思想，对于消除汉时依然存在的任亲不任贤等世官制残余，建立起适合封建时代需要的新的人才选拔制度发挥了重要作用。

董仲舒在《春秋繁露·考功名》中首先使用了"考试"这一词汇或概念。曰："考试之法，合其爵禄，并其秩，积其日，陈其实，计功量罪，以多除少，以名定实，先内弟之。其先比二三分以为上中下，以考进退，然后外集，通名曰进退。增减多少，有率为第。九分三三列之，亦有上中下。以一为最，五为中，九为殿。有余归之于中，中而上者有得，中而下者有负。得少者以一益之，至于四，负多者以四减之，至于一，皆逆行。三四十二而成于计，得满计者绌陟之。"[②]这是董仲舒设计的一个十分复杂而细致的官员考绩办法，大致是将官吏的考核结果分为上、中、下三等，每等又分为上、中、下三级，共九级。一级为最优，九级为殿后，第五级为中，五级以上有奖，五级以下任罚，同时决定相应的进退绌陟。

---

①沈兼士.中国考试制度史[M].北京：中国和平出版社，2014：13.
②董仲舒.春秋繁露[M].张祖伟，点校.济南：山东人民出版社，2018：57.

我们知道，魏晋时期的九品中正官人法，也是由中正官将人分为九级，定为"九品"，划分规则、原理与此相似。可见，董仲舒《春秋繁露·考功名》中的这段文字，不仅首次在中国考试史上使用了最为关键的"考试"一词，即便是它实指的是官员考绩，但仍可看作是科举考试的思想渊源。同时，考试成绩定为九级的办法，还成为其后九品中正制的理论依据。加之，他的贤良对策使察举制在汉武帝时代得以完全确立，一人与中国的三大选举制度都有密切联系，董仲舒堪称是中国考试史上一位关键性人物。

在探索考试起源问题时，很多学者都把考试的起始定在汉代，并以汉文帝于公元前165年举行的贤良方正科"对策"作为标志。汉文帝刘恒即位第二年（公元前178年）十一月就下诏求贤进谏，要求"举贤良方正能直言极谏者，以匡朕之不逮。"[①]十五年（公元前165年）九月，再次"诏有司、诸侯王、三公、九卿及主郡吏，各帅其志，以选贤良明于国家之大体，通于人事之终始，及能直言极谏者，各有人数，将以匡朕之不逮"。是年，以"朕之不德、吏之不平、政之不宣、民之不宁"四个策目为题，要求"悉陈其志，毋有所隐""著之于篇"，即在竹简上对答出来，"书之，周之密之，重之闭之"，由汉文帝亲自阅览。当年参加"对策者百余人，唯（晁）错为高第，由是迁中大夫。"[②]盛奇秀认为："西汉文帝前元十五年（公元前165年）举行的贤良方正科考试，既是我国不定期举行的特科考试的开端，又是我国取士考试的开端，还是我国考试制度的开端。汉文帝既是我国特科考试的创始人，又是我国取士考试的创始人，还是我国考试制度的创始人。"[③]

其中"对策"是汉代诏举贤良方正和茂才的主要考试方法，由皇帝亲自主持。汉文帝在其首次诏举贤良方正能直言极谏者时，就运用了对策方法。至汉武帝之后始普遍使用。在汉代，被举荐参加对策者动辄数百人，皇帝主要是就有关政治、经济、军事、文教等重大理论与实践问题发出"策问"，由应举者进行"对策"。有时皇帝还要进行多次策试，以此来考察对策者的才艺，并达到征询政见的目的。"盖所谓贤良者，取其忠言嘉谟足以佐国，崇论宏议足以匡时，故帝亲策之，聆其教益，尽其材用

---

① 班固.汉书：卷四·文帝纪[M].长沙：岳麓书社，2008：36.
② 班固.汉书：卷四十九·晁错传[M].长沙：岳麓书社，2008：883、886.
③ 盛奇秀.中国古代考试制度[M].济南：山东教育出版社，1988：11.

也"。①策试的评判权，完全掌握在皇帝手中，由其亲自等第高下，并授以相应的官职。

文帝所推出的这一取士新办法，在步骤上体现了察举制最基本的特征，尤其是皇帝亲自对被举者进行"策问"，并以"对策"的高下区别授官，的确"最近似于现代考试。"②所以无怪乎许多学者都有将我国考试的起源定为汉代的说法。其实，外国学者中也有类似的见解。如1938年，杜布斯在《汉书》英译本中就汉文帝十五年（公元前165年）诏"举贤良方正能直言极谏者，上亲策之，傅纳以言"一事加以注释和评论时认为这就是中国文官考试制度的起始。③

然而，更有一些学者倾向于认为"左雄改制"才是我国考试制度确立的重要标志。东汉顺帝阳嘉元年（132年），时任尚书令的左雄对孝廉考试进行了改革。一是被举荐者限制在年龄四十岁以上；二是分儒生和文吏二科取人；三是要以"某种专门知识的程式化考试，作为认定居官资格的手段"。④"限年"极大地抑制了奔竞之风，革除了谬滥之弊，而增加考试环节并要进行端门"覆试"，使用人制度标准化，减少了随意性。但左雄的孝廉考试改革却招致了众多非议，这不仅从一个侧面说明考试观念确定的艰难，也表明考试从一开始就不是可以完全评价人物的唯一手段，更不是能够解决一切问题的法宝。科学家张衡（78—139年）认为，增添考试有违设孝廉科的本旨。他说："自初举孝廉迄今，二百岁矣，皆先孝行，行有余力始及文法。辛卯诏以能宣章句奏案为限，虽有至孝，犹不应科，此弃本而就末。曾子长于孝，然实鲁钝，文学不若游、夏，政事不若冉、季。今欲使一人兼之，苟外可观，内必有阙，则违选举孝廉之制矣。"⑤可见，考试环节的增加，使孝廉察举从重德转为重文，标志着考试观念上一个根本性转折的开始。

事实上，左雄的此项人事考试制度改革，确实选拔了一批有才能之士，如陈蕃、李膺、陈球等人，后来他们都成为卓有政绩的著名公卿。尤其是"自是牧守畏栗，莫敢轻举。迄于永熹（永熹，汉冲帝刘炳年号），察选清平，多得其人"。⑥特别是"自

---

① 张金鉴.中国文官制度史[M].台北：华冈出版有限公司，1977：44-45.
② 杨学为.中国需要"科举学"[J].厦门大学学报（哲学社会科学版），1999（04）：17-19.
③ 刘海峰.科举制的起源与进士科的起始[J].历史研究，2000（06）：3-16.
④ 阎步克.察举制度变迁史稿[M].沈阳：辽宁大学出版社，1997：62.
⑤ 袁宏.袁宏《后汉纪》集校：顺帝纪[M].李兴和，点校.昆明：云南大学出版社，2008：225-226.
⑥ 范晔，司马彪.后汉书：卷六十一·左周黄传论[M].长沙：岳麓书社，1994：854.

左雄任事,限年试才,虽颇有不密,固亦因识时宜","故雄在尚书,天下不敢妄选。十余年间,称为得人,斯亦效实之征乎?"① 也就是说,自"左雄改制以后,考试制度的雏形也就具备了"。② 左雄因此被视为我国常科考试的创始人。

课试,即博士弟子考试授官。这既是汉制选士的一条重要途径,也是自成体系的汉代学校考试形式,它融人才选拔、培养于一体。汉武帝元朔五年(公元前124年),公孙弘根据董仲舒的建议,与孔臧等奏议置博士弟子员五十人,汉代太学从此设立。"博士"一词始于战国。应劭在《汉官仪》中说:"博士,秦官也。博者,通博古今;士者,辩于然否。"至汉代,"博士"成为汉代太学教师,其职掌偏重于治经教学,但还可以参与朝政,以备皇帝顾问。汉武帝建元五年(公元前136年),始设五经博士。博士选授极为严格,除要博通经史或专治一经之外,还必须明于古今,通达国体,博识多艺,温故知新,并晓古文《尔雅》,能属文章,且年龄在五十岁以上,身体健康。其选授方式,按《文献通考·学校一》载:"西京博士,但以名流为之,无选士之法。中兴以来,始试而后用,盖以其为人之模范,则不容不先试其能否也。"也就是说,博士选举西汉多用征拜、荐举、察举之法,而东汉则比较注重考试。

"博士弟子选试"及"博士弟子课试"是最重要的太学考试活动。根据《史记》卷一百二十一《儒林列传序》所载,汉代太学的博士弟子来自两个方面:一是"太常择民年十八已上,仪状端正者,补博士弟子";二是"郡国县道邑有好文学、敬长上、肃政教、顺乡里、出入不悖所闻者,令相长丞上属所二千石,二千石谨察可者,当与计偕,诣太常,得受业如弟子。"此后,随着太学规模的扩大,太学生的来源也越来越复杂,汉代太学的入学选试总体以甄别选送为主,并不进行严格的考试。但博士弟子入仕却要经过特别考试,似有"宽进严出"之旨趣。根据最初的规定,对博士弟子每年都要进行考试,按考试成绩评定为甲、乙两科,并直接与仕途挂钩,优秀者可直接授以相应的官职。公孙弘在《请为博士置弟子员议》中说:"一岁皆辄试,能通一艺以上,补文学掌故缺;其高第可以为郎中者,太常藉奏。即有秀才异等,辄以名闻。其不事学若下材及不能通一艺,辄罢之,而请诸不称者罚。"

太学课试的方法为"射策"。对这一汉代所特有的考试方法,颜师古在注《汉

---

① 范晔,司马彪.后汉书:卷六十一·左周黄传论[M].长沙:岳麓书社,1994:868.
② 沈兼士.中国考试制度史[M].北京:中国和平出版社,2014:1.

书·萧望之传》时说："射策者，谓为难问疑义书之于策，量其大小署为甲乙之科，列而置之，不使彰显。有欲射者，随其所取得而释之，以知优劣。射之，言投射也。"马端临《文献通考》卷四十《学校考》评论说："按此即后世糊名之意，但糊名则是隐举人之名，以防嘱托徇私，此则似是隐问难之条，以防假手宿构，其欲示公一也。"今人据此都以为"射策"就是类似于今天的"抽签考试"。但也有学者对颜师古的注解进行了驳议和辩说，认为两汉"射策"是类似于今天"选题考试"的一种考试方法。根据《后汉书·顺帝纪》注引《前书音义》云："甲科，谓作简策难问，列置案上，任试者意投射，取而答之，谓之射策。上者为甲，次者为乙。"如此，"射策"的意思应该是主试者根据一定的要求出一定量的试题，放置一处（如桌案），将其覆盖（或其他办法），不让应试者看见。应试者从中随机摸取（抽取、探取、投矢取）试题，并进行解答。而"设科"是对射策结果所对应的成绩等第及相应赏罚的预先规定，其中"科"表示与考试应当回答的题目数量或和应当答对的题目数量相对应的等第。① 这可以说比较准确地说明了"设科"与"射策"的关系，进而真实地勾勒出汉代射策的具体运作方式。所以，"（颜）师古似误，当从《前书音义》"。②

西汉末年后，考试次数和成绩评定及选取任用都曾进行过多次调整，至东汉桓帝时更定为新的"五经课试法"，太学课试制度才逐渐固定下来，成为汉代入仕的重要途径之一。东汉桓帝永寿二年（156年），鉴于太学生人数已超过三万，旧的考试方法显然已不能适应扩大了的学生规模的实际需要。于是，将原来满一年考一次，改为满两年考一次，录取名额也不再加以限制，而主要以通经的多少作为衡量学识、决定是否录用和升迁的唯一标准。根据《文献通考·学校一》的记载，其制为："学生满二岁试，通二经者，补文学掌故，其不能通二经者，须后试，复随辈试之，通二经者亦得为文学掌故。其已为文学掌故者，满二岁试，能通三经者擢其高第为太子舍人。其不得第者后试，复随辈试，第复高者亦得为太子舍人。已为太子舍人，满二岁试，能通四经者，推其高第为郎中，其不得第者后试，复随辈试，第复高者亦得为郎中。满二岁试，能通五经者，推其高第补吏，随才而用。其不得第者后试，复随辈试，第复高者亦得补吏。"

---

① 蕴之."设科射策"正解[J].教育史研究，1996（04）：11.
② 阎步克.察举制度变迁史稿[M].沈阳：辽宁大学出版社，1997：67.

总之，博士弟子课试是汉代察举与考试并举，选举与教育结合，完成学校育才，然后通过考试进入仕途的重要一环。特别是太学"五经课试法"建立起了层级考试的新体制，这既给少数人成为"通儒"铺平了道路，也为大多数专治一经的人进入仕途创造了条件。尤其难能可贵的是可以不加限制地参加复试，这不仅减轻了博士弟子的学习压力，还增进了学生潜心研读儒家经典的动力。而从整个制度本身来看，层级考试管理体制的实行，是我国考试开始走向制度化、规范化、标准化的一个显著标志。

三、九品官人法与"唯才是举"

魏晋南北朝时期是我国历史上分裂时间较长的一段历史时期，也是民族大融合的时期，更是思想转型和创新的重要时期。在考试发展方面，两汉重德的主流思想经由汉魏之际重才思潮的激烈震荡，加之"九品中正制"从一开始实行就弊端丛生，进而引发了人们关于考试问题的激烈争论与实践。

东汉末期，军阀混战，豪强割据，为了能使自身占据优势，对峙的各方都千方百计为自己延揽人才，而且在任用人才方面，敢于或不得不打破传统，不拘一格，使两汉以来，以道德行为作为评量标准的选士之法，此时面临前所未有的挑战。其中，以曹操倡行"唯才是举"为标志，在汉魏之际兴起了一股强大的"重才"思潮。曹操既是这一思潮的开创者，也是推行最得力、取得成效最显著的一位。根据《曹操集》的收录，曹操曾四次下达了关于人才选拔的求贤令。建安八年（203年），官渡大捷不久，袁绍所辖区域尽归曹操，于是曹操从军中选拔了一批有战功、有才能的将吏前去治理，然有议论说："军吏虽有功能，德行不足堪任郡国之选。"这使曹操在用人上面临德行与事功的重要抉择。是年，曹操发出《论吏士行能令》[①]，明确指出了"明君不官无功之臣，不赏不战之士"，曹操宣示："治平尚德行，有事赏功能。"这可以说是"唯才是举"的先声。

建安十五年（210年），经受了赤壁惨败的曹操又下了一道《求贤令》，正式提出"唯才是举"口号。强调："今天下尚未定，此特求贤之急时也。""二三子其佐我明扬仄陋，唯才是举，吾得而用之。"重在发现那些地位低下但仍被埋没的人才，进而要求有司必须敢于选拔像陈平、苏秦那样有所作为的"进取之士"，《敕有司取士勿废偏

---

① 曹操.曹操集[M].夏传才，校注.石家庄：河北教育出版社，2013：86.

短令》说:"夫有行之士,未必能进取;进取之士,未必能有行也。陈平岂笃行,苏秦岂守信耶?而陈平定汉业,苏秦济弱燕。由此言之,士有偏短,庸可废乎!有司明思此义,则士无遗滞,官无废业矣。"

建安二十二年(217年)的一道命令,题目是《举贤勿拘品行令》,公开提出要招纳那些"不仁不孝而有治国用兵之术"者,这是曹操"唯才是举"思想的极致表达。命令说:"昔伊挚、傅说出于贱人,管仲、桓公贼也,皆用之以兴。萧何、曹参,县吏也,韩信、陈平负污辱之名,有见笑之耻,卒能成就王业,声著千载。吴起贪将,杀妻自信,散金求官,母死不归,然在魏,秦人不敢向东,在楚,则三晋不敢南谋。今天下得无有至德之人放在民间,及果勇不顾,临敌力战;若文俗之吏,高才异质,或堪为将守;负污辱之名,见笑之行,或不仁不孝而有治国用兵之术;其各举所知,勿有所遗。"①

为贯彻"唯才是举"方针,曹操"拨于禁、乐进于行阵之间,取张辽、徐晃于亡虏之内,皆佐命立功,列为名将;其余拔出细微,登为牧守者,不可胜数。"②当然,世姓大族,只要有才能,曹操也不排斥,曹操要革除和扫荡的是东汉以来选举中那种陈腐的制度和虚伪的教条,真正的道德他还是有所注意,他也曾说:"夫治定之化,以礼为首;拨乱之政,以刑为先。"③认为"有事赏功能"是特殊时期的特殊政策,但治平仍须崇尚"德行"。可见,在军阀混战和汉末察举尚德异形的时代,曹操的唯才是举是将以前居于主导地位的"品行"放在了人才选拔标准的次要位置,这是适合当时社会现实的正确选择。当然也有人认为,曹操"唯才是举"是对"德"的内涵做出了新的规范,即把为谁所用置于德的标准之首,由此得出"没有德的要求,或者说没有政治要求的唯才是举,世间是根本不存在"的结论。④

其实,关于人才选拔标准的问题是一个既清楚又模糊的复杂问题。德才兼备自然无懈可击,但在不同的时代,针对不同的人,还有举荐者自身的德才状况等都会影响到对这一问题的看法和在具体选拔过程中的实践。曹操的"唯才是举"在当时是有巨

---

① 曹操.曹操集[M].夏传才,校注.石家庄:河北教育出版社,2013:166.
② 陈寿.三国志:卷一·武帝纪注引《魏书》[M].裴松之,注.武传,校.武汉:崇文书局,2009:25.
③ 曹操.曹操集[M].夏传才,校注.石家庄:河北教育出版社,2013:160.
④ 苗枫林.中国用人思想史[M].济南:齐鲁书社,1997:14.

大的历史进步性。以曹操为主体的积极实践，虽然常常遭到代表世家大族利益的一些人的非难，但还是受到有识之士的支持，在此基础上，又通过自身的研究和思考，进一步推动重才思想成为一个时代的潮流。

曹操提出的"唯才是举"口号，在汉末还只是一个选用人才的基本原则，并不表现为一套制度。曹操死后，曹丕代汉称帝，亟待使这一思想法典化，以便选拔更为符合曹魏政权统治所需要的佐治人才。曹操时被辟为司空西曹掾属的陈群，有识人之敏，升为侍中。曹丕即位，徙为尚书，他"以天朝选用，不尽人才，乃立九品官人之法，州郡皆置中正，以定其选，择州郡之贤有识鉴者为之，区别人物，第其高下"，[1] 以因应曹丕用人之急。

"九品官人法"也称九品中正制。其选举之法为：在地方各州、郡、县设置大、小中正，中正官以本地已任中央官职的德充才盛者、贤有识鉴者担当，负责对所在地区人物，根据其家世、行状进行综合品评，然后定为上上、上中、上下、中上、中中、中下、下上、下中、下下九个等级，上报司徒，以备吏部选用。

从制度本身来看，九品中正制确是"盖以论人才优劣，非为世族高卑"[2] 的一种"公正"的选举制度，"其始造也，乡邑清议，不拘爵位，褒贬所加，足以劝励，犹有乡论遗风"。[3] 特别是曹魏政权以官府任命的中正取代原来把持乡评的大族名士，在制度上有利于曹操"唯才是举"政令的贯彻实施，且中正官之设，还使举士、举官分离，这在选举史是制度臻于完善的重要标志。[4] 然而，随着时间的推移，中正的位置越来越被豪门大姓所把持，最后终于导致了"上品无寒门、下品无势族"的局面，九品官人法成了进一步巩固门阀统治的强大工具。

及至西晋代魏后，士族势力进一步膨胀，九品中正制也完全为门阀势族所把持、所操纵，庶姓寒人已是无寸进之路，特别是它抛弃了先前注重德行、才能的好传统，选举只重门第，加之中正官徇私舞弊，趋炎附势，更造成了社会风气全面下滑。因此，在西晋时期，九品中正制便遭到了来自各方面的激烈批评，主张废除九品官人之法。

---

[1] 司马光.资治通鉴：魏纪[M].徐寒，注译.北京：线装书局，2017：156-157.
[2] 沈约.宋书：卷九十四·恩幸传[M].北京：中华书局，1974：2301.
[3] 房玄龄.晋书：卷三十六·卫瓘传[M].北京：中华书局，1974：1058.
[4] 黄留珠.中国古代选官制度述略[M].西安：陕西人民出版社，1989：162.

其中，对九品中正制批判最为切中要害、更加淋漓尽致的当属时任尚书仆射的刘毅，他在《陈九品八损疏》中认为这种制度对于选士任官有"三难"，"人物难知，一也；爱憎难防，二也；情伪难明，三也"。①对于封建统治更有"八损"，"由此论之，职名中正，实为奸府；事名九品，而有八损；古今之失，莫大于此！愚臣以为宜罢中正，除九品，弃魏氏之敝法，更立一代之美制"。②

不断的批评也引起了最高统治者的警惕，作为制衡，魏晋南北朝时期的各个朝代都大体沿袭了察举和征辟办法，同时加强了考试，罢门资之制也悄然进行，在很大程度上减轻了九品中正制所造成的负面影响，从而为最终消除士族对选举权的垄断，走向以考试为主、公平竞争的科举时代铺平了道路。也就是说，"九品中正制本身并不是考试制度，而且也不是隋唐科举制的前身，它是一种铨选方法而非贡举方法。隋代出现的科举制度并不是废除九品中正制而创建的，而是继承汉隋间的察举制而发展来的"。③

四、科举考试与学校教育之关系

历史上，科举考试是取士之制，学校教育是养士之法，科举与教育之间存在着密不可分的内在联系，选才有赖于育才，两者互为依存。从《新唐书》立选举志以后，历代正史选举志皆包括了科举和学校两方面的内容。研究古代学校教育，不能不言及科举，同样，论说科举也不能绕过古代学校教育。④一般认为，隋炀帝大业元年进士科的设立是科举制起始的主要标志，它开创了中国选举考试史上的一个新时代——科举时代（公元605—1905年）。我国著名考试史研究专家邓嗣禹先生在其所著《中国考试制度史》绪论中指出："考试之旨，首在取士。取士之法，三代以上出于学，汉以后出于郡县吏，魏晋以后出于九品中正，唐至明清出于科举，列代相沿，由来远矣。顾所谓学，所谓郡县吏，所谓九品中正，皆属选举。虽间有射策对策，以补选举之不实，而少落第者，不能称为真正考试。唐以后之科举，令士人投牒自进，公同竞争，高低贵贱，一以定之。且普遍施行，垂为永制，沿袭千年而不变，使天下士人共出于一途，

---

① 房玄龄.晋书：卷四十五·刘毅传[M].北京：中华书局，1974：1274.
② 司马光.资治通鉴：晋纪[M].徐寒，注译.北京：线装书局，2017：248-249.
③ 刘海峰.科举考试的教育视角[M].武汉：湖北教育出版社，1996：14.
④ 刘海峰.科举学导论[M].武汉：华中师范大学出版社，2005：173.

斯为考试之极轨"。①

可以说，科举制是中国封建社会中后期推行的一种人才选拔制度，是一项"集文化、教育、政治、社会等多方面功能的基本体制，它上及官方之政教，下系士人之耕读，使整个社会处于一种循环的流动之中，在中国社会结构中起着重要的联系和中介作用"。②科举制曾经对我国封建社会的官僚政治、士风民情，乃至婚姻家庭、娱乐活动等都产生过深刻影响。"在科举与外部环境的诸多联系中，关系最直接、最紧密的当首推教育"。③不了解中国的科举制，就根本无法理解中国封建社会中后期的教育，研究更是无从谈起。当然，现代教育学中所面临的诸如素质教育与应试教育的矛盾等重大教育理论问题，也可以从对科举考试的研究中获得必要的启示。因为，与教育有关的"考试"是科举制的核心，科举可以说就是一种"考试"。虽然科举制已经被废除，但考试依然存在，事实上它不可能也不应该在社会上消亡。

在古代，科举考试的唯一目的，就是笼络天下英才，选拔统治阶级需要的各级官员。这给了科举时代的士子一条颇具吸引力的出路，即"学而优则仕"。除此之外，一般士子没有其他可实现垂直流动的途径，这就使得教育教学的目的，与科举考试的目的一致，即"储才以应科目"。这样，科举取士的标准就成为学校培养人才的标准，科举时代的教育也就成了"科举教育"。不仅如此，科举考什么就决定了学校教什么、士子学什么。科举采用帖经、墨义的方法，学校就主要以背诵儒家经典为主进行教学。特别是科举制度是因传统教育的价值取向应运而生的，反过来，科举制度又强化了传统教育的独特风貌，科举制度与传统教育之间有着不可分割的内在联系。"学而优则仕"是中国传统教育的最主要代表——儒家所追求的一种教育理想，而科举制的诞生才使得儒家这一理想变成现实。或者说，只有当科举制度成为衔接政治与教育的有力中介之后，中国传统教育的特质方才定型。但到了近代，新式学堂相继建立，待到全面引进西方近代学制、用现代教育取代传统教育的时候，科举也就走到了自己的尽头。④

---

① 邓嗣禹.中国考试制度史[M].南京：考选委员会，1936：1.
② 罗志田.清季科举制改革的社会影响[J].中国社会科学，1998（04）：185-196.
③ 廖平胜."科举学"研究与教育价值取向的制导[J].厦门大学学报（哲学社会科学版），1999（04）：19-21.
④ 王炳照，徐勇.中国科举制度研究[M].石家庄：河北人民出版社，2002：350-354.

事实上，长期以来，如何处理好学校育才与科举选才的关系，一直是困扰着历代统治者的重大理论和实践难题。作为一个明智的统治者，一般都采取重学校、轻科举制，或者学校教育与科举制并重的方针。① 前者大都出现在开国初，以兴教育培养统治人才、灌输统治思想最终化民成俗。后者大都出现于封建王朝蓬勃发展国家兴旺发达的时期，目的是提高官吏素质、扩大封建统治的基础。虽然科举与学校并列，"两者却不处于并列和同等的地位，科举成为凌驾于学校之上的一种考试制度，学校教育是受科举考试所制约的"。② 大体而言，隋唐以后各个朝代初期都比较重视学校教育，或至少是学校与科举并重，但久而久之学校日渐被轻视，教学往往流于形式，而科举的地位在社会上则越来越显得突出。这种由"重学校"转变为"重科举、轻学校"的演变过程，几乎成为中国古代学校与科举互动发展的一般规律。

明清两代为了协调学校与科举的关系，将学校教育与科举考试整合为"一条龙"，使学校科举化、科举学校化，二者浑然一体，难分难解。特别是府州县学生员，非应乡试或出贡，不能以正途入仕，而学校之于生员，也以得录科和出贡者为优等。所以和国学相比，地方官学更是科举人才的储备之地。③ 在明清科举考试系统中，乡试以下的府州县试就是升学考试，岁试和科试则是学校教育进行过程中及结束阶段考核选拔人才的重要环节。可以说，在实行科举的1300年间，无论是中央还是地方学校的学生，都期望通过科举走上仕途，科举考试遂成了学校教育的强大指挥棒，指导和操纵着学校教育的发展方向。科举的功名就成为学校的目标，科考内容便是学校的教学内容，取士标准也自然就成了学校的培养标准，学校追求的是中举及第率。在这方面，官学如此，民间私学甚至蒙学的绝大多数也都以应举为旨归。即使是书院，也是因科举盛而产生，又随着科举废而消亡的。明清的一些大书院还分配有科举生员的名额，有所谓"洞学科举"之名目。

及至清末，学校完全沦为科举的附庸，官学形同虚设，科举的向心力大到严重阻碍新式学堂的建立与推广的地步，以至于不推翻科举就无法真正普及新教育。其中，近代军事教育的发展为这一变革起到了巨大的推动作用，废科举则促使中国教育走上

---

① 张建仁.试探隋唐时期科举制与学校教育的关系[J].争鸣，1991（03）：59.
② 刘海峰.科举考试的教育视角[M].武汉：湖北教育出版社，1996：139.
③ 王德昭.清代科举制度研究[M].北京：中华书局，1984：22.

近代化。但科举制的长期实行却使中国人养成了一种重视考试的"遗传性",而科举教育所形成的一些传统,至今仍对我们的教育和考试产生着重大的影响。

第二节　采行考试是历史的选择

自近代以来,科举考试制度常被看作是旧文化的象征,尤其是在文化领域和文学界,一般论者只要看到哪位人士批判科举,就认为是进步的,并习惯于以此做简单的划分。其实,采用考试方式选拔人才是利弊得失并存的一把"双刃剑",相比较而言,考试在人才选拔诸形态中最为公平,以往的批评主要是针对考试的流弊而非考试本身,考试乃是应社会之需而产生并仍将因其有利于和能够促进社会发展而长期存在。采行考试是历史的选择。[①]

一、科举考试的存废之争

然而,在漫长的科举发展史上,关于科举考试的存废利弊之争,影响较大的就有六次高层次的争论或改革。[②] 第一次争论发生在唐代宗宝应二年(763年),其发难者是礼部侍郎杨绾。根据《旧唐书》卷一百一十九《杨绾传》记载,杨绾认为,凡国之大柄,莫先择士,国之选士,必藉贤良。然而,自进士加试杂文,明经填贴以后,"从此积弊,浸转成俗。幼能就学,皆诵当代之诗;长而博文,不越诸家之集。递相党羽,用致虚声,六经则未尝开卷,三史则皆同挂壁。况复征以孔门之道,责其君子之儒者哉!"他指出,如果听任"朝之公卿,以此待士,家之长老,以此垂训",那么"欲其返淳朴,怀礼让,守忠信,识廉偶"是不可能的。因此,他奏请停罢进士、明经和道举科,令县令依古制察孝廉。结果经朝廷合议,诏令孝廉察举与明经、进士科举并行,实则不久即行停罢,科举制经历了第一次被停废的危机。

第二次停罢进士科的企图是在唐文宗至唐武宗时期(827—846年)。这次由郑覃、李德裕力主的废进士科努力,实是当时"牛李党争"的必然产物。因为朋党之争的实质在于保证其权位的稳固,所以斗争的焦点往往就集中在官吏的选拔和任用上,

---

[①]田建荣.中国考试思想史[M].北京:商务印书馆,2004:365.
[②]刘海峰.科举制长期存在原因析论[J].厦门大学学报(哲学社会科学版),1997(04):1-6.

而科举考试作为他们罗致党羽的手段，其地位也受到影响，但进士科终究未被废去。北宋中叶的第三次科举存废之争，与学校科举之争、经术文学之争等交织在一起，争论时间持续最久，交锋也最为激烈，最后虽在宋徽宗崇宁三年（1104年）停罢科举，但十七年后又得以恢复。第五次为明初科举与荐举的反复，朱元璋见科举并不能选拔出他满意的人才，曾诏停科举考试四年。而出现在清乾隆三年（1738年）的第六次关于科举存废的争论，可以说只是以往各种观点的重复，并未导致科举的中断。

但是，发生在元代的第四次科举存废之争，虽经许多儒臣的努力，但还是在元攻灭南宋（1279年）到皇庆三年（1313年）的三十四年间以及元惠宗元统三年（1335年）到至元六年（1341年）的六年间先后停废了科举，这是中国科举考试史上停废次数最多、中断时间最长的一个时期。此间，王鹗、王恽、许衡等儒臣对兴复科举考试的好处都作了许多阐述，但元朝统治者却把南宋和金的灭亡归结为科举制所导致的文弱习气，在蒙古贵族看来，饱学经书的儒术之士是迂腐于国无益之辈，元代社会上流传着的"七匠八娼，九儒十丐"正是这一心理的充分体现。加之，很多汉臣也对科场之残酷与黑暗心存余悸，这些都延缓了科举考试在元代的施行。甚至在科举考试实行的时候，一些蒙古和色目贵族也多方加以排斥，所以，有元一代，有关科举考试行废的争论始终未曾停歇过。

早在元太宗窝阔台灭金占据中原之时，中书令耶律楚材就提出了一系列有利于元朝发展的政策和措施。在文教方面，他提出了"以儒治国，以佛治心"的主张，认为"制器者必用良工，守成者必用儒臣"。① 要求优待、选择、任用汉儒，敦请元太宗采用儒术，开科取士。窝阔台接受了这一建议，于至元九年（1237年）秋八月下诏②："命断事官术忽鵉与山西东路课税所长官刘中，历诸路考试。以论及经义、词赋分为三科，作三日程，专治一科，能兼者听，但以不失文义为中选。其中选者，复其赋役，令与各处长官同署公事。得东平杨奂等凡若干人，皆一时名士。"虽说这首次开科取士有利于笼络汉人，改善官员结构，稳定统治基础，促进教育发展，但"当世或以为非便，事复中止"。即有些人认为这样选拔的官吏，不利于蒙古贵族的专制统治，所以很快就停止了。

---

① 宋濂. 元史：卷一四六·耶律楚材列传[M]. 长春：吉林人民出版社，1995：2199.
② 宋濂. 元史：卷八一·选举志一[M]. 长春：吉林人民出版社，1995：1238.

元仁宗皇庆二年（1313年），又有中书臣奏："科举事，世祖、裕宗累尝命行，成宗、武宗寻亦有旨，今不以闻，恐或有沮其事者。夫取士之法，经学实修己治人之道，词赋乃摘章绘句之学，自隋唐以来，取人专尚词赋，故士习浮华。今臣等所拟将律赋、省题诗、小义皆不用，专立德行明经科，以此取士，庶可得人。"①元仁宗肯定了此奏议，并在同年十一月下诏决定实行科举考试，同时还规定了具体的开试日期、考试程式及解额分配、奖励处罚等条目。到延祐二年（1315年）三月廷试进士，赐护都答儿、张起岩等五十有六人，及第、出身有差，标志着元代科举考试制度正式建立。

其实，中国早在两千多年前就逐渐形成为一个统一的多民族的国家。很多少数民族还在中华大地上建立了政权。辽、金、元、清就是由我国古代契丹族、女真族、蒙古族和满族建立的少数民族政权。其中，蒙古族建立的元朝，满族建立的清朝，都曾统一了全国。为了进一步笼络汉民族和促进本民族的发展，我国古代少数民族政权都曾仿行汉制，实行科举考试制度。可以说"自五代以后，入主中原的少数民族政权，或迟或早都采用了科举制"。②但由于各民族经济方式、政治理念、历史发展、文化传统、风俗习惯等有所不同，各朝在仿行汉制科举的过程中，对汉族和本民族采取了不同的办法，表现出浓厚的民族色彩和区别于汉族的科举理念。

辽朝严格禁止契丹人应举。辽朝的少数民族统治者深知汉人单纯尚文之弊，为保存本民族以渔猎武功为先的传统，害怕契丹子弟沾染上汉人文弱之习，更害怕仿行唐宋进行科举考试会被汉人所同化，故此不准其子弟参加科举考试，以永远保持契丹人勇武善战的习性，维护其统治地位。金代，则专为女真人设置了女真进士科，并且为了防止女真进士染上文弱之习，丧失了本民族骑射勇猛的尚武精神，增加了策论进士试骑射的考试内容。文举试射，为金朝所特有，更是汉制科举之所不足。此制虽有使女真民族保持独特文化优势的考虑，更重要的是切中了科举考试的时弊，能真正有效地发挥科举考试的人才选拔功能。清入关后完全承袭了明朝科举制度。但满族人参加科举考试，仍然经历了禁止、限制，直到与汉族一体应试的曲折过程。然"有清以科举为抡才大典，虽初制多沿明旧，而慎重科名，严防弊窦，立法之周，得人之盛，远轶前代"。③可见，满洲贵族和清王朝统治者在以少数民族视角处理科举考试问题上更

---

①宋濂.元史：卷八一·选举志一[M].长春：吉林人民出版社，1995：1239.
②刘海峰.科举学导论[M].武汉：华中师范大学出版社，2005：173.
③赵尔巽.清史稿：卷一〇八·选举志三[M].长春：吉林人民出版社，1995：2140.

加具有政治远见。清朝的科举考试既有开放性，又有不同民族文化的兼容性，这种包括不同民族文化在内的科举考试独具特色，在中国科举史上占有特殊地位。[①]

二、考试：最古老、最公平、最好的制度

科举制惟材是择，"一切以程文为去留"，[②] 将人为因素的干扰降至最低限度。因此，欧阳修称之"无情如造化，至公如权衡""比于前世，最号至公"。[③] 三国时期魏嘉平初年（约249年），王昶上书陈述五条治理方略，其中一条就是"欲用考试"。他说："考试犹准绳也，未有舍准绳而意正曲直，废黜陟而空论能否也。"[④] 这在古代是最早、现今仍是我们强调考试作用的贴切比喻，他认为考试犹如能测量物体长短的尺度一样，能够客观地衡量人才的知识水平，避免主观空论。后魏晋之际著名文学家、政论家和教育家傅玄将"考试"比作"衡石"。他在为马钧立传时说："故君子不以人害人，必以考试为衡石。废衡石而不用，此美玉所以见诬为石，荆和所以抱璞而哭之也。""用人不当其才，闻贤不试以事，良可恨也"。[⑤] 傅玄把考试说成是度量人才的"衡石"，同样充分地表达了考试的准确测量功能。虽然王昶、傅玄所言考试仍然是指对官员的考核，但用"准绳""衡石"来形容考试的功能，这是中国历史上最早对考试作用的准确而形象的论述，[⑥] 反映了考试客观公平的特征。

考试的基本原则就是公平、公正，从隋唐至明清的科举时代，许多人将科举考试看成是一种"至公"的制度。不管科举是否真正做到"至公"（实际上世上没有绝对的公平），至少成熟期的科举考试从制度上说是提倡公平竞争的。元明清时期，各省贡院中都有一座名为"至公堂"的建筑，将"至公"理念具体化，也是考试公平性的象征。所谓"至公""尽公"，意为公平的极致，是一种理想状态或境界，在实际社会生活中是很难做到的，但"至公"这一理念体现了中国古代对公平的一种崇高而执着的追求。在明代，科举已被人们视为天下最公平的一种制度，因而有"科举，天下之

---

① 卢明辉. 清代蒙古史[M]. 天津：天津古籍出版社，1990：400-403.
② 陆游. 老学庵笔记：卷五[M]. 杨立英，校注. 西安：三秦出版社，2003：198.
③ 张春林. 欧阳修全集·论逐路取人札子[M]. 北京：中国文史出版社，1999：668.
④ 陈寿. 三国志：卷二十七·王昶传[M]. 裴松之，注；武传，点校. 武汉：崇文书局，2009：339.
⑤ 傅玄.《傅子》评注[M]. 刘治立，评注. 天津：天津古籍出版社，2010：233-234.
⑥ 刘海峰. 科举考试的教育视角[M]. 武汉：湖北教育出版社，1996：16.

公；……科举而私，何事为公"①之说。

科举考试废除后，未能及时建立新的选官制度。孙中山则十分推崇中国古代的考试制度，认为这是世界上最古老、最公平、最严密、最好的制度。他在1924年的《五权宪法》中说："考试制度在英国实行最早，美国实行考试不过二三十年，现在各国的考试制度，差不多都是学英国的。穷流溯源，英国的考试制度，原来还是从我们中国学过去的。所以中国的考试制度，就是世界中最古最好的制度。"② 为此，他极为重视通过考试来挑选国家所需的人才，同时，也期望能根据考试这种最严密最公平的人才选拔之法，"使优秀人士掌管国务"。③ 这里，以孙中山的论述和观点为例，考试用人到底都有哪些优越性。

首先，考试用人最为公平。考试的公平性就在于它确立了一个较为公允的客观标准，并在形式上表现为无论贫富贵贱都有均等的机会，特别有助于贫寒阶层通过努力读书学习步入仕途，获得地位的改变。孙中山看中的正是科举考试的这种平民主义效果。他说："朝为平民，一试得第，暮登台省；世家贵族所不能得，平民一举而得之。谓非民主国之人民极端平等政治，不可得也！"④ 和国外比较后，孙中山说："至于考试之法，尤为良善。稽诸古昔，泰西各国，大都系贵族制度，非贵族不能做官。"⑤ 当然我国昔时亦有此弊，但"自世卿贵族门阀荐举制度推翻，唐宋厉行考试，明清峻法执行，无论试诗赋、策论、八股文，人才辈出；虽所试科目不合时用，制度则昭若日月。"⑥ "无论平民贵族，一经考试合格，即可作官，备位卿相，亦不为僭。"可见"此制最为平允，为泰西各国所无"。⑦ 好就好在它能以公平、公正、公开的原则擢拔人才，以实现孙中山民主政治、平民政治、万能政府的最高理想。

其次，通过考试能够选拔真才。孙中山说："政府正要用人，又苦于不知道那个是好，那个是不好，反受没有人用的困难。这个缘故，就是没有考试的弊病。没有考试，

---

① 张萱.西园闻见录：卷四四·礼部三·科场[M].南京：哈佛燕京学社印，1940.
② 孙文.孙中山选集[M].北京：人民出版社，1956：585.
③ 孙文.孙中山全集：第1卷[M].北京：中华书局，1981：319.
④ 孙文.孙中山全集：第1卷[M].北京：中华书局，1981：445.
⑤ 孟庆鹏.孙中山文集[M].北京：团结出版社，1997：523.
⑥ 孙文.孙中山全集：第1卷[M].北京：中华书局，1981：445.
⑦ 孟庆鹏.孙中山文集[M].北京：团结出版社，1997：523.

就是有本领的人，我们也没有办法可以知道，暗中便埋没了许多人才。并且因为没有考试制度，一班不懂政治的人，都想去做官，弄得弊端百出，在政府一方面，是乌烟瘴气，在人民一方面，更是非常的怨恨。"① 也就是说，若遇到要对所用之人进行资格鉴定时，只有实施考试，才能断定其才德、能力大小和对工作的适应性。1924年1月23日，由孙中山起草提交中国国民党第一次全国代表大会审议通过的《国民政府建国大纲》第十五条明确规定："凡候选及任命官员，无论中央与地方，皆须经中央考试铨定资格者乃可。"② 可见，如欲网罗天下英才，以佐治理，考试是必不可少的。"如果有了考试，那么必要有才能有学问的人，才能够做官，当我们的公仆"。③

最后，通过考试选拔可补救单纯选举之不足。孙中山以为，在"共和国家，首重选举，所选之人，其真实学问如何，易为世人所忽，故黠者得乘时取势，以售其欺。今若实行考试制度，一省之内，应取得高等文官资格者几人，普通文官资格者几人，议员资格者几人，就此资格中，再加以选举，则选举资格不妨从宽，而被选资格甚严，自能真才辈出"。④ 也就是说，"单凭选举来任命国家公仆，从表面看来似乎公平，其实不然。因为单纯通过选举来录用人才而完全不用考试的办法，就往往会使那些有口才的人在选民中间运动，以占有其地位，而那些无口才但有学问思想的人却被闲置"。⑤ 孙中山不仅说"美国国会内有不少蠢货，就足以证明选举的弊端"。⑥ 而且还举出美国一位博士与车夫竞选失败的例子来证明，"这就是只有选举没有考试的弊端"所造成的结果。⑦ 他认为，要克服仅用普通民选而产生的流弊，就必须借用中国古老的考试办法，"有考试制度以拔选真才，则国人倖进之心必可稍稍敛抑"。⑧ 同时"士子等莘莘向学，纳才于兴奋"，更可形成"无奔竞，无缴[徼]幸"的局面。⑨ 因此，"任官授职，必赖

---

① 孙文. 孙中山选集[M]. 北京：人民出版社，1956：584.
② 孙文. 孙中山选集[M]. 北京：人民出版社，1956：603.
③ 孙文. 孙中山选集[M]. 北京：人民出版社，1956：585.
④ 孟庆鹏. 孙中山文集[M]. 北京：团结出版社，1997：523.
⑤ 孙文. 孙中山全集：第1卷[M]. 北京：中华书局，1981：320.
⑥ 孙文. 孙中山全集：第1卷[M]. 北京：中华书局，1981：320.
⑦ 孙文. 孙中山选集[M]. 北京：人民出版社，1956：585.
⑧ 张家兴. 由考试权独立论我国人事机构之体制[D]. 台北：台湾大学，1982：23.
⑨ 孙文. 孙中山全集：第1卷[M]. 北京：中华书局，1981：445.

贤能，尚公去私，厥惟考试"。①

正是由于考试选拔人才有无比的优越性，特别是在共和时代更能体现其价值，所以，孙中山先生从一开始就十分强调考试权在未来民国宪法中的地位和作用，并积极倡导推动考试权独立行使，以减少用人上的弊端，真正使"野无郁抑之士""朝无倖进之徒""人能尽其才"。②就这样，孙中山以其独特的智慧和广阔的视野，重新确立了考试的崇高地位，提出了建立文官考试制度的重要理论，他的以考试权独立为基本精神的文官考试理论与实践，是极富特色的考试思想。他吸收西方资本主义国家的考选良法，又紧密结合中国的历史与现实，沿袭科举考试优良传统，走出了一条适合中国国情的考试发展之路，从而实现了中国考试思想和考试制度的历史性跨越和制度创新。

三、以考促学："有甚于今日十万督学之力"

子曰："学也，禄在其中矣。"③在以才学为录取依据的科举考试的利诱下，"开元以后，四海晏清，无贤不肖，耻不以文章达。其应诏而举者，多则二千人，少犹不减千人"。即使能够及第者不过百分之一，仍是"父教其子，兄教其弟，无所易业。大者登台阁，小者任郡县，资身奉家，各得其足。五尺童子，耻不言文墨焉"。④可见，科举考试不仅影响到官员擢拔和社会价值观的选择，而且促进了社会向学风气的形成。中国考试研究专家邓嗣禹早在20世纪30年代就曾写道："中国儿童向学之早，及重男轻女之习，考试之制，不无影响。启蒙以后，家资虽贫，必茹苦含辛，送子学成；天资虽鲁，父师必严厉挞责，谆谆告诫，俾成可造之材。贫苦子弟，类皆廉谨自勉，埋首窗下，冀求一第。即纨绔公子，亦知苦读，以获科第，否则虽富不荣。倘肄业之时，一曝十寒，遇大比之年，名落孙山，则不拘富贫，皆垂首丧气，无面见人。非若现今学校，毕业与否，不甚紧要也。因此之故，前清时代，无分冬夏，几于书声遍野，夜静三更，钻研制义。是皆科举鼓励之功：有甚于今日十万督学之力也！"⑤可见，考试有强大的"以考促学"功能。

---

①孙文.孙中山全集：第2卷[M].北京：中华书局，1981：135.
②孙文.孙中山全集：第1卷[M].北京：中华书局，1981：10.
③朱熹.四书章句集注：论语·卫灵公[M].北京：中华书局，1983：167.
④杜佑.通典：卷十五·选举典三[M].杭州：浙江古籍出版社，1988：84.
⑤邓嗣禹.中国考试制度史[M].南京：考选委员会，1936：398.

科举鼓励士子读书之功，胜于十万督学之力，不仅是基于科举时代以考促学的史实而发出的感慨，还是当今众多年轻学子勤奋学习的真实写照。也就是说，在长期推行科举考试的过程中，中国社会形成了重视教育，希望靠读书来出人头地的传统。从坏的方面说，这一传统造成了读书至上、学优则仕的观念，并导致升学主义和读书做官的风气盛行。但从好的方面来讲，则使人们尊重知识，积极向学，通过以考促学，激励士人奋发学习，形成了中华民族重视读书学习的好传统。① 尤其是选拔性考试具有强大的以考促学的功能，古代科举和现代高考、研究生考试等都是促进学生读书与学习的最实际、最强大的动力。

1977年恢复高考以后，每年都有数百万青年学生参加高考，全社会的读书学习的热情高涨。恢复高考的最初两年，尽管试题不难，但有许多考生连最基本的题目都不会答。可是几年之后，试卷难度提高不少，从答卷反映出考生文化水平已大大提高，可见高考极大地调动了千百万青年的学习积极性，有力地促进了国民素质的恢复和不断提高，使被"文革"摧残的文化教育得以复兴。后来在国家的推动下，自学考试制度实行，各种助学机构积极助学，千百万青年努力向学，使社会上形成了一种浓厚的读书风气。政府花费很少甚至没有花费什么教育经费，便得到了很大的教育效果。②

不仅如此，学业成绩考试作为广泛应用于各级各类学校的一种评价方式，对于促进在校生学习的积极性也发挥了非常重要的作用。事实证明，考试是对学校所培养人才的质量进行检验的有效方法，有考试参与的教学能将学校的教学活动提升到一个更高的水平。这是因为，实施考核本身，对于学生明确课程目标，巩固所学知识，检验学习效果，掌握关键问题，训练思维，培养应变能力，都具有积极的作用。即使有些学生平时疏于学习，但到期末，在考试的促迫和压力之下，也会紧张起来。人们大都有这样的体会，只有到考试之前，才能真正静下心来对所学的课程内容进行全面系统的整理、复习和巩固，并运用分析、综合、比较的方法，加深对知识的理解和记忆。由于学习强度大，注意力高度集中，身心处于紧张状态，加之在时间上的确比平时抓得更紧，所以效果更佳，这不能不说是考试所带来的好气象。

---

① 刘海峰.科举考试的教育视角[M].武汉：湖北教育出版社，1996：249.
② 刘海峰.以考促学：高等教育考试的功能与影响[J].厦门大学学报（哲学社会科学版），2002（02）：5-7.

从本质上说，以考试为主要手段的学生学业评价，是对学生个体发展和学习效果作出价值判断的过程，是以教学目标为依据来衡量学生个体发展是否达到预定的教育目标和程度的过程。学生学业成绩考试活动介入评价过程，保证了学校教学活动能更加符合教学目标的要求，保证了学校教学活动的高质量。葛洪在《审举篇》中就谈到道"若试经法立，则天下可以不立学官，而人自勤乐矣"，若"明考课试，则必多负笈千里，以寻师友"，"今且令天下诸当在贡举之流者，莫敢不勤学"。[①]科举制的进一步发展不断强化着"勤学"观念。由于科举录取率极低，对多数学习者而言显得极为残酷。若要科举成名，就必须"六经勤向窗前读"，经受十年寒窗的磨炼。特别是中国古代学者大多来自贫寒之家，正是因为家境贫困，更须苦学勤学，艰苦的学习环境更能激发他们勤苦向学、持之以恒的意志。为了参加科举考试，刻苦读书是贫寒子弟通往成功之门的唯一路径。

另外，心理学的研究也表明，学业成绩考试可以激发教师和学生的动机，获得一种特殊的情感体验，并以其特有的方式对师生的人格形成发生影响。一般来说，肯定的评价容易使学生和教师从肯定的方向看待自己，自信心开始增强，而否定的评价则可能导致师生产生自卑感；肯定的评价可能使师生情绪趋于安宁，而否定的评价可能使师生心情不安，以致产生严重的焦虑甚至负疚感；肯定的评价可能提高师生的积极性，有时也会使积极性下降，而即使是否定的评价，只要指导适当，也可能提高积极性。[②]可见，考试不仅是各级各类学校选拔新生的重要途径，而且是促进在校生学习、检验教师教学效果的重要手段。

不仅如此，考试的功用在西方还进一步得到拓展。美国教育测验专家亚尔保德·兰就指出："考试的功用甚为广博……在政界、军界、工界或商界各方面，应用考试来选择人才的，一天普遍一天，而且甚富成效。可见考试不特为解决各种教育问题的必要工具，且是一种推进各种社会事业的良好法则。"[③]近年来，"以考促学"已经被普遍用于各个领域的学习、进修、培训和提高中，从各种媒体上我们经常会看到："以考促学"开展法律知识竞赛、"以考促学"提高职工素质、"以考促学"提升监管执法

[①] 葛洪.抱朴子外篇·审举[M].庞月光，译注.贵阳：贵州人民出版社，1987：336-346.
[②] 李小融，魏龙渝.教学评价[M].成都：四川教育出版社，1988：19.
[③] 亚尔保德·兰.新法考试[M].浦漪人，黄明宗，译.南京：正中书局，1935：5.

能力、"以考促学"提高员工业务技能、"以考促学"建设学习型机关等诸如此类的报道。

总之，考试不是目的，而是实现目的的手段。考试不仅是教学过程的有机组成部分，发挥"以考促学"的作用，还是重要的教学组织形式和方法，教育中的许多职能正是因为有了考试而得到充分发挥，伴随着考试所进行的教育活动比考试自身还重要。在考试实施的每个环节，可能会出现很多问题，但还有许多可挖掘的教育因素。如对学生学业成绩的评定，在公开、公正、严格地进行之后，发生在一个学生身上的问题可以使全班同学从中获益。而恰当、及时地对学生学业成绩进行评定和反馈，并提出相应的处理意见，这本身就是一种很有效的教育方法。至于防止考试舞弊和对作弊的处理，则使主要用于测查学生在知识和技能方面的考试，起到检验学生道德水平的作用，进而促进学生全面发展，有利于学生形成良好道德品质，体现了考试的教育性。

四、考试属于"必需的罪恶"

纵观中国历史上的各种人才选拔制度，世官制虽并不是世代担任某一个职务，但不言而喻，血统是最先考虑的因素，是"血而优则仕""族而优则仕"。[1]察举制虽然打破了血统论，但"孝""廉"等道德性标准不易掌握，结果荐举成为徇私舞弊的方便之门，"任人唯亲"的渠道。至于九品中正制，选举权常为士族所垄断，形成了"上品无寒门，下品无世族"的不正常局面，加剧了社会矛盾，成为汉末政治动荡、经济衰退、国家长期分裂的重要原因。以考试为核心的科举制的产生，使儒家"学而优则仕"的理论制度化，符合儒家贤能治国、精英统治的思想。同时，创行科举制还极大地调动了庶族地主参政的积极性，推动了崇尚读书治学社会风气的形成，刺激了学校教育的发展。特别是"一切以程文为去留"，公平竞争，择优录取，虽不尽然，但和世卿世禄或任人唯亲的买官委任等选官制度比起来，科举考试不问家世阀阅，凭才用人，很明显具有平等特征，是等级森严的中国封建社会中难得的一项具有公平精神的制度。[2]

比较是认识事物的重要方法。经过长期的实践检验，通过多种情况下的比较，总结正反两方面的经验教训，历史选择了科举考试作为人才选拔的主要途径和方法，这

---

[1] 何怀宏.世袭社会及其解体：中国历史上的春秋时代[M].北京：三联书店，1996：171.
[2] 刘海峰.科举制长期存在原因析论[J].厦门大学学报（哲学社会科学版），1997（04）：5.

是不以某个人的意志为转移的社会的选择，即使至高无上的皇帝，面对考试存废问题也是慎之又慎，不敢贸然作出决定。历史上虽曾有数次停废科举考试，但都是旋废即复。所以从某种意义上来说，现今我们更应该高度评价科举考试的伟大历史功绩。当然，1905年科举考试被永远停止了，但深含着公平精神的考试选才方式并没有而且也不应该因此而销声匿迹。孙中山就认为，科举考试为"中国良好之旧法""往年罢废科举，未免因噎废食。其实考试之法极良，不过当日考试之材料不良也"。[1]而维新变法时致力于推动废科举的梁启超在1910年甚至要求重新恢复科举——"故悍然曰：复科举便！"[2]恢复科举在进入近现代之中国就已无可能，也没有必要。然而，在传统社会走向危机之时，"首先覆灭的是科举却是颇具戏剧性的一幕，这一中国历史上最具'现代性'，最具形式理性、平等精神和个体主义色彩的制度，却必须在中国想进入'现代化'时最先被废除，这真像是历史的揶揄"。[3]

与我们相反，欧美国家却巧妙地将科举制中的考试选才平等竞争精神学了过去，建立起现代文官制度，从而极大地提高了选官任职的准确性，开创了欧美政治制度的新局面。英国考试研究专家罗伯特·蒙哥马利指出："活的机体，只要具有多种功能，并且善于适应环境的变化，就会蓬勃发展起来。考试之所以蓬勃发展，同样是由于它具有多种功用的性质：考试常常适应多种目的的需要，当着某个目的过时了或者与它不相干了，考试仍然能够以其他理由而存在。"[4]在中国，正如孙中山在《五权宪法》中所说："从前凡经过考试出身的人算是正途，不是考试出身的不算正途。"[5]知识分子把科举应试看成是唯一的本业。用《儒林外史》人物中的话说就是："读书毕竟中进士是个了局"[6]，"人生世上，除了这事，就没有第二件可以出头。不要说算命、拆字是下等，就是教馆、作幕，都不是个了局。只是有本事进了学，中了举人、进士，即刻就荣宗耀祖。"[7]

---

[1] 孟庆鹏.孙中山文集[M].北京：团结出版社，1997：529.
[2] 梁启超.饮冰室合集：文集之二十三·官制与官规[M].北京：中华书局，1989：68.
[3] 何怀宏.选举社会及其终结：秦汉至晚清历史的一种社会学阐释[M].北京：三联书店，1998：375.
[4] 罗伯特·蒙哥马利.考试的新探索[M].黄鸣，译.南宁：广西人民出版社，1984：14.
[5] 孙中山.三民主义：民国立国档案[M].北京：中国长安出版社，2011：223.
[6] 吴敬梓.儒林外史[M].洪江，校点.上海：上海古籍出版社，2000：144.
[7] 吴敬梓.儒林外史[M].洪江，校点.上海：上海古籍出版社，2000：128.

可见，追求中试以享富贵只是士子追求科第的目标之一，光宗耀祖，看重荣辱，保持颜面实是中国知识分子社会心理倾向的实质反映。《录遗告示》中彭元瑞说："科举一道，得失颇重，不特功名之路，抑且颜面所关。"① 如此现象反映在社会生活和文艺作品中，矛盾最好的解决方式便是科举中试，有情人终成眷属，冤狱得以昭雪，都必须借助于它。科举不再仅仅是一种与知识分子有关的考试制度，也不再仅仅是权力的授予、荣誉的归属，而逐渐转换成一种传统、一种习俗、一种心理，化成人们日常生活中不可或缺的一部分，从而构成一种极难冲破的社会氛围和社会价值体系。②

也许正因为科举考试有如此强大的习惯势力，形成了如此近似稳态的社会心理结构，才使它弊端丛生，很多人贬损它，更多的人要求废除它。但问题是一千多年间曾历经诸多尝试，终未能找到一种更为有效的能够取代科举考试的理想的选才办法。唐代的杨绾、沈既济，宋代的范仲淹、司马光，明代的朱元璋，清代的康熙帝，近代的冯桂芬、郑观应等人，都只能要求恢复乡举里选，再无良策。清代的舒赫德也只建议"别思所以遴拔真才实学之道"，但具体办法也是无有下文。反倒是鄂尔泰反驳舒赫德时所说："故立法取士，不过如是"恰恰是最好的解脱。鄂尔泰说："时艺取士，自明至今殆四百年，人知其弊而守之不变者，非不欲变，诚以变之而未有良法美意以善其后。……至于人之贤愚能否，有非文字所能决定者，故立法取士，不过如是。"③

不仅在中国除却考试找不出更好的替代方法，现如今在国外也是"考试已经这样稳固地站定了脚跟，再废除它似乎比取消篝火节或者圣诞节更无可能"。④ 日本向来有"考试地狱"之称，至少在20世纪初就已公认考试是不利于日本人理想中的儿童的发展的。然而，为什么日本人又允许考试存在呢？皮特·弗柔斯特认为，日本人之所以接受"考试地狱"，"是因为他们在内心里崇拜它"。更为重要的是，日本考试地狱现象的大面积存在，"是因为对造成日本青年人劳累现象的一种肤浅的反对，教育决策者还没有想到更好保持国家统一和成功的办法"。⑤

---

① 诸晦香.明斋小识：卷七·录遗告示[M].上海：进步书局，1912：51.
② 刘新民.19世纪中后期变革科举思潮述论[J].荆门大学学报（哲学社会科学版），1996（04）：33.
③ 李调元.淡墨录[M].湛之，校点.沈阳：辽宁教育出版社，2001：184-186.
④ 罗伯特·蒙哥马利.考试的新探索[M].黄鸣，译.南宁：广西人民出版社，1984：76.
⑤ 皮特·弗柔斯特.当前日本大学入学考试中的改革措施[M]//湖北招生考试杂志社.招生考试研究（1）.武汉：湖北人民出版社，2001：71.

总之，考试就是这样，既是选拔人才的"高明之法"，又是戕害身心的"酷刑"！平心而论，是属于"必需的罪恶"一类，"在想不出更好的办法之前，考试还是不可废的"。①

第三节 中国考试发展特点规律

中国是考试的故乡。中国考试思想源远流长、博大精深。研究中国考试发展的理论与实践是一项内容及至当前的研究课题，对于建设教育强国，推进高考制度综合改革，提升新时代我国教育高质量发展，促进中学真正实施素质教育，都具有重要的学术价值和现实意义。通过对中国人才选拔，特别是考试发展漫长历史发展进程的研究，进而概括阐述中国考试发展规律及其特点，有助于从历史的经验教训中汲取营养，从考试发展的历史中找到一些带有规律性的东西，以便明晰考试发展中的矛盾、问题与争论，丰富考试理论，加深对现实考试问题的理解，形成正确的考试理念，更好地为深化新时代教育考试评价总体改革服务。

一、中国考试发展的主要特点

"从孔子到孙中山"的考试思想发展是中国考试思想史上既完整又典型的一段历史时期。笔者的博士学位论文曾对这一历史时期的不同阶段、不同阶级、不同阶层、不同学派和不同人物关于国家的考试制度、考试政策以及用考试来协调处理政治与教育、国家与社会、政府与个人之间的关系的理想、理论、方针和政策做了较为系统的研究。②研究了这些理想、理论、方针和政策提出的社会背景以及对当时政治体制、经济文化、教育教学、社会心理等各方面的影响，并探讨了它们之间的相互关系及其发展演变的过程，概括起来有如下几个方面的特点。

第一，考试问题始终为历代思想家、政治家和教育家等所重视。

考试问题是一个非常复杂的社会问题，涉及人类生活的方方面面，尤其与一定时期的政治、人才、教育等关系最为密切。对教育来说，没有考试，教育过程就难以

---

① 梁实秋.梁实秋散文集：第6卷[M].长春：时代文艺出版社，2015：39.
② 田建荣.中国考试思想史研究[D].厦门大学，2001.

为继。考试在教育发展的过程中产生，教育工作的顺利进行又离不开考试。甚至可以说，治国之本，在育人才；人才之兴，在重学校；学校之立，在明考试。考试的出现，实在是教育发展史上的一件大事，它对于教育评价、比较和反馈，都具有不可估量的价值。

在考试与政治及人才的关系方面，人才观居于中心地位，是政治理想与考试思想之间连接的桥梁，表现为人才观决定考试观，考试观一定要体现人才观。统治者常常通过调整用人政策来把控考试的发展方向，反之，则借以确定或改变考试的内容与方法来实现其人才选拔之意图。至于广大思想家也都能从国家治理、社会发展、国计民生等方面阐明正确选拔人才的意义，这些都为在考试问题上认识的高度一致和进一步探讨考试问题打下了良好的基础。

第二，涉及的考试问题具有延续性和时代性特点。

虽然制度化的考试出现较晚，但考试思想和观念却一直在延伸。以崇尚贤能、选贤任能、推行贤人政治为中心，可以说从远古到近世，无论是政治家、思想家，还是各派领袖，其实都是围绕着"贤材"这一有关考试的重大问题发表自己的见解。选贤任能，乃是指导选官实践的核心思想，荐举贤才是历代重要的考试、评鉴活动。但由于中国在古代时期，社会形态变化不大，因而许多问题都是前期考试问题的反复和重演，思想家在探讨解决这些问题时一般都要概括前朝故事，借鉴以往经验，甚至还打着"托古"改制的旗帜，希望以此来减小改革所遇到的阻力，并体现改革的连续性。

当然，考试实践和考试思想的演变也总是和某一特定历史时期的社会政治、经济、文化发展密切关联，各个朝代也都有一些各自迫切需要解决的实际问题，因而在延续前代思想的基础上，不同时期的考试理论与实践也各具特色。先秦考试思想初兴起，异彩纷呈；汉魏六朝在察举与考试之间选择；隋唐考试理论有新发展；宋代改革科举考试是主线；辽金元面对是否采行科举考试一筹莫展；明清批判八股科举弊端最流行。也正是由于这样连续性与阶段性的结合，才全面推动了考试理论与实践的不断发展和成熟。

第三，考试思想的超前性和滞后性并存。

和考试制度相比，中国考试思想的发展往往与考试实践存在不一致的地方，也就是说，并不总是有什么样的考试思想便有什么样的考试实践，甚至在某些时期落差还比较大。即使有一些在一定时期形成的有助于推动考试改革的先进思想，或者是对当时考试弊端的警示和批判，大多实行一段或者从一开始就遭到了来自守旧势力的遏阻，考试思想的先进性和超前意识往往得不到当局的认可，只有在社会发展到一定程度，考试弊端已是积重难返之时，才会重新加以考虑、肯定或深知它的价值，部分地加以实施。比如，孔子及其弟子的"学而优则仕"思想相对于世官制是先进的学说，但只有到了先秦以后才逐渐体现出来，而墨子更加民主的考试思想直到近代才被重新提起。至于王安石的系列科举改革主张、康有为的变科举建议又都是在面临更大的危机时才予以平反。朱熹的贡举政策私议直至明清才有人觉得它有实施的必要，甚至孙中山的考试权独立学说在当时连留学生也对此不能加以正确理解。

当然，只要是先进的、合理的、符合考试发展规律的考试思想，最终都没有被历史所淹没，并且成为可资借鉴的宝贵财富，构筑起考试思想史的宏伟大厦。而阻碍新兴的、进步的考试思想推广和实施的势力，它们被沿用好多年而渐成为一种习惯，其生存能力也十分强大，甚至在相当长时期内都要受这股力量的支配。如八股文作为一种考试文体竟能在中国考试史上统治科举长达五百年之久，以致成为科举的代名词，便是明显的适例。即使在此期间有识之士对八股科举进行了严厉的谴责，但仍然无济于事，这说明要推动考试思想不断发展和创新，其进程十分艰难。

第四，总是在推荐和考试之间选择，尚未形成新的考试观。

纵观我国人才选拔制度的演变，在中国封建社会漫长的历史中，国家选拔官员的制度，基本上是两种：南北朝以前的推荐制和隋唐以后的科举制。推荐制比较完备的是汉代的察举和魏晋南北朝的九品中正官人法。它主要是依靠地方官员的鉴定和荐举，因无明确的客观标准，所以很难保证人才质量，且常常舞弊成风。隋朝总结了历史的经验教训，通过考试来选拔官吏，因考试有较为明确的客观标准、严密的程序与规则，一扫推荐时的腐败风气，且任官权归于中央，对维护国家的统一，促进民族大融合，发挥了特殊的作用。于是，由推荐制发展到科举制，强调考试，这是人类历史的一大进步。而考试的实行也是中华民族对人类制度文明的伟大贡献之一。① 然而，在科举考试实行的过程中，特别是八股文统治时期，很多大臣、思想家都纷纷要求恢复汉代察举制，甚至要复兴乡举里选办法。也就是说，每当他们看到科举考试有种种弊端产生时，就马上想到了汉之察举是多么有助于敦厚社会风气。甚至在近代西学东渐，为了

---

① 杨学为.漫评科举考试[J].教育研究，1989（11）：67-72.

选拔适应新时局的经济之才时，也有人提出采用特科推荐的办法。

的确，考试的局限，却恰好是推荐的长处。在中国历史上，尽管长期实行科举制，但关于考试与推荐的优劣利弊之争却一刻也没有停止，科举制的几次短暂的停废也多与要实行推荐制有关。那么，是否将二者结合起来就可取得满意的效果呢？按理说，推荐和考试都是有效的选才办法，历史上它们也曾配合实行。正如张之洞所言："取士之法，自汉至隋为一类，自唐至明为一类，无论或用选举，或凭考试，立法虽有短长，而大意实不相远。汉魏至隋，选举为主，而亦间用考试，如董晁郄杜之对策是也。唐宋至明，考试为主，而亦参用选举，如温造种放之征召是也。"① 然而，理论上的正确往往与实际存在很大距离，相比之下，采用统一考试更能把握一定标准，也能有效解脱人情困扰，明显比推荐制有更多的优越性。

二、中国考试发展中的两难问题

由于考试问题十分复杂，虽则在考试改革大方向上可以求得基本一致，但涉及具体如何进行考试改革和怎样考试与人才选拔以及与学校考试等的关系，则往往众说纷纭，莫衷一是，有时甚至针锋相对。特别是宋元时期成为我国自科举考试创立以来思想斗争最激烈、探讨问题最广泛、参与人数最多的考试思想发展的黄金时期。的确，通过论辩，人们对有关考试的理论问题有了更深入的理解和认识，许多矛盾与纷争也取得了初步的结论，对其后中国考试制度的完善与发展具有重大影响，很多观点和论据至今仍对我们有启迪作用。

（一）"文武分途"与"文武兼备"的矛盾争议

文举和武举是中国古代科举的两条基本仕进途径。武举从科举体系中独立出来始创于武则天长安二年（702年），至宋代形成比较完善的制度，金、明、清时期得以继续和发展，并逐渐趋于完备。五代十国和元朝不设武举。至清光绪二十七年（1901年）武举先于文举被废止，与文举相伴推进、单独举行，持续了1200年之久。当然，在实行武举考试的朝代，武举也是经常迟于文举而恢复，或废兴无常，甚至围绕武举的存废朝野上下经常争论不休，更有很多人质疑武举存在的必要性，历代皇帝也曾多次下

---

① "董晁郄杜"指董仲舒、晁错、郄诜，"杜"所指不详。"温造种放"指温造、种放，分别为唐、宋学者、隐士、官员。详情请参阅人民教育出版社1981年出版的由舒新城编《中国近代教育史资料（上册）》一书第47页。

令停废过武举，但总是旋罢即复，中国封建时代的人才选拔始终在文、武同时开科取士的科举老路上运行，并渐次形成和始终保持着"文武分途"的科举局面。

"文武分途"虽然有助于发展和完善科举制度，推进武艺人才的选拔和形成尚武的社会风气。但"文武分途"长期存在，进一步强化了"重文轻武"的社会风气，给我国古代社会的科学选才和社会职业发展带来不利影响。如在宋代，"重文轻武"是基本国策。有宋一代，从中央到地方，从民事到军政一切要职均为文士所占据，以至于"取才唯进士、诸科为最广，名卿巨公，皆由此选"。[①] 而应制举者，也是乐为贤良方正，才识兼茂，而耻为将帅边寄之名，即使通过荫补作了武官的子弟，也设法改换文职，绝对不会发生以文官改任武职的事情。然而，宋朝恰又遇强邻交逼，战事连绵。宋初，进士科很快开科取士，且名额大幅增加，但是否恢复设立武举，却议论未定，犹豫不决。直到宋仁宗天圣七年（1029年）才正式设置武举，以待方略智勇之士。天圣八年（1030年），仁宗"亲试武举十二人，先阅其骑射而试之，以策为去留，弓马为高下"。[②] 武举殿试自此开始。此后到南宋中叶，基本上都实施了武举考试，但武举却未见如同进士等常科那样如期举行，而是时开时停，并无定规。至神宗时，枢密院修撰《武举试法》，才逐步确立了和文举同等的三岁一贡举的三级考试制，并设置武学以加强对武艺人才的培养。然而，在宋代，武举考试终不为时人所重视，备受冷落，最终宋之积贫积弱依旧，士人之肤脆肌柔如故，在强敌面前，"议论未定，兵已渡河"，无奈之下只能"临危一死报君主"。究其原因主要是统治者对武人的担忧以及由此形成的崇文抑武的社会环境，还有文武本身巨大的差异性和古代武学教育的极端落后。

当然，武举是在文举发展到一定阶段后创立的，大量借鉴了文举相对比较成熟的经验，同文举有着天然的不可分割的密切联系。虽然武举在地位上略低于文举，但作为科举考试制度的重要组成部分，其机构设置、铨选程序以及在维护国家统一与安全方面所发挥的作用与文举是完全相同的。同时，作为一种类型而存在的武举考试制度和文举相比，也体现出一些在考试内容和方式上的特色，具有不可替代的独特作用。所以，科举时代的历代统治者一般都能把武科和文举同等看待，故武举和文举长期同

[①] 脱脱.宋史：卷一五五·选举志一[M].北京：中华书局，1977：3611.
[②] 脱脱.宋史：卷一五七·选举志三[M].北京：中华书局，1977：3679.

时举行，授官也多仿文举。特别是到明清时期，武科所有名目和规制如生员、举人、进士、状元、考官等，均与文科相同，但加"武"字以别之。甚至清代的文科和武科会试场次都是举行了109次，进而也基本形成了与文举大致相同的考选体制和录取机制，文举进士和武科进士，都被世人视为科举正途。

特别是，"文武兼备""文武并举"一直都是中国古代推进科举考试制度改革的愿景目标。王安石在《上仁宗皇帝言事书》中就明确提出了"文武兼备"的思想。他说："先王之时，士之所学者，文武之道也。士之才，有可以为公卿大夫，有可以为士。其才之大小，宜不宜则有矣。至于武事，则随其才之大小，未有不学者也。"陈亮指出："文武之道一也，后世始歧为二：文士专铅椠，武夫事剑楯。彼此相笑，求以相胜。天下无事则文士胜，有事则武夫胜。各有所长，时有所用，岂二者卒不可合耶？吾以谓文非铅椠也，必有处事之才；武非剑楯也，必有料敌之智。才智所在，一焉而已。凡后世所谓文武者，特其名也。"①

可见，如果仅兴文教而抑武事，文武分离，重文轻武，士子便专尚言辞，空谈性理，"两耳不闻窗外事，一心只读圣贤书"，如此养成的人才，便是平日既无"推倒一世之智勇"，又无"开拓万古之心胸"，而当报国之日，更是"蒙然张口，如坐云雾"，②最终变成了"举一世安于君父之仇，而方低头拱手以谈性命"③的书呆子。反之，只武不文，试想"文字且不知，何论韬略。以故军兴以来，以武科立功者概乎未有闻。凡武生武举武进士之流，不过恃符豪霸，健讼佐斗，坑害扰民，既对国家无益，实于治理有害"。④

事实上，崇尚武功，讲求文武并重历来是国人追求的目标，也是武举考试得以产生和发展的社会基础，更是古代文人自身追求的理想人格模式。古者，"国之大事，在祀与戎"。⑤孔子说："有文事者必有武备，有武事者必有文备。"⑥特别是与"文武分途"和"文武兼备"这对矛盾相对应的，就是长期以来产生了古代文人"尚武"和武人

---

① 陈亮.陈亮集·酌古论序[M].北京：中华书局，1974：49.
② 黄宗羲.南雷文定后集：卷三[M].上海：商务印书馆，1936：31.
③ 陈亮.陈亮集·上孝宗皇帝第一书[M].北京：中华书局，1974：8-9.
④ 朱有瓛.中国近代学制史料：第一辑下册[M].上海：华东师范大学出版社，1986：151.
⑤ 顾馨，徐明.春秋左传：成公十三年[M].沈阳：辽宁教育出版社，2000：179.
⑥ 王利器.史记注译：卷四十七·孔子世家[M].西安：三秦出版社，1988：1413.

"右文"的现象。这种现象的存在是对现实制度不合理的最好说明。文武关系越不平衡的时代,这种现象越盛。宋明两代的文士尤好谈兵,范仲淹、陆游、辛弃疾、王守仁、于谦、张居正等均著有兵书。同样,武人"好文"的例子也有很多,很多武官都希望成为"儒将"。但这种寄希望于文武全才来解决社会问题的想法是过于理想化和不现实的,①正如王夫之所言:"若以古今之通势而言之,则三代以后,文与武固不可合矣,犹田之不可复井,刑之不可复肉矣。"②可见"文武分途"与"文武兼备"的矛盾不仅困扰着古人,也是今人需要急迫解决的难题。

科举考试"文武分途"现象,对于后世"文理不分科"、自主招生联考的分与合,以及将"高职院校考试招生与普通高校相对分开"等高考改革都具有重要的启示作用。2014年正式启动的新高考改革方案确立"文理不分科"、取消自主招生联考以及实行"职教高考"等,这些措施从出台背景、操作现状和未来发展趋势看,都与科举时代的文举和武举在并行发展过程中出现的问题非常相似。借鉴古代经验,务必在"分合之间"建立动态平衡,有效把握和运用中国考试历史发展的规律。历史经验告诉我们,只有"文武并举""文武合举""文武兼试",方能革除文武分途之弊害,得文武兼备之全才,以致用无不宜,以应国家选才之本心。

(二)学校取士与科举取士之争

"重科举,轻学校"虽然在唐代伴随着科举制的完善已表现出来,但到宋代,已使其发展成为只重科举取才而忽视学校育才,进而导致一些士子专攻举业而不屑接受系统知识学习的严重弊端。至宋中叶,学校育才与科举取士之间的矛盾更加突出。为了解决这一突出矛盾,当时开展了三次大规模的兴学运动,围绕这三次兴学运动,当朝大臣就兴学育才和考试选才展开了激烈争论。

推动第一次兴学运动的范仲淹认为,求贤得才必须依靠学校,如果只重科举取才而忽视兴学育才,就如同只管收获而不问耕耘。他说:"当太平之朝,不能教育,俟何时而教育哉?乃于选用之际,患其才难,亦由不务耕而求获矣。"③所以范仲淹力主劝学兴学,先教育而后选拔。庆历四年(1044年),时范仲淹任参知政事,朝廷诏令州县

---

① 田原,何星.试析"官分文武"之制中的怪现象[J].镇江高专学报,2011(03):86-88.
② 王夫之.读通鉴论:卷十五[M].北京:中华书局,1975:190.
③ 周鸿度.范仲淹史料新编[M].沈阳:沈阳出版社,1989:71.

立学，并规定"士须在学三百日，乃听预秋赋，旧尝充赋者百日而止"。[①]即士子须在学三百日方能应举，已应举者以百日为限。学生由于"日有定数，不敢不来"。然此并"非其本心，同于驱役"，结果行至不足一年，"乃诏罢天下学生员听读日程"，学生又一心一意地埋头于备考应举之中，轰轰烈烈的第一次兴学运动最终以失败而告终。当然，此间所获得的局部成果，特别是对人们思想上产生的深刻影响，却为后来王安石主持更大规模的改革学校与科举不平衡状态的兴学运动，奠定了思想理论基础。

王安石熙宁二年（1069年）被宋神宗任命为参知政事。他认为："古之取士俱本于学，请兴建学校以复古。"要求通过改革科举考试，使学校和科举统一起来，其最终目的是要将养士与取士皆统一于学校。推行"三舍法"就是他实现这一理想的具体步骤。但遭到苏轼等人的强烈反对。时任殿中丞、直史馆的苏轼奏上《议学校贡举状》，其议略曰："复古之制，臣以为不足矣。夫时有可否，物有兴废，使三代圣人复生于今，其选举亦必有道，何必由学乎？且庆历间尝立学矣，天下以为太平可待，至于今，惟空名仅存。"王安石以为不然。他辩道："今人才乏少，且其学术不一。一人一义，十人十义，朝廷欲有所为，异论纷然，莫肯承听。此盖朝廷不能一道德故也。故一道德，则修学校；欲修学校，则贡举法不可不变。"鉴于此，在宋神宗的授意下，当时许多朝臣都参与了这次改革学校和科举的讨论。现存留下来参加讨论的还有司马光的《议学校贡举状》，程颢的《请修学校尊师儒取士札子》，刘攽的《贡举议》，吕公著的《上神宗答诏论学校贡举之法》，苏颂的《议贡举法》等。[②]

总的说来，大多数人是拥护范仲淹、王安石将人才培养与人才选拔紧密结合这一积极尝试的，但苏轼等人的反对意见也很值得重视。事实上，基于学校取士也出现了许多严重问题，其优点并不明显，反而不及科举取士更能保证质量和体现国家的意志，这样，在宋徽宗宣和三年（1121年）便不得不停罢了"三舍法"，恢复了科举考试。当然，学校与科举之间的矛盾并未因此而有所缓解，这正说明学校育才和科举取士之间，既有统一性又存在着矛盾性。因为学校与科举各有其自身的社会功能，那种企图用学校教育来代替科举考试，或只重视科举考试而无视学校存在，都会导致人们不愿意看到的后果。因此，在学校与考试之间建立起动态平衡，促进其相互配合、良性发

---

① 脱脱.宋史：卷一五五·选举志一[M].北京：中华书局，1977：3613.
② 刘海峰.科举考试的教育视角[M].武汉：湖北教育出版社，1996：158.

展，乃是古今仁人志士的共同追求。

（三）诗赋取士与经义取士之争

早在中唐时期，进士科出身者在唐代政治中的影响就已迅速增大，重视文学辞章的社会风气业已形成。随着诗赋在进士科考试中成为主要考试内容和录取标准，甚至以诗赎帖（帖经不及格可以作诗赎救）取代经学考试内容，唐代进士科的文学性质愈来愈明显，与中国传统的儒家文化的距离也愈来愈大。两宋时期，进士科最终包并了明经科，加之时局多变，国家岌岌可危，而进士科更加离经叛道，导致在唐代经术与文学两种不同取士观的基础上，宋代的经义与诗赋之争愈演愈烈，可以说进入了针锋相对的冲突阶段。

庆历三年（1043年），范仲淹主持新政时还强调要"精贡举"，把考试的重点放在促进对儒家经典的学习和解决与国计民生有关的重大问题上来。他说："今诸道学校如得明师，尚可教人六经，传治国治人之道。而国家乃专以辞赋取进士，以墨义取诸科，士皆舍大方而趋小道，虽济济盈庭，求有才有识者十无一二。"为此，范仲淹要求科举考试"先策论，以观其大要；次诗赋，以观其全才。以大要定其去留，以全才升其等级"。[①]同时罢去帖经、墨义的考试形式。其考校进士，以策论高、词赋次者为优等。然这一评判标准很快招致一些人的反对，他们认为，"诗赋声病易考，而策论汗漫难知"[②]，结果不久又恢复了先诗赋、后策论的老办法。

解决经义与诗赋之间的矛盾，也是王安石科举考试改革的中心，更是他与反对派发生分歧和展开激烈斗争的焦点。可见，能否解决好考试内容方面存在的矛盾，已成了决定王安石科举考试改革成败的关键。根据《文献通考·选举考四》[③]记载，宋神宗熙宁二年（1069年）议更贡举法，"罢诗赋明经诸科，以经义论策试进士"。翰林学士韩维建议："罢诗赋，各习大经，问大义十道，以文解释，不必全记注疏。通七以上为合格。"集贤学士苏颂则要求"欲先士行，而后文艺，去封弥誊录之法"。然苏轼对此有不同看法，说："自文章言之，则策论为有用，诗赋为无益；自政事言之，则诗赋论策均为无用矣！虽知其无用，然自祖宗以来，莫之废者，以为设法取士，不过如此也。

[①] 周鸿度.范仲淹史料新编[M].沈阳：沈阳出版社，1989：87、71.
[②] 马端临.文献通考：卷三十一·选举考四[M].北京：中华书局，2011：900.
[③] 马端临.文献通考：卷三十一·选举考四[M].北京：中华书局，2011：906-907.

近世文章华丽无如杨亿,使亿尚在,则忠清鲠亮之士也。通经学古无如孙复、石介,使复、介尚在,则迂阔诞谩之士也。矧自唐至今,以诗赋为名臣者,不可胜数,何负于天下,而必欲废之!"具体而言:"无规矩准绳,故学之易成;无声病对偶,故考之难精。以易学之文,付难考之吏,其弊有甚于诗赋者矣。"

在这场争论中,虽朝中大臣唯有赵抃赞同苏轼的看法。但宋神宗开始时倾向于苏轼的主张,有鉴于此,王安石不得不再次向神宗进言:"今以少壮之时,正当讲求天下正理,乃闭门学作诗赋,及其入官,世事皆所不习,此科法败坏人才,致不如古。"所以,"宜先除去声病偶对之文,使学者得专意经术,以俟朝廷兴建学校,然后讲天下所以教育之法,施于天下"。最终宋神宗采纳了王安石的建议,罢去诗赋、帖经、墨义,规定士子各专治《易》《诗》《书》《周礼》《礼记》中的一经,并兼学《论语》《孟子》。进士科省试内容依次为经义、论、策。殿试也一改以前诗、赋、论三题的办法,改试策一道。熙宁八年(1075年),朝廷颁布王安石所著《三经新义》,作为科举考试的专用教材和标准答案。也就是说,在这次经术与文学之争中,经术派稍微占据了上风。

事实上,无论以经义、诗赋或是策论取士,突出强调某一方面,都会有失偏颇。诗赋、经义、策论均各有其自身的文学、教育、政治和文化价值,只有根据人才选拔的目标,综合地运用,使其成为进士科考试的必要内容和方法,或者作为取士的主要标准,统一在进士科中,才能显示其客观性和确保科举考试的"正统"地位。此后元、明、清各朝采用的八股文,就是集经义、诗赋、策论为一体的一种专门用于科举考试的特殊文体,而王安石"经义式"小论文可谓是八股制艺的开端。

至南宋,科举考试内容方面的经义和诗赋之争仍十分激烈,对是否以诗赋取士曾出现过多次反复,最后争论平衡的结果是在宋高宗绍兴三十一年(1161年),进士科被分解为"经义进士"和"诗赋进士"两科,从此以后,有关经义和诗赋的激烈争论才渐渐平息,彼此取得了双赢的结果。

(四)逐路取人与凭才取人之争

逐路取人和凭才取人是有关科举考试录取方式上对立的两个重要问题,对此至今仍存在着不同的观点和立场。宋代有关逐路取人和凭才取人之争集中在司马光和欧阳修两个大家之间进行。由于宋时北方地区战乱频仍,经济得不到发展,文化教育事业受到严重破坏。而在学术传统上，北方士人又长于经学，南方士子优于诗赋，所以虽然曾经改革科举考试，罢诗赋而重经义，甚至进士科分立"诗赋进士"和"经义进士"两科，以兼顾南北士人不同的学术专长，但还是在科举及第的比重问题上，出现了南北举额不均的严重的社会不公，科场中第者大半为京城所在地开封府和国子监举人以及南方举人，而广大北方地区和边远地区的中额人数极为有限。

据美国学者 John W. Chaffee（贾志扬）以地方志中所载北宋进士的统计，可考的北宋进士全国有 9630 人，其中南方诸路达 9164 人，占 95.2%，北方诸路仅 466 人，占总数的 4.8%。在南方地区中，又以两浙东、两浙西、江南东、江南西、福建等东南五路的进士为多，共有进士 7038 人，占北宋进士总数的 73%。[①]这可以说是我国科举史上南北及第比例最为悬殊的一个时期。为此，至北宋中叶，终于引发了一场朝中大臣关于科举取士的南北地域之争。[②]

司马光是从陕州夏县（今山西夏县）入仕的朝中大臣，面对朝野上下崇尚文学不利西北士人进身的状况，他力主按地域均衡举额，分路取人。宋英宗治平三年（1066年），司马光呈奏《贡院乞逐路取人状》[③]，从多方面分析了科举考试在举额和进士录取过程中的不公正现象，他建议今后考试进士举人，"其诸道州府举人试卷，各以逐路糊名，委封弥官于试卷上题以'在京''逐路'字，用印送考试官。其南省所放合格进士，乞于'在京''逐路'以分数裁定取人。"并指出逐路取人的具体比例应为每十人取一人，不满十人，六人以上亦取一人，五人以下则不取。

针对司马光的"分路取人说"，从江西庐陵（今江西吉安）应举入朝的欧阳修则针锋相对提出"凭才取人说"。他在《论逐路取人札子》[④]中说："窃以国家取士之制，比于前世，最号至公。盖累圣留心，讲求曲尽。以谓王者无外，天下一家，故不问东西南北人，尽聚诸路贡士，混合为一，而惟才是择。又糊名誊录而考之，使主司莫知为何方之人，谁氏之子，不得有所憎爱薄厚于其间。……（今）言事之人，但见每次科

[①]CHAFFEE J W.The thorny gates of learning in sung china: a social history of examinations[M]. New York: Cambridge University Press, 1985: 132-133.

[②]刘海峰.科举取才中的南北地域之争[J].中国历史地理论丛, 1997（01）: 157-173.

[③]司马光.司马温公集编年笺注: 卷三十·贡院乞逐路取人状[M].成都: 巴蜀书社, 2009: 326-330.

[④]张春林.欧阳修全集[M].北京: 中国文史出版社, 1999: 668.

场，东南进士得多，而西北进士得少，故欲改法，使多取西北进士尔。殊不知天下之广，四方风俗异宜，而人性各有利钝。东南之俗好文，故进士多而经学少；西北之人尚质，故进士少而经学多。所以科场取士，东南多取进士，西北多取经学者，各因其材性所长，而各随其多少取之。今以进士经学合而教之，则其数均，若必论进士，则多少不等。"

按欧阳修的观点，"如欲多取西北之人，则却须多减东南之数"。因为"今东南州军进士取解者二三千人处只解二、三十人，是百人取一人，盖已痛裁抑之矣。西北州军取解至多处不过百人，而所解至十余人，是十人取一人，比之东南十倍假借之矣"。且"东南之士于千人中解十人，其初选已精矣，故至南省所试，合格者多。西北之士，学业不及东南，当发解时，又十倍优假之，盖其初选已滥矣。故至南省所试，不合格者多。今若一例以十人取一人，则东南之人合格而落者多矣，西北之人不合格者而得者多矣"。所以，欧阳修认为："朝廷以岭外烟瘴，北人不便，须籍摄官，亦许其如此。今若一例与诸路十人取一人，此为滥缪，又非西北之比。"重要的是"若旧法一坏，新议必行，则弊滥随生，何可胜数？故臣以为且遵旧制，但务择人，推朝廷至公，待四方如一，惟能是选，人自无言，此乃当今可行之法尔"。

由此可见，分路取人是按区域分配名额，凭才取人则不拘地域额数，在考试面前人人平等。司马光和欧阳修争论所持观点不同，明显是代表了当时北南不同地域集团的利益。但从发挥大规模考试的社会控制功能方面来看，凭才取人着眼于一切以程文定去留，为的是保证考试的客观性和公平程度；而分路取人则有利于提高文化相对落后地区士人的学习积极性，促进区域经济发展，维护国家的团结和统一。所以说，两种取士观都有一定的道理和充分的理由，是利弊兼有的一种"两难选择"。"分路取人，可以普及文化。而其为弊，文化低落之地，亦必照例取录。凭才取人，可以吸收英彦，而其为弊，多京师国学之人，鄙陋之乡难及焉。"[1] 元人马端临也说："司马、欧阳二公之论不同。司马公之意，主于均额，以息奔竞之风。欧阳公之意，主于覆实，以免缪滥之弊。要之，朝廷既以文艺取人，则欧公之说为是。"[2] 的确，最后由于双方观点相持不下，因而取士方法还是维持现状，但宋英宗实际上是听取了欧阳修的意见。

---

[1] 邓嗣禹.中国考试制度史[M].南京：考选委员会，1936：173.
[2] 马端临.文献通考：卷三十一·选举考四[M].北京：中华书局，2011：906.

明初颁行"科举成式"后，科举制度开始定型化，许多规制与前代有所不同，但在会试一级仍承旧制，实行全国自由竞争，南方举人在科场的压倒性优势继续存在。明洪武三十年（1397年），由于会试所取52名贡士以及殿试擢定的状元全是南方人，引起北方举子的强烈不满，指责主考官、湖南茶陵人刘三吾"私其乡"，从而引发了科举史上著名的"南北榜"事件。朱元璋出于地域笼络的政治考虑，处死、发配考官和状元等数人，并亲自主考和阅卷，结果所取皆为北士。[1]虽然此次血腥的"南北榜"事件只是科举史上的一个极端事例，但反映出考试公平与区域公平之间更加激烈的矛盾，科场地域间的不平衡已到了不得不解决的严重地步。明仁宗洪熙元年（1425年），大学士杨士奇提出南北分卷的设想。两年后，这一设想成为现实，南北卷制度正式实施，并确定南卷、北卷、中卷的比例分别为55∶35∶10。除了少数年份中断外，这种分地域按比例录取的制度一直沿袭至清代。但仍会有一些边远省份由于教育的落后甚至出现被科举取中所"遗漏"的情况。因此，清康熙五十一年（1712年），南北卷制度被分省定额取中制度所取代，即按各省应试人数多寡，钦定会试中额。[2]这对于调动落后地区的学习积极性、维护中华民族统一，具有积极意义。这一制度也因为具有明显的政治价值而一直实行到科举制度的终结。[3]

三、中国考试发展基本规律

我们知道，理论是人们在实践中概括出来的关于自然界和社会的知识的有系统的结论。考试作为人类社会长期的实践活动，在制度建设和实际运作方面历史悠久，积累了丰富的经验，大量的古代典籍和近代文献都蕴藏着深刻的考试思想理论见解。然而，自"隋以后，科举盛行一千多年，考试事业相当发达，而在理论上都没有什么建树，更谈不上有什么系统的理论"。[4]在科举考试废除以前，"至今没有发现一本理论专著，甚至连一篇科学论文也没有"。[5]可见，忽视理论研究是中国考试发展史上的重大

---

[1] 张廷玉.明史：卷一百三十七·刘三吾传[M].北京：中华书局，1974：3942.
[2] 赵尔巽.清史稿：卷一〇八·选举志[M].北京：中华书局，1976：3158.
[3] 郑若玲.考试公平与区域公平：高考录取中的两难选择[J].高等教育研究，2001（06）：53-57.
[4] 杨学为.漫评科举考试[J].教育研究，1989（11）：67-72.
[5] 教育部考试中心.中国考试史专题论文集[M].北京：高等教育出版社，1999：2.

缺陷，而理论上的准备不足，必然导致考试改革的苍白无力或中途夭折，也使千年考试未有巨大的思想进步和技术创新，且使全社会长期遭受考试消极影响之苦。然而，在中国考试发展史上，也的确有许多被正反两方面历史所证明的成功经验，也有为历次辩论和反复实践所检验而得出的初步结论，认真吸取这些长期积累起来的理论成果，不仅可以丰富中国考试思想的理论宝库，还对当今考试改革具有思想启迪和现实指导价值。

（一）"德才兼备"作为选拔人才的标准是历史做出的结论，是经过长期的反复实践和理论探讨逐步达成的一个共识

在世官制鼎盛时期，用人讲求血缘、门第和出身，执行的是一条任人唯亲的路线。但进步的思想家、政治家早就提出了以德和才作为标准选拔人才的思想。墨子主张"察能予官，以德就列"，认为"官无常贵，而民无终贱，有能则举之，无能则下之"。[①] 而曹操以倡导"唯才是举"闻名于世，司马光更是认为有才而缺德者，比无才无德之人更危险，实为国乱家败的根源。可见，德才关系问题在不同历史时期，在某个人的心目中往往轻重不同。魏征所言则反映了大多数人的观点，他说："乱世唯求其才，不顾其行。太平之时，必须才行俱兼。"[②] 也就是说，在大动荡、大分裂的年代，主要是无法顾及德行之优劣，惟速求能济事之士，但这并不能影响德才兼备作为选才标准的一贯性、客观性。此仅可看作是在特殊历史条件下对这一人才标准的灵活运用。

（二）考试内容必须注意与现实问题相联系，并在形式上不断变化

考试内容历来是决定考试制度改革与发展的重点和难点，也是与许多考试范畴密切联系的理论中心问题。具体来说，考试目的制约考试内容，考试内容要通过考试形式来体现。作为封建统治者选拔政府官员的科举制，考试内容主要是儒家经学和文学辞章，在形式上表现为诗赋、策论、表、判等考试文体，其目的就是要选拔具有忠君孝亲思想和具备相当文化素养的官吏队伍。但当科举考试到明清只剩下进士一科后，考试内容便从多样走向单一，考试形式也由先前的帖经、口试、墨义、诗赋、策论合并为主要是以八股文命题考试，结果这种专以"四书五经"为题目，限定用一定体裁

---

① 谭家健，孙中原.墨子今注今译[M].北京：商务印书馆，2009：37.
② 吴兢.贞观政要[M].长沙：岳麓书社，1991：114.

和字数的考试文体在中国实行数百年后，可以说几乎所有的题目都已出现过，且每个题目都有了典范文本。为了避免雷同重复，防止考生猜题押题，八股文考试只好翻新花样，考官甚至肢解经文，强截句读，出一些名目繁多的截搭题等偏题怪题，文字也趋于奇诡，以至于到了清末，八股科举已无法选拔出能真正经世致用的人才，究其原因主要是考试内容陈腐和考试形式僵化。可见，要保证考试客观公正，避免应试教育现象的发生，就必须以考察多种能力为中心，对考试的内容和形式不间断地、适时地加以更新和调整，这是考试思想发展总结出的重要经验。

（三）"从考试公平趋向于区域公平"是在两难选择中逐渐得出的关于考试录取方面的基本结论

在中国封建社会后期，科名的盛衰和科举中式人数的多寡是衡量一个地区文化教育发达水平最重要最客观的指标之一，科名也成为地方集团追求的对象而不仅仅只是个人的奋斗目标。于是在宋代发生了司马光和欧阳修之间分路取人与凭才取人之争，在明代出现了"南北榜事件"，至清代实施以分省取中的办法，考试录取便从追求考试公平趋向于达到区域公平，这一传统一直影响到近代以来中国高等学校的区域布局和新中国成立以来高考分省定额划线录取制度的实行。[①] 只是曾有一段时期在我国高校集中而考生较少的地方，出现了新的录取不公现象，则与科举时代的区域公平问题有所不同，这需要通过调整高考录取政策，来逐渐校正这条"倾斜"了的高考分数线。后来，随着社会的发展与进步，考试制度的改革与完善，报考条件限制已越来越少，人才选拔已经逐渐向所有人开放，这样，考试录取中就不仅要保障区域公平，还应充分关心社会弱势群体的权利和利益，使更多的人都能够共享社会发展的成果，实现人生价值的追求目标。

（四）反舞弊是中国考试发展史上最为艰巨的任务

历史上，每一次、每一项考试改革的出台大都是针对业已形成的考试流弊提出来的，而反对者更是凭借经验加以阻挠。事实上，考试制度的发展实际上是在反舞弊措施不断加强的过程中得到进一步完善，而考试思想的进步也正是基于提出新的更加有助于实现考试公平、提高选拔效率和准确性的前提下，成为指导考试实践的科学理论。

---

① 刘海峰. 科举取才中的南北地域之争[J]. 中国历史地理论丛，1997（01）：157-173.

在科举考试盛行的年代，虽然考试理论成就不多，但考试管理规则却至为详密和规范，执行也较为严格，历朝对科场案的处理都相当严厉，进而在考试的法制化方面留给我们许多有用的遗产和启迪。自武则天实行弥封、首开殿试之后，宋代誊录、锁院、别头试等相继实施，至明洪武十七年（1384年），礼部颁行"科举成式"，标志着更加完备的考试规则已基本形成，其后科举考试都是按照这些详尽的考试法典行事。

除此之外，坚持统一考试，重视科目改革，注意考试与教学的协调，文武并重，举士与举官分离等都是相比较而言带有规律性的较为公平和完美的解决之道，坚持这些基本原则，自觉地运用这些规律解决当前面临的复杂的考试评价改革等问题，有助于使考试评价日益走向科学与理性，并确保其能沿着正确的轨道健康持续发展。

当然，必须指出，考试的负面影响和消极作用也是不容忽视的。一方面，考试本身存在着一定的局限性。统一考试达到了公平竞争的目的，却不可避免地要遗漏某些特殊人才；而考试所必须具有的标准答案，在一定程度上限制了人们求异思维的发展；特别是选拔性考试，往往在命题上要防止考生猜题，于是命题者和考生"斗智斗勇"，相互揣摩，致使偏题怪题层出不穷，最终导致考试考什么，士人便学什么，考试不考什么，士人便不学什么的"应试教育"之恶性循环。正如反对考试者所言："考试是一种人才选择机制，它在被普遍地运用着，并不是因为它绝对准确，而是因为比较简便。从根本上来说，人才的选拔，最可靠的办法并不是考试，而是实践。"[①]的确，把需要长期实践考验才能确定的人才，放在同一时间、同一地点和相同条件下进行检测，并运用统一的评价标准，通过精确的分数加以标识，这都是一种不得已的假定，本身存在着一定局限性。

另一方面，考试被滥用使中国教育和社会深受考试之苦。过分频繁的考试会加重学生的负担；单纯注重记忆性知识的考试会扼杀学生的创造力；突出强调考试的评定作用，以考试的成绩论高下、定优劣，会挫伤学生学习的积极性；家长一味关心考试的具体分数和排名座次，会给学生带来心理上的巨大压力。而一些教师受不正确的考试观念和社会不良风气的影响，圈定考试范围，故意漏题，学生突击背诵，判卷时手下留情或趁机打击报复等都是滥用考试的突出表现。更有甚者，标榜公平与公正，但

---

① 孙绍振.炮轰全国统一高考体制[J].粤海风，1998（05）：4-7.

却"在考试成绩面前人人平等"的背后，徇私舞弊，任人唯亲，结党营私。可以说，社会充斥着由考试带来的价值观根本无法改变。特别是竞争选拔性考试，大都和一定的功名利禄相联系。在古代，一举成名天下闻，好似换了人间。如今，这巨大的诱惑使千军万马争过独木桥。而有些人利用各种考试，滥发文凭，借机敛财，使考试蒙羞。

考试是一种极其复杂的社会现象，中国考试的理论与实践又主要来自封建社会。封建帝王为了维护其专制统治，往往借考试钳制思想、压抑个性、摧残人才，特别是选拔和识别人才的决定权最终掌握在皇帝手中，以至于那些有远见卓识的思想见解、理论主张往往得不到实现。而文化专制又使对考试的不同意见无法伸张。至于下层劳动人民对考试的感受，更是无法见之于记载。可见，中国传统的考试理论仍带有极大的历史和阶级局限性，对于考试科学体系的建立还只能发挥基础性作用。

总之，考试问题是一个历史性难题，而考试的影响又是如此深远，以至于只有通过反思历史才能弄清楚这个复杂的问题。现今，在推进实现中国式教育现代化和深化新时代教育考试评价改革的新形势下，我们必须借鉴已往人们对科举考试等的认识与反思，不断改革和完善现行考试、招生和评价办法，以注重能力的考察和培养为中心，在淡化应试思维的基础上，深入研究考试评价与其内外部各因素之间的关系，探索考试为党育人、为国育才的新途径，并亟待运用先进的评价理论和新的测量技术手段，最终实现中国考试从传统的经验考试向现代的科学考试的伟大转变。

本章小结

考试作为一种独特的社会现象，是伴随着人才选拔和教育活动的开展而出现的。原始社会考试活动就已萌芽，但制度性考试大致产生于原始社会末期和奴隶社会初期。中国是考试的故乡。我国历史上曾经实施的人才选拔制度有：禅让制、世袭制、养士军功制、察举制、九品中正制、科举制等。

考试的采行是中华民族对人类制度文明的伟大贡献之一。历史证明，在等级森严的中国古代社会，科举考试乃是一项难得的具有公平精神的制度。特别是考试不仅公平，还具有"以考促学"之功能。采行考试是历史的选择，在想不出更好的办法之前，考试是不可废的。

我国历代思想家、政治家、教育家等都对考试非常重视，提出了诸多考试思想，所涉及的考试问题具有延续性和时代性的特征，以及超前性和滞后性并存的特点。从标准上看，"德才兼备"作为选拔人才的标准，是经过长期的反复实践和理论探讨逐步达成的一个共识；从考试内容上看，要注意与现实问题相联系，并在形式上不断变化；从公平的角度看，考试公平逐渐趋向于区域公平。而反舞弊是中国考试发展史上最为艰巨的任务。

思考题

1. 简述我国人才选拔制度的历史演变。
2. 如何评价"唯才是举"？它与"德才兼备"有什么联系？
3. 试述科举考试与古代学校教育发展之间的关系。
4. 简述科举考试的存废之争。
5. 为什么说采行考试是历史的选择？
6. 简述中国考试发展的主要特点。
7. 试述历史上的"逐路取人与凭才取人"之争。
8. 试述中国考试发展的基本规律。

第二章　综合性：从考试到评价

中国是世界上最先实行考试的国家，这在国际学术界已是公认的事实。《大英百科全书》指出："我们所知道的最早的考试制度为中国所采用之选举制度，及其定期所举行之考试。"[①] 相比之下，西方在纪元前约五百年的时候，才有雅典人和斯巴达人"举行各种定期考试，以测验青年的技能和能量"。[②]《简明不列颠百科全书》说："尽管中国早在公元前165年就已使用书面考试来测验官职候选人，但是任人唯贤制度直到19世纪才在西方世界得到广泛的应用。最早建立这一制度的有普鲁士和英国。"[③] 即直到18世纪，欧洲才有了书面考试的开端。1702年，英国剑桥大学三一学院曾实行一种书面考试，用笔试取代口试作为评价的主要方法，开了西方学校笔试之先河。孟禄在其《教育百科辞典》中也说："欧洲在1702年以前大概是没有笔试的。"[④] 而类似中国科举制度的官吏考试，在欧洲始见于18世纪德国腓特烈大帝的普鲁士。推行这种考试制度的目的在于，排除封建贵族势力，通过考试录用官吏，以建立专制主义君主制国家。[⑤] 美国学校直到19世纪中期才采用笔试。在美国著名教育家贺拉斯·曼的倡导下，1845年美国马萨诸塞州波士顿市教育委员会议决采用书面考试形式考查该市所属学校的毕

[①] 邓嗣禹.中国考试制度史[M].长春：吉林出版集团有限责任公司，2011：294.
[②] 亚尔保德·兰.新法考试[M].浦漪人，黄明宗，译.南京：正中书局印行，1935：1.
[③] 本书编辑部.简明不列颠百科全书：第4卷[M].北京：中国大百科全书出版社，1995：652.
[④] 邓嗣禹.中国考试制度史[M].长春：吉林出版集团有限责任公司，2011：299.
[⑤] 吉田辰雄.教育评价的理论与实践[M].关益，等译.北京：春秋出版社，1989：5.

业生，结果发现用笔试代替口试有很大优势。[①] 不过美国那时的笔试方式还主要是写论文或用同一试题同时考查全体学生，评分仍带有很大的主观性，为矫正此弊，使考试更加客观化，从而引发了教育测验运动，使教育评价方式有了后来居上的更大改进。

第一节 西方测验技术和评价理论的传入

我国以考试为特征的教育评价理论与实践起源虽然很早，但发展缓慢，后在与西方教育评价理论的交融中才不断进步。有关西方教育评价理论的发展，当今颇为流行的划分是20世纪80年代古贝和林肯在其著作《第四代评估》中提出的"现代教育评价发展四代论"，分别称之为测量时期、描述时期、判断时期、建构时期。[②] 测量时期盛行于19世纪末至20世纪30年代，基本观点认为评价就是测量，评价者的工作就是测量技术员的工作，即选择测量工具、组织测量、提供测量数据。描述时期（20世纪30年代至50年代）主流理论认为，评价是"描述"——描述教育结果与教育目标相一致的程度。判断时期萌生于1957年后美国因苏联卫星上天而发动的教育改革。在这一时期，评价人员开始关心那些已经确定的目标是否需要评价和价值判断，他们认为评价在本质上是"判断"。20世纪70年代，随着建构主义理论的兴起，第四代教育评价应运而生。伴随着质性评价方法的应用而产生的建构时期评价的中心思想认为，评价是一种通过"协商"而形成的"心理建构"，因此评价应坚持"价值多元性"的信念，反对"管理主义倾向"，强调通过协商构建关照各个利益攸关方的评价标准。西方不同阶段的教育评价理论都对我国教育考试评价思想与实践的发展和完善产生了深刻影响。

一、"教育测验运动"在中国的兴起

教育评价的发展史，可以说是以追求客观性而展开的。1864年，为力求考试客观化，英国格林尼治医学校校长费舍尔（George Fisher）试图为客观评分提供一个参考标

[①] 余文森.论美国教育评价的历史发展[J].福建师范大学学报（哲学社会科学版），1995（04）：121-126.

[②] 卢立涛.测量、描述、判断与建构：四代教育评价理论述评[J].教育测量与评价（理论版），2009（03）：4-7.

准，他收集了许多学生的成绩样本，编制成量表集作为度量学生成绩的标准，该评分标准对照表采用五分制评分，这是第一个依据一定的价值程度进行评分的标准、尺度或量表。由此，费舍尔被视为考试客观化的先导者。而英国遗传学家高尔顿（Francis Galton）通过对个体差异的长期研究，于1869年出版了《遗传的天才》一书，从而揭开了教育测量的序幕。此后，美国的莱斯（J. M. Rice）在1895—1905年编制了算术、拼字、语言等测验，1897年他发表了对20个学校的16 000名学生所作的拼字测验的结果，后人高度评价了他的拼字测验，并称其为客观测量的先驱、教育测量的创始人。[1]

从19世纪末起，欧美的教育与心理学者为了适应社会日益增长的对科学甄别人才的迫切需要，在教育科学化运动推动下，吸收心理学、统计学、社会学等学科研究成果，利用心理测验、统计等科学方法，对学校的传统考试进行了改革，他们力图排除试题编制的片面性和评定的主观性，大力提倡客观性测验，进而使客观性测验标准化，成为可信的教育测量。于是，以测量为标志的第一代教育评价便在19世纪后期至20世纪30年代兴起和发展。特别是20世纪初，在教育实践的需求和自然科学使用数量测定法对人文科学的刺激和影响，以及个人差异心理现象研究的推动下，教育测验运动进一步深化。1904年，桑代克（E. L. Thorndike）发表《心理与社会测验学导论》，系统介绍了统计方法和编制测验的基本原理，这是一本划时代的巨著，标志着教育测验开拓期的开始。书中关于"凡是存在的东西都有数量，凡是有数量的东西都可测量"的著名论断和理念奠定了教育测量的基础，对教育测量的发展起到巨大的推进作用，做出了突出的贡献，桑代克被称为"教育测量之父"。之后，他与学生陆续编制了各科标准测验，促成了教育测量运动的蓬勃开展。1909年桑代克又编写了《书法量表》《拼字量表》《作文量表》《图画量表》等标准化测量工具，使教育测量走上科学化的道路。

随着教育测量运动的发展，各种各样的标准测验被编制出来了，在1909—1928年的20年间，美国就有3000多种测验问世，开始多用于小学科目，1918年后逐渐用于中等以上学校科目，许多大学也逐渐开设了教育测量学，教育测量开始普及并不断得到改进。[2] 人们不仅在学业检查、教育诊断、课程调查等方面应用客观测验，教师在平时教学中也开始运用。后来，教育测验逐渐发展成三种不同性质的测验：学力测验、

---

[1] 朱德全，宋乃庆.教育统计与测评技术[M].重庆：西南师范大学出版社，2018：227.
[2] 吕文升，方天培.现代教育学[M].上海：复旦大学出版社，1993：328-329.

智力测验和人格测验。

在学力测验上，也就是学业成就测验方面，1908年，桑代克依靠其弟子斯通（C. W. Stone）完成了算术标准学力测验，此测验是最早的标准测验。1909年，桑代克又亲自完成了书法量表，1912年编制了兴趣测验，1915年提出了职业测验，1917年编制了办事员的能力测验，等等。此间，其他学者也编制了许多测验，如语文量表、作文量表、算术标准测验、职业兴趣测验等。这样，作为教育测量的代表工具——关于各科教学的学力标准测验陆续完成。这些测验应用于学校教育调查和大规模的教育测验，从而促进了教育测量的实施与发展。[1]

在智力测验上，法国的比纳（A. Binet）和西蒙（T. Simon）于1905年提出了第一个智力量表即《比纳-西蒙量表》。1908年修订版引入了"智力年龄"概念，1911年再次修订此量表，奠定了智力测量的基础。该量表由三十多个由易到难排列的项目组成，主要测验判断、理解和推理三个智力的基本成分，以测量出高低不同的智力。该智力量表发表后，引起了全世界心理学家的普遍关注，并因其实用与创新特征得到了广泛推崇。1910年，比纳测验被引进到美国。1916年，美国斯坦福大学的推孟教授（L. M. Terman）修订了比纳的量表，采用了德国斯特恩（W. Stem）在1911年提出的智力商数，即实足年龄除以智力年龄，乘以100，得到的数目即为智力商数，简称"智商"（IQ），这样计算智力水平就很方便。[2]《斯坦福-比纳量表》第一次将"智商"概念运用到智力测验中，最终形成了当今世界上极具权威性的智力测量工具，从而使心理测验达到较为成熟的程度，智商直至现在还被人们广泛采用。

在人格测验方面，1921年，华纳德（G. G. Fernald）着手试做人格测验；1924年至1929年，哈茨霍恩（H. Hartshorne）与梅氏（M. May）等人组织了人格教育委员会，专门研究人格测量工具，并不断加以改进，使之进一步精密，人格测验初步开展。

总之，在这一时期，测量和评价被认为是同义词。教育测量着眼于客观测验，注重考试客观化、标准化、数量化、严密化，能在一定程度上把学习效果和能力用数字表示出来，对学生之间的个别差异予以量化。因此，这一时期被称为"测验"或"测量"时期。

---

[1] 刘本固.教育评价的理论与实践[M].杭州：浙江教育出版社，2000：15-16.
[2] 马镛.外力冲击与上海教育[M].武汉：湖北教育出版社，2003：168.

1905年，我国废止了实施1300年的科举制度，而此时正值西方教育测验运动方兴未艾之际，在内与外、主动与被动两种力量的共同作用下，西方教育测量理论很快就传入我国，进而在20世纪二三十年代形成了中国的教育测量运动。

上海《教育杂志》早在1912年就刊登了志厚的文章《比奈氏之智能发达诊断法》，介绍比纳以他的两个女儿为实验对象，测量儿童注意力、意志、记忆、叙述等能力的情况。1918年，俞子夷编制了小学国文毛笔书法量表，这是我国最早的标准测验。1920年，廖世承和陈鹤琴在南京高等师范学校开设了测验课程，并用心理测验对报考该校的学生进行考查，后来出版了两人合著的《智力测验法》，该书被认为是我国最早的介绍心理测量的著作。

1922年，美国教育测量专家麦柯教授应中华教育改进社的聘请，来华帮助编制各种教育测验，并训练有关人员。他在广州、上海等地与我国教育专家合作完成了50多种测验，撰写了《中国教育的科学测量》一文，训练了两期研究生。麦柯对这些测验的评价是："至少都与美国的标准相等，有许多种甚至比美国的还好。"中华教育改进社还于1923年组织了全国性的小学教育调查，涉及22个城市和11个乡镇，共测验儿童9.2万名。[1]1924年，中国专家陆志韦、俞子夷、廖世承、陈鹤琴等在麦柯的帮助下，制定了比纳的智力量表，编制了各种中小学测验。特别是在世界性的智力测验风潮影响和麦柯来华的直接推动下，我国有关智力测验方法的引进与实验得到蓬勃开展。

我国的教育测验运动，从"五四"前后到1928年可谓达到高潮。在这一时期，西方以智力测验为代表的各种理论传入我国，我国学者在翻译、引进的同时也结合中国的具体情况作了修订、改造，并积极开展自己的探索和创造性的研究工作，相继出版了一大批教育测验类理论著作。如出版了法国比奈（该书译为宾尼特）、西蒙（该书译为欣蒙）著、费培杰译《儿童心智发达测量法》（上海商务印书馆1922年5月初版）；张秉洁、胡国钮编《教育测量》（北京高等师范1922年8月初版）；华超编《教育测验纲要》（上海商务印书馆1925年1月初版）等书，充分表明了当时研究的活跃状况。特别是1925年前后，由《教育杂志》社编辑、上海商务印书馆连续推出了多种智力测验的书籍。其中，介绍比纳、西蒙智力量表和麦柯测验方法的有《推

---

[1] 郭述平，王景英.教育测量[M].长春：东北师范大学出版社，1988：9.

孟氏订正比纳、西蒙智力测验》（1922年）、《麦柯测验法》（1925年）、《测验之学理的研究》（1925年）。介绍我国测验改进情况的有廖世承《测验与入学考试的改进》（1925年），廖世承、廖承训合编《五项测验》（1925年），胡昌才、陈家鸿等《儿童性向的测验报告》（1925年），陈鹤琴《智力测验法》（1928年）等。[①] 与同时期出版的译著相比较，当时国内的相关研究在方法、广度、深度及成果的数量上并不逊色。

但当时我国教育测验运动在发展过程中也出现了严重偏差，主要因为"一是人们赶时髦，东也测，西也测，把测验弄得非驴非马；二是搞测验的人夸大测验的功能，对测验结果翻译不慎重，导致社会对之发生反感"，以至于在1929—1930年间，"测验运动竟一蹶不振，社会对之几乎有淡然抛弃之势"。[②] 为促进教育测验在中国健康、持续发展下去，1931年，著名学者艾伟、陆志韦、陈鹤琴、萧孝嵘等倡议组织"中国测验学会"，专门从事测验理论研究，这是我国教育测量和评价方面的第一个学术研究组织。以"中国测验学会"成立为契机，我国的教育测验运动及其研究又获得了新生。此后，左任侠发表了《智力是什么》《常态曲线之基本原则》等论文。萧孝嵘对智力发展曲线和智力成熟年龄等问题做了一定的解答。黄觉民的幼童智力测验、萧孝嵘的订正古氏画人测验、艾伟的订正宾特纳智慧测验等纷纷问世。同时，汤鸿霭的《教育测验》（上海大华书局1933年8月初版），吴天敏的《中国比纳西蒙智力测验之经过（第二次修订）》（上海商务印书馆1936年6月初版）等一批有关教育测验、测量的学术著作也陆续出版。

1937年7月开始，日本帝国主义大举入侵我国，中国教育测验运动被迫中断。而20世纪30年代正是西方教育评价研究诞生并迅速发展的年代，1933—1940年，美国教育家泰勒完成了教育评价史上具有里程碑意义的"八年研究"，这标志着教育评价学科的正式确立。然而在当时的历史背景下，"八年研究"及其他一系列的研究成果自然是不可能介绍到我国来的。甚至连"教育评价"的概念都未能引进，我国教育评价

---

① 马镛.外力冲击与上海教育[M].武汉：湖北教育出版社，2003：169-170.
② 宋伏秋，梅克.我国普通教育评价模式研究[M].北京：中国和平出版社，1995：11.

理论的研究水平自此与世界拉开了距离。①这期间只是零星地出版了一些教育测验类的书籍，多为师范教育或教师培训所需，并无多少研究创新可言，还继续在教育评价测验的发展阶段徘徊。

二、"八年研究"与泰勒原理

泰勒（Tyler，R. W.）主持的"八年研究"被认为是现代教育评价的开端。"八年研究"实际上宣告了测验运动的终结，使人们在思想上和行动上接受了采用教育评价方法来描述教育效果这一观点，形成了一个以"描述"为特征的评价时代。②尽管教育测验能对学生的学力测量达到客观化、标准化和定量化，但无论是知识测验还是人格测验，都只能做片段的测定，不能全部了解人格的发展与知识的过程，对学生学业的测量完全以教科书为中心，偏重记忆；测验方法左右了教学方法和学习态度，使学生处于被动地位，不利于学生发展。③特别是无法测出学生的态度、动机、兴趣、情感和价值观等，即不能准确测定学生全部能力，从而引发了人们对教育测量运动的反思甚至批评。

"八年研究"是指美国自1933年至1940年开展的一次课程改革研究活动，因历时八年，史称"八年研究"。在美国进步教育运动持续期间，为了进一步推动中等教育的改革，使进步教育的原则在中小学得到推广，就必须改革中学的课程，改变学院和大学的招生要求。于是美国进步教育协会在1930年10月成立了"学校与学院关系委员会"，成员包括中学和大学教师、中学校长、大学系主任、学院院长及行政人员、评估专家、教育哲学专家以及新闻记者等。由约翰·巴勒斯中学校长艾肯（Wilford M. Aikin）担任主席。30所中学应邀参加了这个实验，"学校与学院关系委员会"还与300所学院签订了协议，承诺30所实验学校的毕业生可以免试进入这300所学院和大学。

在"学校与学院关系委员会"指导下，这30所中学结合自身的具体情况，各自制定了新的教学计划、课程结构和教学程序，这些课程和计划既反映社会的需求，又反映学生的兴趣和需要。实验于1933年秋开始实施，到1940年结束。与此同时，美国进步教育协会领导的课程改革委员会，对30所高中学生4年中学和4年大学的学习进

---

①陈玉琨，李如海.我国教育评价发展的世纪回顾与未来展望[J].华东师范大学学报（教育科学版），2000（01）：1-12.

②史耀芳.国外学校教育评价的历史沿革[J].外国中小学教育，1997（04）：20-23.

③吕文升，方天培.现代教育学[M].上海：复旦大学出版社，1993：329.

行了为期8年的追踪研究。至1941年"八年研究"结束时,以泰勒为首的学院追踪研究组,对"八年研究"的结果进行了评价,评价采用的方法是挑选1475组大学生,每一组两个学生,一个是实验学校的学生,一个是其他学校的毕业生。评价得出的结论认为,"八年研究"是成功的,取得了巨大成就。史密斯(E. R. Smith)和泰勒1942年出版了"八年研究"《评估委员会报告书》(又称为《史密斯-泰勒报告》),被称为"划时代的教育评价宣言"。

在"八年研究"中,泰勒领导的评估委员会在教育评价方面做了许多开创性的工作。他们不仅制定了一整套测量价值、态度、技能等的新量表和测验题,而且在评价理论上也有新的突破。泰勒认为,教育评价过程实质上是一个确定课程与教学实际达到目标的程度的过程。因此,评价过程的第一步是要界说教育目标,以便了解这些目标实际上达到的程度。教育目标的三个来源是:①对学生的研究;②对社会生活的研究;③学科专家的建议。第二步是要确定评价的情景,以便使学生有机会呈现教育目标所指的那种行为。他反对把评价看作是"纸笔测验"的同义词,认为像问卷、观察、交谈、样品收集、记录分析等手段都可为达到教育目标提供证据。评价手段必须遵守三条重要原则:客观性、信度、效度。泰勒还对如何使用评价结果进行了说明。他认为,从评价手段中得出的结果,不应该只是一个单一的分数或单一的描述性术语,而应该是反映学生目前状况的一个剖析图,因为评价目的之一是要让教师、学生和有关人士了解教学的成效。[1]

至此,"评价"(evaluation)一词取代了"考试"(examination)和"测量"(measurement),以教育评价(educational evaluation)替代测验(testing)的观念被广泛地接受,[2]泰勒因此被誉为"教育评价之父"。因为与"测量"和"考试"不同,"评价"不是为了给学生排序和分组,而是为了验证和改善教育课程及包含于其中的假说,为学生的学习提供有效的信息和资料,当然也需要开发和研制从多角度、多层次把握学生的学习行为的评价方法和技术(提问法、访谈法等)。[3]由于评价者不再是"测量

---

[1] 易红郡,王键.美国"八年研究"课程实验述评[J].湘潭师范学院学报(社会科学版),2002(02):84-88.

[2] 齐宇歆.当代教育评价理论及其历史演进过程中的知识观分析[J].远程教育杂志,2011,29(05):76-82.

[3] 田中耕治.教育评价[M].高峡,译.北京:北京师范大学出版社,2011:29.

技术员",而是"描述者",通过评价人员测定学生的思想或行为改进程度,或把学生置于特定的问题意境中,对学生的某些行为进行有针对性的观察,或是通过提问的方式让学生表达自己的观点,以这些方式来完成学习和教育结果的客观测量与统计,最后对测量结果加以"描述性"解释。泰勒的这一评价模式以及客观性、信度、效度三个指标的提出对教育评价领域产生了深远影响,史称"描述时代"。

"八年研究"不仅对美国大学入学要求和中学课程产生了深远的影响,而且通过"八年研究"确立的理论和方法在后来的课程研究中被称为"泰勒原理"(The Tyler Rationale)。1949年,泰勒正式出版了《课程与教学的基本原理》一书,总结了他在"八年研究"中的成果。该书1981年曾被美国的《卡潘》(Kappan)杂志评为自1906年以来对学校课程领域影响最大的两本著作之一(另一本是杜威的《民主主义与教育》),现已经成为"现代课程理论的经典著作,是试图理解这个领域的后继著作的人必读书"。[①] 在该书中,泰勒把课程编制的主要步骤列为四个问题:①学校应该达到哪些教育目标?②供哪些教育经验才能实现这些目标?③怎样才能有效地组织这些教育经验?④我们怎样才能确定这些目标正在得到实现?概括地说,课程应分为教学目标、学习活动、课程内容的组织以及教学评价四个基本的要素,这就是对现代课程领域产生广泛影响的"泰勒原理"。

"泰勒原理"被公认为课程开发原理最完美、最简洁、最清楚的阐述,达到了科学化课程开发理论发展的新的历史阶段,《课程与教学的基本原理》也被誉为现代课程理论的圣经。瑞典学者胡森(H. Husen)曾评价说:"泰勒的课程基本原理已经对整个世界的课程专家产生了影响。……不管人们是否赞同'泰勒原理',不管人们持什么样的哲学观点,如果不探讨泰勒提出的四个基本问题,就不可能全面地探讨课程问题。"[②] 事实上,泰勒原理研究的范式现在仍然在课程领域中占支配的地位。

在这一模式中,教育目标的确定极为关键。为了推动教育工作者更清晰地表征教育目标,1956年,布卢姆(B. S. Bloom)系统地提出了认知领域的七个递进层级子目标。1964年,克拉斯沃尔(D. R. Krathwohl)针对情感领域的认知目标做了初步分类。

---

① 泰勒.课程与教学的基本原理[M].施良方,译.北京:人民教育出版社,1994:5.
② 杨光富."八年研究"的贡献及其对我国教育改革的启示[J].外国教育研究,2003(02):17-20.

1965年和1972年，辛普森（E. J. Simpson）和哈罗（A. J. Harrow）各自提出了动作技能领域的教学目标层级。在这三类目标体系中，认知领域的目标分类研究得比较精细深入，为扎实编制课程目标、方便测试、开展教育评价等提供了理论依据与操作范式。相反，在情感领域与动作领域，一方面由于其内容高度复杂，另一方面也由于人们没有尝试质性方法而沿袭着实证化方法的思路，其实际效果不尽如人意，而在实践中受到了冷落。

深受行为主义心理学影响的泰勒认为，评价内容必须分成具体可见的、操作性强的学生行为目标才便于测量，而且如果制订的目标越具体明确、可操作性越强，那么实用性也会越大。从而过分强调实证主义方法，忽视了其他方法的使用。评价过程中一成不变的操作程序，缺少灵活性，尤其是忽视对评价对象道义上的人文关怀，是泰勒原理的明显不足。但是，不能否认，泰勒的行为目标评价模式乃是教育评价史上第一个结构紧凑、逻辑脉络清晰、便于操作实施的评价体系，在20世纪50年代末以前一直居于统治地位。[1]

三、基于"价值判断"的教育评价探索

1957年，苏联第一颗人造卫星上天给美国以强烈刺激，促使美国投入大量的人力、物力和财力进行大规模的教育改革研究，其中包括教育评价研究。盛行于20世纪50年代末至70年代末判断时期的教育评价，是基于对泰勒模式的质疑与超越而形成的，强调教育评价除了运用测量手段收集评价信息外，更应根据一定的价值取向评判教育，强调价值判断。因而，这一时期被称为教育评价的"判断时代"。

首先，人们对教育评价领域一直起主导地位的泰勒模式进行了反思，认为这一模式至少有三方面的缺陷：① 评价以目标为中心和依据，而目标的合理性却无从判断；② 教育的各种非预期效应难以预料、分析和评价；③ 用一种统一的模式去统一个人的自由发展是不可思议的。随着对泰勒的行为主义、操作主义模式的巨大质疑，学者们开始从不同的角度去探讨、深化和完善教育评价理论。[2]

---

[1] 齐宇歆.当代教育评价理论及其历史演进过程中的知识观分析[J].远程教育杂志,2011,29（05）:76-82.

[2] 齐宇歆.当代教育评价理论及其历史演进过程中的知识观分析[J].远程教育杂志,2011,29（05）:76-82.

1963年，克隆巴赫（L. J. Cronbach）发表了题为《通过评价改进课程》的论文，对泰勒模式提出了质疑。他认为：①评价者不仅应关心教育的目标、检验教育目标达到的程度，更应关心教育的决策；②评价的重点应放在教育过程之中，而不是在教育过程结束之后；③评价不是决定优劣的过程，而是要作为一个收集和反馈信息的过程。[①]他认为教育评价是作出关于教育方案的决策、收集和使用信息。

1966年，斯塔弗尔比姆（D. L. Stufflebeam）同样对泰勒评价模式提出了异议，他认为："评价最重要的意图不是为了证明（prove），而是为了改进（improve）。因此，评价不应局限于评判决策者所确定的教育目标预期效果的达到程度，还应该收集有关教育方案实施全过程及实施结果的资料，评价是为决策提供有用信息的过程。"[②]为此，他提出了以决策为中心的CIPP评价模式，通过找出"实际是什么"与"应该是什么"之间的差异来为决策者服务。

1967年，斯克里文（M. Scriven）发表了《评价方法论》一文，明确指出"评价的目的本来就包括对长处、优点和价值等方面的估计"。[③]1972年，他又提出了目标游离评价，该评价强调把教育目标与评价活动分离开来，旨在保证评价者考虑到教育和培训方案的实际效应，而不是只考虑其预期效应；要求评价者谨防被描述方案目的的言辞所同化，而应收集大量有关实际效应的资料，强调评价这些效应在满足教育需要（或对教育、个人产生危害）方面的重要性。

1975年，比贝（C. E. Beeby）将教育评价明确定义为"系统地收集和解释证据，并以此作为评价过程的一部分，进而以行动为取向进行价值判断"。认为教育评价就是对教育活动包括教育目标的价值作出评判。他认为，评价者对资料做系统收集，并将这些资料加以精心的整理和解释，引入评判性的思考。他强调评价要对教育活动的价值做出判断，包括对教育目标本身做出判断，使评价活动有助于决策的科学化，对实际工作具有指导意义。[④]

总之，这一时期评价的显著特征是用一定的标准去衡量所得结果是否达到了既定

[①]肖远军.教育评价原理及应用[M].杭州：浙江大学出版社，2004：35-36.
[②]卢立涛.发展性学校评价在我国实施的个案研究[M].重庆：重庆大学出版社，2012：56.
[③]陈玉琨,赵永年.教育学文集.教育评价[M].北京：人民教育出版社，1989：183.
[④]齐宇歆.当代教育评价理论及其历史演进过程中的知识观分析[J].远程教育杂志，2011，29（05）：76-82.

目标，并作出"价值判断"。① 即把评价视为价值判断的过程，评价不只是根据预定目标对结果的描述，而且，预定目标本身也需要进行价值判断。既然目标并非评价的固定不变的铁的标准，那么评价就应该走出预定目标的限制，过程本身的价值也应是评价的有机构成。这样看来，第三代评价是对第二代评价的重要超越，它走出了第二代评价"价值中立性"的误区，确认了价值判断是评价的本质，确认了评价的过程性。许多新的评价理念，如"形成性评价""内在评价"等都是在这一阶段产生的。② 同时，各种评价模式也纷纷涌现，出现了以斯塔弗尔比姆的 CIPP 模式、斯克里文的目标游离模式、斯塔克需求导向的应答模式等为代表的 40 多种有别于泰勒模式的教育评价模式。③ 新的评价理论的出现打破了泰勒模式包揽天下的局面。

四、"第四代教育评价"理论

第四代评价理论兴起于 20 世纪 80 年代的美国，创立者是印第安纳大学教育学院的古贝和维德比尔特大学的林肯。1989 年二人合著了《第四代评估》(*Fourth Generation Evaluation*)④ 一书，这本书在反思和批判前三代评价理论的基础上，正式提出了第四代评价的概念及其基本观点和理论框架。

古贝和林肯认为，前三代评价理论的不足之处在于：一是评价的"管理主义倾向"太浓，把评价对象及其他一切有关的人都排除在外，不予考虑，致使评价工作不够全面、深入；二是"忽视价值的多元化"，将评价者的评价观作为评价的唯一标准，没有考虑到评价中其他人的价值观念；三是过分强调"科学实证主义"的方法，在评价的方法上忽视了质性等其他评价方法的运用。主要是与前三代评价理论关于评价是对评价客体唯一的、客观的测量与判断的观点不同，"第四代评价"认为评价过程中的发现并非唯一、客观的事实，它带有"价值依附"的描述和判断。

"第四代评价"从建构主义哲学出发，认为现实并不是"纯客观""外在于人"的东西，它不过是人们在与对象交互作用中形成的一种"心理建构物"。因此，评价亦

---

① 卢立涛.测量、描述、判断与建构：四代教育评价理论述评[J].教育测量与评价（理论版），2009（03）：4-7.
② 刘旭，李文星.义务教育阶段基于新课标的语文评价研究[M].天津：南开大学出版社，2014：16.
③ 史耀芳.国外学校教育评价的历史沿革[J].外国中小学教育，1997（04）：20-23.
④ 古贝，林肯.第四代评估[M].秦霖，蒋燕玲，译.北京：中国人民大学出版社，2008.

并不是"外在于人的""纯客观"的过程，而是参与评价的所有人，特别是评价者与评价对象双方交互作用，形成共同的心理建构的过程。而人头脑中的"建构"是以人们的价值观为基础形成的，在价值观多元化的社会里，评价活动就需要综合考虑如何融合或沟通各方利益相关者的意见，评价者的根本任务就是通过收集各种资料，梳理出不同人、不同环境中的建构，并运用协商的方式，逐步改变、统筹不同意见上的分歧，引导他们达成共识。因而，这个时期就被称为评价的"建构时代"。[①]

第四代教育评价理论的核心是"共同建构、全面参与、多元价值"的教育评价思想。它认为，评价是一种通过"协商"而形成的"心理建构"。因此，评价应坚持"价值多元性"的信念，反对"管理主义倾向"。强调对学生活动进行全面的、多方位的分析，反对前三代理论的"纯客观"，强调通过协商构建关照各个利益攸关方的评价标准。评价的基本方法是质性研究方法，要实现从以测验为中心逐渐转到以人为中心，将完整的有个性的人作为评价的对象，并通过评价活动来促使人的个性充分展示，力主从个人发展的内在需要和实际状况出发，加强个人发展进程中的质性分析，并通过评价促使受教育者个性的充分发展，这意味着教育评价进入"人本时代"。

在具体评价过程中，受多元主义价值观支配，"第四代评价"提出了"回应—协商—共识"的建构型方法论，主张在自然情境的状态下，评价者与评价利益相关者一起通过不断的论辩、协商来建构一种共同认识，认为被评价者也是评价的参与者和评价的主体，评价主体和评价客体不再是主动与被动的对立状态，而是一个融合不同利益相关者多元价值的协商过程，评价者和利益相关者之间保持"回应"和"协商"，进而达成评价涉及相关各方的"共识"。回应是第四代评价的出发点，回应一方面意味着在评价活动中要努力促进评价利益相关者的共同参与，把每一个相关者的观点都表达出来，以此达成共识；另一方面，回应的内容，主要包括主张、担忧和争议等。[②]协商是共同建构的关键途径，协商就是通过各方利益相关者之间的平等对话，赋予评价结果新的能为各方所共同接受和认可的意义。而评价者的任务就是充分听取来自不同

---

① 卢立涛.测量、描述、判断与建构：四代教育评价理论述评[J].教育测量与评价（理论版），2009（03）：4-7.

② 文雯，李雪，王晶.第四代评估理论视角下的研究生项目评估[J].高等工程教育研究，2015（03）：108-113.

背景的不同人的意见，通过协调各种价值标准之间的意见分歧，逐步缩短各评价主体对评价对象的主观性认识间距，最终达成共识。

第四代评价也有其局限性。从其坚持的建构主义哲学观和方法论看，建构主义在强调知识和人的认识具有相对性的同时，若忽视其同时具有客观性和绝对性，则难免陷入相对主义和主观唯心主义认识论的误区和陷阱中。特别是这种评价内容庞杂，过程复杂，看似容易，操作起来却十分困难，需要耗费评价者大量的时间和精力，并对评价者的专业素质提出了非常高的要求，尤其是对于评价规模比较大，或者要求在短时间内完成的评价活动而言，这类评价方式和方法就有点显得无能为力了。

第二节　现代教育评价的主要模式

教育评价模式是依据某种教育理念、教育思想或特定的教育评价目的，选取一种或几种评价途径所建立起来的相对完整的评价体系。教育评价模式有不同的类型，不同的教育评价模式代表着一种教育价值取向，反映不同的教育评价思想和方法，是不同教育价值取向和教育评价思想方法的系统体现。同时，一种评价模式也表现为一定的操作规则、方法和步骤，是提供给人们教育评价时可以效仿的具体样例。① 教育评价模式的基本特点：第一，是某种教育评价类型的基本理论与方法的框架性描述，而不是具体的评价方法；第二，反映一个完整的教育评价过程；第三，是教育评价理论与实践的中间环节，对教育评价实践活动具有导向和控制等功能。②

人们常常也用"模式"来代替理论。教育评价在其发展过程中，形成了多种评价模式，每种评价模式都代表着一种教育评价理论观点和流派，有独特的实用价值。据统计，国外的教育评价模式有50多种。其中主要有八种：① 系统分析模式，② 行为目标模式，③ 决策模式，④ 目的游离模式，⑤ 文艺评论模式，⑥ 鉴定模式，⑦ 反对者模式，⑧ 相互作用模式。③ 在国内，经常被提到或最常用的教育评价模式有：诊断性

---

① 刘本固.教育评价的理论与实践[M].杭州：浙江教育出版社，2000：194.
② 朱德全，宋乃庆.教育统计与测评技术[M].重庆：西南师范大学出版社，2018：285.
③ 刘本固.教育评价的理论与实践[M].杭州：浙江教育出版社，2000：197.

评价、形成性评价、学习性评价、过程性评价、增值性评价、动态评价、静态评价、真实性评价、表现性评价、发展性评价、档案袋评价、相对性评价、经济性评价、激励性评价、否定性评价、生成性评价、情境性评价、即时性评价、质性评价、柔性评价等。这些评价模式都有一定的理论味道，每一个既可以成为一种评价方法，也是一种评价理论或模型框架。作为教育评价模式，各自是既具有理论性又颇具可操作性的行为范式，是联系教育评价理论和实践的纽带，体现着构造、解释、启发、预测等多种功能。任何教育评价模式也都必须设定目的理念、运行机制和标准体系三个必不可少的基本要素，否则就难以构成相互作用、相互联系、动态运行并自成体系的教育评价模式。①

我国的教育评价理论多是20世纪80年代从国外引进而来，时间不长，还没有形成自己独具特色的教育评价模式。并且长期主要局限在对泰勒的目标导向评价模式的介绍、研究和应用上，对"泰勒时代"之后发展起来的评价模式重视不够，或关注不太充分，应用的则更少。我们知道，作为"教育评价之父"的泰勒所创立的行为目标模式，的确曾经风行一时，正是在其被广泛应用的实践中，人们发现了它的不足，并据此提出了若干新的模式，以满足发展了的不同时代教育评价实际的需要。在这些新的教育评价模式中，颇具完整理论和步骤、影响较大的，除泰勒的行为目标评价模式外，当数目标游离评价模式、CIPP评价模式、应答评价模式、反对者评价模式等。②

一、行为目标模式

行为目标评价模式是现代西方最早出现、体系完善、影响极大的一种理论流派。这一模式是由"教育评价之父"——泰勒（Tyler R.W.）于20世纪30年代提出的。该模式以教育目标为导向，把教育目标转化为可测量的学生的行为目标，并根据这些行为目标编制课程、教材或教学方案，开展教学活动，然后依据行为目标对教学活动的效果进行评价，判断实际教学活动的效果达到预期目标的程度。③同时，也要找出教育活动偏离目标的程度，通过信息反馈使教育活动尽可能逼近目标。泰勒模式是以目标为中心的，在该模式中，教育目标是评价的出发点，也是合理的评价标准。因此，编

---

①蔡晓良，庄穆.国外教育评价模式演进及启示[J].高教发展与评估，2013（02）：37-44.
②高振强.CIPP教育评价模式述评[J].教学与管理，1998（Z1）：57-59.
③一帆.教育评价的泰勒模式[J].教育测量与评价（理论版），2012（08）：37.

制教育教学目标是行为目标评价模式的关键。

20世纪50年代，泰勒亲自参与并指导布卢姆及其同事提出了教育目标分类理论，这一理论把教育目标分为认知、情感和动作技能三个领域，并具体研究了这三个领域的教育目标。在每一个领域中，根据能力的复杂程度和品质内化的程度，找出具有递进关系的层次，形成目标的阶层。例如，情感领域的教育目标划分为高低不同且存在着有机联系的五个层次，即接受、反映、价值内化、价值组织化和价值个性化。这些层次进一步又划分为不同的亚类。而对每一个阶层的教育目标，都指出适宜的行为动词，以使目标落实到学生的行为方式上。这样，目标被表述得相当具体，具有可操作性，便于教师改进教学，便于教师进行评价。[1]布卢姆等人明确提出，制定教育目标是为了便于客观地评价，而不是表述理想的愿望，事实上，只有具体的、外显的行为目标才是可测量的，布卢姆等人曾以公式来表示，就是"目标＝行为＝评价技术＝测验问题。"[2]布卢姆完善和具体化了泰勒的行为目标评价模式，由此，泰勒原理与布卢姆的教育目标分类学一起广为传播。

泰勒评价模式强调评价不是为了评价而评价，而必须是为了更好地达到教育目标的评价，目标是评价过程的核心和关键，评价的依据通过对学生行为的考察来找出实际活动与教育目标的偏离，旨在通过信息反馈，促使教学活动能够尽可能地逼近教育目标。这种观点使评价行为有了目的性和计划性，提高了评价的功效，其工作流程也相对简单，结构紧凑，条件限制较少，操作性强，易于为多数人所接受、掌握和运用。在这一思想指导下的教育评价一般分为八个步骤，即：拟定教育目的和目标；把目的和目标进行分类；将目的、目标转换为适合课程实施的形式；塑造可以使具体目标达成的情景；选择和编制客观性、可靠度、有效性较高的测验；收集学生行为表现的资料；把学生的行为表现与既定目标进行比较；根据评价结果修改教育方案。[3]

泰勒的教育评价理论影响极大，一直延续至今。然而他的教育评价模式是一种看重结果的总结性评价，没能突出对教育过程的关注；过于强调目标化的评价活动，对一些非预期的教育目标无法评价；过于强调客观性评价，无法量化的目标难以评价；

---

[1] 蔡晓良，庄穆. 国外教育评价模式演进及启示[J]. 高教发展与评估，2013（02）：37-44.
[2] 施良方. 课程理论：课程的基础、原理与问题[M]. 北京：教育科学出版社，1996：95.
[3] 李雄鹰. 高考评价研究[M]. 武汉：华中师范大学出版社，2016：216.

评价标准来源于统一目标，忽视了对学生个性发展的评价；特别是没有对目标自身的合理性进行评价，教育评价如果仅单纯地以目标为中心和依据，那么，目标本身的合理性和可行性又怎样得到保证呢？

我国在将泰勒模式用于教育评价时，往往存在以下误区：一是在评价内容方面，过多地关注认知领域的目标，比较忽视情感领域和心智运动领域的目标；二是在评价方法方面，过多地依赖于纸笔测验，较少采用观察、调查、作品分析等描述性评价方法；三是在评价实施中，对教育目标的表达过于抽象，很少用行为术语来描述教育目标，难以做到有效的落实和客观的评价。①

二、目标游离模式

1967年，美国教育家斯克里文（Scriven M. S.）在对行为目标模式进行批判的基础上提出了"目标游离模式"。他主张，为了降低评价活动中方案、计划制定者所持主观意图的影响，不能把他们的活动目的告诉评价者，并明确指出评价结论的依据并非制定者的预期目标，而是实践主体参与教育评价所取得的实践成效。目标游离模式旨在避免目标导向的主观性，强调在教育评价实践活动中的"去目标化"，以保证评价结果的客观性和公正性。这种不受预定活动目标影响的评价模式被称为"目标游离模式"或"无目标模式"。②

目标游离模式认为，教育过程中不仅产生预期的教育目标行为，还会产生非预期的教育目标行为，与此同时，教育评价过程中产生的效果也存在预期与非预期之分，如果评价者仅在预期目标与效果中进行分析研究，不可避免会局限于主观的预期目标，所以在教育评价中关注预期目标与效果的同时，还要关注游离于预期目标以外实现的非预期效果，即教育活动全部的、真实的成效。该模式是典型的以个体需要和个体满足为其价值取向的评价标准，整个思想体系充满了自我创造、自我实现、自我发展的色彩，因而有研究者也称其为"消费者导向模式"。③

当今，对目标游离模式研究产生的最大争议是，该模式是否存在实施程序或步骤。有研究者认为其不是一种完善的教育评价模式，它没有完整的教育评价程序，仅可当

---

① 一帆.教育评价的泰勒模式[J].教育测量与评价（理论版），2012（08）：37.
② 一帆.教育评价的目标游离模式[J].教育测量与评价（理论版），2013（02）：64.
③ 罗华玲.西方主要教育评价模式之新解[J].昆明学院学报，2011（01）：108-110.

作一种关于教育评价的思想原则。[1]但斯克里文却提出了目标游离模式应遵循的18个步骤，虽然这些步骤并非是特定的执行程序，但在评价活动中有时要循环运行。[2]其具体步骤如下。

①说明。尽可能客观地描述评价对象的特点。②当事人。确定评价是谁委托进行的，包括评价人及其他评价的资助者、发起者或一项方案的设计者。③受评价者和评价的背景。阐明与评价有利害关系的人员，特别是学生、行政人员和教师以及赞助者、社区代表等，了解他们对评价的期望和可欲采用的评价形式等背景。④资源。详列可以用来支持评价进行的财源及过去的经验、科技等其他资源的目录。⑤功能。对活动进行功能分析，分辨想要做的与实际上做的，特别要分析参与方案的教师和学生的实际表现。⑥输送系统。分析评价的可行性，了解评价活动如何付诸实施，如何修正和更新，如何训练使用者，由谁执行，等等。⑦消费者。分辨使用和接受评价方案的群体，包括预期的目标群体和实际的、直接的群体，即真正的消费者群体，检查哪些人从中获益。⑧需要与价值。判断可能采用和使用方案的人员的需要，判断被认为是理想的标准或目标的价值。⑨标准。找出评价的标准，包括评定事先存在且有效的价值和从当事人、消费者的需要评价及方案的功能与目标的分析中所衍生的标准。⑩历程。检查实施的历程，以发现方案运用中所受到的限制，包括成本的、利益的，特别是法律的、政治的、管理的、审美的、科学的等方面的限制。找出方案不易实施的情境和仅可能在某些情境中实施的部分。⑪成果。综合检查方案所产生的效果，包括预期的和非预期的。⑫概括。检查该方案可以用于其他的方案规划者、接受者和其他的地方、时期和其他情境的可能性。⑬成本。评价方案执行中所耗费的经费的、心理的、人员的以及直接的、间接的各种因素。⑭比较。鉴别评价方案与其他可供选择的方案，以成本—效益分析为基础，通常采用那些能以较少成本产生较佳成果的方案。⑮重要性。即综合上述各项所有的资料，确认有效程序，这是评价中最困难的任务之一。⑯建议。对未来该情境或其他情境使用该方案提出建议。⑰报告。对所有评价活动进行总结，得出结论，报告给有关人员。

---

[1]李君丽.发展性教学评价技术研究[D].上海：华东师范大学，2006.
[2]一帆.教育评价的目标游离模式[J].教育测量与评价（理论版），2013（02）：64.

⑱后设评价。对评价工作进行评价（即元评价），最好是在方案付诸实施和最后报告之前进行，并用它来强化初评以及通知当事人和消费者了解方案的优点和缺点。①

目标游离模式有其优点，也有其缺陷。②它的优点在于：①突破了目标的限制，转向以消费者的需要为导向的评价。目标游离模式根据活动参与者的需要来决定方案，将评价的注意力由方案制订者的意图转向消费者的意图，是一种更具民主性的评价模式。特别是这种"去目标性"，关注预期与非预期的教育效果，成功突破泰勒模式下的目标绝对限制，转向以消费者的需要为导向，开辟教育评价研究的新路径。②有机结合了形成性与总结性评价。斯克里文认为，在一个评价期间，评价步骤应该循环执行好几次，早期的循环是形成性的，而最后的循环则是总结性的，从而将形成性与总结性评价有机结合起来。③重视对评价的再评价。在斯克里文所列的评价步骤中就有"后设评价"，即对评价工作的评价。它可以是用以协助评价者设计并执行一项评价活动的形成性评价，也可以是肯定评价之妥善性的总结性评价。"后设评价"有助于提高评价的信度和效度，有助于各方人员认识相关的被评价活动。

目标游离模式的不足在于：①由于"消费者"的需要是多层次、多角度和多样的，评价者往往难以确定哪些是真实的、主要的需要，难免会用"想象"出的需要来代替某些实际的需要，从而作出不合适的判断；②以消费者的需要来代替管理者的目标，有时并不利于一个组织机构的发展，而且管理者往往会积极反对这种模式，其得不到管理者的支持，自然也就难以调动评价者的积极性。另外，难以协调评价实践主体之间的关系也是棘手问题。

三、CIPP 模式

20 世纪六七十年代，美国教育评价学家斯塔弗尔比姆（Stufflebeam D. L.）及研究团队对泰勒模式也进行了反思，认为教育评价不应该确定于目标的实现程度，而应是为教育决策提供价值信息的过程，就此提出了 CIPP 模式。所谓 CIPP 模式是背景评价（context evaluation）、输入评价（input evaluation）、过程评价（process evaluation）、成果评价（product evaluation）的英文首字母缩写的组合。③这四种评价是 CIPP 模式的

---

①王景英.教育评价学[M].长春：东北师范大学出版社，2005：38-39.
②一帆.教育评价的目标游离模式[J].教育测量与评价（理论版），2013（02）：64.
③罗华玲.西方主要教育评价模式之新解[J].昆明学院学报，2011（01）：108-110.

组构成分，也是其操作步骤。这四个步骤其实也是四类评价，它们相互结合就构成CIPP这一独特的评价模式。

（1）背景评价。斯塔弗尔比姆在评价一所学校的实施方案时发现，方案的目标本身存在问题：①提出目标的人对学生学习情况并不了解，制定目标时并没考虑学生的基础，目标不切合学生的实际。②教师对目标的看法也不一致。③事实上也没有一套共同的目标体系来和学生复杂的发展水平和多变的需要相对应。于是，斯塔弗尔比姆认为，方案的目标不应当是空想的，有必要对方案的目标的合理性进行评价和判断，评价的第一步应当是背景评价，以此作为选择和形成方案目标的基础。背景评价应回答：方案面对的需要是什么？这些需要的广泛性和重要性如何？方案的目标在多大程度上反映了已评定的需要？

（2）输入评价。输入评价是在背景评价确定了方案的目标之后，对各种备择方案的相对优点加以识别和评定的活动，实质上是对方案的可行性、效用性的评价。它要回答的问题是：采用了何种计划、程序和预算来满足这些需要？考虑过哪些备择方案？为什么选择此方案而不选择其他方案？所选方案的合理性程度有多大？它潜在的成功程度如何？预算资金能在多大程度上满足评定的需要？输入评价的结果是形成一个最佳方案，这个最佳方案或者是几个备择方案中的一个，或者是几个备择方案好的方面的结合？

（3）过程评价。过程评价是对方案实施情况的监督检查，目的在于调整和改进实施过程，亦即方案实施过程中的形成性评价。这一步要回答的问题是：方案实施的程序如何？方案本身及实施过程要不要调整或修改？如何修改？过程评价还要求对实施过程进行全面记录，以获得文字资料信息。

（4）成果评价。成果评价是测量、判断、解释方案的成就，即终结性评价。它要回答的问题是：观察到了何种结果（肯定的和否定的，预期的和非预期的）？各类资助人是怎样看待这种结果的价值和优点的？获得的结果满足方案预定对象需要的程度如何？等等。

CIPP评价模式具有以下四个特点：

第一，CIPP评价模式是以决策为导向的评价模式。该模式的创立者斯塔弗尔比姆认为，教育评价不应限于确定目标的达到程度，而应是为教育决策提供有用信息的过程。从这一评价模式与教育决策的理念可以看出，教育评价不是以教学目标为导向，而是以教育决策为导向，为决策者改进教学服务。这是 CIPP 评价模式不同于其他评价模式的主要特点之一。

第二，重视评价的改进功能。在斯塔弗尔比姆看来，评价不仅仅是用来诊断问题，更主要的是用来改进教育，该模式设计的初衷和主要目的就是要强化成长。斯塔弗尔比姆说："评价最重要的意图不是为了证明，而是为了改进。"[①]CIPP 模式正是建立在这一重要观点之上的。

第三，CIPP 模式重视形成性评价。是斯塔弗尔比姆正式提出形成性评价的思想。但他并未忽视诊断性评价和终结性评价，而是试图把诊断性评价、形成性评价和终结性评价完整、有机地结合起来，让三种评价综合体现在整个评价过程之中。

第四，实施灵活。在 CIPP 模式的运用过程中，评价者可根据需要采用一种评价，或采用几种评价。既可在方案实施前使用，也可在方案实施后使用，这完全取决于评价人的需要，它是一种十分灵活的模式。

当然，CIPP 评价模式也存在一些局限，如该模式评价步骤、内容较为复杂，需要专业人士参与。评价者主要是为决策者收集信息以供决策人决策，忽视了决策人之外的一切需要，降低了评价的有效性。但它批判地继承了泰勒模式，同时整合了诊断性评价、形成性评价和终结性评价，突出了评价的发展性功能。

后来，斯塔弗尔比姆又重新反思和评价了自己的评价实践，感到四步骤的 CIPP 模式还不足以描述和评价长期的、真正成功的改革方案。为此，他把成果评价又分解为影响（impact）、成效（effectiveness）、可持续性（sustainability）和可应用性（transportability）评价 4 个阶段，由此构成了 7 个步骤的新评价模式。[②]目前，我国对教育评价的需要与 CIPP 评价模式产生的时期有着某些共性，都要求教育评价能对教育活动的改进和教育成效的提高做出贡献，以便充分发挥评价的教育功能，在这一背景下，适当地借鉴 CIPP 评价模式无疑有着积极的意义。

---

①斯塔弗尔比姆.评估模型[M].苏锦丽，等译.北京：北京大学出版社，2007：56.
②一帆.教育评价的CIPP模式[J].教育测量与评价（理论版），2013（01）：32.

四、应答模式

1973年,美国教育评价研究者斯塔克(Stake R. E.)提出应答评价模式,又被称为"回应模式"或"当事者中心模式"。斯塔克认为,解决教育问题只有依靠那些直接接触问题的人,教育评价应有助于改进工作,应运用非正式的观察、交往等描述性的定性分析的方法,以弥补传统的实验的和标准化测验的不足。该模式强调以关心方案的所有人所关注的现实的和潜在的问题为出发点,不主张以预定的目标或假设为出发点。在选择人们所关注的有价值的问题时,强调价值观的多元性和发散性。[①] 斯塔克说,评价的意义在于服务,为了使评价有利于服务对象,评价者就更应该首先关注服务对象关注的问题、兴趣和焦点。因此,斯塔克提出了这个以"回应"服务对象为起点的评价模式。[②] 该模式主张与教育活动有关的各种人员进行接触,如学生、教师、家长和决策者等,了解他们的需要和要求,从中发现并选择出他们所关注的有价值的问题,然后把它同实际活动相比较,对教育方案做出修改,特别是要对大多数人的愿望做出回应,以便满足他们的需要。[③]

在方法上,应答评价模式采用的多是质性研究方法,如自然观察法、座谈法、访谈法、交往法和描述性的定性分析法,但也不排斥在适当场合应用测验方法。认为搜集资料选择哪些手段,应根据关心教育的各界人士所关注的问题和评价目的来决定,而不应该受过早选定的搜集资料的工具左右,强调教育评价应是对各种教育事件的客观描述与价值判断。但由于教育价值具有多样性、复杂性,因而它反对用传统的设定目标并依目标搜集资料的预定式评价,应答式评价更具有弹性和应变性,更适合一个复杂的多元的客观世界的现实和各种层次、各种观点的评价者的需要。在实施过程中,强调信息交流,随时反馈,不硬性把评价过程分为几个固定的步骤。

总之,应答评价模式的特点是:①强调用生动的描绘方法来全面、真实地反映现实。并且在对被评者作价值判断时,仍然强调价值观的多元性和发散性。②该模式的合理之处在于评价目标反映了与被评者有关的各方面人员的需要,具有一定的民主性。

---

① 一帆.教育评价的应答模式[J].教育测量与评价(理论版),2013(01):42.
② 张民选.回应、协商与共同建构:"第四代评价理论"评述[J].外国教育资料,1995(03):53-59.
③ 蔡晓良,庄穆.国外教育评价模式演进及启示[J].高教发展与评估,2013(02):37-44.

③评价方法强调自然条件下的观察、交流等，但也不否定测验，促进了定性与定量结合。④评价步骤灵活，评价程序简便易行，能及时得到反馈。不过，应答模式也具有自身难以克服的困境，如自然观察法、座谈法、访谈法的完成需要付诸大量的时间和精力，因而在实践操作层面上存在高消耗的缺点，推广实施也具有一定的难度。①

五、反对者模式

反对者模式是由美国学者托马斯·欧文斯（Thomas Owens）等人在20世纪70年代中期提出的一种教育评价模式。反对者模式又称"对手模式""反向模式"或"司法模式"。这是一种为了揭示方案正、反两方面长短得失而采取准法律过程评委会审议形式，对教育方案及教育活动给予揭示和评判的评价模式。反对者模式十分重视听取关于教育方案和教育活动的争议意见，尤其是反对者的意见，这为各方面的情况能得到充分的反映提供了保证。

反对者模式的另一种形式是由美国学者罗伯特·沃尔夫（Robert Wolf）在1973年提出的司法模式。该模式由四个阶段组成：争议的提出，主要是确认需要加以评价的问题；争议的选择，主要是从需要加以评价的问题中，选择最重要的问题；辩论的准备，由两组评价人员准备对各自的观念进行辩论，并为之收集信息；听证，听证人员听取双方的辩论。②这种评价模式旨在让正反双方充分陈述自己的观点，展示自己的证据材料。

反对者模式评价主张"斗争"，靠相互对立的评价者通过出示更好的，也就是更有说服力的证据，或者用能导致优势的法律或辩论技术去努力获胜。即通过观点相左而又互不关联的评价者提供更令人信服的事实依据，或者使用法律或辩论方法去获得明显优势。对手可以是有关的非教育评价专家和有关的基层人员，对手通过互相的诘问过程，在诘问中掌握更多定量和定性的真实可靠的材料，使评价能充分反映各方面的意见，从而提高评价质量。而对于他们的争论不休和针锋相对的状态，可以通过对他们进行权衡来消除偏见，从而使得正反两种意见的距离更为明显。关键是对手通过争论，使各方面的意见得到充分反映，以便决策者全面掌握情况，作出正确的结论。

---

① 一帆.教育评价的应答模式[J].教育测量与评价（理论版），2013（01）：42.
② 一帆.教育评价的反对者模式[J].教育测量与评价（理论版），2013（05）：64.

该评价模式的特点：①充分反映各类相关人员的"多元性"的价值认识；②评价过程有可能提高结果的合理性，使它非常符合现实世界；③评价的难点在于争论和如何处理争论。①

其实，反对者评价模式更适用于对争议性较大的工作进行评价。当然，其间也可能会涌现无法预料的、更为复杂的议题，但是，如采用肯定—否定的方法，则会将许多带有合理成分的方案拒之门外。即这种模式认为，社会科学领域中许多问题无确切答案，简单的肯定—否定模式会排除许多合理的选择，而直接展示各种材料得出的结论将更合理，也符合现实。对此，支持这一模式的学者认为，反对者评价模式有助于决策者获得较为广泛的信息和各方面的意见，有助于克服各种潜在的冲突意见，可以避免工作的简单化。也就是说，对手评价模式具有注重评价信息多元性、涉及主体大众性、评价认识相对性以及评价非正式性等优点，但也存在一些影响其科学性的弊端，如争论问题选择的片面性、工具主义和技术至上、主观色彩过浓等。②特别是这种评价的结果有时还容易被辩论的技巧所左右，而且进行这种模式的评价费用很高，难以广泛应用。

总的来说，教育评价模式为指导和开展各类教育评价奠定了理论基础。但教育评价目标与模式，是一个理论问题，也是一个实践问题，还是一种与价值关联的活动。没有评价目标，就不知道评价什么？没有评价模式，就不知道如何评价？

以上五种西方教育评价模式，每一种都有其优点和不足，在实践中，我们一定要扬长避短，使评价既能鉴定教育的效能，又能促进教育的发展。为此，选用教育评价模式时要注意③：首先，评价模式很多，在选用评价模式时应根据"最大限度地满足评价目标和要求"这一标准来选用。其次，选用评价模式前，应事先明确评价的目的意义和具体的任务要求，然后根据实际情况选用一种或几种合适的评价模式，或几种评价模式综合为一体进行评价。再次，尽可能将定量评价与定性评价相结合。最后，由于特定的被评对象所处的环境、条件各不相同，各有特点，因此，对教育评价结果应作全面而深入的分析并慎重处理和对待。

---

①黄勇荣，凌玲，熊广星.现代教育评价模式及其特点[J].教书育人，2005（08）：4-5.
②罗华玲.西方主要教育评价模式之新解[J].昆明学院学报，2011（01）：108-110.
③黄勇荣，凌玲，熊广星.现代教育评价模式及其特点[J].教书育人，2005（08）：4-5.

第三节　考试不再是唯一评价方式

早在第二代评价理论出现的20世纪三四十年代，教育评价的特征就表现为对测验结果进行描述，虽然考试和测验也是很重要的工具，但已不再是唯一的评价手段，评价者亦不再仅仅是"测量技术员"，而主要是一个"描述者"。[1] 教育评价专家克隆巴赫认为："在1935年以前，对学生的考查基本上都是依据事实性知识和掌握基本技能的情况。是泰勒在这一时期的研究和论述才使人们意识到：通过简单的事实测验不能引发高级心理过程；促进事实性知识的教学并不可能促进——事实上可能干扰——其他重要的教育目标。"[2] 可见，评价不等于"考试"和"测试"，尽管"考试"和"测试"可以成为评价的一部分。

但在我国，考试至今仍占据主导地位和始终是考核选拔的主要手段，有时甚至是唯一途径和最终目的。如何冲破考试和分数的桎梏，拓展评价的维度，运用新的教育评价理论模式，探索多样化有效的评价方法和手段，需要我们在正确处理考试与评价关系的基础上，实现从"单一考试"到"多元评价"的跨越，使我国的教育真正走出应试教育的迷雾，最终克服考试评价中的"五唯"等顽瘴痼疾。当然，利用考试的数据开展评价工作，仍是实现教育教学改革和学校发展的重要依据与必由之路。同时，要充分、大力强调考试不再是唯一评价方式，而是教育评价的手段或环节。应该说，这一命题既呼应了国际上教育评价研究的发展趋势，也对我国教育考试评价改革实践具有很强的现实意义。

一、考试和评价有根本区别

"评价"一词早在我国北宋时期就已出现。《宋史·戚同文传》中有"市物不评价，市人知而不欺"的记载。是说戚同文好友宗翼这个人，到市场去买东西，从来不讨价还价，所以那些卖东西的人知道他这一点，但是也不缺斤短两。这里的"评价"是讨

---

[1] 朱宏华.英语教学的模糊理论研究[M].北京：中国科学技术出版社，2008：112.
[2] 张华.课程与教学论[M].上海：上海教育出版社，2000：385.

价还价、评论货物的价格。《辞海》对"评价"一词的解释是:"评价,评论货物的价格……今亦泛指衡量人、物或事物的价值。"《汉典》进一步解释道:评估人、事、物的优劣、善恶美丑、或合不合理,称为"评价"。《现代汉语词典》中说:评价,作为动词是评定价值高低;作为名词是评定的价值。总的来说,评价就是根据某种价值观对事物及其属性进行判断、衡量,亦即对人或物做出好与坏、真与假、善与恶、美与丑、优与劣等的判断。①

在英语中,与"evaluation"(评价)意思相近的,有"assessment"(评定)。英语"assess"一词,源于拉丁语的"assidere",它意味着"照看",评定学生即是与学生一起为学生干些什么,而不是对学生干些什么。胡森等主编的《国际教育大百科全书》写道:应尽可能把"assessment"这个词用于对人的评定,它包括评级(正式或非正式的)、考试和考核。人们可以评定学生在某一学程中的成绩,可以评定某一特定职业申请者的态度,也可以评定教师的能力。然而,希尔斯(Hills P. J.)编写的《教育词典》认为:"assessment"主要的重点是学生以及学习的进展。威金斯(Wiggins G. P.)认为,评价是以判断为基础的、对学生活动全面的、多方位的分析。②

评价(evaluation)这一概念确定后,其应用范围开始逐渐扩大,不仅用于教育领域,而且用于其他行业,它存在于社会生活的各个方面。在教育领域具体使用时,不同的范围和场合又有不同的习惯用法,如在教育行政部门称作督导评估,高等教育领域多提教育评估,而在基础教育领域则多称为教育评价。但是,评价和评估这两种概念之间还是有一定差别的,在评价结果不很确定(对于一些宏观教育现象或模糊现象)时,评价只是"估计如此"时,用"评估"一词更为确切一些。而"评价"更多的是要能反映"价值判断"这一本质特征。③

考试活动具有人类评价活动的一般特质,考试是教育评价的工具和手段,任何考试都是测量应试者知识与能力、素质和潜力的量尺。故考试的本质是对教育现象进行数量化的认识,是一种事实判断,教育评价则是按照社会的价值标准,对受教育者的

---

① 胡中锋.教育测量与评价:第2版[M].广州:广东高等教育出版社,2006:9.
② 陈玉琨.教育评价学[M].北京:人民教育出版社,2014:28.
③ 翟天山.教育评价学[M].北京:高等教育出版社,2003:40.

诸种要素进行价值评估，其本质是一种价值判断。①所谓事实判断是指对客观存在的状况所作的描述性判断，它主要解决"是什么""怎么样"的问题。而价值判断则是依据人们的要求或愿望，对客观的状况所作的解释性判断，它主要回答"有什么意义"的问题，即价值问题。价值是由客体满足主体需要的程度而决定的，当主体在某一方面存在某种需要时，客体在某种程度上满足了主体的需要，这就形成了客体对于主体的价值。②

可见，虽然"考试"与"评价"在概念内涵上具有一致性，即都是一种价值判断，但同时具有外延上的差异性，即考试只涉及对人的价值判断，而评价既涉及对人的价值判断，也涉及对物的价值判断，还涉及对事的价值判断。因此，"考试"现象与"评价"现象是特殊现象与一般现象的关系，"考试"概念与"评价"概念是种概念与属概念的关系。③再从考试与评价的功能上看，考试是即时性的，评价是过程性的；从时间维度上考察，先有考试，由考试引发评价进而考试与评价形成不同体系，这是一个客观的历史发展过程。即如果说考试是古代社会的产物，那么评价就是近代工业社会的产物。④

特别是在教育实施中，考试与评价存在重大区别。首先表现为是重结果与重过程之别。考试主要目的还是考查学生学习一段时间之后所取得的阶段性成果，注重短期效应而忽略了学生发展的整个过程以及发展过程中的变化。而在日常教育教学活动中，学生不仅学到了书本知识，学生的言行、思维、想法、气质等都无时无刻不发生着变化，这个变化的过程是最值得关注的，教育评价则更为关心学生发展的过程。其次是重知识与重素质之别。考试往往注重考查学生对课本知识的掌握，偏重智育，强调学生对教科书重点知识的记忆程度，而评价则更着眼于对学生全面发展的考量，既要评价学生的知识、能力和技能，也要评价学生的兴趣爱好、心理品质、思想品德、身心发展状况等综合素质。⑤

总之，考试与评价是两个不同的概念：考试主要侧重于测量的技术，侧重于对个

---

① 戴家干.从考试到评价：教育改革的时代任务[J].中国高等教育，2007（13、14）：21-23.
② 翟天山.教育评价学[M].北京：高等教育出版社，2003：45.
③ 李家林.考试评价的涵义及其特点探讨[J].荆楚理工学院学报，2012（06）：23-27.
④ 戴家干.从考试到评价：教育改革的时代任务[J].中国高等教育，2007（13、14）：21-23.
⑤ 杜菲菲.学校考试的改革：从考试到评价的转变[J].教育实践与研究（B），2013（07）：9-11.

体和某个群体的结论性评价,而教育评价更多的是反映教育的价值取向和社会的评价标准;考试偏重于智育,强调考评学生记忆教科书的程度,而教育评价则着眼于学生的全面发展,既要评价学生的知识、技能和能力,又要评价学生的思想品德、兴趣爱好、身体发育状况和心理品质等;考试注重量化,关心的是考试分数的多少,对当前结果作出描述,以区分和选拔学生,而教育评价不仅要对当前结果作出描述,还要考察其发展过程,关心价值的高低,并诊断其症结,提出补救措施。① 还有,考试是一种纯客观的过程,评价带有主观性,是主观估计与客观测量的统一;考试是一种单一的活动,评价则是一种综合的活动。② 从考试到评价,是人类考试评价活动逐渐走向综合化、发展性的历程与方向。

二、考试和评价的基本关系

从考试与评价的关系来看,考试与评价是工具和目的、部分与整体、特殊与一般的关系。考试就是借助一定的工具,给教育现象赋值,来获取评价对象数量的方法,是教育评价获得数据资料的重要手段。评价只有在考试的基础上才能给予正确的判断,通过考试作出的评价才更可靠。考试也需要评价,考试的结果,只有通过评价的解释才能揭示其实际意义。考试是评价的依据,评价是考试的具体体现。③ 以考试替代评价的现象体现了我国教育评价机制的缺失,导致了不良的后果,不利于全面推进素质教育和教育的高质量发展,削弱了教育改革的成效,必须扭转这一局面。而要实现从单一考试到多元评价的转变与飞跃,就要厘清考试和评价的基本关系。

1.考试是教育评价的方式之一

学校组织各类考试,本意是为了了解学生最真实的学习状态、对知识的掌握程度、学业优势与弱点以及学科心智个性特征等,以便更好地实施教育,使学生的潜能得到最大程度的开发,更好地促进学生协调发展。考试本身并不是目的,考试只是教育评价的方式之一,是教育评价的一种工具和手段。学生的学业成就评价不仅包括考试评价这一种方式,还可以有作业评价、日常表现评价、学生自我评价、小组评价、教师与家长评价等多种方式,而考试只不过是检查教师教学效果和学生学习情况的一种最主

---

① 戴家干.从考试到评价:教育改革的时代任务[J].中国高等教育,2007(13、14):21-23.
② 胡中锋.教育测量与评价:第2版[M].广州:广东高等教育出版社,2006:12.
③ 胡中锋.教育测量与评价:第2版[M].广州:广东高等教育出版社,2006:12.

要的评价手段,是以量化的形式实现评价的一种方式,绝不能成为唯一手段或方式。①

2.考试为评价提供了分析的基础

考试作为教育测量的一种具体形式,是对当前结果作出的相应描述。而教育评价不仅需要对当前结果做出描述,还要对其发展过程进行考查。考试所取得的量化资料为教育评价的进一步考查、分析提供了依据。只有在做好事实判断的基础上,充分利用考试数据开展评价工作,才有可能进行深入准确的价值判断,充分发挥教育评价的意义。②也就是说,考试为评价提供了分析的基础,没有考试所取得的量化资料,教育评价的定量分析就缺少证据。因此,高质量的教育不仅不应取消考试,还应强化考试的评价机制,加大考试改革的力度,在克服考试所带弊端的基础上,更好地服务于培养人才这个根本目标。利用考试的数据开展评价工作,是实现考试改革和推动教育评价的最佳结合点。

3.利用评价的观念和方法改造考试

好的考试,应考出学生的长处和优点,设计一个好的考试,要能够反映学生的兴趣、能力、潜质等,鼓励和引导学生发展自己的特长。现今,强调突出学生的主体地位,注重过程性评价,关注学生的成长发展,把形成性评价与终结性评价结合起来,乃是世界各国教育考试和评价改革的主要趋势。素质教育绝不是不要考核,而是要求考核具有综合性、全面性和经常性。所谓综合性,就是要教学生既会动脑、又会动手;所谓全面性,就是要使学生德智体美劳全面发展;所谓经常性,就是要根据学生长期的学习表现决定成绩。③目前存在的以考试为目的的教育、教学倾向,主要应由教育评价制度来纠正,使考试具有较多的评价内涵。各级各类学校及教育考试机构要进一步强化评价的理念,逐渐淡化考试的选拔和甄别功能,思考如何发挥评价的导向和激励作用,加强和深化对人的能力、学力和潜质的测评和研究,从给学生"排队"到关注每一个学生的成长。

4.考试与评价相辅相成、各有侧重

考试与评价是前后关联的两个环节:考试的任务是确保事实判断准确和有效,强

---

① 杜菲菲.学校考试的改革:从考试到评价的转变[J].教育实践与研究(B版),2013(07):9-11.
② 杜菲菲.学校考试的改革:从考试到评价的转变[J].教育实践与研究(B版),2013(07):9-11.
③ 《温家宝谈教育》编辑组.温家宝谈教育[M].北京:人民教育出版社,2015:466-467.

调科学性；评价的任务是根据目的对认定的事实作出价值判断，强调的是公平性和导向性。评价可采用的方法除了考试、测验、测量外，还有问卷调查、面谈、观察等多种方法。在大规模教育评价中，考试和问卷调查是最常用的方法，而对无法通过考试进行评价的因素，如兴趣、动机、情感、意志等，问卷调查是较适宜的方法。因此，对不同规模的评价和不同的评价对象，必须选择不同的评价方法。同时，考试评价的重点并不在于考试的结果和名次，而是产生这一结果的原因以及对实现教育目标的价值，因此，考试测验与评价分析总是结合在一起的，各有侧重。一般来说，评价需要两种资料：一是由运用一定尺度测量所收集的数量资料；二是由观察记录得到的非数量的质性资料。因此，尽管考试本身并非评价，但是它为评价提供了必要教育的资料。[1]评价重在如何认定这些事实的价值，并引导学生朝适合的正确的方向发展。

三、从考试到评价：教育评价的实质内涵

可以说，有学校教育就会有考试，最初考试与评价是并存的。在考试的初级形态里，考试与评价并无明显区别，因为当时的社会分工并不需要二者具有截然不同的操作标准。事实上，在古代，评价的观念蕴含于考试观念之中，评价的操作包含在考试的行为之内。[2]但考试的功能，总是随着国家和社会的进步而不断赋予新的内涵和发展机制，特别是随着经济社会的进步和教育事业的腾飞，社会对人才的需求日益多样化，公民的价值追求和教育需求亦越来越多元，人才观更是发生了深刻变革。这时，一个尺度的考试——即一个标准，一种价值取向的竞争——在形式上是公平的，但它却会埋没也许具有其他才能的人才，只仅仅依照考试成绩进行的评价不是真正的公平，也不符合现代人才观和现代社会进步与发展的要求。

由于种种原因，我国现行制度中"以考试代替评价""以考试的结果代替评价的结果"的弊端长期存在、日益显现，学校教育普遍存在"考什么，教什么，学什么"的应试倾向，特别是高中阶段教育原本是学生个性形成、自主发展的关键时期，但高考指挥棒下的学生学习，单一注重考试分数，不仅造成课业负担过重，导致严重损害学生身心健康，而且使很多中学不得不唯分是求、无暇他顾，难以培养出社会主义现代

---

[1] 徐林祥.百年语文教育经典名著：第14卷[M].上海：上海教育出版社，2017：269.
[2] 杜菲菲.学校考试的改革：从考试到评价的转变[J].教育实践与研究（B版），2013（07）：9-11.

化建设所急需的拔尖创新人才。为此，就要改变目前这种考试"重甄别、轻评价"的倾向，把考试的评价功能全面发挥出来，反映学生的兴趣、能力、潜质等，对学生提供评价和指导，使他们知道自己适合学什么，适合往哪个方向发展，给每个人以科学的评价和定位，鼓励和引导学生发展自己的特长，在适合的领域取得创新性成果和获得终身学习的能力与机会。①

改革的方向就是实行多元评价，从单一尺度考试到多元评价是当今考试改革发展的主流方向，也是解决"羊肠小道"和"独木桥"式竞争的唯一途径。②一项好的考试并不是告诉学生他"做不了什么"，而是要告诉学生他"能够做什么、适合做什么"，考出每个人的优点和长处，测量出每个人的潜质、兴趣、能力，鼓励其发展自己的特长，给予每个人以科学的评价和定位，指引学生实现人职匹配，各得其所，各展所长。因此，考试制度改革必须摒弃淘汰型考试模式，代之以评价型选培模式；摆脱一次性考试的压力，在学习过程中多次、多方面地进行评价，注重反馈矫正，使评价更具科学性和合理性，以多元评价的理念来改造现行的考试模式，努力实现由考试向评价的跃升。③

我国的教育评价改革，自近代以来在理论与实践方面都经历了一个从"考试"到"评价"的具有中国特色的发展过程。现今，教育评价学已成为教育科学体系中的一个重要分支。2020年，中共中央、国务院印发的《深化新时代教育评价改革总体方案》明确要求"加强教师教育评价能力建设，支持有条件的高校设立教育评价、教育测量等相关学科专业，培养教育评价专门人才"。但教育评价的实质和内涵是什么？目前，国内外有关教育评价的定义概括起来主要有五种：第一种观点，认为教育评价就是教育测验；第二种观点，认为教育评价是一种专业判断，同法官判案裁判判球是一样的；第三种观点，认为教育评价是把实际表现与理想目标相比较的活动；第四种观点，认为教育评价是系统收集资料，为决策提供可靠依据的活动；第五种观点，认为教育评价

---

①戴家干.由考试到评价：创新型人才选培制度的内在要求[J].中国高等教育，2010（20）：11-13.

②贾非.从单一尺度考试到多元评价：日本"中考"改革的启示[J].外国教育研究，1995（05）：10-12.

③戴家干.由考试到评价：创新型人才选培制度的内在要求[J].中国高等教育，2010（20）：11-13.

就是教育研究。①

基于国内外学者对教育评价概念的阐释、整理和分析发现，尽管各国专家学者的哲学观、方法论不同，教育观也不一样，但他们对教育评价的认识有某些共同之处：① 承认评价是一个过程；② 价值判断是评价的本质特征；③ 以一定的教育价值观为依据；④ 采用一切可行的科学手段。根据这些特点，可以把教育评价定义为："教育评价是根据一定的教育价值观或教育目标，运用可行的科学手段，通过系统地搜集信息、分析解释，对教育现象进行价值判断，从而为不断优化教育和教育决策提供依据的过程。"②

现今，"教育评价"这个词已用于广义范围，它包括直接或间接与教育活动相关联的全部领域的实态把握和价值判断。不仅包括对学习者的实态的评价，而且还包括评价教育活动的状况、教师的诸种特性、教材教法的有效性、教育环境的恰当性、教育行政的状况，以及各级教育机关和学校等。但作为教育评价的核心问题，归根结底还是作为教育对象的学生的质量，学生的发展与变化，这无疑是教育评价的主要方面和中心。③

四、《深化新时代教育评价改革总体方案》

教育考试评价事关教育发展方向，有什么样的考试评价指挥棒，就有什么样的办学导向和教育质量。2020年10月13日，中共中央、国务院印发《深化新时代教育评价改革总体方案》，强调扭转不科学的教育评价导向，坚决克服"唯分数、唯升学、唯文凭、唯论文、唯帽子"的顽瘴痼疾，立足基本国情，坚持积极、稳慎、务实，"改进结果评价，强化过程评价，探索增值评价，健全综合评价"，既大力破除不科学、不合理的教育评价做法和导向，又着力建立科学的、符合时代要求的教育评价制度和机制。提出的目标是到2035年，基本形成富有时代特征、彰显中国特色、体现世界水平的教育评价体系。经过5至10年努力，各级党委和政府科学履行职责水平明显提高，各级各类学校立德树人落实机制更加完善，引导教师潜心育人的评价制度更加健全，促进学生全面发展的评价办法更加多元，社会选人用人方式更加科学。

---
① 瞿天山.教育评价学[M].北京：高等教育出版社，2003：41.
② 胡中锋.教育评价学：第3版[M].北京：中国人民大学出版社，2016：5.
③ 刘本固.教育评价学概论[M].长春：东北师范大学出版社，1988：23.

《深化新时代教育评价改革总体方案》坚持问题导向，针对不同主体和不同学段、不同类型教育特点，围绕党委和政府、学校、教师、学生、社会五类主体，坚持"破""立"结合，重点设计了5个方面22项改革任务。一是改革党委和政府教育工作评价。"破"的是短视行为和功利化倾向，"立"的是科学履行职责的体制机制，相应提出完善党对教育工作全面领导的体制机制、完善政府履行教育职责评价、坚决纠正片面追求升学率倾向3项任务。二是改革学校评价。"破"的是重分数轻素质等片面办学行为，"立"的是立德树人落实机制，相应提出坚持把立德树人成效作为根本标准、完善幼儿园评价、改进中小学校评价、健全职业学校评价、改进高等学校评价5项任务。三是改革教师评价。"破"的是重科研轻教学、重教书轻育人等行为，"立"的是潜心教学、全心育人的制度要求，相应提出坚持把师德师风作为第一标准、突出教育教学实绩、强化一线学生工作、改进高校教师科研评价、推进人才称号回归学术性荣誉性5项任务。四是改革学生评价。"破"的是以分数给学生贴标签的不科学做法，"立"的是德智体美劳全面发展的育人要求，相应提出树立科学成才观念、完善德育评价、强化体育评价、改进美育评价、加强劳动教育评价、严格学业标准、深化考试招生制度改革7项任务。五是改革用人评价。"破"的是文凭学历至上等不合理用人观，"立"的是以品德和能力为导向的人才使用机制，相应提出树立正确用人导向、促进人岗相适2项任务。

《深化新时代教育评价改革总体方案》既为扭转不科学的教育评价导向擘画了蓝图，为教育评价改革明确了方向，也为破解教育评价中的现实难题提出了具体要求，极具宏观性和针对性，是当下和未来教育评价改革的路标和航向。特别是针对长期以来困扰教育发展的重点、难点问题，《深化新时代教育评价改革总体方案》明确提出"三不得一严禁"要求：各级党委和政府要坚持正确政绩观，不得下达升学指标或以中高考升学率考核下一级党委和政府、教育部门、学校和教师；不得将升学率与学校工程项目、经费分配、评优评先等挂钩；不得通过任何形式以中高考成绩为标准奖励教师和学生，严禁公布、宣传、炒作中高考"状元"和升学率。另外，高校不得将论文数、项目数、课题经费等科研量化指标与绩效工资分配、奖励挂钩；不得把人才称号作为承担科研项目、职称评聘、评优评奖、学位点申报的限制性条件；不得通过设置奖金等方式违规争抢生源；不得将毕业院校、国（境）外学习经历、学习方式作为限制性条件等。对教育生态问题突出、造成严重社会影响的，依规依法问责追责。

为全面深入贯彻落实《深化新时代教育评价改革总体方案》的要求，教育部旋即相继制定、修订、印发或出台了具体实施意见和办法。围绕着《深化新时代教育评价改革总体方案》，一系列配套文件先后出台，对教育评价改革作出了全面部署和落实。据悉，此次教育评价改革相关配套文件共44个，文件分为"综合类""高等教育类""职业教育类"和"中小学及学前教育类"等四类。其中，已经出台的有：《关于深化新时代教育督导体制机制改革的意见》（2020年2月），《关于全面加强新时代大中小学劳动教育的意见》（2020年3月），《关于全面加强和改进新时代学校体育工作的意见》和《关于全面加强和改进新时代学校美育工作的意见》（2020年10月）以及《教育督导问责办法》（2021年7月）《中国教育监测与评价统计指标体系（2020年版）》，《教育部关于破除高校哲学社会科学研究评价中"唯论文"不良导向的若干意见》（2020年12月），《本科毕业论文（设计）抽检办法（试行）》（2020年12月），《义务教育质量评价指南》（2021年3月），《普通高中学校办学质量评价指南》（2021年12月），《幼儿园保育教育质量评估指南》（2022年2月）等。作为新中国第一个关于教育评价系统改革的文件，《深化新时代教育评价改革总体方案》的出台和实施，对全面贯彻党的教育方针，完善立德树人体制机制，在新时代引导全党全社会树立科学的教育发展观、人才成长观、选人用人观，具有重大而深远的意义。

第四节　中国现代教育中的"科举幽灵"

虽然世界教育评价已经进入了建构时代，我国也为新时代教育评价改革绘制了蓝图，但我国长期深受科举考试传统的影响，从教育的视角考察，1905年科举考试的停废虽然改变了久被非议而又不可触动的传统教育制度，提高了教育在中国社会发展中的地位，加快了中国教育的近代化进程。然而，绵延数千年、根深蒂固的科举考试传统却并没有因为此后的政治批判和社会运动而完全销声匿迹，它仍以潜在的方式存在于我们周围。或者说，"科举幽灵"还在中国大地上飘荡。诺贝尔化学奖得主李远哲说："如果我们今天要提出一个危害教育最深的传统遗产，那便是由科举制度留下来的考试文化，用考试来衡量教育的效果。科举误尽了天下人才，这也许是这四五百年来中国渐渐落后在西方国家的主要原因，一直要到1905年才正式'废科举、兴学校'。不过非常遗憾地，科举文化并未因此断绝，它以学业成绩至上的方式，如幽灵一般从后门溜进了新式的'学校'教育。"①

特别是高考制度恢复后，被长期压抑的全民族的教育热情迅速转化为考试主义、学历主义的强大动力，持续多年地对传统教育的警惕和批判改造也"戛然而止"，科举的阴魂似乎开始复活，我们重又被纳入以升学为目的、为考试而教育的炽烈的竞争之中。20世纪80年代的"片面追求升学率"和90年代被正式命名的"应试教育"，都清晰地显示了科举教育的文化遗留和传统教育在当代的复活与强化。②进入21世纪，迈步新时代，虽然我国高等教育已经步入普及化，但植根于心灵中的应试教育、文凭至上，导致义务教育阶段学生作业负担和校外培训负担太重，以及短视化、功利性问题仍未得到根本解决，严重对冲了教育改革发展成果，甚至演化成为"唯分数、唯升学、唯文凭、唯论文、唯帽子"的顽瘴痼疾，从而深刻影响着我国教育及其考试评价的方方面面，这种不科学的教育评价导向必须扭转，坚决克服。

一、学历主义

"学历社会"是在近代工业革命的进程中逐步形成的。随着现代生产、现代科技的发展，日益需要达到一定科学文化程度的人才来从事现代工业社会的各项工作。于是在西方经济发达国家开始扩大高等教育规模，高等教育由"贵族化"转向"平民化"，社会逐渐以受教育的程度以及所读学校的知名度，作为衡量一个人能力高低的标准和录用人才的条件。求职者唯有取得高等学历才能谋取较好的职业，获得较高的社会地位，从而逐渐形成了一种追求学历、文凭的社会心态和倾向，这种心态和倾向就被人们称为"学历社会"或"学历主义"。③关于"学历社会"的界定，日本学者矢仓久泰在《学历社会》一书中说：根据"学历"决定一个人一生当中在社会上所处的地位的社会，就是所谓的"学历社会"。或者说是那种"把学历作为人生出发点的社会"。④或者说在决定一个人的社会地位时，学历成为比其他因素更具有决定性的社会。

---

① 李远哲.中国文化与教育[J].广西教育，2001（01）：15.
② 新京报.科举百年[M].北京：同心出版社，2006：269-270.
③ 曲绪纲.从学历社会向学习型社会转变：一种社会学分析[D].桂林：广西师范大学，2007：1.
④ 矢仓久泰.学历社会[M].王振宇，程永华，译.长春：吉林人民出版社，1982：1-2.

学历是指一个人学习的经历，表明一个人受教育的程度。学历经常作"文凭"的同义语，有时学历文凭并称。其实，文凭是学历的外在表现形式，它是对个体经过某一阶段学习并合格后由国家所颁发的认定性凭证。从严格意义上说，文凭的颁发必须是经过国家行政权威认可的，没有经过国家行政认可的机构无权颁发文凭。据考证，汉语中专指各级学校和教育机构所颁发的毕业证书的"文凭"一词及该词现代意义的使用和流行，是晚清时才有之事，它在本质上属于近代中国的一个新名词。[①]一般来说，任何一种或长或短、或正规或非正规的学习经历都可称为学历，但并不是所有的学习经历都会得到文凭。

在现代教育体系中，学历一般从两个维度表明一个人的受教育程度：一个是纵向维度，指不同级别的学历，表明接受不同教育阶段的教育，如小学毕业、高中毕业、大学毕业等。另一个是横向维度，指同级但不同类或不同学校的学历，如普通中学毕业、中专毕业或师范学院毕业、普通高校毕业、自学考试毕业等。为满足社会对人才的需求，"学历社会"通过学校教育制定出明确的标准和规则，让受教育者凭借个人才智在学习的不同阶段胜出并获得有形的凭证——文凭。文凭是学历在现代社会所具有的统一的外在形式，它不仅仅是一种外部符号，同时还具有内在的"先赋价值"，即表明社会对文凭所标识的各种人群的认可度，且这种先赋价值不以某一个人能力的高低为转移。[②]

高等教育的学习经历主要体现在毕业证书的颁发和学位的授予上。最早的高等教育学位可以追溯到欧洲中世纪大学兴起时颁发的学位，只不过当时的学位是指当教师的资格证书或者行医和做律师的执业证明。科举考试是我国也是世界上最早的具有学位性质的考试。科举考试的科名如秀才、举人、贡士、进士等由国家朝廷授予，具有极高的权威和声誉，一旦授予，终身拥有。这与西方学位在级别上有暗合之处，授予办法也大致相仿。在科举时代，许多人都十分向往获得科名，就像当今学历社会相当看重文凭、学位一样。[③]所以，清末科举废除后，为了鼓励发展新式教育曾推行学堂奖励科名出身制度。

---

① 黄兴涛.说"文凭"：近代中国新名词源流漫考之一[J].文史知识，1999（4）：86-92.
② 李敏.论"学历社会"的不可逾越性[J].湖南师范大学教育科学学报，2004（1）：25-29.
③ 刘海峰.科举考试的教育视角[M].武汉：湖北教育出版社，1996：223.

"学堂奖励出身制度"具有学位考试和文官录用考试的双重性质，通过举办相应的考试，按照国内学堂和留学毕业生的学业程度，授予不同的科名出身，分别录用。[①]1904年清政府颁布的《各学堂奖励章程》言明：从高等小学堂至通儒院的毕业生，分别奖给"与科举无异"之出身，按所奖出身分为翰林、进士、举人、贡生和生员五级，并确立了相应的可授官职。这项考试制度是在科举选士向学堂取士转变过程中，为适应传统社会文化氛围和民众心理需要而建立的。作为特定历史变革中的过渡性措施，奖励出身制度虽然衍生出许多负面影响，但对于缓解新旧教育制度转换中的阻力，鼓励新学发展和提高办学质量，发挥了积极作用。辛亥革命后，南京临时政府废止了奖励出身的考试制度，开始逐渐向现代学位制度和文官考试制度过渡。奖励出身制度虽然不复存在了，但人们对于学历、文凭的追求开始变本加厉，"学历主义"盛行，"学历社会"兴起。

　　讲求学历也是现代社会的重要标志，是社会进步的一种表现。就整个国家而言，各种学历人数的比率，从一个侧面说明了这个国家的发展水平和现代化及文明的发展程度，是衡量一个国家教育发达程度和科学文化发展水平及其潜力的重要指标。同样，"是否受过教育"（有无学历文凭）、"受过多少教育"（有什么样的学历文凭）等在一个人的未来社会地位等方面也起着越来越大的作用。因为人的受教育经历和文凭可以助其获得一种社会准入资格，主要表现为职业准入，教育身份已经成为人们进入职业生涯的一块重要基石，大量的社会事实无时不在彰显着这种"学历身份""文凭身份"的重要性，[②]甚至已经出现了把学历看作是招生、升学、就业、提拔等唯一标准的现象，形成了唯学历主义的泛滥，逐渐出现的和持续升温的"考研热""考证热"、混文凭、考试舞弊以及人才招聘市场"唯学历是举""第一学历"等现象就是这种错误思想所导致的，甚至还催生出现了一些"真的假文凭"或"假的真文凭"等"文凭腐败"现象，更有专门从事制作、贩卖假文凭的庞大犯罪集团及其网络。

　　在当代社会，文凭成了一种消费，成了一种众人卷入的时尚，成了一场你追我赶的身份竞争，其背后或隐而不宣的是对获取更高身份地位的渴求。学历不仅具有象征

[①] 张亚群.科举革废与近代中国高等教育的转型[M].武汉：华中师范大学出版社，2005：172.
[②] 陈振中.文凭生产的"逻辑"："学历社会"动因的一种解读[J].现代大学教育，2005（6）：6-10.

性功能——高贵的名誉和不凡的派头。①另外，虽说时代的发展，社会的进步，读书与做官之间的关系已经远不如古代那么密切了，但是学历、文凭仍然是从政、升职的"敲门砖"。2022年，全国共有457万学生参加考研，最终只有约130万考生入围复试，考研上线率不到30%，考研日渐"高考化"。可以说，为了应对考研的激烈竞争，一些本科院校围绕考研组织教学，高校教育应试化趋势有所显现，一些本科生也把考研作为除求职外的另一条出路。出现当前考研"高考化"的趋势，根源在推进高等教育大众化、普及化的过程中，社会的教育观、人才观没有得到同步调整，学历导向仍被有意无意地强化，高等院校以学历为导向办学，学生以提升学历规划学业发展。直面考研"高考化"这一趋势，扭转社会的"唯学历"论，推进我国社会从学历社会向能力社会的转型迫在眉睫。②

学历主义之所以能够在社会上成为一种潮流，除了经济社会原因和人事制度外，还有更深层面的文化根源。中国文化有大一统、求大求全求高的思想，所谓学历主义，就是一种求大求高的思想，上学是越高越好，拿学位文凭最好能一步到位。"学而优则仕""读书做官"的思想以及科举制度，都为现在的学历主义埋下了种子。这种文化背景不仅影响到中国人的教育价值观，甚至还影响到东方其他几个国家的教育价值观和人才观。例如日本、韩国的高等教育本已非常发达，按理说不应再有追求升学率的倾向，但这两个国家追求高学历的倾向却十分严重。"与我国所不同的是，他们不只是追求上大学，而且追求上名牌大学（现在我们的这种情形也非常明显了），其实质与我国的学历主义倾向是一样的"。③

那么，中国人为什么特别热衷于考试、崇尚"文凭"？最直接的原因是，文凭是找好工作、获得优厚待遇的凭据。当然还可以从很多方面去解释，如文凭的地位分层功能，中国的社会流动渠道较少等等，但归根结底，中国人浓郁的"身份情结"、对科第功名的崇拜才是重要原因。有学者指出："传统中国是个讲究身份的国度，成员的生存资源主要依据身份及身份之间的关系而配置。中国古代社会可以说就是一个身份制社会"，"几乎一切都是以身份为重。更明白地说，是身份生存重于个人的生理生存，

---

① 陈振中.文凭生产的"逻辑"："学历社会"动因的一种解读[J].现代大学教育，2005（6）：6-10.
② 蒋理.学历高消费，该治理了[N].光明日报，2022-03-30（02）.
③ 顾明远.论学历主义与教育[J].教育研究，1995（4）：16-30.

身份荣辱重于其他荣辱，身份价值重于其他发展，身份目标重于个人其他目标"。① 身份制延续了数千年，反复教化，口耳相传，形成了民族的意识积淀和身份情结，至今仍深深影响和规约着社会的心理定向和国人的交往行为。对功名的义无反顾的向往和追逐，在名分、面子、称号上的讲究与执迷等都是身份情结的具体表现。从古代对科举功名的执迷演变为今日对文凭的狂热，昔日科考的"十年寒窗"的苦熬复活为今日"黑色六七月"的热煎。为了学历的身份功能，考生们甘愿牺牲其他虽"虚"却更重要的人生价值，把整个人生最珍贵的年华赔了进去。②

二、"片面追求升学率"

长期以来，我国基础教育中的应试教育就是学历主义之反映，学历主义又导致了片面追求升学率。获得学历文凭需要通过考试，想获得高一级学历文凭，就需要通过入学考试、毕业考试。于是考试成为教育的中心，教育的着眼点不再是提高学生的真实知识水平和能力，促进学生思想道德、文化科学和身心素质的全面和谐发展，而只是为了应付考试。学历主义把学校教育引向歧途，使预定的德智体美劳全面发展的目标难以实现，出现了为教育而教育，为升学而教育的片面追求升学率的倾向。③

所谓片面追求升学率是指学校脱离经济和社会发展的需要，把教育办成单纯的升学教育，以升学为唯一目标而采取的违背教育方针、违反教育教学规律的错误做法。亦即存在于教育领域的一种以追求升学率为唯一目的的教育现象。特别是普通高中承担着为上一级学校输送合格新生和为社会培养优良劳动后备力量的双重任务，但最终具体到一些中学就只追求其中之一的"为上一级学校输送合格新生"，从而导致"片面追求升学率"。这种错误做法，损害了青少年的身心健康，影响了教育的改革和发展，对我国社会主义现代化建设造成了严重危害。④

我国"片面追求升学率"现象产生于20世纪60年代。1963年1月，教育部在《关于当前中学教学工作的几点意见的通知》中第一次提出了要克服"片面追求升学率"的问题。原因是新中国成立后，在1960年以前的绝大多数年份，由于高校招生人

---

①郭玉锦.身份制与中国人的观念结构[J].哲学动态，2002（8）：29-32.
②陈振中.文凭生产的"逻辑"："学历社会"动因的一种解读[J].现代大学教育，2005（6）：6-10.
③顾明远.论学历主义与教育[J].教育研究，1995（4）：16-30.
④杨学为.高考文献（下）1977—1999[M].北京：高等教育出版社，2003：326.

数多，高中毕业生供不应求。但从1960年开始，三年自然灾害，国家经济困难，高校招生人数急剧下降，从1960年的32.2万降到1962年的10.7万，这导致高中毕业生高考升学率急剧下降，从1961年的44.5%降到1962年的24.2%。此时，考试作弊增加，"走后门"现象也出现了。于是，1963年教育部提出纠正"片面追求升学率"的问题。[①]

1977年恢复高考后，由于十年动乱对教育的破坏及其所造成体制、结构等方面的问题，高校招生人数与中学毕业生人数之间的差距越来越大，且实际的录取比例每年都非常低，升学竞争比任何时候都更加尖锐，片面追求升学率的现象愈演愈烈。针对这一情况，1983年，教育部颁发了《关于全日制普通中学全面贯彻党的教育方针、纠正片面追求升学率的十项规定》，要求正确指导和全面评定学校的工作，加强对学生的思想政治教育，减轻学生过重的学习负担，保证学生的睡眠、休息和课外活动，不得随意砍掉或挤占某些课程，不得频繁地进行考试，不得组织任何名目的猜题、押题、模拟考试等活动。1988年国家教育委员会又发布了《关于全日制普通中学端正办学方向、纠正片面追求升学率倾向的督导评估的几点意见》，要求各地必须尽快建立和健全教育督导机构，突出抓问题，对经帮助拒不改正者，要对主要负责人给予必要的处分或建议其上级政府采取必要的行政措施等。

进入20世纪90年代以后，我国的高考制度不断改革，但高校招生规模依然偏小，高等教育仍处在精英化阶段，高考竞争十分激烈。以往克服"片面追求升学率"的成效甚微，甚至愈演愈烈，似乎已无法"找到切实有效的解决方案或思路"，以致有媒体讥称"素质教育搞得轰轰烈烈，应试教育干得扎扎实实"。事实证明，过去的办法不是切实有效，而是基本无效。于是，有人提出，扩大高等学校招生规模以缓解竞争，克服"片面追求升学率"。进入21世纪，我国高等教育逐渐步入大众化，高考升学率大幅度上升，专科、本科、高职的竞争明显缓解。然而，却有越来越多的考生放弃一般院校的本科录取资格，走进复读班，非重点校、名校不上。普通高中的"片面追求升学率"并未根本扭转，各种补习班更是火上浇油。某图书大厦二层名曰"教育类"，实则绝大多数都是考试用书——"应试"之"教育"。[②]

---

① 杨学为.中国高考史述论：1949—1999[M].武汉：湖北人民出版社，2007：514—515.
② 杨学为."片面追求升学率"对高考的启示[J].考试研究，2006（1）：11-17.

可见，片面追求升学率的产生与升学竞争有着密切的关系，它是社会的升学、就业矛盾在学校教育中的一种畸形表现。而左右这种局面的主要客观力量是潜藏在其背后的激烈的升学竞争。升学竞争又来自何方？主要还是对文凭的追求。当然也应看到，高考竞争加剧的根本原因乃是1950年以后中国人口急剧增长和经济及高等教育发展相对落后，而这些问题长期没有得到解决。1977年恢复高考，与之相伴，"片面追求升学率"也就被同时"恢复"了。特别是在经济社会发展和高等教育较为落后、高中毕业生就业相对困难的省份，则更加严重。[1]

现如今，教育中顽固而普遍存在的"片面追求升学率"现象在新世纪新时代仍有突出表现和反映。历史已经证明，只要高考的竞争存在，"片面追求升学率"便无法根除，并且在今后相当长一段时期仍将成为困扰教育工作者的主要问题。即使高考竞争随社会经济与教育的发展减小到最低程度，"片面追求升学率"也仍将存在，并且所追求的目标会不断升级。可见，"片面追求升学率"是高考竞争不可克服的痼疾。[2]究其原因，中国传统的价值观念和科举文化也起了相当重要的保持和推动作用，这使得"片面追求升学率"现象可能将长期存在下去。

值得警惕的是，片面追求升学率不仅是我国中小学普遍存在的一种教育现象，现今高校也出现了"片面追求考研率"的现象。"片面追求升学率"和"片面追求考研率"表现在学校，诱因在社会，根源依然是传统。可以说诸多社会因素的盘根错节、共同作用，决定了"片面追求升学率"存在的必然性和长期性。从对教育不同主体价值观的分析，我们容易看出，家长、学生、学校、政府、社会和教师由于各自不同的地位、条件、兴趣和能力等，使"片面追求升学率"的主体性内容变得更为丰富和顽固。进一步分析各种不同人群主体对"片面追求升学率"的态度和行为方式，虽然主体性内容千姿百态、各有苦衷。但他们又都异曲同工，最终使"片面追求升学率"和"片面追求考研率"泛滥与蔓延，至今未得到根本解决。[3]

---

[1]杨学为.中国高考史述论（1949—1999）[M].武汉：湖北人民出版社，2007：514.
[2]教育部考试中心.中国考试史专题论文集[G].北京：高等教育出版社，1999：357.
[3]张学敏.对片面追求升学率的主体性认识[J].西南师范大学学报：哲学社会科学版，1995（1）：36-39.

三、"状元情结"

状元是我国封建社会科举制度的特殊产物。如果说科举制度是一座金字塔，状元就是这座金字塔的塔尖。为了摘取状元这项桂冠，在1300多年的漫长岁月中，不知演出了多少悲剧和喜剧。科举制度废除后，状元已成为陈迹，但是，状元的称号并未因此而消失。人们常说"七十二行，行行出状元"。直到现在，人们还把那些在学习、工作等各个领域中取得优异成绩、名列第一的人称为"状元"，诸如"销售状元""校对状元""插花状元""拉面状元"等，当然更为人们所津津乐道的还是"高考状元"。可见，状元在中国影响至深。[1]

以往每年高考放榜后，"高考状元"因其特有的价值与影响，为社会所广泛关注。"高考状元"牵动着考生、家长、中学、老师、高校、商家、媒体乃至全社会的注意力，成为万众瞩目的焦点。曾几何时夸状元之风一年比一年刮得猛。高考结束，不但报纸电视用大篇幅、长时段宣传状元，地方政府给"高考状元"丰厚的奖励，商家对"高考状元"打折优惠，学校为"高考状元"打出醒目的条幅，并且有关状元的学习、生活、个人爱好、家庭教育等方面的细枝末节也竞相见诸各种媒体，一时间，"高考状元"们无限风光，集八方宠爱于一身。

在中国的民众和读书人中，一直留存着一个"状元"情结：一跃跳龙门，春风得意，骑着高头大马，鸣锣开道，好不威风，万人空巷，聚集观望传说中的文曲星下凡。此后就是"曲江游宴""杏园探花""月灯阁打球""雁塔题名"，其人生的荣耀、风光、豪华、奢靡达到了极点。紧接着便会拜官进爵，飞黄腾达。特别是状元及第，进士第一，独占鳌头，升迁最快。一般都能平步青云，仕途通泰，进而显亲扬名，光宗耀祖，并给后人留下许多科第佳话。相比之下，那些困于科场、久举不第的士子们，就只有怀着一生的辛酸和血泪，带着落第的悲叹，或找一僻静处继续攻读，或怯懦地奔波在返程的道途之中。

与历史上的境遇大致相似，在应试教育体制下，高考作为当今选拔"天之骄子"的大规模、全国性、权威性考试，自然也会引起社会各界如同历史上科举般的关注。高考状元一旦产生，学校贴标语、挂横幅、喊口号、敲锣打鼓、张灯结彩；企业送锦

---

[1] 王道成.科举制度研究的新收获：评萧源锦著《状元史话》[J].历史档案 1993（2）：132-133.

旗，公司请代言，电视要求上节目；父老乡亲鸣鞭放炮，政府发奖金，家庭大摆状元宴等，已成为惯例。此外，还有许多其他各类热炒"状元"活动。如江西宜春有个地名叫"状元洲"，泉州有处"状元街"，广州有口"状元井"，绍兴有酒名唤"状元红"，许多地方有酒楼取名"状元楼"，而把考上大学多的村称为"状元村"。最热闹的是广东德庆孔庙曾多年举行的"状元礼"。甚至有人提议把1977年恢复高考以来历年省级高考状元的名字镌刻成碑，和北京国子监孔庙的进士碑立在一起。可见，高考状元乃是时代宠儿。相比之下，"落榜生"会觉得心灰意冷、生活暗淡，"无颜见江东父老"，竟有蒙羞而不肯出家门者，长此下去，必然酿成严重的心理疾患。

其实，现在的高考状元只是省考第一，严格地讲不能称为"状元"，甚至都不应称为"解元"，因为过去的乡试只有一个第一名，现在起码也是文理科共产生二名状元，甚至某省份2023年高考还出现了4名理科状元的情况，其状元的含金量大打折扣。在唐代，"状元"只是个民间用语，政府从来不用，也不重视具体名次，谈科第只用"甲科""上第""高第"等较笼统的词。[①]唐以后，进士第一名逐渐被称为"状元"。现如今的"高考状元"，虽不能与科举时代的状元同日而语，但人数更多，影响更大，励志效果更明显。特别是借助现代媒体，其知名度乃是古代状元所无法比拟的。特别是高考状元对高校来讲就是一块"广告牌"，高校抢"状元"的目的不过是利用了中国人根深蒂固的状元心理为其进行宣传。更有评论指出：吸引有潜质的优秀学生，对任何一所以培养人才为己任的大学来说都是无可厚非的。但是对于"高考状元"的疯狂哄抢已经超越了正常界限，演变成一场著名学府之间相互"抢宝"的游戏，也成了大肆炒作的噱头。在此过程中，高等学府的价值观也发生了错位，即不是在自主权范围内发现有潜质的优秀学生，而是追捧分数比较高的所谓优秀考生；不是潜下心去培养真正的"状元"，而是满足于把"高考状元"收归囊中的一时快慰。[②]

我们只看到高校年年抢"状元"，却不见这些曾经的"状元"在学校里是不是依然是"状元"，毕业后是否因为"状元"的光环而被人才市场抢夺，他们工作后的成就如何。昔日的"状元"风光何在？中国校友会网、《大学》杂志和《21世纪人才报》曾历时8个月调查后联合发布的《1999—2006中国高考状元调查报告》基本能说明

---

① 周腊生.."状元"一词早期使用情况辨考[J].江汉大学学报：人文科学版，2007（4）：96-102.
② 张显峰.哄抢"高考状元"折射高校价值观错位[J].成才之路，2007（26）：20.

问题。有关课题负责人指出，所谓"高考状元"未必能成为社会的顶尖人才，在跨出大学校门之后能不能成为社会精英，与高考成绩排名无关。课题组通过核查2007中国高校杰出校友排行榜发现：在杰出企业家中没有一位高考状元；在学术领域，中国两院院士、外国两院院士、长江学者等名单中，均没有出现高考状元的名字；同样，在杰出政治家中，也没有高考状元。这说明状元仅是"考场状元"，尚未成为"职场状元"。①就一般情况而言，除了个别的，大部分"状元"都已是"泯然众人矣"。

总之，长达1300年的科举制造成了中国人的"状元情结"，这种情结并没有随着科举制的废除而终结。现在仍有很多人对"状元戏"乐此不疲，其最根本的原因，就是深受这种传统的影响。中学需要状元扬名，高校延揽状元以壮威，媒体需要炒作状元吸引眼球，教辅书商要用状元来促销，家长需要状元振奋精神，学生则需要状元来激励自己。事实上，"高考状元"只不过是在现今中国教育制度下的成绩突出者，他们并不能或者仅靠他们是不可能承担起未来中国全部的社会责任。在一个日益开放和多元的社会，一个人的成就取决于他的付出，社会的发展需要和大家共同的努力。特别是从青少年健康成长的角度看，没有学生会真正需要"高考状元式"的炒作。如果在现代社会"高考状元"仅剩下炒作功能，就理应在社会视野中消失。好在2020年中共中央、国务院在《深化新时代教育评价改革总体方案》已明确规定："任何学校严禁公布、宣传、炒作中高考'状元'和升学率。"但2021年"花式"炒作、"委婉"宣传高考状元、"考得比较好"的考生的现象仍真实发生了，对此相关部门动真格，给予严肃处理。今后，我们要以平常心看待考试成绩和排名，逐渐弱化高考状元头上的光环，从千百年来的"状元情结"中真正走出来，以更开放的视野、更开阔的心态去关注青少年的成长。在这方面，我们的社会却还有很长的路要走。②

四、走不出的应试教育

如果说科举时代的教育可以称为"科举教育"，那么，我们今天的教育就可以称为"高考教育"。绵延1300年的科举考试与现今高考有许多共同之处。其一，两者都是竞争性的选拔考试，采用公开考试、择优录取的公平竞争方式；其二，两者都是国家考试，由国家举办；其三，两者都有严格的考试程序，如考试所实行的编号、闭卷、

---

①屈超耘.高考状元何以不能成为职场状元？[J].杂文月刊 2008（5）：43.
②傅国涌.告别状元情结[J].基础教育课程，2007（08）：56.

弥封、监考、回避、复查等制度；其四，二者之作用和影响都有两面性，似一把锋利的"双刃剑"。从这个意义上来说，"科举有如古代的高考""高考有如现代的科举"。[①] 故此，科举的影响、科举的弊端仍会在我们的现实社会和教育实际中有突出的表现，特别是日益猖獗、极端盛行的"应试教育"已成为一个"老大难"问题。

中国是文明古国，教育传统源远流长。科举考试作为走向文明的制度之一，曾为我国古代社会的发展进步起到了巨大的推动作用。与科举制度相关的"官"本位的人才标准以及"读书做官"的教育理想和价值观念所造成的教育的畸形发展，同样也具有"悠久的历史"，当今流行的"应试教育"就是这种历史文化在教育上的集中体现。即使现在读书与做官之间已经没有了那么紧密和直接的联系，但在不少人的心目中，考试仍是评价人才的唯一手段，分数仍是检验人才质量的唯一尺度，升学更是获得地位和身份的重要途径，至于学什么，学了有什么用，并不是关注的重点，或者还顾不上更多地加以考虑。

研究表明，科举制度最大特点就是考试，应试教育最大的坏处是为考试而教，为考试而学。教师以分数督察学生，校长以分数考核教师，家长以分数奖惩孩子，教育主管部门以升学率表明政绩，社会以学历评判教育和人才。这一系列互为因果的恶性链条将学校教育简单地置于为升学考试服务的轨道之上，学校成了考试的专门场所。学生们为了将来获得一个稳定的、比较好的职业而刻苦攻读。尤其对于农村学生来说，上大学是摆脱困境、走出农门、转变人生的必由之路，于是拼命读书，努力在考试的竞争中取得好成绩。

当前的招生考试制度和就业制度直接导致了学生之间的竞争越来越激烈，导致在学生、教师、学校身上产生强大的追求升学率的内在驱动力。在这种强大驱动力的推动下，中考和高考科目不断升温、加码，非中考、高考科目则受到冷落，学校视升学率为高于一切的工作目标。在这种强大驱动力的推动下，中学生的素质教育、全面发展成为一句苍白无力的口号。为了追求高的升学率，学校根本无暇顾及素质教育，而是压缩正常教学时间，用半年甚至一年的时间复习备考，教师"满堂灌"，学生负担过重，严重影响了他们的身心健康和心理承受能力。面对升学的压力和社会既有的评价标准，家长们也是心里赞成素质教育，行为上仍然偏向应试教育。

---

① 刘海峰.高考存废与科举存废[J].高等教育研究 2000（2）：39-42.

多年来，我们深深地感到应试教育的弊端太多，危害太大。其一是它的肤浅性。应试教育表面上看最重视智育，教学质量应该不成问题的，但智育的目标却是片面的、狭隘的，只强调知识的熟练程度，进而导致高分低能的出现。其二是它的不平等性。应试教育只注重升学有望的学生，严重歧视升学无望的学生，不尊重"学困生"的人格尊严。其三是它的片面性。一些明显有应试教育倾向的中小学校只重视考试科目的教学，考啥教啥，主要精力投入在"重复教学"上。对于非考试科目基本上只是应付，即使能开课，也得不到重视。其四是它的短视性。教学中，应试教育只要求学生学会解题就足够了，严重忽视对学生多种能力的培养，忽视对学生学习兴趣、习惯和方法的培养与训练，忽视对学生情感、态度、价值观的养成教育，漠视学生的全面发展和长远发展。[1]学生的个性特长、兴趣爱好得不到充分自由的发展，创造性思维能力以及其他各种能力得不到良好的培养和开发。

在我国，"应试教育"造成的最明显和最长期的危害是对职业技术教育的忽视，从而破坏了教育的整体性，降低了学校的教育功能，使学生得不到全面发展。当教育简化为"高考教育"，在科举考试遗风和传统陈腐观念的影响下，高中生毕业后，对职业技术教育心存芥蒂，认为高职层次低、上高职"没出息"的观念根深蒂固，进而导致了我国高等职业技术教育发展举步维艰。中国的科举教育向来"专心道德文章，不复以艺事为重"，故习入仕之学的人多，而致力于农工商学的人少。严复批评这种旧教育走了一条错误的办学道路。他说："夫中国自古至今，所谓教育者，一语尽之曰：学古入官已耳！"[2]学子举业不成，几乎终身成疾，所学的东西，于工商之业无一可用。即使举业有成，亦不懂经世之学。而要改变这种状况，非大兴实业教育不可。他笃信，"农工商之学人，多于入仕之学人，则国治，少于入仕之学人，则国不治。"[3]

更为严重的一种现象是，曾经"许多家长不管自己的孩子基础如何、适合不适合，都纷纷把孩子送去参加奥数培训。这是一种畸形的攀比和急功近利的想法，加重了孩子学习负担"。[4]至今，在义务教育阶段最突出的问题之一仍是中小学生负担太重。一方面是学生作业负担仍然较重，作业管理不够完善；另一方面是校外培训仍然过热，

---

[1] 庞兴革.简论素质教育和应试教育的相关性[J].吉林教育 2005（9）：28-29.
[2] 王栻.严复集：第2册[M].北京：中华书局，1986：292.
[3] 王栻.严复集：第1册[M].北京：中华书局，1986：89.
[4] 顾明远.奥数培训亟须叫停[N].西安晚报，2008-12-05（19）.

超前超标培训问题尚未根本解决，一些校外培训项目收费居高，资本过度涌入存在较大风险隐患，培训机构"退费难""卷钱跑路"等违法违规行为时有发生。这些问题导致学生作业和校外培训负担过重，家长经济和精力负担过重，严重冲击了教育改革发展成果，社会反响强烈。为此，2021年7月24日，中共中央办公厅、国务院办公厅印发了《关于进一步减轻义务教育阶段学生作业负担和校外培训负担的意见》，取得了积极成效。

总的来说，应试教育把应试作为唯一的教育目标，是一种十分狭隘的教育模式和思想观念，它正在把我国基础教育引进死胡同，弊害极大。甚至人们已将之与"分数至上""高分低能""升学率""重点班"等现象联系起来。还有人视其为摧残个性，把人变成"考试机器"；"分数至上"，使学校片面追求高升学率；"发考试财"，成就部分暴利产业；学生压力太大，因为分数而自杀……于是，声名狼藉的应试教育成了万恶的"罪魁祸首"，成了承载万人唾骂的"垃圾筐"，成了国民素质不振、社会动荡不安的"策源地"。其罪过之大，真可谓"罄竹难书"。

然而，考试不等于应试教育，素质教育不排斥考试。现代教育离不开评价，我们在衡量学生身心发展状况方面，目前还找不到更好的方式来取代考试。考试是公正地选拔人才和有效地管理教学工作的一项重要手段。也就是说，实施素质教育并不是要取消考试，而是需要不断完善考试功能，从单一考试走向多元评价，使考试评价与素质教育结合起来，更好地服务于素质教育，并检验素质教育的成功与否。特别是素质教育不把考试作为教育的目的和教学的"指挥棒"，也不把应付考试作为教学的出发点，而是把考试仅仅作为检查教学效果的一种手段和教学过程中的一个环节，作为选拔人才的一种工具，始终体现促进学生全面发展的根本目标和宗旨。基于此，只要我们合理地引导和正确地看待考试，恰当地鼓励人们的考试热情，对考试的关注和必要的应试也不一定就是一件值得忧虑的坏事。

本章小结

中国是世界上最先实行考试的国家，直到十八世纪，欧洲才有了书面考试的开端。然在我国1905年废止实施了1300年的科举制度之时，却正值西方教育测验运动方兴未艾之际。之后，西方教育评价理论发展后来居上。其阶段划分根据古贝和林肯在《第四代评估》中提出的"现代教育评价发展四代论"，分别称之为测量时期、描述时期、判断时期、建构时期。

现代教育评价模式有不同的类型，不同的教育评价模式代表着一种教育价值取向，反映不同的教育评价思想和方法，是不同教育价值取向和教育评价思想方法的系统体现。本章主要介绍了行为目标评价模式、目标游离评价模式、CIPP 评价模式、应答评价模式和反对者评价模式五种。

现今在我国，考试仍占据主导地位或始终是考核选拔的主要手段，有时甚至是唯一途径和最终目的，"科举幽灵"仍在中国大地上飘荡。要克服考试评价中的"五唯"等顽瘴痼疾，必须在正确处理考试与评价关系的基础上，实现从"单一考试"到"多元评价"的跨越。为此，要明晰教育评价的实质内涵，全面实施好《深化新时代教育评价改革总体方案》，促进形成富有时代特征、彰显中国特色、体现世界水平的教育评价体系建设。

思考题

1. 教育评价的实质内涵是什么？
2. 简述考试和评价的根本区别及联系。
3. 试述五种现代教育评价模式各自的优缺点。
4. 试运用 CIPP 评价模式设计一项有关教育教学或学校管理的评价方案。
5. 述评"第四代教育评价理论"。
6. 简评"片面追求升学率"现象。
7. 试述发布《深化新时代教育评价改革总体方案》的历史意义。

第三章　多样化：从单一到多元

合久必分，分久必合，这是思想发展本身的规律，如何分合，何时分合，又都受外部条件的严重影响。分也进步，合也进步，该分则分，该合则合，这就是中国古代思想史的一个结论。[①]中国的科举考试和统一高考以追求"至公"为最高理想，期望通过逐渐的"合"达到最终的统一，实现人才选拔的公平公正。然而却不可避免地要遗漏某些特殊专才，这是大规模统一考试的固有局限。科举是这样，现代高考等大规模统一考试也是这样。[②]所以，行事大道重在分合相济，不能孤立地来看待分或合。因为，两者之间存在着辩证的哲学关系，分合都有各自的理由和优势，也有自己的欠缺和不足。为今之计，就是要构建"分合有度"的新型关系，这是实现考试评价制度改革走向现代化、科学化的关键，也是辨析考试评价制度改革中许多两难问题的核心之所在，但这恰恰又是我们最为薄弱的环节。特别是我国的考试招生改革一定还会出现和发生，或者面临许多单一与多元、分合变异的选项与抉择，借助研究科举考试、新高考改革和国外考试招生中的分合特点，从哲学的高度对"分合"关系进行辩证理解，以史为鉴，不能仅仅从分的角度去思考，也不能遇到问题都采用合的手段与思维，只有辩证地把"分"与"合"紧密联系在一起，在"分合之间"建立动态平衡机制，才能有效把握和恰当运用中国考试发展之规律，处理当前和今后复杂的考试招生改革与考试评价理论问题。"分"与"合"是相辅相成、辩证统一的，并且每一次分合，都会不断把

[①] 周桂钿.中华思想分合论[J].福建论坛（文史哲版），1993（04）：8-13.
[②] 刘海峰.中国科举文化[M].沈阳：辽宁教育出版社，2010：277.

我们带到一个更高级的发展新阶段。

第一节　隋唐时期的多样化科举模式

科举制始于隋代，终于清末，实行了一千三百年之久。但现在我们所熟知的弊端丛生的科举制其实是明清的制度，如八股文、试帖诗等。隋唐的科举制无论从举士资格、荐举途径、考试内容，特别是在科目设置和录取方式上，都与之后宋元明清的科举有很大不同，体现了明显的先进性、多样化和个性化特点，就其发展阶段而言，隋唐科举可谓是在长期实行荐举之后"推荐与考试"的结合，人才选拔模式和途径具有多样化特点。而当今，我们正处在长期实行考试之后"考试与推荐"相结合的新阶段。在科举制停废110多年后我们依然发现，历史总有惊人的相似之处。因而在此首先研究和展示隋唐科举多样化模式并从中获得启示与借鉴，有助于新时代推进克服一考定终身的弊端，有助于尽快形成分类考试、综合评价、多元录取新的考试招生制度。

一、选才方式多途：体现了荐举与考试相结合的特点

隋唐科举制与历史上各种选举制相比，体现了原创性和阶段性的变革特点。但是，这种变革与创造并非要割断历史，而是顺应历史潮流，继承和总结了历史上许多选举办法的积极成分，通过地方推荐、他人举荐、个人自举与中央考试相结合，形成了常科与制科并举、推荐与考试配合、资格考核与选官任职分途的多样化特色。

其一，重视乡贡。隋唐科举制构成中，地方举荐环节非常重要。在隋代，应选者必须得到地方州郡或高级官员的推荐才可参加省试。隋文帝开皇十八年（598年）"诏京官五品以上，总管、刺史，以志行修谨、清平干济二科举人"。[①] 当时，秀才刘焯、王贞属州举，岑文本、薛收皆为郡举秀才，而房玄龄，"年十八，本州举进士，授羽骑尉"。[②] 唐武德、贞观年间，多次下诏求贤，以充朝廷。可见，隋唐地方基层组织和当朝官员的推荐是初始，也是选举最为关键的方式和步骤，原则上中央与地方公卿长吏，均有向朝廷荐举人才的责任和义务，这在唐初尤为普遍。举荐后"先县试，次州试，

[①] 魏征，令狐德棻.隋书：卷二·帝纪·高祖下[M].北京：中华书局，1973：43.
[②] 刘昫.旧唐书：卷六十六·房玄龄传[M].陈焕良，文华，点校.长沙：岳麓书社，1997：1509.

次试于有司，即礼部试；再次试于吏部，然后出身授官"，①体现了由下而上，层层选拔考察与考试的特征，这既提高了选举质量，又分解了中央选士的压力。

其二，他人举荐。最典型的例子就是：杜牧参加唐文宗大和二年（828年）科举，地点在洛阳。主考官是崔郾。在其考前的饯行宴会中，赴会的太学博士吴武陵为杜牧向崔郾关说。吴武陵赞扬杜牧的《阿房宫赋》，说这篇文章传诵于京城太学生之间。他要求给杜牧状头，即榜首。但崔郾说状头已有人，只能给第五名。崔郾随即向诸位客人宣布吴武陵向他推荐的第五名的人选，此人即杜牧，而且他已经同意。从今天的角度，甚至是从明清科举制的角度来看，这是一场"关说"与密室交易事件，堪称丑闻。但有趣的是，记载这个事件的《唐摭言》却以《公荐》为题。亦即《唐摭言》的作者认为杜牧的老师吴博士向主考官崔郾关说，是一种"公"的行为。②

其三，个人自举。自举是制科考试区别于察举制的显著特征之一。制科举的自举是指应制举人到州府自荐或直接到京城诣阙自荐，参加考试。自举使一般的士子和下层官吏可以不依附权势就直接参加制科考试，从而使封建王朝可以擢选更多的非常之才。最早提出自举当在贞观十三年（639年），③太宗谓侍臣曰："能安天下者，惟在用得贤才。公等既不知贤，朕又不可遍识。日复一日，无得人之理。今欲令人自举，于事何如？"魏征对曰："知人者智，自知者明。知人既以为难，自知诚亦不易。且愚暗之人，皆矜能伐善，恐长浇竞之风，不可令其自举。"④魏征所讲虽有一定道理，但不能以此塞死自荐之路。对于从自荐中冒出来的不肖之徒，通过严格考察加以识别就是了。选拔人才要经历"发现"和"考察"两个互相联系又相互区别的环节，以发现环节上可能出现的问题来全盘否定自荐这一有效途径，显然是因噎废食。此后，中宗神龙三年（707年）正月，突厥"默啜寇边，制募猛士武艺超绝者，各令自举"。⑤玄宗开元年间也曾多次"咸令自举"。但唐代有关自举的制诏并不多，允许自举，也常常是举荐与

---

① 邓嗣禹. 中国考试制度史[M]. 长春：吉林出版集团有限责任公司，2011：58.
② 甘怀真. 从科举制论中国文化中的公平观念：以唐代科举制为中心[J]. 考试研究，2010（02）：108-116.
③ 田建荣. 中国考试思想史[M]. 北京：商务印书馆，2004：139.
④ 吴兢. 贞观政要：卷三·择官[M]. 王贵，标点. 长沙：岳麓书社，1991：118.
⑤ 刘昫. 旧唐书：卷七·中宗本纪[M]. 陈焕良，文华，点校. 长沙：岳麓书社，1997：83.

自举同时被提出,"自举更像是他人举荐的一种补充形式"。①

即便如此,隋唐这种多途举荐的科举制,为最终撬动门阀政治提供了一个强有力的支点,从唐高宗、武则天到唐玄宗在位的百余年间,大力推行的科举制度终于引发了唐代政治乃至整个社会结构的巨大变革。同时,这一时期无论是荐举和省试、铨试都需要考试,考试已应用于举荐、录取、授予官职的全过程,并起到了决定性的作用,这反映出隋唐统治者在选拔人才时越来越趋向于考试,更加注重应选者的学识才能而非门第与家世,推荐与考试结合,这在我国古代选举考试制度史上具有极大的创始意义和进步价值。

二、举士资格开放:工商子弟可以参加科举考试

科举制度是隋唐两朝最有代表性的选举用人制度,但并不意味着除科举制外无其他途径。唐初取士任官,选纳多途,还存在通过征辟、门荫、军功、吏道和纳赀等入仕为官的途径,而且人数大大超过科举入仕,甚至较科举之途有时还更为便捷。但隋朝建立科举制度时却作了"工商不得入仕"②的规定,给工商子弟进身士林带来难以逾越的障碍。"唐承隋制",对工商业者应举也有严格限制,"食禄之家,不得与下人争利,工商杂类,不得预与士伍"。③人们一直以为诗人李白不走科举之路,是因为他天生放纵的性格和不屑于走科举升迁之途的别样人生追求,其实,这只是表面现象,其根源则是他有难言的苦衷,即对于身为商贾子弟的李白而言,现实政策的规定使他根本就没有资格参加科举考试。④

但科举制度与此前选举制度的根本性区别在于其开放性,即允许士人"投牒自进",为此,科举制几乎取消了所有报考者的身份限制,这极大地改变了传统中国政权封闭运行的模式,也是科举制度价值的最大闪光点和"内在意义与精神生命"的体现。可见,允许士人自由报考,不仅是科举开放性的重要标志,也是传统中央政权向

---

① 蔡芳.唐代制科举研究[D].天津师范大学,2006:13.
② 杜佑.通典:卷十四·选举典二[M].北京:中华书局,1988:342.
③ 刘昫.旧唐书:卷四十八·食货志上[M].陈焕良,文华,点校.长沙:岳麓书社,1997:1269-1270.
④ 阎琦.李白的入仕道路和他的幽愤[J].西北大学学报(哲学社会科学版),1994(04):17-24.

普通士人开放的重要途径。① 这样，大致最晚在唐贞元时已有了周亲放弃工伎之业三年后，本人可以入仕的限制，这实际上取消了唐初工商子弟不得入仕的规定。② 中唐后出身于工商市井之家的进士逐渐多了起来。见之于记载的唐代工商子弟经科举成功入仕的有陈会、毕諴、顾云、常修。③ 据说唐末工商业者黄巢也参加了科举，但没能顺利考上。

尽管工商子弟通过努力考取了进士，但他们的处境尴尬，成都酒商之子陈会于开成末、会昌初登进士科后，家中就被要求收下酒旆，关掉酒店，表示脱离市井之身份。"考中进士后便被强行断绝与工商殊类的直接关系，这正是政府和朝贤们在新的形势下，既不得不妥协于工商业者势力越来越强大的现实，又不愿放弃工商杂类不得预于仕伍的政策而执行的折中措施"。④ 同时也反映出此时知识已作为一种工具，是通向官界的捷径，而"官"在中国社会是富贵的来源。科举制不只造成了社会的金字塔阶层化与科举官僚位居上位的现象，更重要的是工商界中的各种职业与从事者在这个金字塔体系中没有相应的职分与尊严。这种科举价值观反映在当今也是非常明显。唐代工商子弟参加科举考试的短暂尝试正说明了这一点。即使今后我们实现了学术型、技能型两类人才、两种模式高考，但人们心中的"上高职没出息"的陈腐观念可能依然顽固。究其实，恐怕是传统科举思想下的公平理念以及"唯有读书高"的信念作祟，进而否定了职人的价值。⑤

到了唐代后期，州县胥吏、工商市井、返俗僧道、节镇衙将之子、贫寒人家子弟及外国籍人士，皆可以参加考试，并有及第者。由于被限制的考生种类越来越少，所以从某种意义讲，任何人只要埋头读书，都有资格参加科举考试。并且，唐代还允许符合条件的应试者多次参加礼部科举考试和吏部铨试，进士出身的人还可一考再考制举，表现出对人才选拔非常灵活宽松的政策与导向，这有利于避免一考定终身的弊端，也有利于人尽其才，更有利于封建中央集权的巩固和加强。

---

① 李兵，徐丽苹.科举开放与书院发展[J].陕西师范大学学报（哲学社会科学版），2009（04）：124-128.
② 陈伶俐.唐工商子弟与科举及文学的关系探讨[D].西南大学，2006：10.
③ 傅璇琮.唐代科举与文学[M].西安：陕西人民出版社，2003：199.
④ 陈伶俐.唐工商子弟与科举及文学的关系探讨[D].西南大学，2006：11.
⑤ 甘怀真.从科举制论中国文化中的公平观念：以唐代科举制为中心[J].考试研究，2010（02）：108-116.

三、评价主体多元：举子行卷形成的舆论对录取有影响

唐代对进士的录取主要看科考成绩，但仅有成绩是不够的，荐举与考试相结合的特点决定了投考者工夫还可用在场外，事先向在政治、文化上有地位的公卿、要人投献自己平时的佳作，即所谓"行卷"，他们还要向礼部交纳自己的作品，所谓"省卷"或"公卷"，即不完全是以考场一时、一文定终身。试卷亦不糊名、誊录，考官知其人，可以参考平时对此人的了解。考官还可以在试前调查举子在社会上的才名声望，访查舆论，甚至事先形成一种排定名次的"通榜"。这些都反映了唐代制度中，仍存两汉重行、魏晋重名的遗意。虽然已是"以文取人"，但"文"尚不离"人"。[1]

特别是中唐时期，科举人才辈出，其中有不少是中国历史上著名的文学家，如柳宗元、刘禹锡、白居易等。许多主考官或认真执法或迫于舆论，的确选拔出了许多才学之士。如唐贞元八年（792年）陆贽主考时，听取了补阙梁肃、郎中王础的推荐，选拔的一榜进士中有欧阳詹、李观、王涯、韩愈、李绛等23人，皆为一时俊选，人称"龙虎榜"。专家认为，出现这种科举得人的局面与当时实行通榜与公荐、注重一场考试之善与平时才学专长相结合来拔取人才的机制有关。科举通榜和公荐最为盛行的时候，只要想应进士科入仕，就必须造请权要通关节，或与先辈名人往还以激扬声价。主司在录取时往往要"采誉望"，即考虑舆论认为具有声誉的举子。这样，有时名声的重要性不亚于实际才学。[2]

参考举子平日的真实水平，可以避免一试定终身的弊病，行卷风尚还推动了唐代文学的繁荣。有人以唐宋诗之差异做比较，认为唐代进士科逐渐形成的"以诗取士"制度，纳卷、行卷在其间发挥了重大作用，而宋代逐步建立起完善的糊名制和誊录制，纳卷消亡，行卷衰歇。于是宋代士人由此转向闭门苦读。宋人因此缺少生活和情感阅历，缺乏创作激情。与唐人比较，宋人作诗的热情和投入时间都锐减。配合行卷过程，唐人科名有成之前，必须外出漫游，同时饱览沿途风光，创作出大量风景诗。既写出千姿百态的风光景物，又融入唐人求仕过程中喜怒哀乐之复杂情感。[3]

---

[1] 何怀宏.选举社会及其终结：秦汉至晚清历史的一种社会学阐释[M].北京：生活·读书·新知三联书店，1998：98.

[2] 刘海峰."韩门弟子"与中唐科举[J].漳州师院学报，1997（03）：18-26.

[3] 诸葛忆兵.论唐宋诗差异与科举之关联[J].文学评论，2012（05）：48-57.

可见，唐代取士"采名誉""重素望"，顾及社会舆论是考官决定取舍的主要依据。同时，科举考试的开放性机制也决定了科场活动的公开性和公正性，主考官在挑选的时候必然会十分小心，"故其取人也，畏于讥议，多公而审"。① 郑渊洁在他的《现代的高考好像还不如那个时候》一文中感慨道：我记得杜甫科举不第，他写两篇文章传到皇帝那里以后，皇帝觉得不错，然后命人单独面试他一下，后来还能给他一个工作干。李白的情况也差不多。但是，现在好像没听说哪个考生高考不行，觉得自己有才华就给相关人员写信，然后被破格录取或选用的事件。②

当然，这种考试与推举结合的制度，如果在腐败日甚一日的环境中，推举、行卷就会完全变成"请托""舞弊"的代名词，唐代后期就有出于私人目的，为亲戚、故旧、子弟，甚至为了回报贿赂、结交权势而推荐考生的事情发生。当今，随着现代技术手段的先进和惩治腐败力度的加强，在贤明、公正的考试机关或社会化考试机构的主持下，高校招生考试理应更多地采信中学教师的推荐意见，并结合中学生平时成绩、综合素质评价结果等，形成一种公众选取的良好环境。唯如此，多元录取机制所提出的自主录取、推荐录取和破格录取等才能真正得到落实。

四、取士科目众多：促进了隋唐教育多样化发展

明清时期的科举考试科目其实只有进士一科。而隋朝建立科举制时，设有秀才、明经和独创的进士科。唐代科举分为贡举、制举、武举、童子举、道举等。贡举又分为秀才、明经、进士、明法、明书、明算等，科目设置比较繁复，先后开设过的常科科目就有十六种之多。③ 制科考试由皇帝特旨召试，以满足社会对各类"非常之才"的需求，其名目更是丰富多彩。《唐会要》载有六十三科，《文献通考》说有五十六科，《困学纪闻》认为："唐制举之名多至八十有六，凡七十六科"，《玉海》言："自志烈秋霜而下凡五十九科，自显庆三年至大和二年，及第者二百七十人。"徐松《登科记考》则认为已超过百数。今人综合以上统计后认为"唐代制举科目名称应不少于一百三十八科"。④ 故唐朝人封演说"名目甚众"，宋朝人赵彦卫称其"科目至繁"，

---

① 洪迈.容斋随笔·四笔：卷五·韩文公荐士[M].长春：吉林文史出版社，1994：534.
② 《新京报》.科举百年[M].北京：同心出版社，2006：138.
③ 陈秀宏.科举制度与唐宋士阶层[D].东北师范大学，2004：28.
④ 许友根.唐代科举科目考述[J].海南大学学报（人文社会科学版），2001（03）：15-21.

洪迈则认为："唐世制举，科目猥多，徒异其名尔，其实与诸科等也。"①

隋唐科举取士范围宽广，科目繁多，所具有的多样性特点，直接促进了当时学校教育的繁荣和发达，也使隋唐教育结构和形式多样化。邓嗣禹说："唐代科举，有二特点：一，科目繁多；二，国家考试与学校课程，合二为一，故学术发达，人才辈出，如狄仁杰，徐有功以明经举；白居易，杨绾，颜真卿，裴垍以进士举。""他如明法，明算，明字，历史等科，兼试诗赋策文，使人各有专长，亦各有普通技能。"至于史学和文学，李延寿、刘知几、杜甫、柳宗元等，自成一家，各出心才，发挥特性，人才如此之盛，无怪太宗尝幸端门，见新进士缀行而出，喜曰："天下英雄，尽入吾彀中矣。"②这都是科举劝诱之效。

不仅如此，武则天首创武举，拓宽了科举制的领域，还推动了古代体育的普及和开展。唐皇尊崇李耳，《老子》成必考课目，这有助于道家思想的研究和学习。其他专门的技术如天文、医学、农学、律学、绘画、书法之类，虽然始终是边缘科目，但仍属于考试的范围，在一定程度上推动了古代自然科技和艺术的家学传授和教育活动的开展。③宋朱弁《曲洧旧闻》卷九曰："唐以身言书判设科，故一时之士，无不习书，犹有晋宋余风。……本朝此科废，书遂无用于世，非性自好之者不习，故工者益少，亦势使之然也。"④陈登原《国史旧闻》"唐考选科目"条亦指出："唐世尚有律与书算之考试，比诸近世文理与法三学院，各有所涉。非如明清科举，专尚文诗，至多但为国文系一系之学而已。"⑤

可见，唐代官学的设置与科举科目直接相关，而科目设置又往往根据官学教育内容而定，两者是互动关系。同时，唐代学校教育却并不完全受制于科举制度，其根本原因在于唐代人才选拔途径和标准的多样性，⑥有些科目就是为特定人群所专设，这样，科目之间就没有可比性，虽难以保证公平和公正，但科举考试的终极目的是有效地选

---

①洪迈.容斋随笔·续笔：卷十二·唐制举科目[M].长春：吉林文史出版社，1994：284.

②邓嗣禹.中国考试制度史[M].长春：吉林出版集团有限责任公司，2011：86-87.

③邢铁.唐宋科举制度下的家学传承：以史学和技艺为中心[J].河北师范大学学报（教育科学版），2009（01）：17-21.

④刘安，朱弁撰.钦定四库全书荟要：淮南鸿烈解、曲洧旧闻·卷九[M].长春：吉林出版集团有限责任公司，2005：843.

⑤陈登原.陈登原全集：第7册·国史旧闻二[M].杭州：浙江古籍出版社，2014：104.

⑥徐梓，王炳照.论传统学校教育与人才选拔的关系[J].湖北招生考试，2007（08）：42-46.

拔人才，特别是社会经济越发展，社会经济成分越丰富，对具有各种专长的人才要求就越强烈，为了选拔和造就大量社会急需的各种专门人才，考试科目和内容的设置体现多元的考试选拔新理念。隋唐科举多样化的选择途径和模式，将那些拙于此、优于彼的"非常之人"举拔上来，体现了充分的合理性和积极的现实意义。

第二节　我国为什么长期实行统一的考试招生体制

我国高校招生考试是从近代才开始的。古代高等教育是在科举考试制度规范下进行的一种"宽进严出"式的教育体制，基本上不存在招生考试，而只是一种学位考试或任官考试，学校内部的考试也为科举所左右，科举考什么，学生就学什么，特别是宋元明清时期基本如此并愈演愈烈。真正逐渐建立起高校招生考试的法律规范体系，是科举考试废除之后，一改以往学业考试与任官考试不分的局面，从讲求"学而优则仕"，分化成学校考试和文官考试，至于高校招生考试则介于这两种考试之间，是一种带有根本性转折意义的考试，特别是他对人生价值的体现至关重要，向来为全社会所关注，成了生涯发展规划的"中间环节"，具有完善、鉴别、选拔的社会职能，所以倍受人们重视，也是历代政府考试政策立意的重点。1949 年 10 月 1 日，中华人民共和国成立后，1952 年 6 月 12 日，中央人民政府教育部发布了《关于全国高等学校1952 年暑期招收新生的规定》，明确从本年度起，除个别学校经教育部批准外，一律参加全国统一考试，这标志着全国统一的招生考试制度自 1952 年正式确立，此后直到1965 年（1958 年除外）一直进行全国统一考试。1977 年恢复高考后至今，可以说恢复的和实行的都是统一招生考试制度。那么在这么长的时间里，我国一直实行统一的招生考试政策的原因是什么呢？

一、高考改革中的统独之争

所谓全国统一招生考试就是由国家制定统一的招生政策，由中央教育主管部门统一下达招生计划，全国统一命题，统一规定考试科目、时间、按省统一领导评卷，执行统一的评分标准，依据统一的政审条件、健康标准，统一录取新生。我国的高校招生考试制度基本上表现为全国统一的体制，并且历史悠久，未来仍是主流。当然"高校招生考试"，在我国不仅指"高考"，还包括成人高校招生考试、高等教育自学考试、硕士研究生招生考试等。

1949年中华人民共和国成立当年，全国各高等学校仍沿袭旧制，单独招生。但北京大学、清华大学、南开大学3所大学和北京师范大学、北洋大学分别采取了联合招生的形式。上海市则率先成立"上海市国立大学、专科学校统一招生委员会"，采用统一招生考试的办法，交通大学、上海法学院、上海商学院等16所高校于1949年8月11日使用统一试卷同时进行考试。当时上海市在实行统一招考方面走在全国的最前列。

1950年5月26日，中央人民政府教育部发出了新中国第一份有关高校招生考试的文件——《关于高等学校1950年度暑期招考新生的规定》。这个规定统一了公、私立高校的报考资格、科目、考试放榜时间，至于高校招生，由各大行政区分别在适当地点定期实行全部或局部的联合或统一招生，并允许各校自行招生。考试科目定为国文、外国语（英语或俄语）、政治常识、数学、中外历史、中外地理、物理、化学。除各系科共同必考科目外，各校还可根据系科之性质，分别加试一些科目。结果，全国201所高等学校中，有东北、华北、华东三大区73所大专院校联合招生。1951年又规定各大行政区争取实行全部或部分高等学校统一或联合招生，如有困难得斟酌情形，允许各校单独招生。该年，五大区普遍实行联合招生。

1952年6月12日，教育部发布了《关于全国高等学校一九五二年暑期招收新生的规定》，明确规定：本年度起全国高等学校实行统一招生考试。这是在前两年分区联考和统考的基础上，总结经验采取的重大改革，从此开辟了中国高校招生考试史的新纪元。为了便于组织统一招考工作，成立了全国高等学校招生委员会。考试时间定于8月15、16、17日3天举行，全国统一命题，制定统一的参考答案和评分标准。考试结束后，由教育部主持在北京统一录取。与此相配套，4月30日，教育部还发布了《1952年暑期高等学校招生计划》。至此，全国统一的招生考试办法自1952年就正式在我国确立，中国在世界各国、各地区中率先走上高校招生统考之路，这是在清末民国时期高校各自招考出现不少问题之后作出的改进措施，是体现历史发展方向的重大改革，在世界高校招生史上占有重要的地位。

不过，早期的高考也存在统得过多，对学校、系科、考生特点体现不够的缺点，再加上人们还不习惯，因此，从1953年至1957年，几乎每年招生前都会开展一场

"统一招生好,还是单独招生好"的争论。争论的核心是在统一招生考试的前提下,如何体现学校、系科和考生的特点,这一共性与个性的矛盾贯穿于高考的全过程,它们之间对立统一关系的发展推动着统一招考工作的不断进步。于是1958年,教育部根据"教育革命"的新形势,为了便于使高校能因地制宜、因校制宜,发挥地方办学积极性,决定:"本年改变全国统一招生制度,实行学校单独招生或联合招生。招生工作的具体安排,由省、市、自治区及高等学校根据地方和学校的情况,分别办理。"并强调,招生考试应主要是考政治,突出考生的政治思想品德,录取新生的原则是在保证政治质量的前提下,结合学业成绩、健康条件,择优录取。该年提高了政审标准,明确提出要加强对试题的审查,政治考题应有明确的政治方向,引导青年注意参加现实的斗争,贯彻阶级路线,对于工人、农民、工农干部和老干部及工农速成中学毕业生,采取保送入学办法。但该政策只实行了一年,1959年即又恢复了全国统一招生考试,此后便没有招生考试是"统"好还是"独"好的争论了,这种统一招考体制一直实行到1965年。[1]1977年恢复高考,实际上就是恢复这种全国统一的招生考试制度,我国至今可以说,仍实行的是统一招生考试制度。

现今,虽然统一招考政策仍在执行,争论却时有发生,并呈强劲态势,甚至形成激烈的两派。好在进入21世纪以来,高考在不断的改革中,从整体上已经初步实现了多元录取,政策已具有了更多的灵活性,矛盾大为缓解,争论的激烈程度有所下降。反倒是人们对于保送生制度、自主招生和各种高考加分政策疑虑重重,甚至有人建议研究生招生考试也全部实行全国统考。那么在这么长的时间里,我们实行统一的招生考试政策的原因是什么呢?根据日本学者大塚丰的考察,总的来说原因有四个:① 对国家而言,这种招考方式效率最高;② 可以减少由考试带来的经济和劳力负担;③ 统一国家观念的影响;④ 中国本身悠久的科举考试历史的作用。[2]当然也曾有人把这归结为是受苏联模式的影响,其论并不准确,也不符合历史事实,刘海峰教授曾撰文[3]对此进行纠正,因为一直实行计划经济的苏联至此间从来没有实行过统一高考。

---

[1] 刘海峰.在理想与现实之间:三论坚持统一高考[J].高等教育研究,1998(02):69-73.

[2] 大塚丰.现代中国高等教育的形成[M].黄福涛,译.北京:北京师范大学出版社,1998:265-266.

[3] 刘海峰.再论传统文化与高考改革[J].上海高教研究,1996(01):42-45.

距离最近的恐怕是来自我国民国时期曾经有过的统一招考之努力。1933年，南京国民政府在经济文化发展不平衡，教材不统一的情况下，先在各个大学推行比例招生以统一招生计划，以提倡理工农医等实科，限制文法商等文科。1935—1937年又代之以实际名额，每系20名。1937年抗日战争爆发，为适应战时需要，提高大学程度，教育部在中央大学、浙江大学和武汉大学三校试办联合招生。在此基础上，1938年起实行国立院校统一招生，教育部设统一招生委员会，划设了12个招生区，各区按照部定标准命题，分科评卷，成绩送教育部，由部决定各处录取人数。该年参加统一招生的院校有22所。1939年改由教育部统一命题、统一考试，参加的院校增至28所。1940年扩大到省立大学和独立学院，共有41所高校参加。1941年因抗战形势紧急被迫中止了统一招生。抗战胜利后，受内战等环境的限制，全国统一招生仍无法进行。[1]民国时期统一招生考试虽只实施了三年，但统一招考有效地控制了高校各科发展的不平衡，相当程度上实现了区域公平，加强了中学与大学的衔接，从整体上提高了高校生源的质量，为50年代初中国走上统考之路积累了经验。

二、统一考试招生的优势明显

"统一考试招生"是和"单独考试招生"相对的。我国的统一高考制度建立以来，曾经受到政治的冲击、市场经济的影响，如今又面临传统文化和教育本身的压力。但大规模统一考试招生一经推行，便带来巨大的社会效益，其推动民族文化的发展、促使人才辈出功不可没。那么，到底是否还要坚持统一高考？可以说，与大学单考单招、单独命题考试相比，统一考试招生的优势明显。[2]

第一，统考由专门机构按照考试理论设计、开发，聘请命题专家命题，考试结果信度高、效度高，具有公正性、安全性。统一高考的核心是全国统一命题。我国的高考命题工作，经过长时间的经验积累，已经相当成熟。如何命题才能有效检测考生的知识掌握程度，以及能力和思维水平，并对其有一个很好的区分度，我们的命题专家已积累了相当的经验。如果让各省或高校自己命题，自己组织考试，我们能说这30多

---

[1] 刘海峰.为什么要坚持统一高考[J].上海高教研究，1997（05）：47-49.
[2] 教育部开展深入学习实践科学发展观活动领导小组办公室.谋划教育事业科学发展，努力办好人民满意教育：教育部开展深入学习实践科学发展观活动文件资料汇编[M].北京：教育科学出版社，2009：367.

个或者2000多个命题组，会比目前的统一命题组更有经验，命题更科学吗？[1]全国统一命题考试，相对来说，成本低、效率高，便于组织且保密性强，有利于对考生的知识、能力、素养进行科学检验，掌握统一的衡量尺度，有利于提高命题水平和试卷质量。如果取消全国统一高考，由各地或各校自己组织考试，还会在试卷保密、考试组织、阅卷、登分等许多环节，都可能因为参与单位和人员增多而增加难度和成本，特别是无法完全确保公正性和安全性。而且，各校命题的难度不同，评分标准及阅卷的宽严不一，也无法保证公平竞争和新生的质量。

第二，统考解决了大学单独考试难度差异和水平差异的问题，提供了统一的大学入学资格标准，具有流动性、共享性。到目前为止，统一高考仍然是最经济、最科学、最合理、最公平的考试方式。曾经的分省自主命题和自主招生实质上是试图用考试内容不同而编造"不可比性"这一幌子，来掩盖省区市录取分数线巨大悬殊这一不公平事实，但这并不能从根本上解决招生录取的公平性问题。[2]统一高考公平、公正、公开，可比性强，有利于高校在全国范围内择优录取新生，也便于以高考成绩来比较评估各高校的生源质量，各地教育部门可根据高考成绩这一较客观的依据来评价各地的教育水平，并在地区和高校之间调剂生源，共享生源信息。

第三，可以大幅度减轻考生面对多校考试、多次奔波以及高校多头分散组织考试带来的经济和劳力负担，降低全社会考试成本。从教育经济学的角度来看，大规模统一考试效益高，节省了大量的人力、财力、物力及时间上的浪费，方便考生就近应试，减少考试次数和负担。1982年，在教育大讨论中，有人认为统考不见得好。教育部主管领导表示可以让各大学单独举行招生考试，但没有一所高校想尝试。北京大学曾算了一笔账，如果单独招考，从命题、印发试卷到评卷、录取等各个环节，工作量不知要增大多少倍，即使是委托各地招办主持监考，整个招考工作的费用也将成为一笔沉重负担。如果考生都集中到报考高校去应试，东奔西跑，经济负担就更加沉重，且十分不便。总的来说，单独招考各校从命题水平、考试质量和招生组织等都很难与统考制下命题的权威性、科学性以及低成本、高效率相比。即使改统一高考为各校单独招考，受考试制度发展的内在动力驱使，高校必然还是会自动走向联合招考，最终走向

---

[1] 张应强.坚持全国统一高考，加大招生制度改革力度[J].湖北招生考试，2002（08）：6-7.
[2] 张应强.坚持全国统一高考，加大招生制度改革力度[J].湖北招生考试，2002（08）：6-7.

各省统一考试或加入全国统一高考。① 自主招生最终走向联考和消亡就是最有力的例证。

第四，统一高考在维护多民族国家的统一和社会安定团结方面发挥着重要的作用。统一高考旨在全国采用相同的考试内容、考试形式和考试时间，使全国各地统一意志、统一步调、统一行动，有利于各地文化的交流融合和集中统一，对维护中央集权制国家的政治稳定和多民族国家的团结统一发挥了重要的作用。② 特别是我国疆域辽阔、方言众多、风俗各异，但参加高考均采用相同的试卷，相同的时间，使用通用语，这有利于各地文化的交流融合，而分省划定录取分数线虽不尽合理，但优待边疆文化相对落后地区是中国历史上总结出来的一条有效经验，科举考试分区定额录取，便收到了全国各地对中央政府向心力加强的效果。在当今西方敌对势力企图分裂中国、国内少数分裂主义分子企图搞"独立"的情况下，坚持全国统一高考对维护多民族国家的统一和团结尤有重要意义。③ 此外，高考统一选才所具有的促进社会流动的功能，在一定意义上起到调控教育秩序与减缓社会风气变坏的作用，有助于国家的安定团结。

第五，走向统一考试在一定程度上也是考试发展的内在要求。不仅高校招收本专科生从分散走向统一，而且在其他层次的招生考试和其他行业部门的考试中也呈现出朝统考发展的必然趋势。如硕士研究生招生考试开始是各校单独命题，后来为了宏观调控各校招生的基本水平和招生数量，提高规模效益，并维护公平竞争，便将各校各专业的共同考试科目外语和政治先改为全国统考，再到后来连部分共同专业基础课也改为全国统考。为了保证博士生的选拔质量，现在大部分培养单位的博士生入学考试外语都基本实现了统一考试，也有建议改为全国统一命题的。高教自学考试一直朝着增加全国统考科目的方向发展，目的在于真正做到教考分离、提高命题水平和节省重复命题的花费。至于律师资格考试、会计师资格考试、汉语水平考试，也无一不是实行全国统考。公务员录用考试也明显地呈现出朝集中统一发展的趋向。采用统考的动因不外乎追求公平、简便、可信、省力。这说明走向统一考试在一定程度上是考试发展的内在要求和规律。④

---

① 刘海峰. 为什么要坚持统一高考[J]. 上海高教研究，1997（05）：47-49.
② 刘海峰. 为什么要坚持统一高考[J]. 上海高教研究，1997（05）：47-49.
③ 刘海峰. 论坚持统一高考的必要性[J]. 中国考试，1997（05）：27-29.
④ 刘海峰. 论坚持统一高考的必要性[J]. 中国考试，1997（05）：27-29.

三、国情文化与统一考试招生

中国是一个典型的东方国家，儒家传统文化在社会生活和人们心理中有深刻遗存。所谓传统，它既是历史又是现实，是历史在现实中的沉积。它不仅作用于过去，而且构成为一种强大的现实力量作用于当前乃至未来。文化传统常以一种"遗传基因"的作用方式渗透于全部历史过程，这种历史的"遗传基因"之所以能够渗入并融化为现实生活的有机构成，形成一股强大的现实力量，皆是因为它们往往都是经过"自然选择"而适应了环境变异的，在当前环境中它们仍具有一定的存在和合理性。离开了中华文化的大背景，我们也许只能在技术逻辑层面上理解它，决不会把握它的精髓。我国传统文化中的大一统思想和科举考试制度经历了长时期的积淀，给人们留下了根深蒂固的影响，中国人已经习惯和认同了统一考试这种模式。所以，改革统一考试不仅要考虑其制度是否完善，更要考虑到中国的文化传统和现实国情。[①]

首先，统一考试顺应了我国国情。我国的考生、高校和社会各界都比较认可统一高考，这在一定意义上讲是由我国的国情决定的。我国人多地广，适龄考生多，且大多来自农村，由于受经济条件、学校教育资源的限制，农村考生的发展相应受到限制，广大的农村师生也不赞成高校单独组织考试的设想。又因考试的规模、经费、可行性等问题，统一高考更适应"穷国办大教育"的国情。我国的统一高考集中了全国教育战线上各方面的专家，动用了全国的人力、财力、物力，能确保考试质量、效率以及考试的权威性，各高校也愿意充分利用这些考试资源，从这一意义上说，统一高考是其他任何形式的考试都力所难及的。历史经验表明，统一高考既是我国高校招考史上的创举，在世界高校招考史上也有着深远的典范意义，它既能较好地解决各高校招生的公平与公正问题，发挥选拔人才、引导中学教育的作用，又承负着整合教育系统、维系社会稳定、发挥凝聚力量的重任，故统一高考是适合我国国情的。[②]

其次，统一招考有利于国家宏观调控招生规模。民国时期高校单独招生，由于考试及录取权在高校，各高校对招生专业及人数有自主权，考生凭自己的兴趣和愿望报考，结果导致易于开设且报考人数较多的文、法、商科专业偏多，理、工、农、医类专业却发展缓慢。单独招生虽注重个性，但造成了文理失衡，当时全国在校大学生中

---

① 樊本富.统一高考的多视角辨析[J].宁波大学学报（教育科学版），2005（01）：49-53.
② 吴艳玲.坚持统一高考 完善和扩大高校自主招生[J].湖北招生考试，2004（12）：18-21.

有七成以上都是文科生，这和当时中国对人才的实际需求极不相称。有鉴于此，国民政府教育部从1933年开始实行"比例招生法"，强行规定文科生比例不得超过实科生。到1935年，教育部直接给各高校下达了文理两科的招生人数，这可以说是中国高校"计划招生"的开始。[①]1938年制定的《国立各院校统一招生办法大纲》规定，统考定于当年的9月1日至4日。笔试分为文法商师范、工科和农业三组，所有考生都要参加公民、国文、英文、史地、数学5科考试，物理、化学、生物考生可任选一门考试。但当时的全国统考仅限于国立和公立大学，私立大学还不在此列。

再者，中国本身悠久的科举考试历史的作用。纵观历史，科举制的发展趋势是越到后来越向统一的模式演变，科目越来越趋同，内容越来越统一，从选拔专才走向选拔通才。[②]有些外国学者认为古埃及、古希腊、古罗马，作为民族都已先后灭亡，其中古罗马灭亡的各种因素中国也有，但中华民族却始终未灭亡，所以然者，一是由于独尊儒术思想理论统一，另一个原因便是中国有罗马所无的科举考试选拔人才的制度。中国未分裂成欧洲那样的小国，也部分归因于统一的科举考试。[③]19世纪西方国家受科举制的影响，陆续建立了文官考试制度。但是，他们所采用的只是考试方法，而没有照搬科举制度。20世纪50年代初，中国学习苏联的教育制度，却在大学入学考试方面发展出独具特色的统一高考，其原因恐怕还应部分归因于传统的科举文化的潜在作用。[④]

最后，深受中华传统文化中大一统观念的影响。以文化考试为主的大学招考制度的演进，的确存在着自身的内在逻辑。与大陆具有相同文化传统和科举考试等历史经验的我国台湾地区，1949年以后互为隔绝，当时，台湾与大陆一个是实行资本主义制度，一个是实行社会主义制度，经济发展水平也不一样，但继1952年大陆走上了全国统一高考之路后，1954年台湾地区也实行了统一的大学联招，这部分是由于考试制度自身发展的内在逻辑要求从分散走向联合，以达到高效、公平和具可比性。但如果从两岸的角度分析，就主要是由于受中华传统文化的制约和影响所导致的。如果说不从具有相同的传统文化这一角度来分析和下结论，还会有什么更充分更详实的理由呢？[⑤]

---

① 姚胜祥.中国第一次全国统一高考在何时？[J].文史天地，2020（07）：93.
② 刘海峰.中国科举文化[M].沈阳：辽宁教育出版社，2010：276.
③ 刘海峰.论坚持统一高考的必要性[J].中国考试，1997（05）：27-29.
④ 刘海峰.再论传统文化与高考改革[J].上海高教研究，1996（01）：42-45.
⑤ 刘海峰.再论传统文化与高考改革[J].上海高教研究，1996（01）：42-45.

事实上，日本、韩国等东方国家在经过反复研究和争论之后，也较早于20世纪70年代就采用了统一考试，其中，东方文化的影响因素可以说同样发挥了重要作用。

四、防止考试招生中的舞弊现象

坚持公平优先的统一高考是现实国情和文化传统的必然选择。统一高考设计的初衷旨在为不同阶层、不同地域、不同民族、不同性别的考生，提供公平竞争高等教育入学机会的平台，将高考成绩作为入学的唯一依据或主要依据，借此最大限度地保障教育公平和社会公平。客观而言，统一高考在这方面确实发挥了积极的作用，得到了社会的广泛认可。[①]不可否认，申请审核、综合评价方式选拔人才更加科学，但是，学生的综合素质难以量化、鉴定材料可信度有待检验。犹如古代科举通榜、公荐等制度最终因人情关系、弄虚作假不得不废，"文革"期间的推荐制也重演了历史的错误。实践证明，统一高考在确保公平方面有独特之处。特别是在长期实践中逐渐形成的一套刚性的程序规范，成为人们信奉公平公正的"量才尺"。也正是这种刚性的制度设计，让社会底层的精英人群在社会竞争中有了公平的支点。人们认可统一高考的公平性，主要是统一高考为普通阶层提供了向上流动的通道。统一高考在一定程度上摒弃了出身、权力、血统和人际关系等因素对教育公平的干扰，而采取能力、学识、素质等因素作为接受高等教育的标准，使包括平民、弱势群体在内的广大社会成员有机会实现社会阶层的向上流动，改变命运。[②]尤其是我国高等教育资源相对缺乏，因此，高校招生仍未摆脱"千军万马争挤独木桥"的局面。如果我们放弃统一高考改以多方面考查、各高校自主招生，那么"暗箱操作"现象必将随之产生，大量被淘汰的考生没有看到表面上的公平，会产生不满情绪。可见，尽管由于种种原因，统一高考的公平性受到影响并存在诸多问题，但总体上讲，统一高考在目前仍是教育领域乃至整个社会最为公正的制度安排。[③]

最为关键的是，我国有一个根深蒂固注重社会关系和人情的"面子文化"，这常常会影响教育考试评价过程的公正性。统一考试最重要的特征就是有利于摆脱人情困扰，减少舞弊，保证公平竞争。从理论上说，谁都知道德智体美劳全面考核，既看考

[①] 钟秉林.高考招生制度改革的走向与挑战[N].光明日报，2014-09-08（06）.
[②] 张和生.高考公平问题的伦理审视与实证研究[D].中南大学，2013.
[③] 樊本富.统一高考的回顾与反思：基于公平视野的分析[J].考试研究，2018（01）：39-44.

生考试成绩又考查其平日操行表现、参考平时成绩来录取高校新生最好、最科学,而且作为教育理论工作者和行政领导也都希望能达到这种理想。可真正实行的话,事实则一而再、再而三地证明,在重人情与讲关系的传统文化氛围中,在社会风气并不太好的情况下,很难做到这一点。德育很难量化比较,平时成绩若与升学挂钩则很容易失真,这便是为什么考生档案中表现评语多雷同、人们更相信高考的权威性和有效性的重要原因,也是为什么以文化考试分数来录取人们最信服且已选拔了大量高素质人才的重要原因。

所以,统一高考制度虽有不少局限和弊病,但通过改革和完善,可以为公平有效地选拔素质较高的人才继续发挥作用。尤其是在重人情、面子和关系的传统文化氛围中,是不宜改全国高校统一招生考试为各校单独招考的,甚至难以做到"宽进严出"。在传统文化未见根本变革的情况下,各校单独招考必将增加权力干预、金钱贿买的现象。只有当中国传统文化不再像过去和现在这样重人情、面子和关系的时候,只有当社会风气出现明显好转的时候,或者技术手段能够全面有效避免高考舞弊行为发生的时候,才能减少以统一考试分数作为高校录取依据的权重,才能真正做到"宽进严出",才能保证高等教育的水平和质量。①

不可否认,当前的社会风气还存在许多问题,在目前的统一命题统一考试所确立得相当严格的保障措施下,仍有违规或违法问题出现,取消统一高考实质上就取消了保障屏障,很难保证考试的纯洁性,这绝非杞人忧天。现在全国研究生招生入学考试,专业课大都是由招生单位自主命题考试的,虽然考试的组织工作和保障措施也是相当严密的,但每到命题、考试、阅卷、录取时期,各种干扰因素纷至沓来,有的招生单位还办起了考前辅导班。这就是说,各省市或高校获得了考试自主权,能否用好自主权,能否建立一套约束机制来约束高考中可能出现的偏向,不能不说是一个令人担心的问题。况且要在各省市或高校招生考试中建立一套严密和严格的制度体系,其成本要比统一高考的成本更大。② 而高考的"统一性"营造了一道抵御人情、关系、不正之风和考试舞弊的屏障,维护了高考这块净土。

总之,统一考试是招生发展到一定阶段的产物,走向统一已成为考试制度改革和

---

① 刘海峰.高考改革的理论与历史[M].武汉:华中师范大学出版社,2016:64.
② 张应强.坚持全国统一高考,加大招生制度改革力度[J].湖北招生考试,2002(08):6-7.

发展的必然趋势。高考制度改革的推进，必须以国家人才战略和教育政策为导向，结合时代特点和社会需求，突出程序公正，坚持统一考试的主体框架不动摇。我国长期以来实行统一考试制度的实践已经用事实从正反两个方面证明，取消统一高考决不可行。公平、科学、规范、高效的全国统一高考制度是建设和谐社会、选拔创新人才的客观需要。在纪念恢复高考30周年时，1997年7月19日教育部考试中心曾联合《中国青年报》刊出了《回首话高考》大型公众调查问卷，并在9月26日（第8版）刊出了调查统计结果。调查表明：在6652份有效问卷中，有53.2%的人认为高考对合理选拔人才利大于弊；认为有利无弊的占5.4%；认为利弊参半的占37.1%；认为利小于弊或有弊无利的仅占4.3%。如此就有95.7%的受访者对高考制度给予了充分肯定。从世界范围来看，统一考试也已经成为绝大多数教育发达国家的一致选择。可以说，坚持统一考试的主体框架，是推动高考制度改革的重要基石和前提条件。当然，统一高考制度也要不断改革与完善，但应该在坚持统一高考的前提下进行改革，而不是取消全国统一考试。

第三节　高考分类考试和多元录取实现新突破

进入21世纪以来，我国高校招生考试制度改革处在分合变异的关键时期，开始逐渐出现了"分"的趋势，统一的招生考试体制有所松动。但自恢复高考制度以来一直实行的"文理分科"却被新高考方案确立的"文理不分科"政策所取代。同时，打破了"一张试卷"考天下学生的局面，实行"分类考试"，首先将高职院校考试招生与普通高校考试招生相对分开，进而提出要实行"职教高考"。而自恢复高考后的考试命题，起初的1977和1978年因受当时客观条件限制，实行分省命题，此后长期实行的都是国家统一命题制度。1985年，上海率先实行自主命题，至2006年，全国共有16个省市实行分省自主命题。但到2022年又有27个省份选择采用全国统一命题的试卷。更有多元录取之自主招生从2003年开始启动，至2010年《国家中长期教育改革和发展规划纲要（2010—2020年）》提出要逐步形成分类考试、综合评价、多元录取的考试招生制度宏伟蓝图。最具有标志性的是2014年9月3日《国务院关于深化考试招生制度改革的实施意见》正式发布，标志着新一轮考试招生制度改革全面启动。

一、我国台湾地区的"大学多元入学方案"

台湾自古以来是中国的一部分，其教育制度，尤其是考试制度体系主要源自祖国大陆。但由于台湾在1949年以后与祖国大陆相互隔离，其教育制度、考试制度自然有了一些不同之处。但台湾与大陆隔海相望，两岸人民同根同源，在文化、语言、文字、教育制度、考试制度等方面有许多相同之处。特别是台湾地区高校招生考试制度在历经光复初期的院校单独招生后，1954年也开始实行高校统一的联合招生，1992年以来又开始探索多元入学新方案改革，逐渐形成了独具特色的高校招生考试制度体系，台湾地区的"大学多元入学方案"对大陆新高考改革有重要的启示作用。本节主要根据蔡培瑜[1]的专文介绍和深入研究略述如下。

（一）从"单独招生制"到"联合招生制"

1945年台湾光复后，废除了日据时代的教育体制，在高等教育层次设立了台湾大学、台湾省立师范学院（今台湾师范大学）、台湾省立台中农学院（今中兴大学）、台湾省立台南工学院（今成功大学）4所公立大学院校，以及3所专科学校。由于当时高校少，学校招生方式采取"单独招生制"，由各校自行组织招生考试，招生名额则由各校根据师资设备等办学条件情况拟定并备案。

从1954年开始，由于台湾省境内高中毕业生人数众多，考生重复参加各校招生考试，从人力、物力及学生精神的消耗上浪费过大，台湾大学、台湾省立师范学院、台湾省立农学院、台湾省立工学院举行联合招生，四院校组织"联合招生委员会"，分台北、台中、台南三区举行考试，台南、台中的试卷运至台北市集中评阅。录取学生，由"联合招生委员会"分发四院校，再由各校分配院系，这就是台湾地区的大学联考招生制度的肇始。[2] 首次联招成功试办，社会反映良好，遂于1956年规定所有公私立大专院校等都必须参加联招，统称为"大专联合招生"，台湾地区高校的联合招生考试制度至此正式展开。

---

[1] 蔡培瑜.台湾高校招生考试制度对大陆新高考改革的启示[J].教育与考试，2019（01）：17-23.
[2] 杨李娜.台湾的大学入学考试制度的创立与实施[J].漳州师范学院学报（哲学社会科学版），2004（04）：109-114.

1972年大学和专科学校正式分办联招，1976年，成立"大学入学考试委员会"，使"大学联招"在制度上更为完善，"联合招生制"的公平和公信力也为社会各界所认同，然而单一的升学管道与选才标准、"一试定终身"所造成的升学考试压力、大学联招考试学科的僵化、学校教育过度注重升学考试所忽略学生的全面发展等现象，一直为师生和家长所诟病。到1980年代末期，社会各界人士、考生和家长对"联合招生制"的改革呼声日益高涨，大学招生考试体制改革迫在眉睫。

（二）"多元入学制"的形成

1990年代，在教育考试改革声浪的推动下，台湾地区逐步下放大学的招生自主权。同时，为实现"考招分离"和"招考社会化"，先后于1989年、1997年各大学联合成立"大学入学考试中心"和"大学招生策进会"（2002年更名为"大学招生委员会联合会"）。台湾"大学多元入学方案建议书"就是在1992年由"大学入学考试中心"推出，内容包括"推荐甄选""预修甄选""改良式联招"三个方案。希望达成三大目标：一是在学生学习与选择方面能重视学习历程、顾及学生性向与兴趣、尊重家长教育选择权、提升弱势族群教育机会；二是大学特色与选才方面能尊重各校招生自主性、建立学生多元价值观、多元评量学生学习成就；三是在教育发展方面能促进学生五育均衡发展、提升适性教学质量、减缓过度升学竞争压力。

1994年，"大学多元入学方案"之一的"推荐甄选"试办，取得成效之后，1998年进一步试行"申请入学"招生方案，由大学自设招生单位，录取标准由大学自订。1999年，"招策会"与"大考中心"联合成立研究小组，在总结试行改革经验基础上，修订完善"大学多元入学方案"，并于2002年正式废除"联合招生制"，全面实施"多元入学制"。这样，从1992年提出大学多元入学方案到2002年实施"新方案"，足足花费了十年的时间，"新方案"才正式出台。

（三）"大学多元入学方案"的招考方式

"大学多元入学方案"自推行以来，为了实现简化考试、平衡城乡高中教育差距等目的，其招生考试方式又经过多次调整。至2019年"大学多元入学方案"是包含多种招生方式和多种考试形式在内的有机体系，主要包括"繁星推荐""个人申请""考试分发""特殊选才"等招生方式，以及"学科能力测验""指定科目考试""高中英语听力测验""（艺体）术科考试""大学单独面试甄试"等考试形式。

1."大学多元入学方案"的实施流程

各种考试与招生方式的时间安排和实施流程：①在高三第一学期也就是当年10月至12月，"大考中心"组织高中生英语听力测验。②在当年12月，大学以单独招生方式开展"特殊选才"招生，次年1月公布"特殊选才"招生结果。③在次年1月下旬，所有高三学生参加"大考中心"组织的"学科能力测验"（简称"学测"，类似于高中毕业会考），"学测"成绩是大学录取新生的重要参考依据。④在次年2月初，"大考中心"组织音体美特长生"术科考试"。⑤在次年3月初，学生根据各大学校系的招生要求和录取标准，结合自己的学测、英语听力、术科考试等成绩，参加"繁星推荐"或"个人申请"入学甄选；如果不参加，须继续上课修习高三课程，专心准备将于7月初举行的"指定科目考试"（简称"指考"，类似于以前的大学联考或统一高考），以考试分数竞争升学。⑥已取得"特殊选才""繁星推荐""个人申请"入学录取资格者，如不满意录取结果，可在规定时间内放弃录取资格，准备参加7月的"指考"；一般来说，"繁星推荐"和"个人申请"会在4月底前完成学生能力水平等级筛选报送、大学单独面试甄试、录取通知发放等工作。⑦在次年5月10日左右，"指考"开始报名；7月1日至3日举行考试，7月中下旬公布"指考"成绩，进行志愿填报，8月上旬发放"指考"录取结果。

2."大学多元入学方案"的招生录取方式

现行"大学多元入学方案"中包含"繁星推荐""个人申请""考试分发""特殊选才"四种招录方式。在"大学招生委员会联合会"组织协调下，各大学根据自身情况，自主决定采取哪些招生方式，并根据本校学科专业特色及发展需求，由大学各院系确定不同录取途径的招生要求和录取标准。高三学生则依照自己的能力、性向和未来发展目标，选择参加任一入学途径。对四种途径的招生额度实行总量控制，并逐年调整各途径的招生额度比例。如2018年的比例分配原则是：各大学"特殊选才"招生数应控制在大学招生总额的1%；"繁星推荐"招生数不超过大学招生总额的15%；"个人申请"占招生总额45%左右；"考试分发"占40%左右。

（1）繁星推荐。"繁星推荐"是由高中学校向大学推荐本校毕业生的一种招生方式。主要目的是为了平衡城乡高中教育资源差异，照顾偏远或弱势高中的毕业生有更多机会升入大学，引导和促进高中学校均质发展。参加"繁星推荐"的学生应符合以下条件：①高中全程均就读同一所学校并修满高一、高二各学期的应届毕业生；②高一及高二"各学期学业总平均成绩"的平均成绩全校排名百分比符合各大学的招生规定（不同大学根据自身办学水平提出的要求不等，一般分为前20%、前30%、前50%等不同档位）；③学生当年"学测"成绩、术科考试成绩（部分校系采计）、当年或前两年的"高中英语听力测验"成绩（部分校系检定）应符合各大学院系的录取检定标准。

"繁星推荐"依大学院系性质分8类学群进行大类招生，于每年3月上旬接受高中报名。一所高中对每所大学的每学群至多推荐2名学生，且同一名学生仅限被推荐至一所大学的一个学群。推荐名单首先汇总到"大学甄选入学委员会"（是受"大学招生委员会联合会"委托的第三方招生服务机构，目前由中正大学承办），由"甄选会"依据各大学院系制定的招生要求和录取标准，以及高中推荐优先顺序和分发比序项目进行筛选，并向各大学报送筛选结果，由各大学决定是否录取。8类学群中的第1—7类学群的学生，大学一般会依据"甄选会"的筛选结果决定录取名单，于3月中旬公告录取结果并寄发录取通知书。但对于第8类学群（医学系学群），因其入学标准高，要求严格，还需通过大学单独组织的面试甄选才能决定是否录取。

（2）个人申请。"个人申请"是学生个人向大学提交入学申请的招生方式，于每年3月中旬（稍晚于"繁星推荐"报名时间）对学生开放网络报名，每人以申请6个校系为限。"个人申请"报名也是汇总到"甄选会"进行筛选处理。学生须依照各大学校系的招生要求，参加当年的"学测"、术科考试（部分校系采计）、当年或前两年的"高中英语听力测验"（部分校系检定）。"个人申请"的筛选和录取分两个阶段。第一阶段由"甄选会"根据报名学生"学测"、术科考试、"高中英语听力测验"成绩、"个人申请"报名志愿以及各大学校系的录取标准，筛选出合适的学生报送给相关大学。第二阶段是各大学校系自办指定项目甄试，一般在4月中旬进行，甄试后各大学会在4月底5月初公告录取名单（称为"正备取生"），并寄发甄选总成绩单。"正备取生"必须尽快到"甄选会"网站登记就读志愿；如果未在规定时间内登记就读志愿，视同自动放弃。就读志愿登记后，由"甄选会"根据学生就读志愿公告结果并函告各大学，每名录取生最多分发至1个大学校系。获"个人申请"录取的学生如果参加其他入学渠道而被录取，应于其他入学渠道的录取大学报到前，向"个人申请"的录取大学声明放弃，否则一经发现，即取消"个人申请"的录取资格。

（3）考试分发。"考试分发"是指参加7月"指考"并依靠考试分数竞争入学的大学招生方式。"考试分发"由"招联会"委托"大学考试入学分发委员会"统一办理。"分发会"是专门办理"指考"和"考试分发"的第三方招生服务机构，目前由成功大学承办。每年5月初，"指考"开始网络报名。凡公、私立高中（职）毕业生或具同等学力，经"分发会"学力证明文件审查通过者，均能报名参加；已经被"繁星推荐""个人申请"录取的考生，则必须于规定时间内放弃录取资格，才可报名。

"考试分发"的考生须参加7月1日至3日举办的"指定科目考试"。7月中下旬"指考"成绩发布后，学生在网上选填志愿，每位考生最多可选填100个志愿，登记志愿以1次为限，志愿送出后不得取消或更改。"分发会"依各大学校系自订的录取标准，以统一分发的方式筛选和录取。考生成绩既要满足"指考"原始分数最低登记标准，也要满足大学校系自订的"学测"及"高中英语听力测验"录取标准。"分发会"结合学生"学测""高中英语听力测验"、术科考试（部分校系采计）成绩，依"指考"采计及加权计分，并结合大学校系指定的"指考"参酌科目成绩，择优录取。"分发会"一般于8月初公告录取名单。

（4）特殊选才。为改善多元入学制度较难鉴别部分具有特殊才能、经历或成就的学生，按照"渐进改变、重视大学自主"的改革理念，台湾地区高校从2015年起以大学院校单独招生的方式，开始小规模试办"特殊选才"招生方式。该类招生是由大学提出招生计划及要求，招生方案经审查通过后方可办理。主要鼓励公立大学招收弱势学生，鼓励各大学把不同教育资历的学生纳为招生对象，包含境外台生、新住民及其子女、实验教育学生、在地学生、持有ACT或SAT等国外大学入学测验成绩者等。

大学招生院系可根据学生工作成就、高中在学表现、竞赛表现、证照训练或其他特殊学习历程等自订招生条件，经由推荐、审查、面试等，录取某些具有特殊才能或特殊性质的学生。原则上各校于每年11月公告招生简章，于12月办理招生，并于次年1月发榜。依规定，经"特殊选才"录取且完成报到的考生，如未放弃录取资格，一律不得再参加"繁星推荐""个人申请"及"考试分发"招生。

3."大学多元入学方案"的考试方式

大学多元入学考试包括"学科能力测验""指定科目考试""高中英语听力测验"

三项主要考试，均由"大考中心"负责办理，采取统一考试。

"学测"的目的在于：①测验考生是否具备高中生应有的基本学科知能；②测验考生是否具备接受大学教育应有的学科知能；③测验考生能否结合生活知能及整合不同领域的学科知识；④测验考生是否具备理解及应用学科知识的能力。"学测"于每年1月中下旬举行，考试科目包括国文、英文、数学、社会、自然5科，采"一纲多本"命题方式。国文科的考试内容含国语文选择题、国语文写作；社会科包含历史、地理、公民与社会；自然科包含物理、化学、生物、地球科学。各考科测验的范围主要是高一高二的课程内容，唯国文科和英文科考试涵盖高三上学期课程内容。"学测"成绩是大学院系初步筛选学生的依据。学生的"学测"成绩采用等级分制，分为15个分数等级，并配合顶标、前标、均标、后标、底标五种等级来表示学生的学科能力水平。该测验成绩可提供"繁星推荐""个人申请""考试分发"等大学入学申请。

7月初"指定科目考试"的目的在于：①测验考生对重要学科知识的了解；②测验考生资料阅读、判断、推理、分析等能力；③测验考生表达的能力；④测验考生应用学科知识的能力。现行"指考"考试科目包括国文、英文、数学甲、数学乙、物理、化学、生物、地理、历史、公民与社会10科，由考生依大学校系指定的考科自行选考。"指考"采用"一纲多本"命题方式，测验范围包括高一、高二、高三必修与选修课程，成绩采用百分制。该成绩主要为"考试分发"招生途径采用。

"高中英语听力测验"的目的在于：①依据高中英文课程纲要，评量高中生英语听力学习的成效；②落实高中英文课程纲要听、说、读、写能力并重的内涵；③评量学生日常生活及课堂学习相关英语的听解能力；④提供各大学校院招生选才的参考。该测验采"一纲多本"命题方式，范围涵盖普通高级中学必修英文课程纲要所订的第一至第四学期必修课程，成绩采取等级制。自2015年开始将该测验成绩纳入大学"繁星推荐""个人申请"与"考试分发"的检定项目。

总之，我国台湾地区高校招生考试制度改革的总体趋势是从单一走向多元，体现了分类、多元的特点，强调"多元选才，多元入学"。一是普通大学和高等技职院校通过不同的管道分开考试选拔，由不同的考试机构分别命题、组织考试和录取。二是普通大学采用甄选入学和考试分发两条主渠道。经过20余年的不断改革调整，现行"大学多元入学方案"呈现为一种典型的多元制度混合模式，其中"繁星推荐"赋予城乡高中平等权利，由高中按学生水平等级推荐上大学，隐含古代察举制及九品中正制的影子；"个人申请"给大学和学生自由互选的权利，类似欧美大学招生的申请入学制；"考试分发"则延续传统的联考招生制度，用统一考试和考试分数来区分学生。几种招生方式各分配一定的招生名额比例，分布在半年多的时间里分别举行，并与"学测""指考""英语听力测试""术科考试"等多种考试与评价方式结合在一起，形成了一套复杂的招考制度体系。通过这种多元制度混合模式，既可以提供多元入学途径，给学生多样和多次选择的权利，也让大学依办学特色及发展需求自主招生选才，还兼顾特殊取才精神、平衡城乡教育差异等目的。可以说，多元制度混合模式是台湾地区现行高校招生考试制度的本质特征，①体现了一定的独特性。

二、"3+X"：新世纪的高考综合改革

1999年1月13日，《国务院批转教育部面向21世纪教育振兴行动计划的通知》提出到2010年高等教育入学率接近15%的行动目标，自此在我国拉开了一场声势浩大的"高校扩招"运动，其中，1999年和2000年的高校扩招比例分别高达47%和25%。此后连续扩招使我国高等教育毛入学率提前八年即2002年就达到15%，高等教育由精英教育迈进了大众化教育的门槛。但1999年大学扩招之时，人类正处在世纪之交的节点上，新世纪即将到来为人们谋划把一个什么样的高等教育带入21世纪增添了更多的憧憬与向往。恰逢其时，1999年2月13日，教育部出台了《关于进一步深化普通高等学校招生考试制度改革的意见》（以下简称《意见》），标志着我国面向21世纪高考制度创新发展的正式开始和实质推进。《意见》明确了高考改革的"三个有助于"指导思想：一要有助于高校选拔人才；二要有助于中学实施素质教育；三要有助于高校扩大办学自主权，从而把我国高校招生考试工作的理论认识和实践水平提高到一个新阶段，成为此后我国全面深化高考改革的行动指南。

特别是《意见》对新世纪高考科目设置、考试内容、高考形式、录取方式等都做了整体上的制度设计，计划用三年左右的时间推行"3+X"科目设置方案。以下是当时首批课改试点省份以及江苏省的高考新方案：广东省（3+X文科基础/理科基础+

---

① 蔡培瑜.台湾高校招生考试制度对大陆新高考改革的启示[J].教育与考试，2019（01）：17-23.

X）；山东省（3+X+1）；海南省（3+3+基础会考）；宁夏回族自治区（3+小综合）；江苏省（3+学业水平测试+综合素质评价）。后随着新课改的深入，评价观念、选拔人才方式和方法也随之发生了重大变化，各实验区高考新方案都体现了新课程改革的基础性、选择性、多元性、应用性等特点，这是对"3+X"高考方案的进一步深化，在很大程度上实现了新高考方案与高中新课改的有效衔接。后期在借鉴已实施和已出台新方案的基础上，各省区积极努力寻找适合自身的高考改革新模式，逐渐触碰到高考改革中的高难点问题。但总的来说大都没有跳出"3+X"的固定模式，各实验区的新高考方案仍然是在求解"3+X=？"，最终也许比较理想的模式如当初设计的一样："3+X"="3+大综合+1"，同时突出强调对考生能力和素质的考查。这些新思想理念和实践探索奠定了到目前为止，我国高考所有改革都是在"3+X"的总体框架下进行的事实，因而"3+X"高考改革方案是一份具有标志性和历史意义的全面深化高考体制变革的宏图巨制。

此外，根据该方案的精神，天津自1999年率先举行了春季高考，北京、上海和安徽在2000年也开展了春季高考改革，2001年内蒙古亦加入"一年两考"的实验与探索。但由于参与高校大多为高职院校，甚至有些省份如福建、山东等直接将春季高考等同于"高职高专"考试，导致曾被誉为"一项突破性的改革措施"的春季高考逐渐几近凋零，然进行二次高考的多样化改革，也是对统一高考补偏救弊的一项良策，[①]"一年两考"之探索不失为高考创新发展期的最大亮点之一。

2010年7月29日，中共中央、国务院颁布实施《国家中长期教育改革和发展规划纲要（2010—2020年）》又为新的高考综合改革描绘了雄伟蓝图。按照有利于科学选拔人才、促进学生健康发展、维护社会公平的原则，探索招生与考试相对分离的办法，政府宏观管理，专业机构组织实施，学校依法自主招生，学生多次选择，逐步形成分类考试、综合评价、多元录取的考试招生制度。成立国家教育考试指导委员会；完善高等学校考试招生制度；深化考试内容和形式改革，着重考查综合素质和能力；以高等学校人才选拔要求和国家课程标准为依据，完善国家考试科目试题库，保证国家考试的科学性、导向性和规范性；探索有的科目一年多次考试的办法，探索实行社会化

---

① 郭妍."零投档"是尴尬也是转机[N].陕西日报，2016-11-11（06）.

考试。

2014年9月3日《国务院关于深化考试招生制度改革的实施意见》（国发〔2014〕35号）印发，开始实行"3+3"模式，总成绩由统一高考的语文、数学、外语3个科目成绩和高中学业水平考试3个科目成绩组成。高考的语文、数学、外语科目不变、分值不变，不分文理科，外语科目提供两次考试机会。计入总成绩的高中学业水平考试科目，考生在思想政治、历史、地理、物理、化学、生物等科目中自主选择3门。推行高考成绩公布后填报志愿方式；创造条件逐步取消高校招生录取批次；改进投档录取模式，推进并完善平行志愿投档方式。2014年上海市、浙江省分别出台高考综合改革试点方案并开始实施。此外，2015年起增加使用全国统一命题试卷的省份；取消体育、艺术等特长生加分项目；推行自主招生安排在全国统一高考后进行，自主招生试点高校不得采用联考方式或组织专门培训；建立招生问责制，由高校校长签发录取通知书，对录取结果负责；研究出台学分互认和转换意见等。

截至2022年底，全国已有29个省区市进入高考综合改革试点。2014年，上海、浙江首批启动高考综合改革试点，2017年落地，选科模式：3+3。2017年，北京、天津、山东、海南进入第二批高考综合改革试点，2020年落地，选科模式：3+3。2018年，河北、辽宁、江苏、福建、湖北、湖南、广东、重庆8省市进入第三批试点，2021年落地，选科模式：3+1+2。2021年，广西、黑龙江、吉林、安徽、江西、甘肃、贵州7省区进入第四批试点，2024年落地，选科模式：3+1+2。2022年，山西、内蒙古、河南、四川、云南、陕西、青海、宁夏第五批8省区启动新高考改革，2025年落地，采用"3+1+2"考试模式。截至目前，仅有新疆、西藏仍然保留老高考，全国其他省区市全部进入新高考周期。目前，新高考主要实行两种模式：3+3和3+1+2。

后期"3+1+2"模式比较流行。3：即全国统一考试科目，包括语文、数学、外语（含英语、俄语、日语、法语、德语、西班牙语）3门科目，不分文理，使用全国卷。1+2：学生根据高校选科要求，结合自身特长兴趣，先在历史和物理中选择1门，再从思想政治、地理、化学、生物学中选择2门。当然，语文、数学、外语3门全国统一考试科目和思想政治、历史、地理、物理、化学、生物6门选择性考试科目考试还是均安排在每年6月份同期举行。外语科目考试含听力和笔试两部分，待条件成熟后实行"一年两考"。由语文、数学、外语3门全国统一考试科目成绩和3门选择性考试科目成绩组成，总分为750分。其中，语文、数学、外语卷面满分值各为150分，按卷面原始分直接计入考生总成绩。选择性考试科目卷面满分值各为100分。"3+1+2"模式的首选科目历史、物理以卷面原始分直接计入考生总成绩，再选科目思想政治、地理、化学、生物以等级转换分计入考生总成绩。"3+1+2"的模式体现了物理、历史学科作为首选科目的基础性作用，突出了高校不同学科专业选才的要求，也更加注重学生的全面发展，提高学生的综合素质。

在录取上，按照"院校专业组"方式实行平行志愿投档录取，按照历史、物理科目，分别编制专业招生计划，分开划线、分开投档、分开录取。高校根据专业人才培养对学生学科专业基础的要求，分专业（类）提出选择性考试科目要求，提前向社会公布。考生的选择性考试科目，须符合报考院校专业组对应的科目要求。此招生录取方式将进一步减少录取批次，优化平行志愿投档和录取办法。但从实施情况看，"3+1+2"模式相比"3+3"模式，在一定程度上缩小了学生的选择权。

2020年10月13日，中共中央国务院印发的《深化新时代教育评价改革总体方案》只在第20条专门就"深化考试招生制度改革"进行了一些重点领域的部署和安排：稳步推进中高考改革，构建引导学生德智体美劳全面发展的考试内容体系，改变相对固化的试题形式，增强试题开放性，减少死记硬背和"机械刷题"现象。加快完善初、高中学生综合素质档案建设和使用办法，逐步转变简单以考试成绩为唯一标准的招生模式。完善高等职业教育"文化素质＋职业技能"考试招生办法。深化研究生考试招生改革，加强科研创新能力和实践能力考查。各级各类学校不得通过设置奖金等方式违规争抢生源。探索建立学分银行制度，推动多种形式学习成果的认定、积累和转换，实现不同类型教育、学历与非学历教育、校内与校外教育之间互通衔接，畅通终身学习和人才成长渠道。

三、从高职院校"分类考试"到"职教高考"

2010年7月，中共中央、国务院颁布实施的《国家中长期教育改革和发展规划纲要（2010—2020年）》提出逐步形成分类考试、综合评价、多元录取的考试招生制度，至2014年《国务院关于深化考试招生制度改革的实施意见》明确提出要把"加快推进高职院校分类考试"作为改革考试内容与形式的重要内容，要求"2015年通过分类考试录取的学生占高职院校招生总数的一半左右,2017年成为主渠道"。高职院校考试招生与普通高校相对分开,实行"文化素质+职业技能"评价方式,高职院校生源主要由中职学校毕业生和普通高中毕业生组成,而中职学校毕业生报考高职院校,需要参加文化基础与职业技能相结合的测试;普通高中毕业生报考高职院校,要参加职业适应性测试,文化素质成绩使用高中学业水平考试成绩,参考综合素质评价。学生也可参加全国统一高考进入高职院校。高职院校"分类考试"的这一制度设计,完全符合人才甄别、人才成长、人才培养规律,实现了我国高职招生考试制度设计的重大突破。

纵观我国高等职业教育招生考试,大体经历了学校单独招生、多元化招生、高考统一招生、高职院校"单独招生"、高考分类考试等发展阶段,而每一次改革尽管都具有复杂的社会原因,但均与高职院校招生困难不无关系。清末的京师同文馆、福建船政学堂、天津电报学堂等洋务实业学堂,均由各校自行招生,且考试严格、中期淘汰,甚至还要担保学业。按照1913年颁布《实业教育令》和《实业学校规程》以及1929年颁布的《专科学校组织法》和《专科学校规程》等,实业学校、专科学校依然沿用清末的独立招生制。至1938年民国政府制定《战时各级教育实施方案纲要》才规定各专科学校实行统一招生和联合招生,考试方式为笔试与口试。1942年,教育部颁布了《公私立专科以上学校自行招生办法》,"规定各高校可以采取联合招生、单独招生、委托招生和成绩审查四种方式"[1]。1952年统一高考制度建立后,普通高校的"落榜生"是高职院校的主要生源。目前,全国高职院校招生有六种模式,即统一高考模式、单考单招模式、单独提前招生模式、示范高职提前单招模式、"高考+技能校考"模式、"高考+学考"模式等。[2]

2005年,在高考综合改革的背景下,上海率先试点高职院校自主招生。2007年教育部批准江苏、浙江、湖南和广东4省的8所国家示范性高职院校进行单独招生试点,尽管还不是主流,却开创了我国高职院校"单独招生"的新时代。所谓高职院校"单独招生"是指国家允许部分国家示范性高职院校和国家骨干性高职院校部分招生计划实施自主招生,其面向对象既包括普通高中毕业生,也包括接受完中等职业教育的学

---

[1] 赖星华.高职院校招生考试的历史变迁、特征及功能[J].当代职业教育,2014(7):4-7.
[2] 李木洲.高考改革的历史反思[M].武汉:华中师范大学出版社,2016:187-191.

生[①]，其目的在于提升高等职业教育的生源质量。期间，高职院校招生总计划的20%左右考生是通过这种"单独招生"自主录取的。至2017年，除西藏之外的所有省市区的高职院校都开展单独招生。从高职院校"单独招生"选拔方式来看，"大部分的试点院校普遍采用了笔试（文化课考试）+面试（综合评价）+技能考核的方式"，呈现出突出综合素质，注重职业潜能、录取过程坚持全面衡量，依据考核科目总成绩从高到低录取和特长考生脱颖而出的特点，全面提升了高等职业教育的生源质量。特别是通过高职院校"单独招生"试点，扩大了高职院校的影响，提升了高职教育的社会认可度，有利于高职毕业生合理分流，扩大高职院校的办学自主权，对优化和完善高等教育多元化选拔录取机制进行了积极探索。[②]

高考分类考试本质上是广大考生根据社会需求和自身发展的客观需要而自主选取不同类型、层次高校，不同专业方向，或者其他高等教育机构等继续深造的职业生涯规划选择，是一种高校与考生自主双向选择与匹配的过程，更是一种新的考试招生制度理念，具有强烈的社会需要性、政策规定性、个体自主性、发展多元性和广泛适应性。[③]如果说恢复高考后的"统一招生"保证了教育公平与经济性，那么"分类考试"的理念与实践，旨在凸显人性差异与科学性。当然，在开始阶段还主要是高职院校分类考试。高等职业教育作为一种类型而存在的有别于普通高等教育的新体系，主要是培养一线所需要的高等技术应用性专门人才，将"高职"和"普高"招生考试分开，有利于高等职业教育与普通高等教育的动态平衡发展，从而促进人才选拔的合理分流和学生的个性发展，体现人的差异性和满足个体自主成功成才之愿望。历史实践证明，高等职业教育不仅是我国高等教育的重要组成部分，也是构建现代教育体系的重要环节，大力发展高等职业教育意义重大。但是，长期以来，我国的高职院校招生被置于普通高校招生之下，故而存在着"生源危机"日益严峻、"生源竞争"日趋激烈、"生源质量"日渐降低等问题。

但高考分类考试作为一种考试新理念在我国高考综合改革中也存在一些尚待解决

[①] 谭斌，陈祥国，王金光. 中等和高等职业教育衔接的招生考试制度研究[J]. 当代教育科学，2013（3）：44-46.

[②] 王文涛. 高职院校单独招生改革试点工作的实践与思考[J]. 中国高教研究，2009（8）：86-87.

[③] 罗立祝. 高等职业教育分类考试改革思考[J]. 中国高等教育，2013（20）：47-50.

的问题[①]：一是考试科目与内容如何体现技能型人才选拔的需要；二是高职院校的自主技能测试如何保证公平性；三是考生报考高职院校与普通本科院校之间的矛盾如何解决；四是高职院校与普通本科之间的招生计划如何安排。分析产生问题的原因：一是从改革实施的外部环境看，缺乏分层考试的文化土壤和有效的社会宣传；二是从改革实施的内部环境看，本专科分开考试的制度设计仍存在严重不足，如时间安排的不合理、增加了考试机构及相关学校的考务与招生工作量等[②]。事实上，最大的问题是高职院校对考生的吸引力不大，原因在于参与"分类考试"的高职院校大多都是专科学校，根源在于政策设计者对"高职院校"的误解，其实高职院校是对实施高等职业教育的高等学校的简称，并不应仅限于高职高专院校。

为此，要积极推进高职院校分类考试的顺利实施，确保分类考试成为高职院校招生的"主渠道"，必须实现政府、社会、高职院校、家长和考生等利益相关者的观念转变、协调发展和共同推进。①政策上应扩大参与分类考试招生的院校范围，将应用型地方本科院校、独立学院、民办高校等纳入"分类考试"招生，并应该和本科院校录取同时进行，以增强招生的针对性与选择性，引导更多的学生向高质量的高职院校合理分流。[③] ②为高职院校学生打通向上流动的通道，做好高等职业教育专科、本科和研究生的有效衔接，通过采用学分互认、资源共享、定期交流等方式，构建互通和认可多种学习成果的终身学习"立交桥"，增强高等职业教育学历层次的灵活性，确保高职院校与普通高校的联姻与合作，促进共同发展。③高职院校要主动适应市场需求，根据"分类考试"积极探索多种招考方式，创新考试内容与方法，规范招生考试行为，积极调整和优化专业结构，保障培养质量，将学历教育与职业资格教育融合为一体，使高职课程与职业资格证书有效对接，以极大地吸引充足的优质生源。④学生和家长要转变观念，强化职业引导与生涯规划教育，中职学校和普通高中，要开设职业指导课程，提高家长对孩子的教育指导能力，根据学生的个性特点与兴趣爱好，帮助学生及早做出成熟的、适合自己的职业生涯规划与选择。

---

①王伟宜，罗立祝.高职院校分类考试改革：理论、经验与对策[J].中国高教研究，2014（11）：89-93.

②李木洲.因材"施考"与"施教"：分类考试的精神内涵[J].大学教育科学，2014（3）：9-11.

③赖晓琴.高职院校招生考试制度现状及改革策略[J].职业技术教育，2013（1）：47.

当然，最重要的是切实做好高校招生考试体系整体设计，基于分类考试理念，完善多元考试招录机制，使普通高校与职业院校招生考试真正分开，增强高职院校分类考试的教育功能与指导功能，削弱选拔功能，确保实现高校与考生的双向自主选择与精准匹配。令人振奋的是，在国家高度重视职业教育的大背景下，独立的"职教高考"正呼之欲出。2019年1月24日，国务院印发《国家职业教育改革实施方案》，明确"职业教育与普通教育是两种不同的教育类型，具有同等重要的地位"，首次提出要从制度层面构建区别于普通高校招生的高职院校考试招生办法，加快推进高职院校分类考试，建立"职教高考"制度，完善"文化素质＋职业技能"的考试招生办法，提高生源质量，为学生接受高等职业教育提供多种入学方式和学习方式。这表明在国家制度顶层设计层面已将构建"职教高考制度"纳入新时代教育改革的重要统筹范畴。

为建立科学的"职教高考"制度，不少研究者提出了相关的建议和设计思路，各地也开始结合已有的高职分类考试招生路径，尝试建立一套面向职校生的统一的考试招生制度。总的来看，"职教高考"制度建设的大背景源于职业教育的类型定位，其建设初心是希望能够为"中职—高职专科—高职本科"的学生升学通道提供一种载体，以选拔适合的学生进入更高一级的职业教育进一步学习，建立职业教育各级各类人才培养和输送的内循环体系。同时，希望"职教高考"能发挥"指挥棒"的正向作用，实现普通教育与职业教育的融通，促进职业教育教学标准、课程标准等质量标准体系的建立和实施，倒逼各级各类职业教育质量的提升。可见，"职教高考"制度作为现代职教体系建设的动力机制，是深化职业教育评价改革的重要之举，承载着职业教育高质量发展的重托。

然而，"职教高考"制度的建立面临很多实践层面的困难，如技能考试难以大规模开展，考试内容的信效度尚未达到理想状态，考试的组织存在诸多难以控制和预想的问题等。这些困难有些是和普通高考一样，有些则是职教高考的特殊性困难。[1]2021年10月12日，中共中央办公厅、国务院办公厅印发的《关于推动现代职业教育高质量发展的意见》再次强调，要因地制宜、统筹推进职业教育与普通教育协调发展，加快建立"职教高考"制度，完善"文化素质＋职业技能"考试招生办法，"依托这一制度，

---

[1] 李政.职教高考的公平与效率之问[J].职教通讯，2021（04）：3.

把中等职业教育和职业专科教育、职业本科教育在内容上、培养上衔接起来，任何职业院校的学生都可以通过职教高考制度进入任何一个职业院校的任何专业学习"，实现职业教育"高考化"。为此，今后我们要做的就是通过深入研究和积极探索把"职教高考"制度建设得更完善。

四、高考多元录取：保送生、自主招生、强基计划

2014年《国务院关于深化考试招生制度改革的实施意见》强调要改进高考录取方式，健全有利于专门人才、创新人才选拔的招生考试制度，"探索基于统一高考和高中学业水平考试成绩、参考综合素质评价的多元录取机制"。其实，《国家中长期教育改革和发展规划纲要（2010—2020）》就曾把"多元录取"具体阐释为"择优录取""自主录取""推荐录取""定向录取"和"破格录取"五种方式。即，高等学校普通本科招生以统一入学考试为基本方式，结合学业水平考试和综合素质评价，择优录取；对特长显著、符合学校培养要求的，依据面试或者测试结果自主录取；高中阶段全面发展、表现优异的，推荐录取；符合条件、自愿到国家需要的行业、地区就业的，签订协议实行定向录取；对在实践岗位上做出突出贡献或具有特殊才能的人才，建立专门程序，破格录取。

在理论上，对多元录取的内涵却是见仁见智。归结起来集中表现在三个方面：第一种是方式论，认为多元录取是多样化的人才录取方式或方法，主要指招生制度中"录取"这一环节。这种理解在社会上位居多数。第二种是评价论，认为多元录取的实质是实现对人才的多元综合评价，多元录取就是不唯分数取人，主要是参考综合评价多方面的材料来决定录取，旨在建立多元评价体系。第三种是原则论，认为多元录取是属于理念层面的指导思想，是高校招生录取应遵循的原则，是一种人才选拔的操作理念。[1]

目前，多元录取中的自主录取、推荐录取、定向录取和破格录取仍然以统一入学考试成绩为主要依据或重要参考，或者说，多元录取方式中的四种都可看作仍是一定程度的择优录取，只不过它们各自强调或侧重考查考生不同侧面的成就与表现而已。即自主录取在突出综合素质的前提下强调"奇特性"和"潜质性"；推荐录取强调"拔

---

[1] 虞宁宁.高校招生"多元录取"的中外实践与启示[J].湖北招生考试，2011（8月号下旬刊）：44.

尖创新性"；定向录取突出"急需和意愿的结合性"；而破格录取更看重"独特性"和"不可比拟性"，这些都是"统一考试、择优录取"原则的重要补充。①甚至有时，推荐录取和破格录取好像也很难分清楚，有些专家将"偏才""怪才"和"奇才"等归为破格录取的对象，而有一些研究者则将"全才""奇才""偏才"和"怪才"都纳入推荐录取的范围之内，并要为其开"绿色通道"。②事实上，五种录取方式均以择优录取为基础，就目前各高校的实施状况而言，最为突出的是自主招生考试和录取权力的行使与运用。从某种意义上说，推荐录取、定向录取和破格录取均可看作是自主招生录取的一些特例。

新的高考改革方案，扭转了普通高中单一的升学取向，以多种考试招生模式给学生提供了多样的升学发展选择通道。对于高校而言，高考多元录取改革的实质就是要在制度设计中，为多样化人才的选拔留出空间，引导高校按照各自的教育理念、办学定位和培养目标选拔人才。一旦高校招生实现了真正意义上的多元录取，不仅能充分发挥高校招生考试制度对多元化人才的选拔功能，还能正确发挥高校招生考试制度对中等教育的引导功能，促进学生的全面发展和个性化成长，更好地选拔和培养拔尖创新人才。也就是说，高考多元录取不仅是一整套有关高考录取的方式、标准和过程，不仅是一种从多方面对学生进行多元综合评价的手段，而且是引导高校合理定位，促使中等教育多样化发展的教育理念和教育改革思想。同时，多元录取也是与过去以高考分数来录取的体制相悖的一种新的高考制度改革措施，意在降低高考分数在高校录取中的比重。我国在恢复高考伊始就为了弥补统考对选拔人才的不足，实行了保送生制度。要说清楚多元录取，还必须从保送生说起。

保送生制度是指由确定的中等学校推荐、保举成绩优秀或有特长的学生，经高等学校考核同意，免予他们参加全国统一高考而直接进入高等学校学习的制度。1988年国家教委首次印发《普通高等学校招收保送生的暂行规定》，规定符合下列条件之一者，可作为保送生：①德智体美劳表现一贯优秀的高中应届毕业生，优先考虑三好生或优秀学生干部；②德智体全面发展，有志于教育事业的高中及中等师范学校的优秀应届毕业生；③德智体全面发展，各科成绩优良，并参加国际中学生学科奥

---

① 王化深，史贞军. 用制度保证多元录取顺利实施[N]. 中国教育报，2010-11-3（06）.
② 张偲. 高校招生推荐录取方式研究[D]. 华中师范大学，2012：35.

林匹克竞赛集训的优秀高中应届毕业生。2006年起保送生资格调整为六类：① 省级优秀学生；② 高中阶段在全国中学生学科奥林匹克竞赛省赛区中获得一等奖以及获得全国决赛一、二、三等奖的应届高中毕业生；③ 高中阶段获得全国青少年科技创新大赛、"明天小小科学家"奖励活动、全国中小学电脑制作活动等3类竞赛一、二等奖的应届高中毕业生，高中阶段获国际科学与工程大奖赛、国际环境科研项目奥林匹克竞赛奖的应届高中毕业生；④ 部分外国语中学推荐的特别优秀的应届毕业生；⑤ 获奖运动员；⑥ 公安英烈子女。

  1985年全国普通高校招收保送生6000余名，占当年普通高校招生总数的1.2%。1986年招收3000多人，占招生总数的0.56%。20世纪90年代，保送生规模逐渐扩大。师范类保送生在1996年高校招生并轨改革后被逐步取消，学科特长生的认定范围则逐年扩大，招生人数也随之上升。1992年保送生约1.4万人，约占2%；1993年保送生1.6万人，约占1.7%；2000年左右增长到2.5万人左右。据不完全统计，1984—2000年，总共约有10万名高中生通过保送生制度进入大学。①

  自保送生制度产生之时，其利弊存废讨论便随之而来。截然分为两种意见：② ① 弊大于利，保送制度应当废止。由于保送生选拔过程中制度被异化，推良不推优、荐官不荐民等恶劣影响，导致民众质疑保送生制度的公平性，"保送"成了滋长权钱交易、关系大战的肥沃土壤，每年保送生都成为信访投诉的焦点。还有学者认为保送生制度使奥赛异化为单科的应试教育，高校耗费的精力和财力也过大。② 积极改革，促进制度正面作用的发挥。一些高校工作者在跟踪比较保送生与普招生的入学后表现认为，保送生制度确实为高校提供了优秀人才。研究表明，保送生的自学能力、实验能力和创新能力普遍高于普招生，其专业课的学习情况好，考研比例高，科研水平在同层次的本科生中处于领先。且统一高招统一分数线对这些偏科但具有特殊才华的学生不利，因此应该有特殊的选拔机制，不能因为一些腐败违规现象而否定保送生制度。并且，制度的实施有利于探索高校扩大招生自主权的方法，有利于中学转变教育方式，给一贯优秀的学生积极的影响。所以，保送生制度作为对考试制度的一种补充，仍有其存在的必要。后来保送生制度被纳入多元入学录取制度改革系统，即以"自主录取""推

---

① 刘清华. 高考改革热点与难点问题研究[M]. 杭州：浙江教育出版社，2017：196-197.
② 朱丹红. 保送生制度的变迁与改革[J]. 教育与考试，2007（05）：11-14.

荐录取"和"破格录取"三种录取方式分解了招收保送生制度所鼓励、优惠的各类优秀人才，最终达到合理取消保送生制度之目的。[①]

2001年，教育部在东南大学等江苏省三所高校试行"自主招生录取"改革。试点的思路是将高校的考核与高考相结合，由试点学校制订并公布自主选拔录取方案，符合条件的应届高中毕业生提出申请并提供相关材料，通过试点学校的审查和其他相关测评、考核，合格者便成为候选人；入选考生仍须参加全国统考，如果成绩达到生源所在省（区、市）确定的与试点学校同批次录取控制分数线，省级招办即向考生选报的试点学校投档；投档后由试点学校对先期考核通过且符合统考成绩要求的考生进行综合评价和自主录取。

2003年，在试点的基础上，教育部选取北京大学、清华大学、中国人民大学等22所国家重点大学，各拿出5%的招生名额，按照报考条件、招生办法、录取结果"三公开"原则，进一步深化"自主选拔录取"改革试点。后来试点高校从2001年的3所增至2002年的6所，2010年的80所。至2017年，有90所试点高校，其中77所面向全国招生。2004年，政策首次允许考生向招生院校自荐。2005年，自主招生规模的限制得到拓宽，部分高校招生计划可突破年度招生总数的5%。2006年，上海交通大学和复旦大学打破了统招前提下的高校自主招录模式，率先开创了以面试成绩作为录取的主要依据、高考成绩仅作为参考的完全自主型招生模式。2007年，高校在招生自主权上获得突破，部分高校拥有破格录取权。2008年，对破格录取作出修订，允许部分高校自行确定特别优秀类考生的高考成绩要求。

虽说自主招生有利于实现多元选材，培养创新人才，鼓励自主办学，推进素质教育。然而自主招生随着逐年放权，有的也渐渐偏离初衷。特别是在公平、诚信，考试的科学性，试题倾向于城市化，寻租现象，评价标准主观性太强，成本与效益等方面都受到不少质疑。其中，质疑最多的是自主招生的公平性，因为有一些中学为提高升学率，采取"荐良不荐优"的做法，或者对材料"注水"。另外，部分高分考生"不辞而别"、诚信不佳，"另攀高枝"等"跑单"现象也令高校尴尬。特别是自主命题的科学性与权威性不及全国命题。而且自主招生的耗费远高于统一考试。就考生来讲，路

---

① 李木洲，刘海峰.多元分解：保送生制度改革之道[J].中国高教研究，2011（12）：19-21.

费、考试费等费用大大增加了其参选负担，尤其是贫困地区、农村地区的考生。[①]

为解决考试方面的诸多问题，"自主招生联考"应运而生。最先是上海交通大学、中国科学技术大学、西安交通大学、南京大学、清华大学五所高校在2010年的自主选拔中协商确定命题思路和要求，共同委托专家组完成部分笔试科目的命题和阅卷工作。后来清华大学、上海交通大学、西安交通大学、南京大学和中国科技大学、浙江大学、中国人民大学联合招生；北京大学、北京航空航天大学、北京师范大学、复旦大学、厦门大学、南开大学、武汉大学、四川大学、山东大学、中山大学、兰州大学、华中科技大学和香港大学等联合招生；北京理工大学、大连理工大学、重庆大学、东南大学、哈尔滨工业大学、华南理工大学、天津大学、同济大学、西北工业大学联合招生。

总的来说，自2003年启动以来，高考自主招生为国家科学取才开辟了一条新的路径。但也出现不少问题，比如高校"掐尖"大战、招生学科过于宽泛、招生与培养衔接不够、个别高校考核评价不够规范、有些考生提供不真实的学科特长材料等，尤其是在部分高校爆出自主招生腐败丑闻后，其科学性特别是公平性受到质疑。2014年9月3日，国务院颁发的《关于深化考试招生制度改革的实施意见》要求"完善和规范自主招生"，明确指出："自主招生主要选拔具有学科特长和创新潜质的优秀学生。申请学生要参加全国统一高考，达到相应要求，接受报考高校的考核。试点高校要合理确定考核内容，不得采用联考方式或组织专门培训。规范并公开自主招生办法、考核程序和录取结果。严格控制自主招生规模。2015年起推行自主招生安排在全国统一高考后进行。"

2020年1月13日，教育部出台的《关于在部分高校开展基础学科招生改革试点工作的意见》则明确提出，自2020年起，在部分高校开展基础学科招生改革试点（也称"强基计划"），同时，自2020年起，不再组织开展高校自主招生工作，这意味着走过了17个年头的传统高校自主招生迎来了退场时刻。"强基计划"主要选拔培养有志于服务国家重大战略需求且综合素质优秀或基础学科拔尖的学生。聚焦高端芯片与软件、智能科技、新材料、先进制造和国家安全等关键领域以及国家人才紧缺的人文社会科学领域，重点在数学、物理、化学、生物及历史、哲学、古文字学等相关专业招生。

---

① 郑若玲.自主招生改革何去何从[J].华中师范大学学报（人文社会科学版），2010（04）：135-142.

考生参加统一高考和高校考核后，高校将考生高考成绩、高校综合考核结果及综合素质评价情况等按比例合成考生综合成绩（其中高考成绩所占比例不得低于85%）。录取的学生可单独编班，配备一流的师资，提供一流的学习条件，创造一流的学术环境与氛围，实行导师制、小班化等培养模式。

与自主招生相比，"强基计划"在选拔定位、招生专业、录取方式、培养模式上都存在着明显的差异，呈现出鲜明的特点。自主招生的学生进入大学之后在培养模式上没有做特殊安排，"强基计划"录取学生将实行小班化、导师制，探索本—硕—博衔接的培养模式，畅通学生成长发展通道。对学业优秀的学生，高校可在免试推荐研究生、直博、公派留学、奖学金等方面予以优先安排，实现招生培养良性互动。自主招生未限定高校招生专业范围，"强基计划"突出基础学科的支撑引领作用，聚焦关键领域以及国家人才紧缺的人文社科领域。自主招生采取降分录取的方式，最低可降至一本线，让一些人找到了"走捷径"的路径，而"强基计划"将考生高考成绩（不低于85%）、高校综合考核结果和综合素质评价等折算成综合成绩，从高到低顺序录取，体现对学生更加全面的考查。此外，相比自主招生，"强基计划"的招生学校数量大大减少，且全部为一流大学建设高校。

"强基计划"还健全了公平公正保障机制和科学化、多阶段的动态进出机制。通过"强基计划"录取的学生入校后原则上不得转到相关学科之外的专业就读。对进入计划的学生进行综合考查、科学分流。建立在校生、毕业生跟踪调查机制和人才成长数据库，根据质量监测和反馈信息不断完善招生和人才培养方案。加强对学生的就业教育和指导，积极输送高素质后备人才。严格高校考核，笔试、面试均须安排在国家教育考试标准化考点进行，面试采取专家、考生"双随机"抽签的方式，全程录音录像。完善信息公开公示，加强违规违纪查处。并将"强基计划"招生及人才培养工作纳入巡视和督导的工作范围，建立动态准入退出机制。

然而，从2020年首届招生来看，"强基计划"尽管开局良好，报名火热，全国共有28.9万名考生报名参加"强基计划"选拔，最终36所试点高校共招生6090人。但不可否认的是，"强基计划"确实出现了部分试点高校"遇冷"现象，表现在部分试点高校出现不同程度的补招和学生弃考现象。[①]自主招生政策取消后，几乎无缝对接"强

---

① 韦骅峰，季玟希."强基计划"热现象下的冷思考：基于考试制度的指挥棒效应[J].中国高教研究，2021（06）：30-36.

基计划",但其定位又与自主招生存在明显不同。"强基计划"改革立足于服务国家重大战略需求,突出基础学科支撑引领作用,培养未来领军人才,相比以往的"择分","强基计划"的"择志"色彩更加鲜明。并且"强基计划"多是非热门专业、没有降分录取优惠、录取后不能转专业等现实要求,在一定程度上让考生和家长望而却步。[①]另外,在很多家长和学生的意识里,基础学科就意味着将来要做科研,而科研又和清贫联系在一起,所以不是不愿意选择强基计划,而是不愿意选择基础学科。本来"冷门"就不应指望出现"大热"。虽说"强基计划"没能招满总会让人有些遗憾,但换个角度去思考,岂不可以说招到了一批真正有志于基础科研的学生!

总之,"强基计划"首年实施情况,在一定程度上反映了学生、家长和社会对于"强基计划"在认识上的不充分、不深刻。其实,伴随着高考综合改革实行的"多元录取"机制,其改革思路还需要进一步理清。新高考改革中的自主招生录取、综合评价录取、"强基计划""两依据一参考"、裸考录取、地方专项、高校专项、艺体招生、港澳台招生等招生录取方式,在政策目标上互有交叉,不同招录方式之间的逻辑关系有点模糊不清,各大学在不同招生渠道的招生数额也比较随意。看起来,大学似乎提供了很多招生入学渠道,但对于考生来说,实际上只能选择一条路子。也就是说,如果不能实现"同一学生在多元管道之间的多次选择",而只是"不同学生在多元管道之间的单一选择",多元录取改革也就失去了应有的意义。[②]

第四节　国外考试招生的统一性与多样化

作为世界上的"考试大国",我国的统一考试招生制度在国际上树立了样板。而从国际趋势看,20世纪开始,各国各地区招生考试的总趋势也是朝统一考试的方向发展。例如,美国绝大多数高校承认的标准化大学入学考试"SAT"和"ACT";英国实施的"普通教育证书考试";日本从1979年开始实行统一的学历考试;韩国、西非

[①] 吴学安."强基计划"首年"遇冷"需要从招生制度层面反思[N].南方教育时报,2020-10-09(02).

[②] 蔡培瑜.台湾高校招生考试制度对大陆新高考改革的启示[J].教育与考试,2019(01):17-23.

五国、智利、瑞典等也渐次走上统一高考的道路，只是没有像中国这样高度集中的录取条件而已。特别是苏联从未实行过统一招考，但俄罗斯从 1995 年起努力推广统一考试，至 2009 年，俄罗斯国家统一考试制度正式建立。可见，世界高校招生考试正在趋同存异，原先完全采用单独招生考试的国家出现统考的趋向，而以往十分注重统一考试的东方国家和地区，20 世纪 90 年代以来则尽量朝多元化招生方向改革，但都是减少统考分数在高校录取新生中的权重，而不是废止统一考试制度。[①] 最终，统一性与多样化相结合的高校招生考试模式持续成为 21 世纪世界各国各地区考试招生改革的主流走向。

一、英国分权合作式的招考管理体制

英国是西方最早实行考试制度的国家，英国高校的招生考试制度历经多次改革，不断完善，逐步发展为当前的"证书制"。1800 年以前，英国没有选拔性的大学入学考试，大学入学实行的是推荐加教会审查的入学制。1873 年，为满足公学学生同时选择剑桥和牛津两所大学中的任意一所，牛津和剑桥大学联合成立了一个学校考试委员会（OCSEB），成为英国历史上最为悠久的考试机构，开创了校外联合考试制度的先河。

1917 年英国成立了中学考试委员会（Secondary School Examinations Council，SSEC），1918 年，中学考试委员会开始实施新的考试制度，将大学入学考试分成 SC 和 HSC 两级考试制度。学校证书制度（School Certificate Examination，SC），参加考试的是经过文法中学 5 年学习以后的学生，年龄为 16 岁，成绩优秀者再读 2 年，参加 HSC 考试。HSC 即"高级学校证书考试"（Higher School Certificate Examination），参加考试的是第六学级，即文法中学 5 年学习后，再经过 2 年学习准备报考大学的学生，年龄大多为 18 岁，成绩不好的离校就业。

1951 年 SC 和 HSC 考试正式合并为"普通教育证书考试"（General Certificate of Education，GCE）。普通教育证书考试分为两级。其一为普通水平（Ordinary Level，简称 O-Level），供 16 岁及以上者参加。其二为高级水平（Advanced Level，简称 A-Level），供 18 岁及以上者参加，取代原先的高级学校证书 HSC。完成 5 年中学学习的学生首先报考 GCE 普通水平考试，参加英语、数学和科学以及其他选修课程的考试，通常每人选择 8 到 10 多个考试科目。获 5 科普通水平合格成绩的学生可升读中

[①] 刘海峰. 论坚持统一高考的必要性[J]. 中国考试，1997（05）：27-29.

六，再继续读两年的A-Level课程，两年后再参加高级水平的大学入学考试。普通教育高级证书，通常被称为GCE A级，是英国的高中毕业证书，同时也是英国高校入学考试证书，具有大学预科的功能。特别是英国A-Level考试在考试功能、性质与地位方面都与我国高考类似，是进入高等院校的主要依据。高校在招录中享有高度自主权，学生拥有选择权。实行A-Level证书和职业资格证书并行的"双轨制"。A-Level证书涵盖了大量的考试科目，其中许多属于应用型课程，学生可以参加学术和职业混合性课程。①

A-level课程考试制度建立于1951年，它作为英国18岁学生的学历证明，替代了传统的高中毕业证书。A-level课程为期两年，主要由英国16—18岁（第12和第13年级）的学生就读，通过A-level考试的学生可进入大学学习。英国的A-Level课程由70多门课组成，在该体系下，学生可根据自己的优势和兴趣选择相应的考试科目。A-level课程考试体系鼓励学生选择3—4门学科，进行聚焦且深入的学习。并且A-Level课程也与许多的大学课程有挂钩，为学生未来想发展的专业方向在A-Level阶段就打下基础。包括牛津、剑桥等世界名校都只需要3—4门的A-Level课程成绩作为大学本科申请时的学科成绩。同时，A-Level课程如此详细的划分，也可以让学生们在自己感兴趣的领域去进行更深入的学习和尝试。

最初，A-level考试成绩仅以"通过"和"不通过"作区分。1963年，中学考试委员会颁布并实施了"常模参照"的等级评价方式，即将学生考试成绩分为不同的等级，具体为10%的学生获得A级，15%的学生获得B级，10%的学生获得C级，15%的学生获得D级，20%的学生获得E级，20%的学生获得O级，另有10%的学生成绩不合格。与之前简单的通过与否的评价方式相比，这种评价方式对学生成绩进行了更为细致的区分，使学生对自己的成绩有了更加准确的认识。1984年，中学考试委员会又认为，A-level考试成绩的等级应该依据分数而非考生比例来划分，并由此引进了"标准参照"评价体系。这套评价体系在1987年的A-level考试中开始生效，直到2000年的新课程改革。标准参照评价指的是为学生所能达到的水平确立标准，是基于学生表现的评价，其困难在于如何确立学生表现水平的标准。1989年，英国高中引入一种新的

---

①张飞彦.英国高校招生考试制度历史演进及特点[J].考试研究，2016（05）：87-92.

考试形式，即高级补充考试（Advanced Supplementary，简称 AS 考试），目的是拓展学生的学习经历，A-level 课程考试制度逐步完善。

英国"课程 2000 年"出台和实施后，高中生能够在 A-level 课程中修读更多的学科，并获得关键技能资格，从而将学术和职业学习结合起来。在"课程 2000 年"的影响下，A-level 课程考试的组织方式发生了巨大的变化，即从过去的"年终末考"的线性考试制度转变为"一年多考"的模块化考试制度。考试安排在每年的 1 月和 6 月，即一年两考。在所有课程结束之后，学生参与最后的终结性评价，学校会综合学生两年的学习成绩，并结合学生的个人陈述、面试成绩等最终确定学生的成绩等级。需要指出的是，每门课程的每个模块都有多次考试机会，若学生一次考试成绩不理想，可以选择重考，直到获得满意的分数为止，最终成绩也以分数最高的一次计算。此时，A-level 考试具有多样化的形式，除了纸笔测试外，课程作业也是 A-level 课程评价的重要构成。课程作业包括：书面作业与论文，研究项目与调查，实验，艺术作品制作，个人或小组合作成果，口头作业，统计与数据分析等。

课程考试的过度模块化和考试次数的增多，使得学生将大量的时间花在考试上，造成了过重的备考负担，并对学习造成负面影响，应试文化加重。特别是学生考试次数没有上限，导致 A-level 成绩持续上升，分数膨胀严重，知识宽度不够、评价方式不够合理等问题。同时，高校担心 A-level 考试无法准确测试学生的能力，不能成为学生未来学业水平的有效预测工具。此外，重考率过高也给学校、考试委员会等机构增加了工作任务，造成了资源浪费。于是，英国 2015 年开始，A-level 考试制度取消了原有的模块化设计，转而回归直线式课程，一门课程贯穿两年，考试延至两年的课程学习结束时进行。学生在第一年学完 AS 课程后，可以选择考或不考 AS 证书，但 AS 证书不再用于换取 A-level 证书，即 AS 证书与 A-level 证书脱钩，以有效降低 AS 考试的重考率。由于 A-level 考试成绩计算以两年课程结束后进行的一次性考试为基础，各学科重考不复存在。改革后，大部分学科都以考试作为唯一的考核方式，只有少部分难以通过考试进行评价的学科会采用其他考核方式。例如，课程作业这一考核方式仅会出现在艺术和设计这类学科中，而且仅占最后成绩的 20%。我国新高考改革与新一轮 A-level 考试制度改革的方向明显不同，尽管新高考提出的学生选科与 A-level 课程考试体系一致，但推出的模块化课程、走班教学、一年两考、综合素质评价等正是

A-level考试制度所要改革的内容，值得深思、警惕、跟踪与深入研究。[1]

在英国，录取决策历来属于高校自主权的范畴，是大学基于学术判断的责任。所以不同于我国的高考，英国的高校招生考试由独立于政府的非营利机构——"大学和学院招生服务中心"（The Universities and Colleges Admissions Service，简称UCAS）负责进行。UCAS成立于1992年，由1961年成立的全国大学招生委员会（Universities Central Council on Admission）和1985年成立的全国多科性技术学院招生委员会（Polytechnics Central Admissions System）合并而成，为独立于政府和高校的第三方非营利性机构，统一处理学生对英国高校本科专业课程的申请。通过UCAS申请表，学生最多可填报5所高校，但不能同时申请牛津大学、剑桥大学，原因在于"防止牛津大学、剑桥大学竞争同一个学生造成的金钱投入浪费"。具体程序是：学生首先向UCAS提交志愿申请，UCAS再将申请书送至高校对应的院系，高校初步审查以后再将审查结果交由UCAS回传给学生。由于一个考生可以填报五所理想院校的志愿，因此若有多所学校同意学生的申请并通过综合考查以后，考生则需要选定两所学校。UCAS除了集中处理分发申请表，还提供与高校招生相关的广泛服务，比如提供多样化的申请建议和高校相关的信息、推出学业成绩换算体系、收集和公布招生数据等。近年来，UCAS还成立了专门的稽查小组，借助数据库和软件等手段审查申请材料是否存在作弊现象。[2]当前UCAS的所有业务均实现了100%的在线服务。需要说明的是，A-Level课程证书被几乎所有英语授课的大学作为招收新生的入学标准，其权威性更是得到了国际上的广泛认可，这意味着通过A-Level考试的成绩并不是只能申请英国的大学。目前，世界上已经有160多个国家的1万多所大学认可A-Level成绩。

总的来说，英国大学入学考试制度是随着英国高等教育的发展而逐步确立的，是在多种因素的影响下形成的，表现出灵活多样的特色。考试机构独立设置，国家进行宏观调控；考试层次、类别多样；考试设科广泛，学生选择余地较大；考试的组织实施规范有序；录取程序复杂，注重全面测查；考试、招生、录取三职分离，招生机构是考生和高校的中介服务机构；现代化技术手段在考试、招生工作中广泛应用。进入21世纪以来，随着高等教育规模的不断扩大，英国高校招生考试制度也日益成熟和凸

---

[1] 张佳.英国大学招生考试制度的变迁及启示[J].外国教育研究，2020（02）：14-34.
[2] 王立科.英国高校招生考试制度研究[M].武汉：华中师范大学出版社，2008：139.

显专业化，具体表现为：在招考管理体制上，形成了政府、高校、专业机构分权合作的伙伴关系；在招生考试体系上，中学证书考试与大学入学考试并存于精英大学中，共同服务"优中择优"的招生目的；在扩大高等教育的参与面上，越来越多的高校引入对申请者个人背景的考察，以增加弱势群体的入学机会。①

二、美国高校考试招生的多元化模式

美国的教育体制决定了美国高校招生的多元化模式，美国大学采取典型的"多样化招生"办法。也就是说，美国高校招生的一个显著特征就是各大学各自为政，没有统一的招生制度，不同的学校采取不同的招生方式。特别是美国没有严格意义上的全国性高校入学统一考试，不同类型的高校采取不同的招生政策。总体上看，美国的高校招生考试制度属于一种由校外考试机构主办入学考试、由高校从多方面独立衡量录取新生、以基准淘汰型招生政策为主体的考试选拔制度。具体而言，著名的私立大学和优质的州立大学实行综合选拔性招生政策，一般州立大学实行"入学后的筛选政策"，两年制的社区学院实行开放式的招生政策。社区学院几乎是完全向本地区申请入学的人开放，所有本地的中学毕业生（或达到相应文化程度的人）几乎都能入学学习。除一般招生政策外，各高校还有针对少数民族或种族、有学术天分的学生、特长生、残疾学生、校友亲属、特困生等群体的特殊招生政策。受美国多元文化的影响，大学也倾向于招收来自不同文化背景和传统的学生，学生来源的多元化会把不同的信仰、价值观、思维方式、行为习惯和个性等带进校园，成为校园环境的一部分。②

在录取新生的标准方面，美国大学不是仅仅以入学考试的成绩作为标准，而是从多方面衡量和选拔新生。每年11月以前，许多12年级（相当于我国高三）的学生就开始为申请大学忙碌起来。在美国申请大学的一般程序是：写信索要申请表、填写申请表、选系科，考SAT或ACT（有少数学校不要求），提供高中（9—12年级）成绩单、AP或IB课程成绩、两封推荐信（有些大学不需要，但可做参考），撰写"申请论文"，提供关于工作经验、荣誉奖励、特殊才能等方面的材料。一般来说，高中学业成绩和SAT或ACT成绩是各大学招生中考虑的重点，但学生的工作经验，社区服

---

① 郑若玲.国外高校招考制度研究[M].杭州：浙江教育出版社，2017：87.
② 章建石.后高考时代看美国多元化招生[N].中国教育报，2011-08-24（005）.

务的经历，领导才能，外语水平，荣誉奖状，特别专长（如音乐、艺术、体育），老师在推荐中对学生学业、能力、性格的评价以及提供的学生在班级（年级）中的名次，"申请论文"中表达的学习目的、计划，表现出的潜力、知识面、学术兴趣以及写作水平，另外旅游经验（比如国外生活经历）和家庭有利背景，都是校方录取时考虑的因素。所以有些申请大学以前还没有工作经历的学生都往往根据自己打算报考的专业到工厂、商店、实验室打工或参加社区的义务活动，比如到医院或老年中心服务等，以增加自己的竞争实力。[1]

美国大学入学考试主要以 SAT（Scholastic Assessment Test）与 ACT（American College Testing）这两种为代表，可同被视为"美国高考"。但只有 SAT 成绩远远不能决定一个高中毕业生能上哪所大学。1996 年，哈佛大学就曾把 165 个 SAT 满分的"高考状元"拒之门外。美国大学认为：SAT 只考四小时，高中却读四年；四小时考的是一时，四年看的是一贯；四小时有偶然性，四年反映了必然性；四小时主要考智商，四年则看情商多于智商；四小时考速度，四年看深度；四小时看临场发挥，四年讲持之以恒。[2]

SAT 与 ACT 在出题机构、试卷构成、题型、评分标准以及考试日期上均有所不同。但是，两者在申请美国大学时的作用与效力却是相同的。早期美国大学多为私立大学且实行自主招生政策，各大学对入学考试的要求不尽相同，导致入学考试内容迥异，中学课程与大学之间的联系断层。后随着学生人数逐年剧增，传统招生考试制度无法适应形势的发展。为此，美国东部部分高校于 1900 年成立了大学入学考试委员会（CEEB），并在 1901 年举行了第一次高校大规模考试——AT，即 SAT 的前身。

第一次世界大战后，智力测验在美国盛行，大学入学考试委员会 1926 年推出 SAT 考试。由于 SAT 考试与中学课程相差较远，主要侧重于测试学生的学习倾向和智力水平，属于学术倾向型测验，为来自不同家庭背景以及接受不同中学教育的学生提供了一个公平的衡量标准，因此 SAT 考试逐渐被所有大学认可，成为美国高校主要的入学考试。1947 年，美国教育考试服务中心（ETS）成立，专门承担 SAT 考试的编制与组织。

SAT 考试内容分为阅读和数学两部分，考查的原则是突出分析能力的重要性，使

---

[1] 王湘波.多元化的美国高校招生[J].中国考试，2018（03）：5-7.
[2] 黄全愈.美国这样"高考"[J].高考，2017（22）：7-10.

考试内容更适合评测学生在高中阶段的学习情况及他们的学习适应能力。可以说，原本 SAT 作为一种能力测试，考试内容与中学课程无关，基本上是选拔录取"智商高"的学生，在评价学生所获取的知识、技能水平的程度方面有所不足。因此，曾参与 ETS 工作的林德奎斯特（E. F. Lindquist）教授与他人合作，创立了一项不同于 SAT 的"美国大学入学考试"——ACT（American College Test）。从高校的角度来看，ACT 直接考查学生为进入大学所掌握的知识技能，一方面帮助高校根据学生的考试成绩进行择优录取，另一方面帮助高校针对学生的具体情况设置课程培养计划。从学生的角度而言，ACT 提供的各科详细分数报告表可以帮助他们发现自身的特长与不足，并针对自身的情况选择院校和专业。ACT 考试包括英语、数学、社会研究与自然科学四门科目。考试内容从中学所学习的内容中提取。[1]

美国高校的入学考试业务主要是由美国教育考试服务中心（ETS）和美国高等院校测验中心（ACT）这两家民间机构主办。这两家考试机构是拥有独立法人地位的非营利性的教育评估机构，其考试结果被美国高校列为重要的入学条件之一。美国这种高校招生考试的民间化与市场化具有很多好处：一是市场化的竞争使得各个考试机构更加注重考试的高质量、高效率与周到的服务；二是教考分离，而且一年可以有多次考试，降低了学生的考试压力，有利于学生个人能力的提高与个性的发展。[2] 同时，美国高校多采取自主招生的形式，而学生也有自主选择入学的权利，因此，高校与学生之间双向选择是美国高校招生制度的又一鲜明特征。甚至 1994 年改革重组后，SAT 考试成绩也由之前直接寄往学生报名时所填写的高校招生处，转变为先告知学生，然后由学生来决定是否寄给所申请的高校招生处。2009 年为帮助学生减轻压力，提高学生测试成绩，大学委员会开始实施分数选择制，允许学生在申请高校或者奖学金项目时，自由选择寄给高校招生处自己哪一次 SAT 的成绩，以及 SAT 学术测试中哪些科目的成绩。

总的来说，SAT 注重的是能力，ACT 注重的是对中学课程的掌握，虽然考试设计的理念不同，但两者都在改革中寻求一种平衡，即对学生能力以及中学课程学习情况

---

[1] 伍戈.浅议美国大学入学考试改革对我国落实高考改革的启示[J].湖北招生考试，2015（02）：36-40.

[2] 杜海宝.美国高校招生考试制度的社会化研究[J].辽宁教育行政学院学报，2014（05）：41-45.

这两种考查指标的平衡。而改革的目的，始终是围绕国家对高等教育人才的渴望以及高校招生的需求。换句话说，这两种考试都是为了招生而服务，为了帮助学生进入合适的大学而服务。①但近年来，越来越多的美国一般性高校采取了考试可选择政策（Test-Optional Policy），即不再要求学生在申请时必须提供标准化考试（SAT/ACT）成绩，考查申请学生的入学标准变得更多元，对于不提交标准化考试成绩的学生，高校会用高中成绩、学校课程的难易程度、推荐信、面试或要求书面作答等途径来判断学生的表现以决定是否让学生入学。该政策始于1969年，截至2019年，美国已有一千多所大学实施了考试可选择政策。当然，实施该政策为数最多的是只提供本科教育的文理学院、区域性的大学以及高校中的艺术学院等。但其中300多所也位居《美国新闻与世界报道》大学排行榜中其所属类型高校的前列。②但这一政策也引起争议，尤其是SAT和ACT主办方为维护其巨大的商业利益，不断组织研究者抛出标准化考试仍是大学招生录取应该考虑的研究结果。③

三、日本高校招生考试统一性和多样化并存

日本高校招生考试的制度化始于近代。从明治时代到二战后，美国始终是日本高校招生考试的主要参照。同时，源于中国科举制的高校招生统考模式也深刻影响着亚洲，特别是日本。④期间，日本的大学入学考试制度几经变化，均在全国统考与大学自行招生之间反复，1917年后基本实行了统一考试单独选拔的大学制度。1955年日本大学又开始自行招生。但自20世纪60年代中期后统一考试的呼声又在改革中占了上风。1979年日本全国的国立和公立大学实行统一的入学考试——全国共同学力的第一次考试。⑤此后，日本的大学入学考试制度可以说是统一性和多样性并存的考试制度。

日本的"大学入学考试中心考试"（National Center Test，NCT，简称中心考试）是自1990年起，由独立行政法人大学入学考试中心（National Center for University

---

①伍戈.浅议美国大学入学考试改革对我国落实高考改革的启示[J].湖北招生考试，2015（02）：36-40.
②余海波.美国高校招生考试可选择政策实施效果分析[J].比较教育研究，2019（11）：51-58.
③胡乐乐.美国高校本科招生"考试可选择"政策探析[J].比较教育研究，2019（05）：42-49.
④胡永红.日本高校招生考试制度研究[M].武汉：华中师范大学出版社，2016：2.
⑤一帆.日本大学入学考试[J].教育测量与评价（理论版），2016（04）：15.

Entrance Examinations）组织实施的"单向选拔式"全国统一学力考试，以判定大学入学志愿者对在高中阶段所学基础知识和基础内容的掌握程度为主要目的。中心考试的统一性体现在考试目标、命题标准、出题范围、考试形式及成绩评定等方面的统一。中心考试属于学科测验，目的侧重于考查考生的各科目基础学力。其考试科目覆盖面宽，涵盖高中阶段各学科所有必修课程，并严格遵循文部省制定的《高中学习指导要领》这一全国性课程标准在高中各门必修课程范围内命题。该考试不分文理，涉及的所有科目皆采用笔试形式，题型为客观选择题，尽量减少阅卷人的主观性，具有鲜明的标准化考试特征。

中心考试的统一性，一方面为大学招生和高中阶段的教育评价提供了一个共同的全国性比较的标准，有助于提高大学招生考试效率，保障高中教育的质量；另一方面国立、公立、私立大学对中心考试的同时利用，不仅为学生填报志愿提供了方便，也有利于促进社会公正和教育公平，实现城乡、区域和校际的均衡发展。中心考试的多样性主要体现在各高校在利用中心考试的方式多样性上。中心考试不设必考科目，各大学可以根据各自的实际需要和独创方式自主决定利用中心考试的学科和科目，或者考生是否必须参加该考试及考试科目。考生只需选择自己报考的大学、系部所指定的学科、科目参加考试即可。中心考试包括公民、日语、地理历史、数学、理科、外语6学科29科目。为了防止考生学力低下，绝大多数国立、公立大学规定考生必须参加中心考试5或6学科7科目的考试，一般文科考日语、外语、数学2科目、地理历史、公民、理科1科目；理科考日语、外语、数学2科目、地理历史或公民、理科2科目。此外，中心考试的多样性还体现在同一所大学内部各学部利用中心考试的方式也不尽相同。中心考试和由各高校自行组织实施的单独考试的成绩在最终录取总分中的比重，也由各高校自由掌握。中心考试的这种"可选择性利用"有利于各大学根据自身特点进行各具特色的选拔，有效地控制了各大学间"一刀切"和"序列化"倾向。[①]

由各高校自行组织实施的单独考试是大学与考生"双向选择式"考试。其目的在于弥补第一次全国统考的不足。考试所涉及的科目、内容及方式由各高校根据本校的学校定位、专业定位及市场需求自行决定，所考科目及内容多侧重于专业需求。单

---

① 李润华.统一性和多样化并存的日本大学招生考试制度[J].比较教育研究，2011（02）：45-49.

独考试形式多样，大致可分为"一般选拔考试"和"特别选拔考试"两大类。一般选拔考试又称"个别学力测试"，主要以考试成绩为侧重点选拔学生的方法，是目前日本国立、公立大学录取新生的主要方式。特别选拔考试一般包括招生办公室专门考试（Admissions Office Test，简称AO考试）、推荐入学、社会人才特别选拔、归国子女特别选拔、理工科特长生选拔等多种选拔方式。一般情况下，在中心考试结束10天后，考生须向其报考的学校提交申请参加由志愿校自行组织的考试的志愿书。考生可依据中心考试的成绩，自由选择参加适合自己特长及兴趣的多所大学组织的自主招生考试。各高校自行组织实施的单独考试既调动了各大学办学的积极性、主动性，又强化了各大学之间的公平竞争；既考查了考生对其所选专业的适应性，又加强了各大学与高中的联系，为各大学招收到合适的学生提供了有利条件，对提高高等教育质量起到了积极的作用。

日本大学招生考试制度最鲜明的特征在于招生权归属各高校。其最主要的招生录取方式可归类为中心考试和单独考试的组合型、AO考试入学选拔制度、推荐入学选拔制度三大形态。其中，中心考试和单独考试的组合类型又可细分为4种类型：① 中心考试单独判定型。② 中心考试+二次考试型。③ 中心考试倾斜计分+二次考试型。④ 中心考试独立利用型。[①]与我国类似，日本高校招考制度改革高度关注统考问题，一直都面临着统考与多样化考试均衡的矛盾。日本政府推动高等教育大众化依赖的主要就是两个法宝——统考与多样化考试，以统考保质量，以多样化考试保规模。1979年，日本开始推行"共通第1次考试"，标志着统考制度的确立，随之而来的多样化考试改革推动高等教育迅速从大众化阶段迈入普及化阶段。日本统分结合的高校招生考试伴随"中心考试"的创建与深入实施得到进一步巩固，并最终确立了两次考试、统分结合、综合评价的高校招生考试制度模式。[②]

当日本高等教育进入普及化后，日本政府又开始酝酿实施新的高校招考制度改革。由于随着日本中小学教育改革的推进，中心考试题型单一、偏重知识考查、分数制将考生序列化等方面的不足愈发明显。为完善大学招生选拔以适应高大衔接一体化改革，大学入学统一考试改革势在必行。为此，日本文部科学省于2017年7月13日公布了

---

① 李润华.统一性和多样化并存的日本大学招生考试制度[J].比较教育研究，2011（02）：45-49.
② 胡永红.日本高校招生考试制度研究[M].武汉：华中师范大学出版社，2016：3.

《大学入学共通考试实施方针》，规定自2021年1月起废除现行的"大学入学考试中心考试"，实施新的全国统一考试"大学入学共通考试"，简称"共通考试"。共通考试以确保扎实学力、培养生存能力为目标，具体实现路径为：实行成绩等级制，实现评价尺度多元化；优化客观选择题，新增记述式问题，注重对"思考力、判断力、表现力"的考查；实行英语社会化考试，全面测试听说读写能力。共通考试强化评价功能，弱化选拔功能，为全面评价考生的综合能力提供学力依据。[1]这标志着日本大学招生从"选拔"向"衔接"转变，从重视结果评价向重视过程评价转变，以多元化的尺度、多样化的评价方式评价学生的"学力三要素"。实施共通考试后，日本大学招生选拔既要求采用/参考共通考试成绩，又要求参考小论文、高中调查书、活动报告、获奖记录、各类资格证考试成绩、推荐信、动机函、学习计划、面试、辩论、集体讨论、文稿演示等材料，以确保既有扎实学力，又不"唯分数论"，充分考量学生的学习兴趣、意愿、态度等要素。

为了切实推进高大衔接一体化改革以培养扎实学力、生存能力，并将大学招生选拔改革与高中教育改革、大学教育改革同步进行，日本文部科学省修订了《学习指导要领》，并于2018年3月30日公布，自2022年4月1日起在高中学校实施。其总则规定，各学校应推进以主动的、互动的深度学习为目的的课程改革，开展发挥创造力的具有特色的教育活动，以培养学生的生存能力为目的。"生存能力"由"扎实学力""丰富的人文精神""健康体魄"三个要素构成。特别是这次日本大学入学统一考试改革还实现了4个转变：①从常模参照性测验向标准参照性测验转变，以配合大学招生选拔实现评价尺度多元化、评价方式多样化；②从衡量基础知识与技能的掌握程度转向衡量基础知识与技能、运用基础知识与技能解决实际问题的能力，以达到"学以致用"；③从以基础知识的记忆、理解、再现为中心的考查转为以"思考力、判断力、表现力"为中心的考查，以培养学生主动思考与学习的态度；④英语则从统一考试向统一性与多样性并存的社会化考试转变，从偏重阅读与语法的听说能力测试转为分值均等、听说读写四种能力的全面测试，从重输入轻输出转为输入输出并重，以培养学生交流与合作的能力。但共通考试也面临成绩等级制在筛选人才方面辨识度低、

---

[1]周冲，李昱辉.日本大学入学统一考试改革：目标、路径及挑战[J].比较教育研究，2019（05）：28-35.

记述式问题耗时费力却效度差、英语社会化考试的统一标准对考生区分度弱等挑战。①

四、俄罗斯持续推进国家统一高考制度改革

俄罗斯大学入学考试的传统模式是自主招生。1755年莫斯科大学建立，从那时起，招生考试的主导权一直掌握在高校手中，且沙俄时期只有贵族和资产阶级子女有权接受高等教育，工人和农民被排除在外。十月革命胜利后，苏联取消了当时限制工农入学的考试制度，实行推荐制，虽然实现了高等教育的无产阶级化，但学员文化水平参差不齐。20世纪30年代始，苏联为实现培养具有世界技术水平专家的目标，要求一切考生都必须具有高深和牢固的知识，实行以知识考试为主、社会推荐为辅的制度。20世纪70年代中期，苏联各高校根据高考大纲，自行命题，自行考试，自行评分和录取，实行自主招考制。

苏联解体后，俄罗斯沿袭大学自主招考制度。这一制度给高校根据需要和标准招收学生创造了条件，促进了各校按自己的特色发展。但在政局不稳定、经济不景气的情况下，也产生了不少问题。一是学生负担太重。中学毕业生必须参加两次考试，一次是中学毕业考试，另一次是大学入学考试，这两次考试的范围很不一致，不仅增加了学生的课程负担，而且给学生造成了巨大的精神压力。二是造成教育腐败。由于中学毕业考试由任课教师命题评分，而高考是由各高校自主命题，缺乏有效监督，同时也增加了考试的随意性和主观性，为高考腐败的滋生提供了温床。三是考试成本太高。中学生毕业后要想继续深造，必须亲自到报考高校参加入学考试，这导致一些经济困难或偏远地区的优秀学子无法到首都或其他城市的大学应试，不得不放弃进入名牌大学深造的机会。四是考试成绩体现不出考生水平。一些大学举办考前培训班，不能参加考前培训班学习的考生就很难考进重点大学，这种考试往往不能真实地反映学生的实际水平。五是教育质量严重下滑。由于俄罗斯缺乏国家统一的教育评价标准，导致俄罗斯的基础教育和高等教育文凭在国际上得不到认可。②

2000年7月26日，《2000—2001年俄罗斯联邦政府社会政策和经济现代化行动

---

① 周冲，李昱辉.日本大学入学统一考试改革：目标、路径及挑战[J].比较教育研究，2019（05）：28-35.

② 杨政.俄罗斯实行全国统一考试阻力重重[N].光明日报，2009-04-30（012）.

纲要》发布，其中"关于教育现代化基本方针"中首次提到"实施国家统一考试"的构想。2001年2月16日，俄罗斯联邦政府通过了《关于组织国家统一考试的实验》的决议，决定从2001年起在俄罗斯部分地区对中学毕业生试行统一考试，将中学毕业考试和高校入学考试合二为一，全国统一考试时间并统一试卷。到2008年，试行范围已经由最初的5个联邦主体增至84个地区，有超过百万的毕业生参加了考试。[①] 不过这期间全国统考与高校自主招考并行对照进行。实践证明，统一考试的优势明显，能够为国家有效测评各地区教育质量，为大学提供统一的入学评价标准，降低考试成本，维护社会公平，不仅保证了高等教育质量，也大大提高了中等教育质量。[②]

2009年2月24日，俄罗斯教育科学部颁布《国家统一考试实施办法》，标志着俄罗斯国家统一考试制度正式确立。这里的"统一"被赋予"唯一的一次考试"的含义。俄联邦教育科学部对国家统一考试的概念解释为：①既是中学毕业会考又是大学入学考试。②在俄罗斯联邦各个主体内采用同一类型的试卷、同样的评价标准。③国家统一考试由国家考试委员会组织人员命题，在指定地点、规定的时间进行（11个时区考试时间不同）；④考试以笔试为主，实行百分制（五分制）；⑤考试科目有俄语、数学、文学、生物、地理、化学、社会学、历史、物理、信息学和外语（英语、法语、德语、西班牙语）等。国家统一考试时段设在5—6月，4月和7月分别安排提前考试和补充考试，考试于当地时间上午10点开始。由于俄罗斯横跨9个时区，为避免考题泄露，每个时区使用内容不同、但难度标准相同的考题。[③]

俄语和数学为必考科目，其他科目考生可根据所申请大学及专业方向进行选择考试。大多数科目的试卷都分为A、B、C三部分，A部分为选择题，题量大、难度小；B部分或是用一个词、几个词，或是用字母，或是用数字做出回答的题项，即通常我们所说的填空题。由于A、B两部分试题有固定答案，因此设有专门的答题纸，之后由计算机进行统一阅卷；C部分是拓展题，由一个或数个拓展性的问题组成（如论述题、写作文、或按规定题目解题），主要考查运用原理、定义来解决实际问题的能力。

---

① 李莉.俄罗斯国家统一考试十年发展述评[J].俄罗斯中亚东欧市场，2011（10）：49-54.
② 韩家勋.教育考试评价制度比较研究[M].北京：人民教育出版社，2010：302.
③ 王婧.新世纪以来俄罗斯高考的变革、争议与启示[J].河北师范大学学报（教育科学版），2017（04）：24-30.

C部分由地区考试委员会的两个独立专家进行评定，必要时由三个独立专家评定。当然，不同的考试科目也会有不同的特点，如文学和数学的试题在2010年就没有设置选择题。外语也曾做过调整，增加了听力和阅读短文并回答问题等。此外，各科目的考试时间也不等，多则240分钟，如文学；少则160分钟，如外语；其他科目一般都在180—210分钟之间。

考试结束后的7—10日内，每位考生都会得到一个总成绩单。统考成绩采用百分制，有效期为2年。俄联邦教育科学督察署把百分制转换为传统的五分制，并写入国家总结性评价。因此，通过统考的毕业生将获得传统五分制的中等（完全）普通教育毕业证书和百分制的统考证书。毕业证书由所在学校发放，统考证书由各联邦主体的教育管理机关发放。[1]考生根据自己的兴趣和意愿，可以将考试成绩单复印件提交给大学，考生有权选择5所高校的各3个专业投送自己的成绩单及相关材料。各高校招生委员会依据统考成绩录取新生。高校有权规定招生专业的最低分数线和其他所有科目的最低分数线，但不能低于俄罗斯联邦教育科学督察署所规定的各科目统考成绩的最低分数。2009年有24所高校经政府批准获得了在统考基础上举行某些专业附加考试的权利。高校招生委员会审核考生寄来的材料后通知其是否被录取，如果考生未被录取，还可以从其他大学获得入学邀请。

实施统一考试已经列入《俄罗斯联邦教育法》和《高等及大学后职业教育法》的修改法案，具有明确的法理依据。国家统一考试由俄联邦教育科学督察署与俄联邦主体的教育管理机关组织和进行。受俄联邦教育科学督察署委托，联邦测试中心负责国家统一考试联邦层面的组织和技术保障工作，联邦教育测试研究院负责测试材料的研制和鉴定。统考成绩是高校录取新生的基本依据，同时还保留了多元化的招生方式，即给予特殊人群的优惠政策和赋予部分高校举行入学附加考试的权利。国家统一考试给那些因正当理由未能参加规定考试的考生一个重考的机会。

统考正式实施后，围绕国家统一考试在全俄范围内展开了激烈的争论。[2]国家统一考试支持派的基本观点为：统考对考生知识水平进行独立客观的评价，推进了高考制

---

[1] 王婧.新世纪以来俄罗斯高考的变革、争议与启示[J].河北师范大学学报（教育科学版），2017（04）：24-30.

[2] 郑若玲.国外高校招考制度研究[M].杭州：浙江教育出版社，2017：219-221.

度的公平与民主；统考使考生摆脱各种付费培训班和辅导教师，减轻学生和家长的负担；统考防止招生过程中的贿赂与腐败；统考扩大了弱势群体和偏远地区学生的入学机会；统考加强了教育的统一性和标准化；统考客观评估了中等教育机构的教育质量；统考符合国际教育标准，推动了教育的国际化；统考有利于加强中央权力、强化民族统一和振奋民族精神；等等。国家统一考试反对派的基本观点为：统考的一次性考试结果不能完全反映出考生的知识水平；统考没有考虑到考生的个体差异和学习条件的差异，不能有效照顾学生特长；实施统一考试本为了消除腐败，然传统上腐败的根源在大学，因为大学掌握招生权，而现在，腐败的环节反而增加了，会滋生出新的腐败；统考对知识的考查会形式化和表面化，统考把教学过程变成了应试过程，不利于学生的全面发展；由于俄罗斯没有全国统一的教科书，导致出现新形式的补习辅导和辅导敛财，使考生的心理压力增大；统考的操作技术层面存在很多漏洞，甚至俄罗斯的中学会因统一高考失去特色；特别是俄罗斯横跨9个时区，如何统一"高考"时间，保证试题不泄漏变得非常困难；等等。

但俄罗斯变革传统的高校自主招生制度，转而实施统一考试，希冀以此来提高教育质量，促进教育事业的公平和正义，改善区域间教育资源分配问题，重返世界强国的行列。① 为此，俄罗斯国家统一考试在长期的实践过程中，根据各方意见、建议和每年的具体情况，对统考内容和组织工作不断调整、修改和完善，力求达到制度的合理化和最优化。②2019年俄罗斯统一考试在总体规则和部署基本不变的情况下在很多细节设计上就发生了改变，主要体现为：①统一考试分三个考期。即提前考试时期、正常考试时期、补考时期，每个阶段的考试均有备考时间段。②实施加分政策。规定的加分项有：中学金质奖章、毕业作文、体育奖项、劳动卫国奖章、志愿者工作、各种奥林匹克竞赛的参与者和获胜者。但加分与否由高等教育机构自行决定。此外，对于残障学生也有专门的优惠政策。③落实毕业作文政策。从2014年起，毕业作文考试不合格的学生将无法参加当年高考。作文材料一般是俄罗斯或外国作家撰写的文学评论节选，学生自选角度对材料中的观点进行评析，要求篇幅控制在350字以内。③④增加汉

---

① 李莉.俄罗斯国家统一考试十年发展述评[J].俄罗斯中亚东欧市场，2011（10）：49-54.
② 郑若玲.国外高校招考制度研究[M].杭州：浙江教育出版社，2017：215.
③ 王玥.俄罗斯：毕业作文写不好，不能参加高考[J].人民教育，2018（Z1）：32.

语考试。从2019年始，俄罗斯国家统一考试外语考试增加汉语考试，供学生选择。此外，2022年将外语设为必考科目。并讨论利用计算机进行统一考试的可能性，实现统一考试的整个交付过程可以在计算机上进行，特别是在人工智能技术的帮助下，增强统一考试的互动性和交互性，力争把所有最新、最优秀的东西融入统一考试中来。但鉴于统一考试一直以来是高风险性的考试，这些改革将是渐进和稳定的。①

由此可见，中俄两国的高校招生考试制度成了两种改革的典型代表，其改革趋势可以看作是相向的运动，殊途同归，最终都要找到一个最佳的契合点。②其宗旨都是希望集单独考试和统一考试的优势于一身，扬长避短、臻于完善，实现高校招生考试制度的公平效益与科学选才的有机结合之目标。

本章小结

中国的科举考试和统一高考以追求"至公"为最高理想，期望通过逐渐的"合"达到最终的统一，实现人才选拔的公平公正。然却不可避免遗漏某些特殊专才，这是大规模统一考试固有的局限。历史上，隋唐科举无论从举士资格、荐举途径、考试内容，特别是在科目设置和录取方式上，都与宋元明清科举有所不同，是"推荐与考试"的结合，体现了明显的先进性、多样化和个性化特点。

实施近代高校招生考试以来，清末民国时期主要采用单独考试。中华人民共和国成立后，1952年6月12日，中央人民政府教育部发布《关于全国高等学校1952年暑期招收新生的规定》，明确从本年度起，除个别学校经教育部批准外，一律参加全国统一考试，这标志着全国统一的招生考试制度正式确立，此后一直实行的都是全国统一考试。与大学单考单招、单独命题考试等相比，统一考试招生的优势明显。

进入21世纪，我国高校招生考试制度改革处在分合变异的关键时期，以"3+X"科目设置方案为标志的新世纪高考改革取得巨大进展。2014年9月3日《国务院关于深化考试招生制度改革的实施意见》正式发布，标志着新一轮考试招生制度改革全面启动。新世纪高考改革旨在推进克服一考定终身的弊端，形成分类考试、综合评价、多元录取新的考试招生制度。

---

① 朱佳悦.2019年俄罗斯国家统一高考新战略[J].世界教育信息，2019（21）：19-24.
② 王婧.俄罗斯高校招生考试制度研究[M].武汉：华中师范大学出版社，2016：282.

作为世界"考试大国",我国的统一考试招生制度在国际上树立了样板。从国际趋势看,20世纪开始,各国各地区招生考试也是朝着统一考试的方向发展。最终,统一性与多样化相结合的高校招生考试模式持续成为21世纪世界各国各地区考试招生改革的主流走向。

思考题

1. 隋唐时期的多样化科举模式对当今高考多元录取有何启示?
2. 为什么我国一直实行统一的招生考试制度?
3. 简述高考改革中的"统独之争"。
4. 试从文化和国情的视角阐述中国人认同统一考试模式的机理。
5. 请谈谈你对建立科学的"职教高考"制度的意见和建议。
6. 试评我国曾实行的自主招生联考。
7. 试述美国多元化的高校考试招生模式。
8. 试析俄罗斯推进国家统一高考制度改革的进展与挑战。

第四章 科学性：从经验型到标准化

"标准"一词《辞海》解释有三个含义：①标准是衡量事物的准则，如"实践是检验真理的唯一标准"；②本身合于准则，可供同类事物进行比较核对，如"标准发音"；③指榜样、规范。[①]国际标准化组织（ISO）与国际电工委员会（IEC）联合发布《标准化与相关活动的基本术语及其定义（1991年第6版）》的"标准"定义："标准是由一个公认的机构制定和批准的文件。它对活动或活动的结果规定了规则、导则或特性值，供共同和反复使用，以实现在预定结果领域内最佳秩序的效益。"[②]中国国家标准化管理委员会的定义是："标准是通过标准化活动，按照规定的程序经协商一致制定，为各种活动或其结果提供规则、指南或特性，供共同使用和重复使用的文件。标准以科学、技术和经验的综合成果为基础。"[③]《国家中长期教育改革和发展规划纲要（2010—2020年）》明确提出要"制定教育质量国家标准""建立和完善国家教育基本标准"。2017年中共中央办公厅、国务院办公厅《关于深化教育体制机制改革的意见》强调要完善教育标准体系，研究制定从学前教育到高等教育各学段人才培养质量标准，完善学校办学条件标准。此后，从幼儿园园长专业标准，到中小学各学科学业质量标准、高校学科专业类教学质量标准、高校各专业人才培养标准，再到城乡统一的中小

---

①辞海编辑委员会.辞海[M].上海：上海辞书出版社，2010：123.

②洪生伟.走向大市场：兼论我国"复关"后企业的对策[M].北京：冶金工业出版社，1994：253.

③中国国家标准化管理委员会办公室.标准和标准化[EB/OL].http：//www.sac.gov.cn/zt/bzhf/zswd/201711/t20171106_318470.htm，2017-11-06/2023-02-28.

学教职工编制标准、义务教育学校管理标准等相继出台。进入21世纪以来，与教育标准的制定和完善相关的工作任务大力开展，且涵盖教师学生、教育教学、学校管理等方方面面，涉及质量标准、专业标准、技能标准、评价标准、管理标准等多个层面，我国的教育评价标准化体系正在逐步形成，标准的作用也同步在考试评价领域开始充分发挥。

第一节 高校招生考试标准化

招生考试制度是国家法定教育制度，是教育评价制度的核心，教育考试评价的标准化首先是在高校招生考试中试验、开展和推行的。如果说恢复高考统一招生的核心问题是重建秩序，那么恢复后的迫切问题就是要推进招生考试向科学化发展，使人才选拔更加准确、规范和合理。但随着全国统一高考招生制度的实施，其弊端也日渐显现出来。因为从某种意义上说，恢复高考同时也将统一考试所固有的弊端一起复活了。而刚刚恢复的统一高考，又面临考生多录取少，竞争激烈，统考工作量大，考试、评卷工作难以细致，考场舞弊、评卷抬分的现象时有发生，影响高考成绩的准确性等突出问题。特别是高度统一的录取办法给高校的选择余地很小，影响德智体美劳全面考核、择优录取原则的贯彻，加上一次统考决定取舍，也不利于中学生的全面发展。为此，必须对恢复后的高考体制进行深化改革，重点是要确保高考选拔人才的准确性与科学性。

一、高考标准化考试的探索与实验

1977年恢复高考，举国沸腾，制度的重建让个体和社会看到了希望，但紧接而来的具体工作却是困难重重。"文化大革命"期间，考试理论和技术、高考相关科目的学科研究几乎完全停滞，考试实践经验几乎为零，这带来了前所未有的挑战。对此，原国家教委考试中心主任、参与恢复高考工作的杨学为先生有着深刻的体会。他说，题型基本上是科举以来传统的贴经（填空）、墨义（简答）、策论（论述）等；命题没有基本的质量指标，仅有抽象的要求（如难、中、易），靠少数人"入闱"突击；评卷、分数统计完全靠手工操作；管理几乎没有必要的法规予以规范和遵循。当时的考试，时有科学性错误出现，试卷水平时高时低，试卷覆盖面窄，导致押题严重，死记硬背；评卷需要大量人员，评分误差大。[①] 这种传统经验型考试在我国有悠久历史，它有优点，如题量少，组织工作简单，回答问题自由，能测出受试者逻辑思维和文字表达能力。但它致命的弱点在于信度和效度低，信度低会带来考试的一定偶然性，不利于选择人才。标准化考试题量大，难度一定，常模稳定，信效度高，考试质量有保证。当时，我国许多考试成绩国外不承认，留学人员国内英语成绩再好也不行，必须经"托福"考试。就因为国内考试不是标准化的，考题难易程度变动较大，没有常模，考试组织程序也不规范，这样的成绩没有说服力。而"托福"是有一百多个国家承认的标准化考试。[②]

其实，早在1978年4月的全国教育工作会议上，邓小平就针对刚刚恢复不久的高考提出对考试"要认真研究、试验，改进考试的内容和形式，使它的作用完善起来"。[③] 标准化考试引入中国最初出现在留学外语考试领域。为方便我国的出国留学人员提供英语水平考试和研究生入学考试成绩，从1979年开始中美双方磋商在中国承办美国TOEFL和GRE等考试项目的问题。1981年，我国教育部与美国教育考试服务处（ETS）达成协议，决定于当年12月11日和12日分别在北京、上海、广州三个考点举行第一次TOEFL和GRE考试。[④] 至此，一种全新的考试模式、技术和方法以及新的考试理论传入中国，对于改变我国长期以来经验型的考试招生制度产生了巨大冲击。即怎样运用教育统计测量学理论指导考试，怎样把计算机技术应用于考试，从而实现考试手段的现代化，以及把考试作为一门科学来研究等问题。

1985年1月，教育部在广州召开第二届高考科研讨论会决定，广东省率先进行高考标准化改革试验。首先，数学在广东文、理科8万考生中试验，英语在3000名考生中试验。1986年，又增加了物理；英语扩展到广东、山东文理科以及辽宁省文科、广西英语类共20万考生。1988年11月，由国家教委考试中心主持，邀请全国几十名教育、心理、教育测量、教育统计学专家及部分省级招办、高校招办负责人、中学负责

[①] 杨学为.中国高考史论述[M].武汉：湖北人民出版社，2007：382.
[②] 胡敏.谈国际流行的考试方法：标准化考试[J].安徽教育，1989（05）：13-14.
[③] 邓小平.邓小平文选（1975—1982年）[M].北京：人民出版社，1983：102.
[④] 韩家勋.中国高考从传统走向现代："标准化考试"改革与发展[J].考试研究，2009（04）：30-41.

人与会，召开了"广东省普通高等学校招生标准化考试试验评估会"。①经过前期的试点和成效的评估，1989年6月27日，国家教委颁发了《普通高等学校招生全国统一考试标准化实施规划》，开始在全国正式实施标准化考试，这是高考深化改革的一份转折性文件。这次改革的实质就是要利用现代教育测量学、教育统计学的理论，以及计算机、光标阅读器等现代信息技术手段，对中国传统的考试形式和内容进行改革，以期使中国的考试能迅速达到世界先进水平。

所谓标准化考试就是"一种大规模的，具有统一标准的，按照系统的科学程序组织并对误差作了严格控制，一般由专门的考试机构编制试卷并组织实施的一种考试"。②一般认为，标准化考试的每个环节都要标准化。包括试题编制标准化、考试实施标准化、评分计分标准化和分数解释标准化四个环节。具体而言，首先要确定考试目标，根据目标制定命题计划和双项细目表，以保证题目具有代表性，对于征来的题目要经过预测和统计分析，取得项目分析的指标：难度、区分度等，在组织专家对题目进行修订后，将题目存入题库。在拼卷时，只要根据要求和学生的特点，从题库中提取题目，并按一定难易顺序排列即可。标准化考试实施过程很严格，对考场的设置、收发卷的手续、对考试的说明、态度、如何计时等都有统一规定，任何人不得随意改变。由于标准化考试大量采用选择题，只要将考生的答卷卡送入阅卷机即可，但对于论述题，为了保证评分的客观性，则要制定出详细的评分标准。标准化考试对分数的合成和解释有明确规定，报告分数时一般都采用导出分数，并且在解释时，应尽量考虑控制对被试的心理影响。③

概括起来，标准化考试的特点是：考查目标明确、稳定，试题取样范围大、题量多、覆盖面宽。试卷难度适中、区分性能好，试题答法简单、明确，评分客观、准确，注重在考试各个环节上减少无关因素的影响，考生得分可靠。标准化考试的本质是建立各种测量标准，减少各种测量误差。标准化考试中往往大量使用选择题，但并不排斥其他各种题型，使用选择题的目的是为了在保证测量目标的前提下减少测量误差和

---

①杨学为.中国高考史论述[M].武汉：湖北人民出版社，2007：384.
②华东师大教育咨询服务中心.现代考试基础理论[M].天津：天津人民出版社，1992：443.
③刘昕，马世晔.高考标准化的应用研究报告[J].华东师范大学学报（教育科学版），1990（02）：57-61.

降低考试成本。[1]

使用电脑和光标阅读器评卷和对考生信息管理，是标准化考试的重要标志之一。试题质量与考生成绩的统计分析与评价、选择题的评阅、主观题评分误差的控制、分数统计与合成，几乎考试的各环节都依靠计算机、光标阅读器、远程通信设备等。我国20世纪80年代中期到90年代初期，研制出"光标阅读机"，并将其应用于评阅高考选择题试卷之中，准确率达100%，同时大大节约了阅卷成本。利用电脑采集评卷数据，为统计分析提供了可能。此外，从1988年开始，广东省通过技术改革试验，到90年代中期开始，计算机技术逐步在考试管理各领域中得到全面应用。如采集和管理考生的报名信息，通过计算机编排考场、打印准考证、统计分数、打印成绩通知单、统计分析以及辅助录取工作等，进而全面深刻地改革了传统考试模式，实现了传统考试长期追求而无法实现的重要目标。[2]

期间，实施标准分制度是考试标准化改革的一项重大举措。标准分制度也是1985年开始在广东省试点，1989年正式实施。1994年，国家教委办公厅发布《普通高等学校招生全国统一考试建立标准分数制度实施方案》，强调"建立标准分数制度是高考标准化的一个重要环节，是进一步提高考试质量的重要手段"。至1997年陆续推广到海南、河南、陕西、广西、山东、福建等省（区），共有82万考生参加了高考标准分制度的改革试验，占当年考生总数近三分之一。但是由于推行标准分制度难度较大，实行标准分制度改革的省份不仅没有扩大，反而逐年减少，至2001年只有两个省坚持用标准分。从2002年开始，教育部不再支持标准分试点。[3]

所谓标准分数，就是以全体分数的平均分数为参考点，以标准差为等值单位来表示某一考生的分数在全体考生的分数中所处的相对位置的分数。[4] 是依据教育统计与测量的原理和方法把原始分转化为具有相同意义、相同单位和共同参照点，能表明考试成绩在总体中位置的分数。与传统的高考分数制度相比，标准分在分数评定的精确性、

---

[1] 曾桂兴.标准化考试的概念与标准[J].上海教育科研，1986（03）：61.
[2] 韩家勋.中国高考从传统走向现代："标准化考试"改革与发展[J].考试研究，2009（04）：30-41.
[3] 韩家勋.中国高考从传统走向现代："标准化考试"改革与发展[J].考试研究，2009（04）：30-41.
[4] 康树林.标准化考试的又一重大改革：推行标准分制度[J].榆林高专学报，1995（03）：49-52.

人才选拔的效率以及对形式公平的保障上均有明显的优势。然而，标准分制度并不能满足各主要利益相关者的诉求，特别是其专业性一直无法得到大众的理解与认可。广大考生无法通过卷面的计算来得出各自的成绩，也无法了解哪些考生在分数转换后发生了位次变化，只是模糊地感觉到"分数被动了"，这在全体考生中营造了一种不确定性和不安全感，进而产生一种被不公平对待甚至暗箱操作的假象，这种质疑指向的不是专业性本身，而是由专业性所引发的破坏形式公平的嫌疑，这显然有深刻的社会原因，它从一个侧面展现了深化高考改革所处的尴尬环境。① 高考标准分改革不成功的经历，也从另一面说明外国的经验要与中国国情相适应。

科举考试中的八股文考试被认为是我国历史上的标准化考试。从考试学的角度看，八股文中所蕴含的考试标准化包括：格式标准化，内容标准化，行文标准化，篇幅标准化。中国历史上的标准化考试八股文虽然经常被批判，但该文体能够在科举考试中延用五百年经久不衰，且历史选择了八股文，正是选择八股文所具有的标准化的客观评价。② 在国外，大学招生的标准化考试成绩只是入学的一个条件，此外，还有其他如推荐材料，毕业成绩等相配合。在有些国家，大学入学的竞争性不强，这些都是与我国不同的条件，因此全盘照搬国外标准化考试的做法是不适当的。③ 如今，我们也没有必要随着西方反对和取消标准化考试而起舞。高考的"标准化"，其实质是实现从传统考试向现代考试的转变。

二、《中国高考评价体系》发布

2014年《国务院关于深化考试招生制度改革的实施意见》发布，明确提出深化高考内容改革的要求，于是，教育部考试中心牵头组织华南师范大学、北京师范大学等5所高校的150余位专家，深入总结我国高考内容改革的成功做法，充分借鉴国外考试的先进经验，依据高校人才选拔要求和国家课程标准，历经3年时间，研制完成了高考评价体系。2020年初，教育部考试中心组织研制的《中国高考评价体系》和《中国高考评价体系说明》正式发布。

---

①章建石.一项公平与效率兼备的高考改革为什么难以为继？：标准分制度的变迁及其折射的治理困境[J].北京师范大学学报（社会科学版），2016（01）：31-41.

②王首程.八股文：标准化考试的历史试验[J].广州大学学报（综合版），1998（01）：65-69.

③刘昕，张伟明.标准化考试与高考改革[J].人民教育，1986（04）：19-20.

具有中国特色高考评价体系的研制，首先要坚持正确的政治方向和价值导向，充分考虑中国高考所处社会背景及面临的现实问题，同时借鉴国外先进的测评理论和实践，建构符合我国国情的面向新时代的测评体系，其研制基于坚持方向性、科学性、时代性、民族性和公共性5项原则。运用文献分析和实证调查相结合的研究方法，对我国的高考政策文件、高校本科培养目标、高中阶段学生核心素养、世界发达国家和地区相关考试的考查目标进行梳理和比较分析，明确了我国高考的核心功能、考查内容和考查要求等关键性问题。高考评价体系是我国高考内容改革和命题工作的理论基础和实践指南，对推动高考内容改革的科学化发展，对发展素质教育、促进教育公平、办好人民满意的教育具有重要意义。

新发布的《中国高考评价体系》由"一核""四层""四翼"组成，主要解决"为什么考""考什么""怎么考"的问题。其中，"一核"是高考的核心功能，即"立德树人、服务选才、引导教学"，回答"为什么考"的问题；"四层"为高考的考查内容，即"核心价值、学科素养、关键能力、必备知识"，回答"考什么"的问题；"四翼"为高考的考查要求，即"基础性、综合性、应用性、创新性"，回答"怎么考"的问题。《中国高考评价体系》是在理论研究与实证研究基础上研制的一套符合我国国情的测评体系。在该体系中，各要素之间彼此相互关联、相互影响。"一核"统领高考内容改革的方向，"四层"考查内容与"四翼"考查要求相互映照，形成彼此密切相关、互相影响的一个系统。在"四层"考查内容中，学科素养起到贯通核心价值与关键能力、必备知识的作用，是"四层"考查内容的关键环节，可以实现从"知识能力立意"命题理念向"价值引领、素养导向、能力为重、知识为基"命题理念转变。同时，为体现"四层"考查内容和"四翼"考查要求，高考评价体系创造性地提出了考查载体——试题情境，即通过设计生活实践情境和学习探索情境，实现对不同内容、不同水平学科素养的考查。目的：其一是选拔富有时代特性的青年；其二，期望促进中学教师师德和专业素养的发展；其三，引导中学教学改进育人方式。

其中最突出的就是使用了"情境"这一概念。情境是什么？情境是实现价值引领，素养导向，能力为重，知识为基的综合载体。考什么？怎么考？就是通过情境来落实的。中国高考评价体系的说明里面，具体讲了情境与情景活动的定义，情境分类与情境活动的分层，情境和四层四翼的关系，以及情境的应用。什么是情境呢？它是指真实的问题背景，是以问题或者任务为中心构成的活动场域。情境活动是什么？是指人们在情境中所进行的解决问题或者完成任务的活动。问题情境分为"生活实践情境"和"学习探索情境"；情境活动分为"复杂的情境活动"和"简单的情境活动"两类。命制试题时要根据学科的特点，创设出能够真实反映学生素质的问题情境。也可以创造半真实情境下的评价活动。比如通过学生的汇报表演、舞台剧、演讲会、辩论会、评论会、推介会、展示会、谈判会、模拟解说、创意设计等对学生进行评价。

高考评价体系的创新主要体现在三个方面：一是在教育功能上，实现了高考由单纯的考试评价向立德树人重要载体和素质教育关键环节的转变。高考评价体系从新时代党的教育方针出发，立足于培养德智体美劳全面发展的社会主义建设者和接班人，力求运用教育评价的新理念和新方法，在高考评价中创造性地完成落实立德树人根本任务的机制性设计，以及与素质教育理念、目标和要求的体系性衔接。二是在评价理念上，实现了高考由传统的"知识立意""能力立意"评价向"价值引领、素养导向、能力为重、知识为基"综合评价的转变。高考评价体系在多年来高考内容改革实践的基础上，吸收中外教育发展和评价研究的新成果，结合国家课程标准修订的新要求，创造性地提出综合评价的新理念。三是在评价模式上，实现了高考从主要基于"考查内容"的一维评价模式向"考查内容、考查要求、考查载体"三位一体评价模式的转变。高考评价体系基于素质教育理论和考试评价规律，创造性地将素质教育目标与考查内容对接，将素质教育评价维度与考查要求对接，创设出能够更加真实地反映出考生素质的问题情境作为考查载体，从而形成"考查内容、考查要求、考查载体"三位一体的素质评价模式。

高考评价体系的构建是我国高考内容改革进程中的一个里程碑式的标志，它的研制首次从高考自身功能出发，围绕高考的核心功能、考试内容和考试要求等关键问题形成了系统的理论框架，较好地衔接了基础教育和高等教育培养目标，不仅确立了高考内容改革和命题工作的理论框架，还旨在建立健全全面深化高考内容改革的长效机制，初步实现了中国高考命题的标准化、科学化和考试的现代化。[①] 但中国高考评价体系不是考试大纲，也不是界定考试范围的规范性文件。高考评价体系是综合高校人才

---

① 张开，单旭峰，巫阳朔，等.高考评价体系的研制解读[J].中国考试，2019（12）：13-20.

选拔要求和国家课程标准而形成的考试评价理论框架，提出的"价值引领、素养导向、能力为重、知识为基"高考命题理念，重点是要促进和做好中国高考评价体系与高中育人方式改革有效衔接。高考评价体系主要供高考命题人员、高考研究人员、教育考试管理人员以及广大师生学习参考使用。

三、研究生招生考试的"申请—考核"制辨析

我国研究生的招生考试历经了学校单独统一考试和部分专业全国联考之后，现在比较流行的一个趋势是硕士生招生实行统一考试，要求加大面试的比重，博士生招生普遍采用了"申请—考核"制办法。其中，博士生招生采用的"申请—考核"制看似一条"反标准化考试"之路。

回顾我国研究生招生历史，中华人民共和国成立后，1951年颁布了第一个研究生招生办法，1951—1954年研究生招生选拔方式以个人申请、学校推荐为主，招生学校和专业十分有限。1955年，研究生招生从推荐选拔方式过渡到个人申请、学校（或单位）推荐、招生单位自行考试。1956年明确规定考试科目为政治理论、外国语、1—3门最多4门专业课，试题、考试方式、专业课的考试科目均由招生学校决定，这种方式一直延续到1962年。1963年是新中国成立以来我国研究生招生考试制度比较规范、完善的一年。为提高招收研究生的质量，教育部明确规定要严格入学考试，其中政治理论、外国语（英语、俄语）实行全国统一命题考试，基础课、专业课2—3门由招生单位根据专业性质自行确定，同时明确了专业基础课和专业课的考试主要测试考生对基本理论掌握的程度及应用科学理论解决实际问题的能力。1966年"文化大革命"开始，研究生招生考试工作被迫停止。

1978年恢复研究生招生考试，将1977年、1978年两年招收研究生的工作合并进行，一次报名、同时考试、一起入学。第一次将考试分为初试和复试两个阶段。初试科目为政治、外语，基础课和专业课考试不超过3门，均由招生单位自行组织命题。招生单位根据考生初试结果，决定考生是否参加复试。1979年，取消了复试要求，考试科目为政治理论、外语、基础课、专业基础课、专业课5门，为闭卷笔试，由招生单位自行命题。1980年研究生入学考试科目的政治理论、外语由教育部统一命题，基础课、专业基础课、专业课招生单位自行命题。

1981年1月1日，《中华人民共和国学位条例》开始实行，此条例规定了我国学

位分学士、硕士和博士三级。故我国博士研究生的招生工作从 1981 年才正式开始。博士研究生招生实行自愿报名，招生单位审核考生报考条件，自行组织考试，择优录取。考试分初试和复试两个阶段，初试笔试科目为：政治理论课（已获得硕士学位的人员和应届硕士毕业生可以申请免试）、外语（含听力）和不少于 2 门的业务课。复试采取笔试、口试或两者兼用的方法。博士生的录取方式是招生单位根据国家下达的招生计划，考生入学考试成绩（含初试和复试）、硕士（本科）阶段的学习成绩、硕士（学士）学位论文和评议书，思想政治表现、业务素质以及身体健康状况等综合确定录取名单。

1983 年硕士研究生招生考试改革措施颇多：①考试时间的调整。1983 年以前，硕士研究生入学考试时间不固定，1983 年调整为 2 月底。②考试办法的改进。明确规定各招生单位在初试的基础上，要全面进行复试，复试科目、形式（笔试、口试或实践环节的考核）和试题由招生单位决定。③部分学科和专业进行综合考试的试点。1983 年先在中国文学、化学和机械制造 3 个专业进行试点。此外，1984 年增加研究生班招生和招收委托培养硕士生；1985 年增加推荐免试入学；1986 年增加在职人员单独考试。这些招生形式的出现，在当时弥补了单一选拔考试的缺陷。1988 年硕博连读正式成为继公开招考、提前攻博后的第三种博士生招生方式。硕博连读与提前攻博招生方式的不同之处在于硕博连读要求拟进行硕博连读的学生被录取为硕士生后即申请，而提前攻博没有这个限制。

从 1993 年开始，硕士研究生入学考试的报名和考试时间基本固定下来，报名时间为前一年的 11 月，考试时间为春节前。入学考试分初试和复试两阶段进行。其中初试考试方式有全国统一考试、联合考试、单独考试和推荐免试 4 种形式。全国统一考试是由教育部统一组织公共课和部分专业基础课的命题、招生单位负责专业课命题的考试；联合考试是教育部批准的特定学科、专业（MBA、法律硕士专业学位）的部分考试科目由全国统一命题的考试；单独考试是教育部批准的部分高等学校为符合特定报名条件的在职人员单独组织、自行命题的考试；推荐免试是经教育部批准的部分高等学校按规定推荐本校优秀应届本科毕业生，确认其免初试资格，由招生单位进行复试的选拔方式。2003 年硕士初试考试科目由 5 门减少为 4 门，2004 年加大了差额复试力度，提高复试有效性。2005 年实行网上报名等改革措施。根据全国教育事业发展统计公报测算，从1998年到2021年，我国硕士招生扩大17.3倍，远高于普通本科招生（5.8倍）和博士招生（7.4倍）的增幅。①

总之，我国自1978年恢复研究生招生以来，已初步形成了一套较完善的管理体制，在坚持"按需招生、全面衡量、择优录取、宁缺毋滥"的招生原则指导下，为国家选拔了一大批高层次的专门人才，但仍存在许多问题，需要建立健全科学公正的招生选拔机制，以质量为核心，优化初试，强化复试，注重对考生专业基础、综合素质和创新能力的考查。推进学术学位与专业学位研究生分类考试，注重选拔具有一定实践经验的优秀在职人员，对具有特殊才能的人才建立专门的选拔程序。同时，必须加强对考试招生工作的管理和监督，强化考试安全工作，最终建立起与培养目标相适应、有利于拔尖创新人才和高层次应用型人才脱颖而出的研究生考试招生制度。其中，建立博士研究生选拔"申请—考核"机制，发挥专家组审核作用，强化对科研创新能力和专业学术潜质的考查，遂成为研究生招生考试改革备受关注的热点和难点问题。

作为博士招生方式的一种尝试，我国博士招生的"申请—考核"制主要是借鉴了西方国家的申请制。如在博士研究生招生考试方面，德国就不设专门的入学考试，采用"申请—审核"的方式，特别强调对具备深造者相应资格的认可，以此证明所选拔的学生已具备了进行科研活动的知识和能力。因此，特别强调前一阶段学习成绩，强调申请者是否具备研究生学习的适应能力，故持有硕士学位或学士学位的毕业生均有资格申请入学。②

我国的"申请—考核制"与国外的"申请—审核制"有所不同。当前，世界范围内的高等教育大都采用的是"申请—审核制"，即申请人向学校提出申请并提交材料，之后就可坐等录取通知了。从学校方面来说，通过审核这些材料，基本可以判断一个人是否适合读博，以及是否适合到本校求学，但一切都依靠申请人个人陈述，国外高校很注重推荐信。而我们目前的录取方式是结合传统的"考试制"与国外的"审核制"，形成了介乎中间道路的"申请—考核制"。申请者向报考学校所提交的材料与国外无异，学校在审核材料的基础上，选出符合条件者并允许其进入复试。复试分笔试与面试，笔试着重测试专业基础；面试则重点考查综合素质、专业能力、学术潜力、

---

①蒋理.学历高消费，该治理了[N].光明日报，2022-03-30（02）
②孟洁，史键勇.中国研究生招生制度变革研究[M].北京：中国政法大学出版社，2013：155.

外语水平等，有些高校后来取消了专业笔试，但加大了面试权重。最后，高校根据上述综合成绩给出排名，并依照成绩的先后顺序做出录取决定。

2004年起，北京大学开始向以素质能力为基础的博士申请与考核机制过渡。2007年，北京大学采用"申请—考核"制招收留学研究生，复旦大学采用该方式招收医学院博士生。2013年教育部、国家发改委和财政部《关于深化研究生教育改革的意见》中明确提出建立博士研究生选拔"申请—审核"机制，截至2014年，北京大学、清华大学、厦门大学等70余所院校都试行了这一制度。2017年教育部办公厅《关于做好2017年招收攻读博士学位研究生工作的通知》中，要求推进完善"申请—考核"招生选拔机制，强化申请材料审核。到2018年，全国36所双一流A类建设高校已全部在全校范围或部分院系采用"申请—考核"制招收博士生。此后很多博士招生单位在博士招生简章中都写明，为了进一步推进我校研究生教育综合改革，深化博士招生机制改革，提高博士培养质量，更好地选拔具有扎实专业功底和创新潜质的生源，完善有利于拔尖创新人才脱颖而出的招生录取制度，决定全面实施博士招生"申请—考核"制。教育部办公厅《关于做好2019年招收攻读博士学位研究生工作的通知》进一步要求树立科学的评价导向，坚持以提高质量为核心，以落实立德树人成效为根本标准，进一步完善"申请—考核"招生选拔机制。要准确把握综合评价理念，既不唯笔试分数，也不简单取消笔试。

博士生"申请—考核"制的程序主要包括：申请、考核和录取三个阶段。申请阶段主要是网上报名、提交申请材料和材料初审。考核阶段主要包括外语考核和综合考核。录取阶段主要是指考生经体检、调档和政审合格后方可被录取。总的来说就是依据考生申请材料的初审结果确定差额考核名单，经面试考核后择优推荐拟录取。"申请—考核"制的关键在材料提交和审核环节。"申请—考核"制考生提交的材料主要包括：前置学历或学位期间的成绩单、外语等级证明材料、专家推荐书、科研成果材料、攻读博士学位计划书、硕士学位证和毕业证等。材料审核一定要严谨规范，设置的条件要符合该专业招生的实际和需要，对于相关材料绝不能交由相关的纯行政人员筛选，更不能出现交而不审、审而不严，人情泛滥，权利滥用、学术腐败，有失公平等现象发生。在国家层面尚未出台全面实施"申请—考核"相关指导意见的情况下，各招生单位要有针对性拟定审核标准和条件，规范相关材料的提交和审核程序标准，净化学术生态，健全监督保障机制，做到信息公开、全程可追溯，实行问责追究制。

"申请—考核"制的突出特点为：在研究生招生中克服了"一考定终身"的弊端，体现了逐级下放招生权力的改革趋向，国家主要是通过运用招生计划指标统筹博士生教育规模，并使用论文抽检、学科评估等宏观手段把控博士生教育质量。招生单位要特别在招生简章中明确材料审查、笔试、面试等环节规范与考核标准。同时，扩大导师的招生自主权，增强导师在博士生培养中的责任。特别是要将学术背景和科研能力作为考查的重点，审核制的关键主要看是否具备学术和科研的潜质。人常说：研究生不是培养出来的，而是选拔出来的。今后，在完善研究生"申请—考核"制招生方面，最好再设置一道包括基础知识能力考查、学术背景筛查等相对客观和标准化的准入门槛，进而主要由导师通过信息筛选、深度面谈、责任承诺等方式，以决定是否录取。同时，制定相应的监督机制和保障措施，成立专门的资格审查与材料审核复核小组，对存有质疑的材料可通过交叉验证的方式核实，同时对申请过程中的主要材料进行网上公示，接受公众监督。还要克服易于受人性弱点、人情社会和不诚信之风的干扰，畅通申诉渠道。

2020年9月4日，教育部、国家发改委、财政部联合印发《关于加快新时代研究生教育改革发展的意见》，明确"立德树人、服务需求、提高质量、追求卓越"的工作主线。要求深化研究生考试招生制度改革，精准选拔人才。完善分类考试、综合评价、多元录取、严格监管的研究生考试招生制度体系。深化硕士研究生考试招生改革，优化初试科目和内容，强化复试考核，综合评价考生考试成绩、专业素养、实践能力、创新精神和一贯学业表现等，择优录取；研究探索基础能力素质考试和招生单位自主组织专业能力考试相结合的研究生招生考试方式。特别提到要健全博士研究生"申请—考核"招生选拔机制，扩大直博生招生比例，研究探索在高精尖缺领域招收优秀本科毕业生直接攻读博士学位的办法。其实，有关研究生招生考试与评价有两个最为突出的问题需要特别指出：一是招生中申请考核的面试环节；二是培养过程中的中期考核和分流淘汰制问题。

四、"第三方"教育考试评价体系的建立

肇始于西方的第三方教育考试与评价，以教育目标为核心，经过一个多世纪的演

进和完善，逐步形成了较为完备的理论模型、测量评价技术及评价考试模式，进而成为欧美国家开展教育考试与评价活动的普遍做法。在"第三方"教育考试与评价中，"第一方"通常是指与学生评价结果有密切利益关系的评价主体所开展的考试评价活动，如学生自我评价，同伴、教师和学校评价等；"第二方"是指教育行政主管部门或招生机构组织开展的统一教育考试与评价活动等；而"第三方"教育考试与评价则是与上述主体利益无涉而由具有较强独立性和专业性的社会机构所开展的教育考试与评价活动。构建和完善"第三方"教育考试与评价体系不仅是适应国家深化考试招生制度改革的必要举措，同时也是我国教育考试与评价制度在面对新的时代需求和实践诉求下寻求自身改进以不断适应外部环境变化和持续提升评价质量和运行效率的变革方向。

2010年发布的《国家中长期教育改革和发展规划纲要》曾明确提出考试工作应当由"专业机构组织实施"，为此要加强考试管理，完善专业考试机构功能，提高服务能力和水平。2020年10月13日中共中央、国务院印发的《深化新时代教育评价改革总体方案》又特别强调要"加强专业化建设"。"构建政府、学校、社会等多元参与的评价体系""发挥专业机构和社会组织作用"。可见，新高考、新评价以及社会的需求和时代的进步都要求对考试实行专业化管理。因为只有发展专业化、职业化的考试与评价服务机构，才能确保考试的研发和实施完全按照专业化的标准、程序和要求来运作。但长期以来，我国的教育考试评价主要来自教育行政部门系统内部，教育行政部门既当"运动员"又当"裁判员"，考试评价主体不明，其科学性、公正性自然大打折扣。后随着政府职能转变，建立了一些第三方评估机制，却基本还都是教育行政部门主办或者挂靠教育行政部门，独立性不强。还有一些附属在高校和科研院所，兼职人员居多，专职人员水平欠佳，受过专业评估训练的更少，研究开发能力薄弱，权威性不强，公信力不高。

为此，早在2013年就有专家和代表建议[①]：借鉴世界先进国家和地区的做法，发展独立于高校、政府、招生机构之外的"第三方"考试与评价体系。认为"第三方"评价机构由于与政府和学校等没有直接的利益关系，由"第三方"专业评价机构作为评价主体能够有效防止行政权力和人情因素对评价的干扰，从而确保考试评价的公正、

---

① 朱永新.关于发展"第三方"教育考试与评价体系的提案[J].考试（理论实践），2014（03）：4-7.

客观。同时,"第三方"评价机构常年专司各类考试、评价、评估工作,频次高、接触各类评价的领域广、彼此专业交流多、了解前沿情况,能够保障评价的科学、准确。三是由于社会化性质,需要在竞争中求生存和发展,因此更加关注考试和评价产品及服务质量提升,不断完善和创新考试与评价技术水平。正因为此,第三方评价机构已经成为现今国际上实施教育评价的普遍做法,通常是评价中介公司以及具有专业人才优势和独立法人资格的各种民间学会组织担当。如美国教育考试服务中心(ETS)、英国剑桥大学评价中心和我国香港特别行政区的考试及评核局等都是独立的专业考试机构。

20世纪90年代以来,我国也陆续成立了一些专业性的教育评估机构。教育部考试中心、教育部教育质量评估中心以及各省市自治区的考试中心、教育考试院等。进入21世纪以来,国家大力支持和提倡学会、行业协会开展第三方评价,允许推动小同行评价建设。如2020年9月4日,教育部、国家发改委、财政部联合印发的《关于加快新时代研究生教育改革发展的意见》就"鼓励引入第三方专业机构"对研究生培养质量进行诊断式评估。与此同时,许多民间教育考试与评价机构也开始探索具有中国国情的"第三方"教育考试与评价模式。但目前教育的评价基本还是政府行政主管部门主导的行为,各种教育评价的组织鉴定权实质上仍由教育行政管理部门掌控,带有明显的行政色彩,这不利于评价的专业化发展,不利于打破我国教育评价的现实困境。为此,应出台具体政策,鼓励建立和培育第三方教育评价中介机构,并通过立法保障第三方机构的独立性、专业性和规范性,同时强化对评价制度执行情况的监督。

当然,第三方独立评价中介机构要以科学的教育考试与评价理论为指导,提高自身的专业化水平,以保证考试与评价过程和结果的科学性与客观公正性,增强社会认可度。专业性是第三方评价机构开展教育考试与评价活动的立身之本,拥有一支具有先进考试评价理念、掌握科学考试评价技术、高度专业化的专家队伍,是决定其专业性和权威的根本之所在。高度专业化的考试评价机构应拥有大批高水平的专业人员、雄厚的技术力量、丰富的考试经验和长期积累的海量测评数据,应当建立和拥有考试与评价研究的智库、功能强大且信息完整的数据库以及科学实用的学科试题库等。同时,要建立健全科学有序的内部运行机制,充分保障其在教育考试与评价工作中的独立性和权威性。成立专门的研发部门和团队,开发多样化的教育考试与评价产品为具有不同需求的考生提供优质的考试评价相关服务，进而提升其国内认可度和国际竞争力。不仅要能为考生、家长、学校、招生单位提供权威科学的考试评价服务，而且还能够为国家教育决策提供强有力的支持。[①]

第二节 教育教学评价标准化

泰勒首次明确提出"教育评价"概念后，很容易使人误认为教育评价的历史从此才开始。而高考、公务员考试、各种资格考试的流行，又使人们觉得考试评价最主要针对的就是这些领域。其实，人类的考试评价实践从一开始就是伴随着教育教学活动而产生，教育考试评价的历史是以教学活动中的评价为主线贯穿始终的，并不断衍化扩大其评价的对象范围。不论教育处于何种形态和何种水平，教学总是其主要活动形式。而成功的教学需要一系列与决策相互关联的考试评价，考试评价遂成了教学活动的主要构成要素之一，从某种意义上讲，自有教育教学活动以来，就有了教育教学评价，哪怕是最简单的教学活动，也少不了教师对学生的观察、提问、作品分析等人类最初主观性的评价精神和起码的评价技术与标准。后在长期的教学实践中，教师和教育家不断探索和试验教育教学评价的新路子和新方法。当今，教育担负着为党育人、为国育才的使命，教师既要教书又要育人，教育教学同等重要、相互促进，评价更要为素质教育、有效教学、学生成长发挥积极的引导作用，为其保驾护航。为此，在学业考试、课堂教学、学校评估等方面，必须以转变传统的考试观念为先导，以促进学生的能力和素养发展为核心，充分发挥学业成绩考试检查、评定、反馈和矫正的作用，科学、合理地运用好考试手段和考试结果，尤其要增强教育教学评价自身的信度、效度和区分度，以更加客观、公平和科学化、标准化的评价理论和实践，促进各级各类学校的改革、发展与进步。

一、素质教育评价：《义务教育质量评价指南》

中小学义务教育是国家教育的关键阶段和基础工程。进入新时代，我国义务教育

---

① 戴家干.由考试到评价：创新型人才选拔制度的内在要求[J].中国高等教育，2010（20）：11-13.

已经迈入全面提高质量的新阶段，迫切需要完善义务教育质量评价体系，引导全社会树立科学教育质量观，全面贯彻党的教育方针，落实立德树人根本任务，为培养德智体美劳全面发展的社会主义建设者和接班人提供有力支撑。2019年6月23日中共中央、国务院《关于深化教育教学改革全面提高义务教育质量的意见》明确提出要"建立以发展素质教育为导向的科学评价体系，国家制定县域义务教育质量、学校办学质量和学生发展质量评价标准"。2020年10月，中共中央、国务院印发的《深化新时代教育评价改革总体方案》明确提出"国家制定义务教育学校办学质量评价标准，完善义务教育质量监测制度"。义务教育质量评价是教育评价改革的重要内容。当前，科学的义务教育质量评价观念尚未普遍建立，评价指标体系还不够科学，评价方式方法还不够有效，单纯以升学率和分数评价学校和学生的倾向还没有得到根本扭转，且存在多头评价、重复评价的现象，亟须制定义务教育质量评价指南，指导各地各校提高义务教育质量评价水平，促进教育治理体系和治理能力现代化。

为此，教育部2019年就启动了《义务教育质量评价指南》制定工作，专家组深入一线开展系统调查研究，重点研究分析质量评价的历史演进、理论基础与相关成果，搜集整理1555份中央与地方相关政策文件，并对美、英、俄等11个国家和经合组织等4个国际组织的义务教育质量评价体系进行比较分析，最后在广泛征求意见的基础上，反复修改完善。2021年3月1日，教育部、中共中央组织部、中央编办、国家发展改革委、财政部、人力资源和社会保障部6部门联合印发《义务教育质量评价指南》（以下简称《评价指南》）。《评价指南》着力构建以发展素质教育为导向的科学评价体系，营造良好教育生态，扭转不科学的教育评价导向，坚决克服唯分数、唯升学、唯文凭、唯论文、唯帽子的顽瘴痼疾。并旨在强化评价结果运用，健全立德树人落实机制，构建德智体美劳全面培养教育体系，引领深化教育教学改革，全面提高义务教育质量，努力培养德智体美劳全面发展的社会主义建设者和接班人。另外，为加快建立健全特殊教育评价制度，努力构建以义务教育阶段为主、涵盖学前教育和高中阶段教育的特殊教育办学质量评价体系，推进特殊教育高质量发展，2022年11月1日教育部还印发了《特殊教育办学质量评价指南》并附《特殊教育办学质量评价指标》。

义务教育质量评价包括县域、学校、学生3个层面。县域义务教育质量评价围绕价值导向、组织领导、教学条件、教师队伍、均衡发展5个方面重点评价；学校办质量评价围绕办学方向、课程教学、教师发展、学校管理、学生发展5个方面重点评价；学生发展质量评价围绕学生品德发展、学业发展、身心发展、审美素养、劳动与社会实践5个方面重点评价。3个层面各有12项关键指标及若干考查要点。具体而言，在县域义务教育质量评价体系中，《评价指南》提出不给学校下达升学指标，不单纯以升学率评价学校、校长和教师，不举办重点学校，不公布、不炒作中高考状元、升学率等考查要点。在学校办学质量评价中，《评价指南》提出严控考试次数、不公布考试成绩和排名等硬性要求，还提出要"实行均衡编班，不分重点班、快慢班"等考查要点，这些都是硬性要求。在学生的发展质量评价中，首先是从德智体美劳五方面进行全面综合的评价。即使是学生的学业发展评价，也不局限于其学业水平，而是更加突出学生的学习习惯、创新精神，为学生综合素质和终身发展奠定基础。

《评价指南》最大亮点是不仅对学校、学生、教师进行评价，还把县级党委政府纳入评价对象。《评价指南》提出，义务教育质量评价实行县和校自评、市级复核、省级评价、国家抽查监测，并强调要不断完善义务教育质量评价结果运用的机制，充分发挥评价结果对提高义务教育质量的引领和促进作用，将学生发展质量评价结果作为学校办学质量评价和县域义务教育质量评价的重要依据，将学校办学质量评价结果作为对学校奖惩、政策支持、资源配置和考核校长的重要依据，将县域义务教育质量评价结果与县级党政领导履行教育职责评价、义务教育优质均衡发展认定等工作挂钩。

《评价指南》还提出要优化评价方式，做到四个结合：一是结果评价与增值评价相结合，既要关注合格程度，又要关注进步程度、努力程度。二是综合评价与特色评价相结合，既要关注整体成效和全面发展，又要关注特色发展和个性发展。三是自我评价与外部评价相结合，既要开展常态化自我评价，又要构建外部评价体系。四是线上评价与线下评价相结合，既要构建网络信息平台及数据库，又要采取实地调查、观察、访谈等线下方式，了解掌握实际情况，确保评价真实全面、科学有效。

而如何真正给学生"减负"，乃是我国义务教育领域内一个热点和难点问题，《评价指南》把推进减负工作的成效纳入义务教育质量评价中。要求县级党委政府强化中小学校在课后服务当中的主渠道作用，政府应该提供相应的保障条件，全面推进课后服务等。学校要按照国家的课程标准实施教学，不得随意增减课时、改变难度、调整进度，要按照课程标准规定的质量要求来实施教学，要强化作业管理，统筹作业的量和时间，作业不能超纲超标，不能有偏题、怪题，不能有重复性、机械性还有惩罚性的作业题。在教学工作当中，要坚持因材施教，精准分析学情，实行差异化教学和个别化指导，特别是要对学习有困难的学生，加强帮扶、指导，使他们更好地适应学习、跟上学习，达到国家规定的义务教育学业质量标准要求，同时实现科学减负。①

2021年7月24日，中共中央办公厅、国务院办公厅印发的《关于进一步减轻义务教育阶段学生作业负担和校外培训负担的意见》，着眼建设高质量教育体系，强化学校育人主体地位，深化校外培训机构治理，坚决制止侵害群众利益行为，有效缓解家长焦虑情绪，构建教育良好生态。2021年8月30日，教育部办公厅又发出《关于加强义务教育学校考试管理的通知》，旨在更加严格规范学校教育教学行为，切实降低学生考试压力，促进学生全面发展健康成长。两个文件相互配合，可谓从源头把落实《义务教育质量评价指南》和"双减"工作、降低考试压力等义务教育评价中的突出问题的解决推进了一大步。

二、学业成就评价：《课程标准》与学业质量标准

学生学业成就是学生在校期间学习结果的表现，是对学校教育目标达成度的重要应答，是反映学生发展水平和学校教育质量的核心指标。具体而言，学业成就是指学生在教师的指导下通过学习活动所获得的成果，包括知识的掌握、能力的提高、个性诸方面的发展以及良好的思想品德和科学的世界观的形成等。②学业成就评价是根据一定的标准对学生的学习成果进行价值判断的过程。当前很多人将学业成就与学习成绩混为一谈，往往以学习成绩（确切地讲是考试成绩）代替学业成就，其实两者是有所区别的，学业成就评价比起考试，无论是在形式还是在内容上都更加规范和完善，必须满足整体上全面反映学生发展这一教育目标的要求。③也就是说，学业成就评价即"以国家课程标准所确立的教育教学目标为依据，运用质性或量化的方法、手段和途径，系统地收集一定时期或阶段内学生学习认知行为上发展变化的信息和数据，并对

---

① 樊未晨.教育部等六部门出台《义务教育质量评价指南》：学生们的减负"神器"来了[N].中国青年报，2021-03-19（001）.
② 孙士杰，张国荣，冯喜英.高校学生学业成就评价现状及改革的研究[J].河南师范大学学报（哲学社会科学版），2000（05）：106-108.
③ 张布和.我国学业成就评价改革现状及对策[J].中国教育学刊，2009（04）：50-53.

学生的知识、能力和情感等学业成就目标进行价值判断和实施有效指导与行为跟进的过程"。①

课程标准是教材编写、教师教学和学生学业成就评价的依据，尤以学生学业成就评价为最。只有当评价这一最后的出口是基于标准的时候，前两者才有可能是基于标准的。"基于课程标准"是进行学生学业成就评价的必然要求，也是唯一准绳。基于课程标准的学业成就评价是进行国家层面教育质量监控的客观需要，是保障基础教育课程改革整体质量的重要技术手段，也是进行教育督导、应对社会公众质询的信息窗口。特别是基于课程标准的学业成就评价是提升教学有效性的重要工具，它能够引导教师把课程标准中规定的课程目标更好地贯彻在课堂教学中，保证优良的教学质量。具体而言：首先，课程标准规范学业成就评价的设计理念。任何一种学业成就评价都是基于对教学、学习、学习者的能力的假设而做出的，这些隐藏的设计理念在很大程度上决定了学业成就评价的性质、范围、方法、使用的工具。课程标准的意义就在于对不同类型的学生学业成就评价从基本的设计理念上进行统一。其次，课程标准提供学业成就评价的维度框架。当前学业成就评价的考察维度是比较单一的。课程标准对学习结果的理解不只是学习成绩，而是包括多种学习结果。以数学课程标准为例，就从知识与技能、数学思考、解决问题、情感与态度等四个方面作出限定。再次，课程标准限定学业成就评价的内容范围和认知要求。课程标准从本质上说就是设立全国学生要知道些什么，做些什么的底线。它不仅划定了学习的领域和疆界，还给出学到何种程度的描述，不仅划定了学习的领域，还保证学生学到、考到的内容是全面而均衡的。②

2020年修订的2017年版《普通高中课程方案》及"各科课程标准"，与以往相比最重要的变化之一就是增加了高中阶段学业质量的要求，学业质量标准是此次课程标准修订的一大亮点，是一项重大突破。学业质量标准是以本学科核心素养及其表现水平为主要维度，结合课程内容，对学生学业成就表现的总体刻画。依据不同水平学业成就表现的关键特征，学业质量标准明确将学业质量划分为不同水平，并描述了不同水平学习结果的具体表现。同时，学业质量标准也是依据国家课程标准的目标、内容，

---

①沈南山.学业评价标准研究：内涵、范式与策略[J].课程·教材·教法，2011（11）：18-22.
②崔允漷，夏雪梅.试论基于课程标准的学生学业成就评价[J].课程·教材·教法，2007（01）：13-18.

以及学生身心发展和认知水平特点所设定的总体和各学科的具体质量指标，是学生在完成本学科课程学习之后的学业成就表现。这些质量指标和表现是不同学段年龄段的学生在完成课程学习之后应达到的知识掌握程度、基本素养、能力发展水平。它还是国家进行学业质量监测与评估的具体规定和标准参照，用以监测、分析、评估学生整体学业质量状况，是衡量学校教育绩效的准则之一。学业质量标准一般由总体标准和学科分类标准组成。①课程标准文本中的学业质量描述与课程目标相对应，具体刻画了学生通过本学科的学习所应获得的学习结果及应达到的水平。

2011年我国实现了义务教育全面普及，先后制定颁布了义务教育课程方案和课程标准。2022年3月25日，教育部又印发了修订后的《义务教育课程方案和课程标准》。2022年版《义务教育课程方案和课程标准》最重要的变化：一是优化了课程内容结构。基于核心素养要求，遴选重要观念、主题内容和基础知识技能，精选、设计课程内容，优化组织形式。二是研制了学业质量标准。依据核心素养发展水平，结合课程内容，整体刻画不同学段学生学业成就的具体表现，明确"学到什么程度"，引导和帮助教师把握教学深度与广度，为教材编写、教学实施、考试评价等提供依据。三是增强了指导性。16个课程标准针对内容要求提出"学业要求""教学提示"，细化了评价与考试命题建议，注重实现教、学、考的一致性，增加了教学、评价案例，不仅明确"为什么教""教什么""教到什么程度"，而且强化了"怎么教"的具体指导，做到好用、管用。重点是强调素养导向，注重培育学生终身发展和适应社会发展所需要的核心素养，特别是真实情境中解决问题的能力，基于核心素养确立课程目标，遴选课程内容，研制学业质量标准，推进考试评价改革。

其中，核心素养是学生在接受相应学段的教育过程中，逐步形成的适应个人终生发展和社会发展需要的必备品格和关键能力②，是21世纪以来联合国教科文组织、欧盟、经合组织等国际组织，以及世界各个国家和地区课程、教学和评价改革的主要依据，也是我国进行学业质量监测的主要依据。核心素养为学业质量评价提供了方向与指引。但核心素养下的学业质量评价是一个复杂而动态的概念。目前备受瞩目和热议的"核心素养"仍还是一种理论构想，且被视为知识、技能、经验、态度价值观的综

---

① 乐毅.试论制定国家学业质量标准的若干基本问题[J].教育研究，2014（08）：40-51.
② 林崇德.21世纪学生发展核心素养研究[M].北京：北京师范大学出版社，2016：29.

合体，强调的是个体在一定情境下所表现出的综合能力。而学业质量评价是一个必须系统、具体地去收集学生学业信息并依据信息做出推断、判断和决策的系统过程。① 如何有效考查学生核心素养的具备程度，在实践中会衍生出很多需要破解的新问题。

三、课堂教学评价：一堂好课的标准是什么？

在各级各类学校，课堂教学都是主阵地，提高教育教学质量最重要的是全面提升课堂教学水平，上好每一节课，做好"讲授法"，讲授法是一种古老的教学组织形式和教学方法。人类早期的教学组织形式主要是个别教学制，这是伴随着教育的产生而出现的，是在长辈把生产经验和道德规范传授给下一代的过程中形成的。后学校兴起，教师成为职业，但教学仍是个别进行，只不过是教师分别逐个地对集中在一处的学生进行个别传授和指导。此法有利于因材施教，但效率低下，学习效果差。班级授课制诞生后，课堂讲授法逐渐成为最基本的教学组织形式和教学方法。课堂讲授主要是通过教师的口头语言向学生表述、讲解、论证、阐明和系统地传授知识的方法。包括讲述法、讲解法、讲读法和讲演法等。讲述法用于表述事件、知识，主要解决"是什么"的问题；讲解法重在分析、论证问题，主要解决"为什么"的问题；讲读法，二者兼而有之；讲演法多是采用报告、讲座的形式，发挥"述"与"解"的共同作用，完整地讲明某一专题或课题。

上好一堂课是一名教师的基本功和本分职责。但有些教师在课堂教学中常常存在一些问题：教学目标不明确，准备不足、内容不熟、重点不突出，有时还会出现常识性错误。讲授时照本宣科、无互动、节奏快、缺乏激情、教态拘谨或过于随意，语言上缺乏与学生交流的语气、语态及语势，板书布排无章，与多媒体结合分工不明确，过分依赖 PPT——"一停电就不会讲课"。为此，重点是要打好基础、练教学基本功，并严格遵守、熟悉和掌握教学基本规范，形成良好的教学行为习惯。特别是要热爱教学、倾心教学、研究教学，并善用和用好学业成就评价手段与方法，为全面提高课堂教学质量和教学整体效果奠定基础。

那么，什么样的课是一堂好课呢？对其是否具有相应的标准，可谓见仁见智。在

---

① 恽敏霞，彭尔佳，何永红.核心素养视域下学业质量评价的现实审视与区域构想[J].教育发展研究，2019（06）：65-70.

理论界，不同的研究学者均把"好课"看作一个理想化的课堂，对其"应然的状态"进行理论化的诠释。如叶澜提出一堂好课应有五个特点：一是有意义的课，即扎实的课；二是有效率的课，即充实的课；三是有生成性的课，即丰实的课；四是常态下的课，即平实的课；五是有待完善的课，即真实的课。① 王光明等从心理学理论出发，立足于师生课堂行为，认为构建一堂好课的标准有六条：学生学习的主动性、有效的互动性、自行获取知识的实践性、学生真正的理解性、预备学习材料的良好组织性和学生学习的反思性。② 郑金洲等人则将"一堂好课"的标准概括为"十化"：课堂教学生活化、学生学习主动化、师生互动有效化、学科教学整合化、教学过程动态化、教学内容结构化、教学策略综合化、教学资源优质化、教学对象个别化、教学评价多样化。③ 崔允漷将"好课"标准归纳为"教得有效、学得愉快、考得满意"④ 十二字。由此观之，这些理想的课堂标准和应然的特点概括，虽然都有意义，给课堂评价标准的制定以启发，但如果直接用来考查实际的课堂教学实践，则缺乏可操作性。

当前，我国课堂教学评价主要还是以听评课和集体观摩的形式为主，在此背景下，课堂评价标准设计主要有三种策略：⑤

第一种是课堂教学要素分割策略。主要依据课堂教学的系统要素分解成可操作化的课堂教学评价标准，一般分为教学目标、教学内容、教学活动过程、教学方法、教学效果、教学环节、资源媒体等几个部分，然后将每个部分进一步划分为若干子项目进行评价。如裴娣娜⑥认为评价一节好课的基本要素包括：教学目标、教学内容设计与选择、教学进程与步骤、教学策略与方法、教师教学基本功、教学效果六个方面，并形成了有效课堂教学的评价标准、分等级的课堂教学评价标准和水平分层的课堂教学评价标准。概括起来，一堂好课的标准就是：教学目标是否明确具体，教学内容是否

---

① 叶澜.叶澜：一堂好课的标准[J].考试（理论实践），2014（12）：15.
② 王光明，王合义.运用建构主义观点探讨一堂好课的标准[J].中国教育学刊，2000（02）：60-61.
③ 郑金洲.课堂教学变革的十个要点[J].教育理论与实践，2007（11）：28-33.
④ 林清华，何恩基.什么是一堂好课？：课堂教学评价标准研究述评[J].中小学管理，2004（06）：23-26.
⑤ 林清华，何恩基.什么是一堂好课？：课堂教学评价标准研究述评[J].中小学管理，2004（06）：23-26.
⑥ 裴娣娜.现代教学论生成发展之思[M].北京：人民教育出版社，2012：495-496.

科学准确，教学方法是否适切恰当，课堂管理是否规范严谨，教态语言是否自然流畅，教学效果是否高效满意。

第二种是教学行为分析策略。就是依据课堂教学中人的具体行为来进行分类，把课堂教学分为教师教的行为、学生学的行为和师生互动行为，具体评价项目依据这三种行为而展开和细化。胡卫平[1]认为，判断一节好课，需要考量四个维度：①科学性：教学目标准确、突出核心素养，教学内容正确充实，教学方法科学。②适切性：重点突出，难点讲深讲透，有系统，适合学生的知识经验、认知水平、兴趣特点和整体规划。③思维性：学生能够围绕正确的教学目标积极思维，教师有教学机智，课堂组织严密，时间、节奏、转换、过渡自然有序。④自主性：学生自主参与、合作互动，具有内在动机。教师教态、语言、声调、动作、表情均能与学生情感沟通，情绪管理良好，讲课富有激情和感染力，课堂气氛融洽。

第三种是整体化情境分析视角。认为课堂教学评价应该指向课堂的整体情境，而不是仅仅指向课堂的要素或教师、学生的分离的行为，因为不同情境下来自课堂主体的师生双方的任意一个相同行为的背后，都蕴涵着多种复杂而不同的因素，只有将其置于特定的情境下才能作出恰当的解释。整体化情境分析视角以参与、合作、探究、体验为特征，更加关注学生的主动参与，让学生在观察、操作、讨论、质疑、探究中，在情感的体验中学习知识，发挥学生主体性的多样化学习方式，促进学生主动地、富有个性地学习。由于整体化情境分析视角是对教学系统要素分割视角和教与学行为分析视角的补充，更加关注整个教学系统中的整体性，但在实践层面缺乏相应的支撑工具。为此，崔允漷教授等从学生学习、教师教学、课程性质以及教学发生的环境（主要是课堂文化）四个维度建构了课堂教学评价标准，每个维度可以从多个视角去分析，每个视角又有多个观察点，这样形成了4个维度、20个视角、68个观察点的教学过程整体分析框架。[2]

其实，由于我国传统的课堂教学过分强调教师的主导作用，学生在课堂上常常处于被动地位，很难主动地学习、思考，久而久之，学生的主动性受到了压抑，课堂死

---

[1] 胡卫平.围绕素养和思维，科学有效的课堂教学评价如何展开？[EB/OL].https://new.qq.com/rain/a/20210413A04K0E00，2021-12-06/2023-07-21.

[2] 沈毅，崔允漷.课堂观察：走向专业的听评课[M].上海：华东师范大学出版社，2008：104-106.

气沉沉,"满堂灌"现象十分严重,主要是缺少互动,进而影响了学生智能的发展和素质的全面提高。所以有些听课者或者教学督导,常常会把"互动效果"作为最主要的课堂评价指标。那么,什么是互动?钟启泉认为"课堂互动"是在课堂目标的时空背景下,借助构成教学的各个要素之间的积极的交互作用而形成"学习集体",并在"学习集体"的人际关系之中产生认知活动的竞技状态,这就是"互动"[①]。所谓互动教学,就是在教师有目的、有计划、有组织的指导下,通过营造多边互动的教学环境,教师和学生互为主体,双向交流,促使师生全身心地参与和投入,从而达到相互促动、共同完成教学任务的目标,进而激发参与者的主动性和探索性,使学生积极有效地掌握系统的专业知识、形成学术思维、发展智力和陶冶情操的过程。

特别要认识到,互动式教学是一种教学指导思想,要求我们应该把教学的重点放在教学的过程上,而不是放在衡量成绩的结果上;应注重学生对学习方法的掌握,而不是知识本身;要建立激发学生创造力、培养学生思维的环境,以开发学生潜能,培养学生的创新能力。互动式教学鼓励学生积极参与到课程教学中去,是培养学生独立思考,并逐渐养成思考习惯、自学能力的一种教学方法。[②]针对课堂互动的教学评价,要特别注意这几个方面:①互动是学习成果评估的一部分。在课堂教学设计时就要考虑到互动,而不是为了互动而互动。②教师事先是否做了充分的、精心的安排、组织和准备,良好的互动需要高水平的教师。③互动过程中是否进行了恰当的引导,理论联系实际,能否引起大家争论,调动学生的积极性是否充分?④互动中的趣味性如何,效果如何?⑤互动环境的创设是否配合,教室座位等安排是否有利于互动?团队小组合作与讨论情况如何?⑥教师对教学互动的总结和巩固是否到位等。

总之,由于对评价一堂好课的标准见仁见智,加之时代变迁、课堂革命,确立唯一、准确的标准几乎不可能。要进一步做好各级各类学校课堂教学评价工作,必须随着时代的变化和学生学情的改变不断进行革新,树立新的教学评价理念。在宏观领域需要关注的是:从以教为中心过渡到以学为中心,重视学生的综合素质培养,重视教学内容的先进性,注重教学方法的个性化,重视学生的积极思维,重视信息技术对教

[①] 钟启泉."课堂互动"研究:意蕴与课题[J].教育研究,2010(10):74.
[②] 彭贵军,吴耀松.浅谈互动式教学与构建高校新型师生关系[J].当代教育论坛(下半月刊),2009(02):19.

学的支撑，注重课堂教学环境的创设，重视实践基地的建设，重视研究对教学的促进，注重教师的专业发展，强调学生获得实实在在的学习成果等。同时，伴随信息技术深度融入教学，课堂从"传统"走向"智能"，其教学体系已发生深刻变革。[①] 按照 21 世纪学习框架，教育要指向培养学生的学习与创新技能（包括批判思维、沟通、合作和创造力），信息、媒介与技术技能以及生活、职业技能，所以要更加强调审视、评价学生批判性、创造力、创新精神以及全面思维等的发展，为学生未来的生活做好准备。

四、教育督导监测：《中国教育监测与评价统计指标体系》

教育督导是现代教育治理体系的重要组成部分。2014 年，教育部发布的《深化教育督导改革转变教育管理方式的意见》首次提出了教育督导的一项新的重要职能——评估监测，要求建立督政、督学、评估监测三位一体的教育督导体系，使教育督导职能更加完备，助推教育治理变革，这既是教育治理环境变迁赋予教育督导的新使命，也是教育治理现代化对教育督导工作的科学性、专业性、广泛性和权威性提出了更高的要求。过去我国的教育督导工作都以"督政"为主，存在着重监督轻指导、重验收轻监测的现象。2020 年 2 月，中共中央办公厅、国务院办公厅印发《关于深化新时代教育督导体制机制改革的意见》，进一步从督政、督学、评估监测 3 个方面明确了教育督导体制机制改革的目标和路线，是新时代教育督导工作总的指导和遵循。其中，在评估监测方面提出，要建立教育督导部门统一归口管理、多方参与的教育评估监测机制，为改善教育管理、优化教育决策、指导教育工作提供科学依据。这是我国从国家层面首次通过文件的形式明确评估监测在教育督导体系中的重要地位，从此，评估监测与督政、督学并驾齐驱，成为教育督导行使职能的重要方面。将评估监测纳入教育督导体系，有利于加强教育督导对教育质量的关注，有利于提升教育督导工作的专业化水平，也有利于提高教育督导机制的开放性。

教育质量监测通常是指对大规模或较大规模群体采用抽样方式，围绕教育质量以及影响教育质量形成的相关因素采集数据，根据数据反馈的信息检查对应群体的教育质量是否符合质量标准的活动。[②] 与传统考试评价相比，评估监测的专业内涵主要体现

[①] 刘智明，武法提，殷宝媛.信息生态观视域下的未来课堂：概念内涵及教学体系构建[J].电化教育研究，2018（05）：40-46.

[②] 刘晓萃.基于教育质量监测的教学结果分析与应用[J].辽宁教育，2021（21）：55-58.

于：在评估目的上，评估监测重在对区域整体教育状况的问题诊断和成效检验，而非对学校、学生个体的甄别和选拔；在评估内容上，评估监测关注教育发展的全方位、全过程，尤其注重从教育结果产出的角度对学生德智体美劳各方面的发展状况进行评估，而非只限于学业成绩；在评估方式上，除判定结果外，评估监测更加强调归因分析，而非只关注目前所处水平和横向排名；在评估结果应用上，评估监测强调措施跟进和改进效果，并要对改进效果进行跟踪复查，而非以一次终结性结果而告终。①

《关于深化新时代教育督导体制机制改革的意见》中有关"加强和改进教育评估监测"提出了多项指导意见：要建立健全各级各类教育监测制度，引导督促学校遵循教育规律，聚焦教育教学质量；完善评估监测指标体系，加强对学校教师队伍建设、办学条件和教育教学质量的评估监测；开展幼儿园办园行为、义务教育各学科学习质量、中等职业学校办学能力、高等职业院校适应社会需求能力评估；继续实施高等教育评估，开展博士硕士学位论文抽检，严肃处理学位论文造假等学术不端行为；积极探索建立各级教育督导机构通过政府购买服务方式、委托第三方评估监测机构和社会组织开展教育评估监测的工作机制。

目前，我国基础教育评估监测已取得了一定的进展，但仍存在评估监测的理念认识有偏差、组织管理多头交叉、技术方法单一、结果没有得到充分应用等问题。改进基础教育评估监测需要：①明确评估监测的功能定位，区别评估监测与选拔性考试的不同；②建立由教育督导部门统一归口管理、多方参与的组织机制，厘清国家、省（自治区、直辖市）、地（市）、区（县）各级评估监测机构的职能；③加强评估监测的基础研究，促进评估监测技术方法的升级换代；④加强评估监测结果应用的制度建设和能力建设，强化基于评估监测结果的整改与问责。

在高等教育领域，20世纪80年代以来，世界高等教育进入了以提高质量为中心目标的时代。我国高等教育步入大众化后出现了质量不高问题。于是自20世纪末以来，国内许多高校相继建立了教学督导制度。2007年教育部在《关于进一步深化本科教学改革全面提高教学质量的若干意见》中，把"教学督导制度"作为大学进一步加强教学质量监控，提高教学质量的重要举措之一。此后，大部分高校不仅针对本科教育，

---

① 李勉.基础教育评估监测：教育督导体系建设的新领域和新挑战[J].中国考试，2021（05）：48-55.

还在研究生教育、继续教育领域都相应成立了教学督导组织。教学督导是高校内部的督导和检查，是高校为提升教育教学质量而构建的一种保障机制，是一种内驱动力。这种机制要求并保障其成员以积极的态度在提高教学质量这一系统工程中发挥监督、检查、指导、评估、咨询和信息反馈等作用，创建有效的教学督导工作机制是保证高校教育教学质量、提高整体教学水平的有效途径，也有助于激发教师和学生的内在潜能，为高校教学质量和人才培养水平的提升注入科学、持续、有效的发展动力。目前我国高校的教学督导方式还比较简单，大多停留在只听课的课堂督导，且很多情况下只听教师一节课，就写评语下结论，这是非常不客观、不科学、不负责任的。为此，应着力优化督导机制，为促进高等教育高质量发展提供强劲内驱力；要以问题为导向改进督导方式，强化督导成果的运用，推动标本兼治；特别要强化教学督导的"督学"职能，以督促学，全面提升高校人才培养质量；同时，要彰显督导权威，高校教学督导工作应实现全覆盖和长效化。①

事实上，许多发达国家都很重视在国家层面实施教育质量监测。早在1969年美国就开始实施"国家教育进步评价"（National Assessment of Educational Progress，NAEP），也被称为"国家成绩报告单"，旨在检测各州4、8、12年级学生在阅读、数学、科学、写作等核心学科领域知道什么和能做什么。在英国，《1988年教育改革法》颁布后，政府就采取了一系列措施来监控教育质量，如对7、11、14岁的学生进行定期测试，并将结果告知家长；政府每四年对学校进行一次教学质量监督评估，并将结果向社会公布。在韩国，1998年成立了课程与评价研究所（KICE），其中一项重要的任务就是对义务教育的质量进行监测，着重于对6、9、10年级学生的韩语、数学、社会、科学和英语进行学习质量评估。众多国家的实践表明，建立国家教育质量监测体系就是保障教育质量的重要举措，也是体现国家对教育的责任的重要渠道。我国近年来赋予了地方、学校和教师更大的自主权。但如果没有质量保障机制和持续监测，放权无异于放任。②

教育监测评估作为一种新的评估理念和形式，是利用现代信息技术持续收集和深入分析有关信息，直观呈现教育状态，为多元主体价值判断和科学决策提供客观依据

---

① 田建荣.促进高质量发展：高校教学督导的使命与责任[J].教育与考试，2020（05）：81-86.
② 王少非.国家的学生学业成就评价责任：别国的经验[J].当代教育科学，2007（02）：13-16.

的过程。教育监测评估的目的就是持续不断展现学校、省级、国家等不同层次监测对象的质量、规模、结构、效益等状态，最终建立多层次教育质量监测评估体系。[①] 传统以周期性、终结性、静态性、专家判断为主的教育评估活动，已经不能满足现代信息社会和时代发展的要求。2020年12月23日《中国教育监测与评价统计指标体系（2020年版）》正式印发使用。本次修订以推进高质量教育体系建设为导向，更加关注促进全员育人、全过程育人、全方位育人和深化教育评价改革的需要，主动对接联合国2030年可持续发展议程教育目标，在原监测评价指标的基础上，删减了部分陈旧指标，新增思想政治教育、劳动教育、体育美育、家庭教育、终身教育等相关指标。同时，修订了部分指标统计口径和计算方法，进一步明确了指标定义、适用范围和数据来源。修订后的指标体系分为综合教育程度、国民接受学校教育状况、学校办学条件、教育经费、科学研究等5类共120项，新增指标34项，有18项为国际组织的常用教育指标，有18项借鉴了联合国2030年可持续发展议程教育监测评价指标，并结合我国教育事业发展情况进行了适当调整。修订后的指标体系更具科学性和针对性，能够更好地监测与评价各级教育事业发展状况。

2021年9月15日教育部印发《国家义务教育质量监测方案（2021年修订版）》，启动第三周期国家义务教育质量监测工作，监测的对象确定为义务教育阶段四年级和八年级学生。新修订的《方案》实现了四个方面突破：①拓展学科领域。对标《义务教育质量评价指南》，确定德育、语文、数学、英语、科学、体育与健康、艺术、劳动、心理健康为监测的9个学科领域，新增了劳动教育领域、心理健康领域、英语学科，实现了"五育"并举。②服务质量提升。对标《义务教育质量评价指南》设计指标，紧扣课程标准（或指导纲要）开发工具，突出能力素养导向，新增区县教育管理者问卷，系统挖掘影响因素。监测的主要内容有两方面：一是学生在9个监测学科领域的发展质量状况。二是影响学生发展质量的相关因素，如各学科领域的课程或教育活动开设、学生学业负担、教学条件保障、教师配备、教育教学、学校管理以及区域教育管理情况等，[②] 使真正落实又有了具体的抓手、充分的政策依据和可操作性的办法与机制。③创新方式方法。充分运用人工智能与大数据、脑科学等领域前沿技术方法，

[①]王铭,王战军.质量树：高等教育监测评估新方法[J].清华大学教育研究,2015(03):89-94.
[②]康丽.第三周期国家义务教育质量监测工作正式启动[N].中国教师报,2021-09-29(001).

试点开展人机交互测试,探索多领域综合评价和跨年度增值评价。(4)强化结果运用。增加区县监测诊断报告和政策咨询报告,建立监测问题反馈和预警机制,将监测结果与优质均衡督导评估等挂钩,推广典型地区经验案例,推动各地建立监测结果运用机制,加强地方监测机构建设。

进入新时代,现行教育发展目标监测体系及其方法已不能够适应教育治理现代化的新要求,不能有力推动全国及各地教育现代化发展新目标、新任务的有效落实,迭代升级成为必然选择和迫切要求。构建新时代中国特色教育发展目标监测体系,根本要求是立足国情、把握教情,吸收先进理念、借鉴合理方法,在监测内容上注重系统化,构建以促进教育发展为目标的监测体系;在监测体系的指标构成上突出多样化,反映教育大国不同区域、各级各类教育、不同教育功能等方面的差异和特点;在发展目标的监测方法上实现动态化,通过建立可靠的动态监测模型及分析工具,创新监测信息采集和呈现方式,积极采用先进技术,把握变化趋势与特点,为精准施策和及时破解难题提供支撑;在监测制度建设和监测结果应用上彰显法治化,科学使用监测指标及其监测评价结果,健全监测服务、支持改进工作机制,特别是要根据各教育主体的不同需求,分层确定反馈目标,丰富反馈形式,构建多主体、多线条、闭合式、完整的反馈渠道,提升教育治理能力和水平。[1]

第三节 教师管理评价标准化

20世纪80年代以来,教师专业化成了世界教师教育的潮流和趋势,联合国教科文组织及一些国家的教育部门都纷纷制定了教师专业标准。我国在1963年3月《全日制中学暂行工作条例(草案)》中开始对教师提出了具体要求,明确了教好学生是教师的根本任务,并热爱教育事业。1994年,《中华人民共和国教师法》实施,明确"教师是履行教育教学职责的专业人员",第一次从法律角度确认了教师的专业地位。1995年,国务院颁布《教师资格条例》,2000年,《教师资格条例实施办法》出台。2000年我国第一部《中华人民共和国职业分类大典》首次把教师归类于"专业技术人员"。

---

[1] 张珏,公彦霏.新时代中国特色教育发展目标监测体系:检视与重构[J].教育发展研究,2021(19):1-8.

2001年4月起，国家首次开展和全面实施教师资格认定工作。2008年，九个人口大国教育部部长会议通过《巴厘宣言》，提出"推动教师专业标准制定与实施"。2010年，中共中央、国务院发布《国家中长期教育改革和发展规划纲要（2010—2020年）》，把"加强教师队伍建设"专门列为实现教育政策发展战略目标首要的保障措施，并提出"建立教育质量国家标准""严格教师资质，提升教师素质，努力造就一支师德高尚、业务精湛、结构合理、充满活力的高素质专业化教师队伍"。之后，教育部于2011年10月8日发布实施《教师教育课程标准（试行）》。2012年《幼儿园教师专业标准（试行）》《小学教师专业标准（试行）》和《中学教师专业标准（试行）》正式颁布，旨在全面建成中国的教师队伍建设标准体系，成为促进教师专业发展，建设高素质教师队伍的重要战略举措，也是教师管理标准化的重要标志。

一、中小学教师专业标准

2012年2月10日，教育部颁布《幼儿园教师专业标准》《小学教师专业标准》和《中学教师专业标准》，引起广泛关注和积极评价。《幼儿园教师专业标准》《小学教师专业标准》《中学教师专业标准》体现了先进的教育理念，指明了教师专业发展的方向。《幼儿园教师专业标准》《小学教师专业标准》《中学教师专业标准》的出台对于规范教师的教育教学行为，促进幼儿园和中小学教师专业发展，提高教师队伍整体素质具有至关重要的意义和作用。《幼儿园教师专业标准》《小学教师专业标准》《中学教师专业标准》是我国关于中小学、幼儿园教师专业要求的第一份政策文本，是保证教师工作质量的基础工作，也是加快机构职能转变、创新政府管理模式的重要举措。《幼儿园教师专业标准》《小学教师专业标准》《中学教师专业标准》的颁布，使我国教师队伍建设标准体系的建设又向前迈出了坚实的一步。当然，制定教师专业标准也符合国际上教师专业化发展的潮流和趋势。

首先我们对"教师专业标准"这一概念进行意义解读：一种是采用"教师—专业标准"的构词方式，可理解为教师的专业标准，即教师专业标准的作用是用来衡量教师是否达到专业化的要求，强调专业发展静态的结果；第二种采用"教师专业—标准"的构词方式，可理解为教师专业的标准，即教师专业标准是教师专业成长应该达到的目标，注重专业发展的动态发展过程；第三种则兼含以上两种理解。既包含判断和评价功能，又涵盖发展和完善功能。也就是说，《教师专业标准》既具有"评价"标准之性质，也具有"导向"标准之特征。作为"评价"标准，它是"教师开展教育教学活动的基本规范"，是"教师培养、准入、培训、考核等工作的重要依据"，因此是评价教师和教师教育质量的依据，是进行教师管理和教师教育管理的抓手。作为"导向"标准，它是"引领教师专业发展的基本准则"，因此是引领教师教育专业化的基础。

《教师专业标准》的文本框架包括三部分：基本理念、基本内容和实施建议。基本理念，即教师作为专业人员在专业实践和专业发展中应当秉持的价值导向。基本内容由维度、领域和基本要求组成。实施建议是对教育行政部门、教师教育机构和学校及教师提出的相关要求。其中，"教师专业标准基本理念"对教育发展和教师专业化发展具有定向作用。已出台的中小学《教师专业标准》基本理念为："师德为先、学生为本、能力为重、终身学习。"这四个教师基本理念，科学合理，凝练准确，有先进性，并且简明扼要、贴切实用、易于传播与接受。其中，"师德为先""学生为本""能力为重"的理念既体现了对中国教师群体长期坚持的基本追求，也体现了现代教育发展对教师素质的新要求，是传统与变革的有机结合。而"终身学习"的理念更多地包含了信息社会背景下对教师专业发展所提出的新要求。中小学教师树立这四大基本理念，对基础教育发展具有积极良好的导向和评价作用。因为有什么样的教师理念就会有什么样的教师实践，教师理念虽然不同于教师实践，但教师工作实践却反映了他的教师基本理念，教师应当用这四个基本理念规范自己的教育思想和日常的教育教学行为。

具体而言，我国中小学教师专业标准设计的四大理念。其中，师德为先，指教师要热爱中小学教育事业，具有职业理想，践行社会主义核心价值体系，履行教师职业道德规范，依法执教。关爱学生，尊重学生人格，富有爱心、责任心、耐心和细心；为人师表，教书育人，自尊自律，做学生健康成长的指导者和引路人。学生为本，指教师要尊重学生权益，以学生为主体，充分调动和发挥学生的主动性；遵循学生身心发展特点和教育教学规律，提供适合的教育，促进学生生动活泼学习、健康快乐成长。能力为重，指教师要把学科知识、教育理论与教育实践有机结合，突出教书育人实践能力；研究中小学生，遵循学生成长规律，提升教育教学专业化水平；坚持实践、反思、再实践、再反思，不断提高专业能力。终身学习，指教师要学习先进中小学教育理论，了解国内外中小学教育改革与发展的经验和做法；优化知识结构，提高文化素养；具有终身学习与持续发展的意识和能力，做终身学习的典范。

当然，现代教师"师德为先、学生为本、能力为重、终身学习"的四大基本理念，也可以集中体现在大教育家孔子所提出的："学而不厌，诲人不倦"八个字中。勤奋好学，永无停止，历来就是中国知识分子的传统美德。作为教师没有知识和能力，以己之昏昏欲使人昭昭，这不仅不可能，而且其做法本身就是不道德的。《论语》开宗明义讲"学而时习之，不亦乐乎？"孔子一生"食无求饱，居无求安，敏于事而慎于言，就有道而正焉，可谓好学也已"。[1] 他说："三人行必有我师焉"，"敏而好学，不耻下问"，子曰："十室之邑，必有忠信如丘者焉，不如丘之好学也。"[2] 向一切比他高明的人学习，其学习热情达到了"发愤忘食，乐以忘忧，不知老之将至"[3] 的地步，即使在弥留之际孔子还坚持学习。王充在《论衡·别通》篇中说："孔子病，商瞿卜期日中"。子曰："取书来，比至日中何事乎？"孔子病危，商瞿卜后知道过不了中午。孔子说："拿书来，从现在到中午还有什么事呢？"还要看书学习。这印证了孔子的另一句话："朝闻道，夕死可矣。"[4] 王充对此评论道："圣人之好学也，且死不休，念在经书，不以临死之故，弃忘道艺，其为百世之圣，师法祖修，盖不虚矣。"[5] 也正是孔子这种好学乐学，从而奠定了他终生为师的条件。当然，在现实中我们经常看到，有些教师自身很有学问，但却对当老师不感兴趣，对作为教师的教学工作敷衍塞责，能做到学而不厌，却很难达到诲人不倦，其结果只能是"毁"人不倦。热爱学生是一个教师必须具备的条件，也是一个教师做好教育工作的前提。所以，古代教育家都把热爱学生看成是教师的基本美德。孔子就最懂得爱护学生，他主张"有教无类"，无论贫富、贵贱，即使"难与言"的"互乡"之人，他也能用一颗爱心善待他们，不厌其烦地给他们以热诚的教育，真正做到了"诲人不倦"。在日常生活中，孔子十分关心他的弟子，学生有病定去探望，弟子有困难设法帮助，他的伟大人格力量和对弟子的真诚呵护，赢得了弟子们的尊敬和爱戴。而之所以能如此，全在于孔子对学生有高度的责任心和爱的道

---

[1] 朱熹.四书章句集注：论语·学而[M].北京：中华书局，1983：52.
[2] 朱熹.四书章句集注：论语·公冶长[M].北京：中华书局，1983：83.
[3] 朱熹.四书章句集注：论语·述而[M].北京：中华书局，1983：98.
[4] 朱熹.四书章句集注：论语·里仁[M].北京：中华书局，1983：71.
[5] 王充.论衡[M].陈蒲清，点校.长沙：岳麓书社，1991：211.

德情感，正如他所言："爱之，能勿劳乎？忠焉，能勿诲乎？"①

现今颁布的《教师专业标准》还分别针对小学教育和中学教育制定了教师专业标准的指标体系。标准都分为三个层级。第一层包括专业理念与师德、专业知识、专业能力三个维度；第二层包括十多个具体领域，第三层包括 60 多个基本要求，中小学均略有差异。《教师专业标准》的定位是"对合格中小学教师的基本专业要求"。这意味着《教师专业标准》的规定超越对不同学科、不同发展阶段教师的具体要求，是对所有中小学教师的一般性共同要求；没有分初中教师还是高中教师；也没有分小学低年级或小学高年级。《教师专业标准》是国家对中小学合格教师专业素质的基本要求。各级教育行政部门要将《教师专业标准》作为教师队伍建设的基本依据；开展中小学教师教育的院校要将《教师专业标准》作为教师培养培训的主要依据；中小学要将《教师专业标准》作为教师管理的重要依据；中小学教师要将《专业标准》作为自身专业发展的基本依据。

此外，2013 年 9 月 20 日教育部还印发了《中等职业学校教师专业标准》，2015 年 8 月 21 日教育部印发《特殊教育教师专业标准（试行）》，均沿用了《幼儿园教师专业标准》《小学教师专业标准》和《中学教师专业标准》的体例。此外，为推进师范生免试认定中小学教师资格改革，建立师范生教育教学能力考核制度，2021 年 4 月 2 日教育部研究制定了《中学教育专业师范生教师职业能力标准（试行）》《小学教育专业师范生教师职业能力标准（试行）》《学前教育专业师范生教师职业能力标准（试行）》《中等职业教育专业师范生教师职业能力标准（试行）》《特殊教育专业师范生教师职业能力标准（试行）》等。该五项标准研制对标师范类专业认证标准的"毕业要求"，按照"一践行，三学会"（践行师德，学会教学、学会育人、学会发展）的基本框架行文，融入中小学教师资格考试标准、考试大纲以及中小幼职特教师专业标准（试行）相关要求，指导各校加强师范类专业建设，提升师范生教育教学能力水平。这五个文件的印发即从职前教师的培养就开始实现标准化了。

总之，教师职业要有自己的理想追求，有自身的理论武装，有自觉的职业规范和高度娴熟的技能技巧，具有不可替代的独立特性。教师职业的专门化和达到教师专业

---

① 朱熹.四书章句集注：论语·宪问[M].北京：中华书局，1983：150.

标准，既是一种知识，更是一个奋斗过程；既是一种职业资格的认定，更是一个终身学习、不断更新的自觉追求。[1]

二、校长专业标准

校长作为学校的最高负责人，对外代表学校，对内全面负责学校行政和教育教学工作。校长是履行学校领导与管理工作职责的专业人员。校长专业化水平的高低，在很大程度上决定了学校管理水平的高低。制定校长专业标准，对于明确学校合格校长专业素质的基本要求、提升校长队伍的整体素质和管理水平具有重要意义。

1991年6月，国家教委发布的《全国中小学校长任职条件和岗位要求（试行）》其中规定了校长的任职基本条件和岗位要求。1992年12月，中央组织部、国家教委联合颁发《关于加强全国中小学校长队伍建设的意见（试行）》，对中小学校长的任免、培训、考核、奖惩、待遇和校长队伍建设做了具体规定。1997年12月，国家教委颁发《实行中小学校长持证上岗制度的规定》。2001年5月《国务院关于基础教育改革与发展的决定》中指出，推行中小学校长聘任制、明确校长的任职资格，逐步建立校长公开招聘、竞争上岗的机制，积极推行校长职级制。2003年9月《关于深化中小学任职制度改革的实施意见》要求严格掌握中小学校长的任职条件和资格。[2]

校长专业发展早已成为全球教育共同关注的问题，世界多国都曾研制校长专业标准并不断予以完善。20世纪90年代以来，美国、英国、新西兰、澳大利亚等国家先后建立起校长专业标准。美国是最早制定校长专业标准的国家，1996年，美国州际学校领导认证协会（ISLLC）发布《学校领导专业标准》（Standards for School Leadership）。该标准涵盖创建学习愿景、领导课堂教学、学校组织管理、学校公共关系、校长个体行为规范、校长社会影响力等6大项标准纲目。在各项标准纲目之下，又从知识、态度及行为三个角度用182项指标来对校长专业性进行衡量。[3]

2013年2月4日，教育部印发《义务教育学校校长专业标准》，这是新中国成立以来我国颁发的第一个校长专业标准，是建设高素质专业化中小学校长队伍的基础性、

---

[1] 教育部师范教育司.教师专业化的理论与实践[M].北京：人民教育出版社，2003：1-2.
[2] 褚宏启.走向校长专业化[J].教育研究，2007（01）：80-85.
[3] 许苏.中小学校长专业标准的构建研究：美国的经验和启示[J].全球教育展望，2010（08）：84-90.

规范性文件，是我国校长专业化的一个里程碑。校长专业标准的颁布和实施，标志我国校长队伍建设和管理走上了科学化、标准化和法制化的轨道。该标准是对义务教育学校合格校长专业素质的基本要求，是制定义务教育学校校长任职资格标准、培训课程标准、考核评价标准的重要依据。是引领校长专业化发展、衡量评价校长专业性程度的依据和标尺，也是校长进行学校管理、自我主动专业发展、提升专业发展水平的行为准则。同时，还是建立校长教育培训课程标准，开发基于校长专业发展所需专业知识和领导管理能力的培训内容体系，开展中小学校长教育培训，推进校长专业化进程的指南和准则。[1]

《义务教育学校校长专业标准》由基本理念、基本内容和实施要求三部分构成。该标准提出的五条基本理念：一是"以德为先"，这是校长的道德使命，也是坚持正确办学方向的必然要求；二是"育人为本"，这是校长的办学宗旨，也是教育工作的根本要求；三是"引领发展"，这是校长的角色定位，也是推动学校和教师发展的有效途径；四是"能力为重"，这是校长专业发展的实践导向，也是提高学校管理水平和教育质量的基本要求；五是"终身学习"，这是对校长的个人素养要求，也是形成全民学习、终身学习的学习型社会的迫切要求。该标准首次系统地建构了我国义务教育学校校长的六项专业职责，明确了校长专业发展的主要方向，也响应了国家倡导的"教育家办学"的要求。这六项专业职责分别是：规划学校发展、营造育人文化、领导课程教学、引领教师成长、优化内部管理、调适外部环境。每项专业职责又细化提出10条专业要求，由专业理解与认识（3条）、专业知识与方法（3条）和专业能力与行为（4条）组成，共60条专业要求。[2]

校长专业标准本质上就是校长专业素质标准，是指校长的专业知识、专业能力、专业精神通过不断更新、完善最终所要达到的程度与水平，是衡量校长职业是否达到专业阶段的标志和尺度，[3]其基本用途和直接指向是促进校长的专业发展，建设高素质校长队伍。在《义务教育学校校长专业标准》中，其"基本内容""基本要求""基本准则"中的"基本"二字，往往被误读为"起码""最低"。其实，"基本"实为"根

---

[1] 程振响.校长专业标准的理念、理解与行动[J].江苏教育研究，2013（19）：21-24.
[2] 胡惠明.《义务教育学校校长专业标准》解读[J].教师，2013（07）：5-8.
[3] 褚宏启.校长专业标准与校长核心素养[J].中小学管理，2015（03）：4-6.

本""不可或缺"之意。那么,其"本"是什么呢?"本"在"懂教育"。"60条"是具体指标,贴近校长实际。但这"60条"是"点"或"面"的范例而已,是在义务教育学校和校长素养的基础上,针对现阶段基础教育改革和发展中迫切需要解决的现实问题而圈定的,其主要作用在于示范和引导方向。其实,"基本理念"才是整个文件中具有统领作用的内容,是贯穿整个文件的基本精神。特别是要明确此专业标准不是只给校长规定的。校长要知标准、转角色、"懂教育";教育行政领导也要同时知标准、转作风、懂教育,这样才不会外行领导内行,才能避免瞎指挥和长官意志,才能按教育规律、专业人员的特点来管理校长;培训院校更要懂教育、懂校长,为提升校长核心素养提供专业化的服务。为此,《义务教育学校校长专业标准》在"实施要求"中分别对教育行政部门、校长培训院校和校长自身提出了要求,明确了责任,指明了方向。[①]

2015年1月10日,教育部又制定印发了《普通高中校长专业标准》《中等职业学校校长专业标准》《幼儿园园长专业标准》,依然沿用《义务教育学校校长专业标准》的体例,由办学理念、专业要求、实施意见三部分内容构成,但着力体现不同学段的特点与特色。《普通高中校长专业标准》强调高中校长落实立德树人根本任务,推动普通高中多样化特色发展等要求。《中等职业学校校长专业标准》强调加快发展现代职业教育,培养技术技能人才的要求。《幼儿园园长专业标准》强调幼儿园的公益性、普惠性,重点突出关爱幼儿,保障幼儿安全,促进幼儿快乐健康成长的保育教育专业要求。

三、高校学生评教指标

高等教育质量发展的核心是提高人才培养质量,教学评价是高校首当其冲的教师管理事项。而教学质量的评价一般由多部分组成:学生评教、教师自我评价、同行领导评价、督导评价等。其中,学生作为教学活动的重要参与人和主要的教学对象,他们的评价才是最直接、最有效的。[②] 从宏观层面看,高校学生评教制度与学生学习成效、人才培养质量、教师教学成长与专业发展等都紧密相关,是整个学校教学质量保障的根本制度,对高校教育教学特别是人才培养工作发挥着重要的保障、检验、促进等积极作用。而在学生评教制度运作过程中,评价指标体系的设计又至关重要,它对学生

[①] 胡淑云.中小学校长核心素养:溯源与务本:基于《义务教育学校校长专业标准》的探讨[J].中小学管理,2015(03):7-10.

[②] 陈国海.我国高校"学生评教"研究综述[J].高等教育研究学报,2001(01):30-32.

评教结果的信度和效度起着决定性的影响，科学、合理、可行的指标体系，是学生评教质量保证的前提和基础条件。

高校学生评教发端于20世纪20年代的美国。到20世纪80年代以后，学生评教已成为各国高校对教师教学质量进行评价的一种普遍性制度，也是高校内部治理结构中学生权利表达的一个具体途径。学生评教即学生对教师课堂教学质量的评价，严格地讲，评教是在一定的评价理论指导下，采用科学的工具和方法，组织学生对任课教师的课堂教学情况做出价值判断。设置评教指标时，应围绕教师的教学活动是否有助于提升学生学习效果，评价维度不应只针对教师，还应包括学生、学习环境等各个方面。教师维度指标，应坚持把师德师风作为第一标准，突出教育教学业绩，是否具备高等学校教师的基本素质，是否可以有效开展教学以及是否可以帮助学生有效获取学习成果等。学生维度指标主要以学生的学习和发展为标准，围绕德智体美劳等方面进行设计。学习环境维度指标主要围绕学风建设、专业相关性、社会实践性、师生关系等方面设计。

但有研究者[1]通过对我国高校现行的学生评教指标体系的深入分析发现存在许多共性问题。①评教指标没有真正体现"以学生为中心"。主要从教师的角度设计评价指标，并过于倚重"量化"评价，忽视"质性"评价，甚至简单让学生对教师的自身素质、课堂教学行为表现打分。②评教指标设置忽视"学生学习成果"。现行学生评教指标体系中往往很少有评价教学对学生学习行为、学习成果等的影响，如"是否通过教师教学对课程产生兴趣、了解学习目的、学会学习方法和学习资源的运用、最终是否达到专业所要求的学习成果"等。这部分内容的缺乏，让很多学生认为评教与自己无关，没有体现学生的主体地位和学习效果。③评教方式和结果反馈有待完善。学生评教方式单一，多采用终结性评价，不注重过程性评价。学生评教反馈改进环节不及时，忽视了评教结果的运用。部分高校往往将学生评教结果直接与教师职称评定、教学业绩考核等挂钩，弱化了评教结果在课堂教学质量评价中的重要作用。④学生评教载体需要改进。常用的学生评教载体有：评教系统的学生等级评定、书面评价和座谈

---

[1] 梁天，吕淑云.基于OBE理念的高校学生评教指标体系研究[J].公关世界，2021（13）：121-122.

等。① 其中，绝大多数高校采取不同形式的学生等级评定量表在网上进行，这与人工收集处理纸质评教评教材料数据相比及时高效，可靠性较强。但一般在期末短短一两周内进行，教师对学生网上评教结果认同度较低；学生也以应付心态参与评教，代评、乱评和缺评的现象较为严重。②

在国外高校的教学管理活动中，对教师教学效果进行评价是一项经常性的工作，通常由领导、同行、学生多方面的评价组成，其中最常用、最有效的也是学生评教（SRTE，即 Student Rating of Teaching Effectiveness）。美国、英国、澳大利亚等一些国家的大学设有专门的教学评价学术发展机构，其成员由不同院系从事各学科的专家组成，专家们集体讨论制定标准化的学生评价教师教学的量表。在美国，学生评教主要体现为两个功能：一是帮助学生选择课程，二是为高校管理者提供管理依据。学生在选择课程时可根据该课程的评价信息做出合理的选择。同时高校的管理者也可根据学生对该教师的评价结果来对教师报酬、晋升等作出合理的决策判断。学生评教的方式通常有三种：一是随时的评价和反馈，二是期中的评估，三是期末问卷调查。现在，多数学校已实行网上评价，学生评价教学的结果一般是要公布的，但对新教师的评估结果却不是随意公开的而是要与新教师商榷后再确定公开与否。

最具代表性和应用最广的学生评教指标体系是马什（Marsh）研制的"教育质量学生评价指标"（Student Evaluation of Educational Quality，SEEQ）。其相关学生评教核心指标及具体评价项目如下：③

（1）学术：① 我发现这门课程在智力上富于挑战性和激励性；② 我已经学到了我认为有价值的东西；③ 由于这门课程，我对这个学科的兴趣增加了；④ 我已经学到和理解了这门课程的学科内容。

（2）热情：① 教师很热情地讲授这门课程；② 教师充满活力且精神饱满地进行授课；③ 教师的幽默增加了授课的表现力；④ 教师的讲课方式很吸引我。

（3）组织：① 教师的解释很清楚；② 教师很认真地准备和仔细讲解课件；③ 拟定

---

① 陈晓端.美国大学学生评价教学的理论与实践[J].比较教育研究，2001（02）：29-32.
② 李红，孔敏，刘仁金，等.多维度学生评教指标体系的构建和探索：以皖西学院为例[J].皖西学院学报，2021（01）：39-42.
③ 周继良.核心与附加指标的统一：加拿大大学学生评教指标体系的精髓：以曼尼托巴大学为例[J].比较教育研究，2013（05）：28-33.

目标与实际授课相一致，因此我能跟上这门课程的进度；④教师的讲课便于记笔记。

（4）团队合作：①鼓励学生参与课堂讨论；②邀请学生交流他们的想法和知识；③鼓励学生提出问题和给出有意义的答案；④鼓励学生表达他们的想法或向教师提问。

（5）个人交流：①教师对每个学生都很友好；②无论是课内还是课外，教师都欢迎学生来寻求帮助或提问；③教师对每个学生都感兴趣；④在办公时间或课后，学生能很容易地找到教师。

（6）课程拓展：①教师对比各种理论的寓意；②教师在课堂上介绍背景知识或原始概念；③适当的时候，教师会提出一些并不是他/她自己的观点；④教师充分讨论该学科领域的当前发展情况。

（7）考试：①考试成绩所反映的信息有价值；②评价学生学习的方法是公正和适当的；③考试的内容与教师强调的重点一致。同时告诉学生可根据本课程平时作业和测验，对这些评价项目进行判断。

（8）作业：①必需的阅读或练习是有价值的；②阅读、课后作业、实验有助于欣赏和理解学科。

以上8个核心指标设置5个评价等级："非常不同意、不同意、中立、同意、非常同意"。

（9）总体印象：①与其他课程相比，我想说这门课程是……；②与其他教师相比，我想说这位教师是……；③作为一个整体评价，我想说这位教师是……。此项核心指标设置"非常差、差、一般、好、非常好"五个评价等级。

学生评教是高校教学质量监督与管理体系的组成部分，为教师反思教学、不断提高教学水平提供了学生视角，对高校教学质量管理与提升具有十分重要的意义。学生评教以学生视角观察教师的教学表现，是对被评教师在任课班级中采用的无记名调查，由参与评价的学生根据评价指标和自身意见，对教师的教学质量做出价值判断的一种活动。由于学生全程参与了教师的教学活动，对教师教学的全过程非常了解，对自身的学习所得有着较深的感受，故学生评教的功能应与同行评价形成互补，同行评价可以对教师的教学内容、教学技能、教学方法做出较为准确的评价，但却难以准确评价教师的教学投入、学生的学习成果等环节，而学生评教就能很好地弥补同行评价功能的不足。

当然,由于高校的课程类型差异较大、专业性强,教师的授课形式和授课地点也灵活多样,单一的学生评教问卷难以准确地评估学生对专业知识和专业技能的习得,也常常无法体现教师本人的教学特色,不利于教师开展教学改革活动。[①]学生评教指标体系作为学生评教评价标准的具体化、量化的表现形式,是学生评教活动借以开展和功能实现的工具。但如果我们的大学规定所有课程都使用统一、标准的学生评教指标体系和评价方案,艺术类、体育类和实验类课程也不例外,那就适得其反。学生评教的主要功能是诊断教师教学的投入程度和学生学习成果的掌握程度。教师的教学投入主要观测授课状态、教学内容组织与条理性、师生互动、激励方法、个别指导、作业反馈等。同时,应建立体现"以学评教"的学生评教指标体系,增加学生学习投入、学习状态、学习期望和学习收获等评价信息,从而引导教师由重视"教"的研究逐步转变为重视"学"的研究,真正达成学生评教最终促进学生学业进步的目标,[②]最终构建起以学生为中心的、成果为本、持续改进为导向的学生评教指标体系和教学质量保障系统。

四、科学合理的师德考评方式

教师是一项具有崇高荣誉感的特殊职业。高尚的师德师风是教师坚守为党育人、为国育才使命,履行立德树人根本任务的前提条件和特殊要求。人无德不足以立身,师无德不可以施教。"学高为师、身正为范"是中华民族传统文化对教师内涵的精辟阐释,也是一代又一代教师的职业信仰和精神坚守。新中国成立以来,党和国家高度重视教师队伍建设,特别是把师德师风建设摆在首要位置,通过制度规范、典型示范和负面惩戒,全面推进教师师德师风建设,取得了显著成效。2020年,中共中央、国务院印发《深化新时代教育评价改革总体方案》在"改革教师评价,推进践行教书育人使命"中明确要求,"坚持把师德师风作为第一标准",更加清晰明确了师德师风建设的价值定位和建设方位,这是回归教师本分,落实立德树人根本任务,深化教育教学改革,关照教师评价现实的根本要求,为加强新时代教师队伍高质量建设提供了根本

---

① 陈磊.基于质量保障体系的学生评教指标研究[J].现代教育技术,2011(10):37-40.
② 崔颖,王力纲.学生评教指标体系的调整:基于大学教育理念的思考[J].大学·研究与评价,2008(12):90-93.

遵循。

师德是教师的灵魂、立业之基和从教之要，师德师风建设水平直接决定着立德树人的质量。教师师德师风乃是规范教师职业行为、调整职业关系、引导职业发展的道德准则以及职业行为表现出的精神风貌的总和。师德属于职业道德的一种，主要是调节教师与他人、集体以及教师与社会之间的关系、确保教育活动顺利开展而必须遵守的行为规范和道德标准。师风属于教师职业行为范畴，主要是教师群体或个人的行为表现的总和，表现在教学、研究、服务、管理等职业活动中的精神风貌，包括工作作风、生活作风和学术作风等。师德是师风的内在要求，师风是师德的外在表现，两者相互依存、相互支撑。①

师德师风问题，既是一个理论问题，也是一个实践问题。在理论方面，着重要避免三个误区：认为教师个体引发的违规违纪问题与师德范畴无关；认为教师个体引发的其他道德问题与师德范畴无关；认为政治要求与师德范畴无关。在实践过程中，由于师德师风建设存在不好量化、不好衡量、难于处理等客观因素，一段时间以来出现了一些有意或无意忽视和轻视师德师风建设的问题。②结果导致学校的师德师风建设出现了许多问题，如学术不端、违规收礼、有偿补课、不正当师生关系等频现，这些违反师德甚或社会公德的事件虽是个案，远不能代表教师队伍的主流，但其不仅给受害学生身心健康带来了严重伤害，对教学科研环境造成了极大破坏，也对教师队伍形象造成了严重的负面影响，还在一定程度上引发了公众对教师群体素质的忧虑。③为此，要明确和细化惩处的边界，始终坚持对教师师德违纪行为"零容忍"，尤其对侵害学生利益、败坏教师形象、造成恶劣影响的行为要加大违规惩处的力度。

21世纪以来，教育部先后出台了《关于进一步加强和改进师德建设的意见》，印发了《新时代中小学教师职业行为十项准则》和《中小学教师违反职业道德行为处理办法（2018年修订）》等一系列文件，进一步明确了中小学教师禁行底线和违反师德行为相关处理要求。同时，《教育部关于建立健全高校师德建设长效机制的意见》《教

---

①杜彬恒.逻辑、框架、路径：高校如何把师德师风作为教师评价第一标准[J].当代教师教育，2021（03）：56-61.
②王大广.简论"师德师风是评价教师队伍的第一标准"[J].北京教育（高教），2019（05）：23-25.
③罗卫东.改进师德师风要抓住教育评价体系这个"牛鼻子"[J].群言，2020（02）：4-7.

育部关于深化高校教师考核评价制度改革的指导意见》《新时代高校教师职业行为十项准则》《高等学校教师职业道德规范》《教育部关于高校教师师德失范行为处理的指导意见》等也相继出台，从正面教育和负面惩戒两个方面构建起教师师德师风考核评价机制，明确了考核内容、考核办法。并坚持问题导向，给高校教师划出"红七条""六个严禁"收受学生及家长礼品礼金、"八个严禁"违规使用科研经费、"十六个不得"违反科研行为、"七条"学术不端行为等。但是，教育部出台的这些文件规定属于原则性规定，不具有可操行的政策工具，无法对教师的师德师风进行精细判断。同时，师德师风考核属于道德范畴，道德评价的证据收集难度大、评判标准主观化，学校只是对严重触碰红线的教师给予处理，对未触碰红线但是师德师风不强的教师无能为力。有的学校师德评价结果只有两个档次，即合格、不合格，在这种情况下，除非出现严重师德失范行为的才被定为不合格，这样在开展评价之前，大多数教师实际上就已经被认定为合格，使得师德评价工作失去了意义。因此，要对教师的师德考核等级进行科学划分，以便于客观评价。

可见，师德师风评价重在创行科学合理的考评方式，不能拘泥或套用定量的评价方法，要坚持教师主体性和多元性统一，评价内容客观性和开放性统一，评价过程公平性与创新性统一，综合运用教师自评、师生互评、学校考评等方法，建立完善的工作机制。即使选择和使用量表等评价工具，最好运用现代技术手段，严格按照事先公布的评价规定，确保评价程序合法合规，使评价过程接受各方监督，确保评价过程阳光透明。特别是要基于客观做好学校综合考评，注重评价结果运用，切实提高师德师风评价治理和效果，做到科学与公正。学校综合考评作为师德师风评价的最终环节，主要以教师自评和师生测评为基础进行定性评价，需要考虑的关键问题：一是确定评价等级。综合考评结果可分为优秀、合格、基本合格、不合格四个等级，要明确不同等级确定的分值依据。二是确定评价标准。学校要综合校内校外数据平台，厘清学校教师师德师风失范台账，严格按照失范严重程度确定考核结果等级。三是注重沟通交流。要对师德师风行为失范教师做好思想引导和沟通交流，让教师深刻认识到自身存在不足并积极改进，不断推动教师师德师风持续向好发展。同时，注重评价结果联动运用。一是考核结果与教师政治待遇挂钩。存入教师人事档案，作为评奖评优、选拔任用等重要依据。二是将考核结果与教师经济待遇挂钩。作为年终考核是否合格的首要条件，并与年度绩效津贴分配等相关联。三是考核结果与教师发展挂钩。考核结果作为职称评聘、岗位聘用等前提条件，师德师风考核不合格者实行一票否决。在建立长效机制方面，学校与政府、学校与学校，并可依托政法机关建立全国性教师违法犯罪信息库等联动机制，共同打造黑名单数据平台，[①]构建起教育行业从业限制制度。

当然，重点还是要创新师德教育方式，建立以师德为重的教师发展和评价模式。可以通过榜样引领、情景体验、实践教育、师生互动等形式，激发教师涵养师德的内生动力。发挥典型示范引领作用，组建师德师风宣讲团，深入挖掘师德楷模的先进事迹，线上线下全方位开展师德师风系列宣讲活动，引导教师形成崇尚师德、恪守师道的价值遵循，强化为人师表、教书育人、服务师生的职责担当。要完善激励机制，把师德师风作为表彰奖励的必要条件，在开展"师德先进个人""师德师风标兵"、师德师风示范学校等评选表彰活动中让师德第一标准入脑入心入行，真正形成向上的师德生态环境。同时，促进人才称号回归学术性、荣誉性本质，提升教师职业荣誉感，持续推出主题鲜明、展现教师时代风貌的影视文学作品。加大教师表彰力度，健全教师荣誉制度，学校可举办教师入职、荣休仪式，设立以教书育人为导向的奖励，激励教师潜心育人。鼓励社会组织和个人出资奖励教师。支持地方和学校建立优秀教师库，挖掘典型，强化宣传感召。[②]

总之，对道德的评价是一项"世界性的难题"，要进行科学评价，必须在评价的多维标准中找到共同的价值目标。要以贯彻落实《深化新时代教育评价改革总体方案》为契机，以评促改、以评促建，树立以品德、能力和业绩为导向的评价标准，要常态化推进师德培育涵养，将各类师德规范纳入新教师岗前培训和在职教师全员培训必修内容，推进师德师风宣讲常态化、长效化机制落实。要引导广大教师根据习近平总书记的要求，成为"四有好老师"，即做"有理想信念、有道德情操、有扎实学识、有仁爱之心"的好老师；要做到"四个相统一"，即坚持教书和育人相统一，坚持言传和身教相统一，坚持潜心问道和关注社会相统一，坚持学术自由和学术规范相统一；要做学生的"四个引路人"，即做学生锤炼品格的引路人，做学生学习知识的引路人，

[①] 杜彬恒.逻辑、框架、路径：高校如何把师德师风作为教师评价第一标准[J].当代教师教育，2021（03）：56-61.

[②] 李颂，崔欣伟.完善师德师风评价[N].中国社会科学报，2020-11-30（A05）.

做学生创新思维的引路人，做学生奉献祖国的引路人。

第四节 学校工作评估标准化

中国特色社会主义教育需要在"培养什么样的人、如何培养人、为谁培养人"这一根本问题上做出回答，我国教育培养的是德智体美劳全面发展的社会主义建设者和接班人，把社会主义办学方向内化到学校教育教学和事业建设与管理服务等各领域、各方面、各环节，要把立德树人放在首位，做到以树人为核心，以立德为根本，构建全员全方位全过程的立德树人的制度体系，推进三全育人综合改革。要坚持把立德树人成效作为根本标准，加快完善各级各类学校评价标准，将落实党的全面领导、坚持正确办学方向、加强和改进学校党的建设、做好思想政治工作和意识形态工作、依法治校办学、维护安全稳定作为评价学校及其领导人员、管理人员的重要内容，健全学校内部质量保障制度，坚决克服重智育轻德育、重分数轻素质等片面办学行为，促进学生身心健康、全面发展。在此总的目标、标准指引下，完善幼儿园评价，健全中小学校评价，改革职业学校评价，改进高等学校评价。

一、完善幼儿园评价

学前教育是终身学习的开端，是国民教育体系的重要组成部分。2018年11月，《中共中央国务院关于学前教育深化改革规范发展的若干意见》印发，进一步确立了学前教育公益普惠的基本方向和发展目标，对改善办园条件、规范办学行为提出了阶段性具体要求，并明确指出要健全质量评估监测体系，不断提高幼儿园保教质量。2020年10月13日，中共中央、国务院印发的《深化新时代教育评价改革总体方案》就"完善幼儿园评价"提出的目标任务是："重点评价幼儿园科学保教、规范办园、安全卫生、队伍建设、克服小学化倾向等情况。国家制定幼儿园保教质量评估指南，各省（自治区、直辖市）完善幼儿园质量评估标准，将各类幼儿园纳入质量评估范畴，定期向社会公布评估结果。"其中，2022年2月10日，教育部正式发布了关于印发《幼儿园保育教育质量评估指南》的通知（教基〔2022〕1号）。

《幼儿园保育教育质量评估指南》以促进幼儿身心健康发展为导向，聚焦幼儿园保育教育过程质量，围绕办园方向、保育与安全、教育过程、环境创设、教师队伍等五个方面提出15项关键指标和48个考查要点。在办园方向方面，围绕"党建工作、品德启蒙、科学理念"提出3项关键指标和7个考查要点，旨在加强党对学前教育的全面领导，促进幼儿园全面贯彻党的教育方针，确保社会主义办园方向。在保育与安全方面，围绕"卫生保健、生活照料、安全防护"提出3项关键指标和11个考查要点，旨在促进幼儿园加强卫生保健与安全防护工作，确保幼儿生命安全和身心健康；在教育过程方面，围绕"活动组织、师幼互动、家园共育"提出3项关键指标和17个考查要点，旨在落实以游戏为基本活动要求，促进师幼有效互动，构建家园共育机制，促进幼儿身心全面发展；在环境创设方面，围绕"空间设施、玩具材料"提出2项关键指标和4个考查要点，旨在促进幼儿园创设丰富适宜、富有童趣、有利于支持幼儿学习探索的教育环境；在教师队伍方面，围绕"师德师风、人员配备、专业发展和激励机制"提出4项关键指标和9个考查要点，旨在加强教师队伍建设，采取有效措施激励教师爱岗敬业、潜心育人。

《幼儿园保育教育质量评估指南》强调要树立科学的评价导向，改进评估方式，突出过程评估，强化自我评估，聚焦班级观察，重点关注幼儿园提升保教水平的努力程度和改进过程，切实扭转"重结果轻过程、重硬件轻内涵、重他评轻自评"等非科学倾向，推动以评促建，引导办好每一所幼儿园。严禁用直接测查幼儿能力和发展水平的方式评估幼儿园保教质量。要求将《幼儿园保育教育质量评估指南》作为落实《幼儿园教育指导纲要》《3—6岁儿童学习与发展指南》的重要抓手。[1] 着力从三方面改进优化评估方式，切实提高评估工作的科学性、有效性。一是突出过程评估。强调聚焦保育教育过程及影响保教质量的关键因素，通过对班级师幼互动情况、对保教实施过程中教职工的观念和行为的专业判断，着重考察幼儿园对《3—6岁儿童学习与发展指南》《幼儿园教育指导纲要》的具体落实情况，激励促进幼儿园不断发展提高。二是强化自我评估。强调将自评作为提升教师专业能力的常态化手段，通过教职工深度参与，建立幼儿园自我诊断、反思和改进，外部评价激励引导的良性发展机制，切实转变园长教师的观念和行为，提高保教实践能力。三是聚焦班级观察。改变过去把关注点放

---

[1] 刘占兰.《幼儿园保育教育质量评估指南》引领学前教育踏上质量提升新征程[J].上海托幼，2022（04）：10-12.

在材料准备，评估过程走马观花，幼儿园忙于打造材料不堪重负的做法，在班级观察时间上强调不少于半日的连续自然观察，在观察的覆盖面上，强调不少于各年龄班级总数的三分之一，确保全面、客观、真实地了解幼儿园保育教育过程和质量，提高评估的实效性。

《幼儿园保育教育质量评估指南》为幼儿园保教质量提高提供了标准和方向，以幼儿园为基本单位，从教育视角和"问题导向"对幼儿园保育教育质量提出了要求。针对幼儿园教育实践中的突出问题，评估指标包含了结构性质量、过程性质量的关键要点，凸显了《幼儿园保育教育质量评估指南》着力解决保育教育实践问题和尊重幼儿身心发展特点的价值导向，特别强调幼儿园要坚持以游戏为基本活动，科学保教，严禁"幼升小"选拔，一年级实行"零起点"教学。然而，幼儿园日常教学中的"小学化"和"学科化"倾向严重，有的幼儿园一天中安排大量的特色课程，如英语、计算机、蒙台梭利课程、舞蹈、钢琴等，甚至开设了数学、生字、拼音等一些小学课程，给幼儿布置大量的家庭作业，活动形式以集体上课为主，自由游戏与活动的时间过少，限制了与同伴的交往互动，保教活动严重偏离了幼儿园教育正确的发展轨道与方向。[①]为此，《幼儿园保育教育质量评估指南》提出要"关注幼儿发展的连续性，注重幼小衔接。大班下学期采取多种形式，有针对性地帮助幼儿做好身心、生活、社会和学习等多方面的准备，建立对小学的积极期待和向往，促进幼儿顺利过渡"，引导和推进落实 2021 年 3 月 30 日教育部《关于大力推进幼儿园与小学科学衔接的指导意见》及其两个附件《幼儿园入学准备教育指导要点》《小学入学适应教育指导要点》的相关要求和具体、可操作的指引。

《幼儿园保育教育质量评估指南》还对幼儿园保教质量评估实施提出了明确要求。一是要求各地建立党委领导、政府教育督导部门牵头、部门协同、多方参与的组织实施机制，完善评估标准，支持开展评估研究，编制幼儿园保教质量自评指导手册，确保评估工作有效实施。二是明确评估周期，对自我评估，要求幼儿园每学期开展一次，教育部门要加强对幼儿园保教工作和自评的指导。对外部评估，要求县级督导评估依据所辖园数和工作需要，原则上每 3—5 年为一个周期，确保每个周期内覆盖所有幼

[①] 程秀兰.多学科视野中幼儿园教育"小学化"现象透视[J].教育研究，2014（09）：69-76.

儿园。省、市结合实际适当开展抽查，避免重复评估。三是强化评估保障，要求各地提供必要的经费，建立专业的评估队伍，确保评估工作顺利实施。四是加强激励引导，强调将幼儿园保教质量评估结果作为对幼儿园表彰奖励、普惠性民办园认定扶持等方面工作的重要依据。同时，认真总结推广质量评估工作的典型经验，积极营造有利于促进学前教育高质量发展的良好氛围。

二、改进中小学校评价

中小学教育在国民教育体系中处于承上启下的关键地位，对中小学校评价制度改革具有重要的奠基和引导作用。2020年10月13日，中共中央、国务院印发的《深化新时代教育评价改革总体方案》，要求"改进中小学校评价"，强调义务教育学校重点是评价"促进学生全面发展、保障学生平等权益、引领教师专业发展、提升教育教学水平、营造和谐育人环境、建设现代学校制度以及学业负担、社会满意度等情况"，而"普通高中主要评价学生全面发展的培养情况"。最重要的是国家要制定两个标准：一是国家制定义务教育学校办学质量评价标准，完善义务教育质量监测制度，加强监测结果运用，促进义务教育优质均衡发展；二是国家制定普通高中办学质量评价标准，突出实施学生综合素质评价、开展学生发展指导、优化教学资源配置、有序推进选课走班、规范招生办学行为等内容。

其实，早在2017年12月4日，为全面贯彻党的教育方针，促进义务教育学校不断提升治理能力和治理水平，逐步形成"标准引领、管理规范、内涵发展、富有特色"的良好局面，全面提高义务教育质量，促进教育公平，加快教育现代化，着力解决人民日益增长的美好生活需要和学校发展不平衡不充分问题，教育部就印发了《义务教育学校管理标准》。《义务教育学校管理标准》首次全面系统地梳理了我国义务教育学校管理的基本理念、基本内涵、基本框架、基本要求，是提升我国义务教育管理标准化、规范化、制度化水平的重要举措，在我国义务教育发展史上具有开创意义。《管理标准》从保障学生平等权益、促进学生全面发展、引领教师专业进步、提升教育教学水平、营造和谐美丽环境、建设现代学校制度6大方面，明确了义务教育学校的主要管理职责，共涉及22项管理任务、88条具体内容。一是推进教育公平，维护学生平等入学权利，建立控辍保学工作机制，满足需要特殊关注学生的需求，实现学有所教、弱有所扶。二是发展素质教育，提升学生道德品质，帮助学生学会学习，增进学生身心健康，提高学生综合素养，培养学生生活本领，培养德智体美劳全面发展的社会主义建设者和接班人。三是引领教师专业进步，加强教师管理和职业道德建设，提高教师教育教学能力，建立教师专业发展支持体系，培养高素质教师队伍。四是提升教育教学水平，建设适合学生发展的课程体系，实施以学生发展为本的教学，建立促进学生发展的评价体系，提供便利实用的教学资源，努力让每个孩子都能享受有质量的教育。五是促进学生安全健康，建立切实可行的安全与健康管理制度，建设安全卫生的学校基础设施，开展以生活技能为基础的安全健康教育，营造健康向上的学校文化，营造和谐美丽校园环境。六是突出依法办学，提升依法科学管理能力，建立健全民主管理制度，构建和谐的家庭、学校、社区合作关系，建设现代学校制度。2021年3月1日教育部等六部门又印发了《义务教育质量评价指南》，前文已有所介绍和论述。

2021年12月31日，教育部印发的《普通高中学校办学质量评价指南》强调把立德树人成效作为根本标准，坚持以学生全面培养全面发展为核心，聚焦学校办学质量，构建普通高中学校办学质量评价体系。评价内容主要包括办学方向、课程教学、教师发展、学校管理、学生发展5个方面，共18项关键指标和48个考查要点。①在办学方向方面，包括加强党建工作和坚持德育为先2项关键指标，旨在促进学校全面贯彻党的教育方针，坚持社会主义办学方向，落实党组织领导的校长负责制，树立科学教育质量观和正确办学理念，大力发展素质教育，落实德智体美劳全面培养要求。②在课程教学方面，包括落实课程方案、规范教学实施、优化教学方式、加强学生发展指导和完善综合素质评价5项关键指标，旨在促进学校严格落实国家课程方案，健全教学管理规程，深入推进育人方式改革，完善选课走班教学组织管理，健全学生发展指导机制，规范综合素质评价实施，整体提升教育教学质量。③在教师发展方面，包括加强师德师风建设、重视教师专业成长和健全教师激励机制3项关键指标，旨在促进学校加强教师思想政治和师德工作，健全教师专业发展机制，不断提高教师队伍素质，加强班主任队伍建设，提高校长管理能力和教育教学领导力，完善校内教师激励体系，充分激发教师教书育人的积极性和创造性。④在学校管理方面，包括完善学校内部治理、规范招生办学行为和加强校园文化建设3项关键指标，旨在促进学校加快建设现代学校制度，强化学校内部管理，优化教学资源配置，充分激发办学活力，落实招生办学规范要求，加强校风教风学风建设，努力形成办学特色。⑤在学生发展方面，包括品德发展、学业发展、身心健康、艺术素养和劳动实践5项关键指标，旨在考查学生德智体美劳全面培养全面发展情况，引导学校注重加强德育、体育、美育和劳动教育，引导学生注重提高自身综合素质，扭转重知识、轻素质的倾向，培养学生适应终身发展和社会发展需要的正确价值观、必备品格和关键能力。

《普通高中学校办学质量评价指南》在新形势下把推动树立科学教育理念、加强普通高中学校办学和招生管理等作为重要评价内容，这有利于促进基础教育优质均衡发展。《普通高中学校办学质量评价指南》提出，各地各校要结合实际优化评价方式方法，不断提高评价工作的科学性、针对性、有效性。一是坚持结果评价与增值评价相结合。在关注学校办学质量实际水平的同时，关注学校在办学质量上发展提高的程度，科学判断学校为提高办学质量所付出的努力和取得的成效。坚决克服单纯以考试成绩或升学率评价学校办学质量的倾向，充分调动每所学校的积极性和创造性，促进整体提升普通高中办学水平。二是坚持综合评价与特色评价相结合。在关注学校全面育人整体成效和学生德智体美劳全面发展情况的同时，注重差异性和多样性，关注学校特色发展和学生个性发展情况，切实防止用"一把尺子"衡量不同学校的做法，促进普通高中多样化有特色发展。三是坚持外部评价与自我评价相结合。在构建多方参与、统筹优化、组织高效的外部评价工作体系的同时，引导学校积极开展常态化自我评价，激发内生办学活力，促进学校及时主动发现问题、解决问题。四是坚持线上评价与线下评价相结合。充分发挥现代信息技术在评价中的重要作用，建立学校常态化评价网络信息平台及数据库，完善学生综合素质评价档案；通过实地调查、观察、访谈等方式，深入了解掌握实际情况，切实做到定性评价和定量评价相结合，确保评价真实全面、科学有效。

三、健全职业学校评价

2020年10月13日，中共中央、国务院印发的《深化新时代教育评价改革总体方案》就"健全职业学校评价"提出的目标任务是重点评价职业学校（含技工院校）德技并修、产教融合、校企合作、育训结合、学生获取职业资格或职业技能等级证书、毕业生就业质量、"双师型"教师（含技工院校"一体化"教师）队伍建设等情况，扩大行业企业参与评价，引导培养高素质劳动者和技术技能人才。深化职普融通，探索具有中国特色的高层次学徒制，完善与职业教育发展相适应的学位授予标准和评价机制。加大职业培训、服务区域和行业的评价权重，将承担职业培训情况作为核定职业学校教师绩效工资总量的重要依据，推动健全终身职业技能培训制度。

经过多年持续建设，我国职业教育领域基本形成了以专业目录、专业教学标准、课程教学标准、顶岗实习标准、专业仪器设备装备规范等五个部分构成的国家教学标准体系。截至2017年，职业学校标准建设成果具体包括2个专业目录，即《中等职业学校专业目录》及其设置管理办法和《高等职业学校专业目录》及其设置管理办法；230个中职专业教学标准和410个高职专业教学标准；9门中职公共基础课教学大纲、9门中职大类专业基础课教学大纲；70个职业学校专业（类）顶岗实习标准以及9个专业仪器设备装备规范等。其中，高职专业教学标准、顶岗实习标准、仪器设备装备规范从无到有，填补了空白。可以说，具有中国特色、比较系统的职业教育国家教学标准体系框架基本形成。职业教育人才培养从过去的"参照普通教育做"到现在"依据专门制度和标准办"，建立起较为完善的国家职业教育标准体系，涵盖学校设置、专业教学、教师队伍、学生实习等各个方面，为依法治教、规范办学奠定了基础，标志着我国现代职业教育体系建设向前迈进了一大步。标准制定过程紧紧围绕"中国制造2025""一带一路"等国家重大战略或倡议，深刻分析战略性新兴产业、先进制造业、现代服务业和现代农业发展的新形势，关注新技术、新业态、新产业、新模式。

2019年7月31日，为贯彻落实《国家职业教育改革实施方案》，进一步完善职业教育国家教学标准体系，教育部又组织完成了《高等职业学校种子生产与经营专业教学标准》等首批347项高等职业学校专业教学标准的修（制）订工作。2021年6月24日教育部公布32项《职业院校专业实训教学条件建设标准》。特别是2019年10月22日教育部办公厅印发《中等职业学校公共基础课程方案》。2020年1月至3月，教育部相继发布了中等职业学校思想政治、语文、历史、数学、英语、信息技术、体育与健康、物理、化学、艺术10门公共基础课课程标准，确定了中职公共基础课程核心素养和课程目标，明确了课程内容和学业质量要求。课程标准及配套文件的颁布实施，既是职业教育教学领域标准化、规范化建设的重要一环；也是落实立德树人根本任务，深化职业教育教学改革的重要抓手，意味着中等职业教育进入基于国家课程标准深化职业教育教学改革的新阶段。对健全职业教育国家职业教育制度框架，进一步加强职业教育国家标准体系建设，最终实现人才培养质量提升具有重要意义。

根据2021年10月12日中共中央办公厅、国务院办公厅印发的《关于推动现代职业教育高质量发展的意见》，今后还将完善职业教育教师资格认定制度，在国家教师资格考试中强化专业教学和实践要求。制定双师型教师标准，完善教师招聘、专业技术职务评聘和绩效考核标准。建立健全教师、课程、教材、教学、实习实训、信息化、安全等国家职业教育标准，鼓励地方结合实际出台更高要求的地方标准，支持行业组织、龙头企业参与制定标准。推进职业学校教学工作诊断与改进制度建设。及时更新教学标准，将新技术、新工艺、新规范、典型生产案例及时纳入教学内容。完善职业教育督导评估办法，加强对地方政府履行职业教育职责督导，做好中等职业学校办学能力评估和高等职业学校适应社会需求能力评估。健全国家、省、学校质量年报制度，定期组织质量年报的审查抽查，提高编制水平，加大公开力度。强化评价结果运用，将其作为批复学校设置、核定招生计划、安排重大项目的重要参考。完善"鲁班工坊"建设标准，拓展办学内涵。积极打造一批高水平国际化的职业学校，推出一批具有国际影响力的专业标准、课程标准、教学资源。

四、改进高等学校评价

2020年10月13日，中共中央、国务院印发的《深化新时代教育评价改革总体方案》就"改进高等学校评价"提出的目标任务是推进高校分类评价，引导不同类型高校科学定位，办出特色和水平。改进本科教育教学评估，突出思想政治教育、教授为本科生上课、生师比、生均课程门数、优势特色专业、学位论文（毕业设计）指导、学生管理与服务、学生参加社会实践、毕业生发展、用人单位满意度等。改进学科评估，强化人才培养中心地位，淡化论文收录数、引用率、奖项数等数量指标，突出学科特色、质量和贡献，纠正片面以学术头衔评价学术水平的做法，教师成果严格按署名单位认定、不随人走。探索建立应用型本科评价标准，突出培养相应专业能力和实践应用能力。制定"双一流"建设成效评价办法，突出培养一流人才、产出一流成果、主动服务国家需求，引导高校争创世界一流。改进师范院校评价，把办好师范教育作为第一职责，将培养合格教师作为主要考核指标。改进高校经费使用绩效评价，引导高校加大对教育教学、基础研究的支持力度。改进高校国际交流合作评价，促进提升校际交流、来华留学、合作办学、海外人才引进等工作质量。探索开展高校服务全民终身学习情况评价，促进学习型社会建设。

可以说，针对高等学校的评价评估改革开展的最早，至今需要改进的评价任务依然繁重。1985年5月27日，《中共中央关于教育体制改革的决定》发布，第一次提出在高等教育体制改革中要对高等教育进行评估的要求。"国家及其教育管理部门要加强对高等教育的宏观管理和领导，教育管理部门要组织教育界、知识界、用人部门定期对高等教育的办学水平进行评估，对于成绩卓著的学校给予荣誉和物质上的重点支持，办得不好的学校要整顿甚至于停办"。这是我国最早强调对高等学校进行评估的政策性文件，从此拉开了我国高等教育评估与研究的序幕。1990年国家教委发布了《普通高等学校教育评估暂行规定》，这是我国第一个全国性的高等教育评估规范文件。1993年，中共中央国务院发布的《中国教育改革和发展纲要》，其中第三十二条规定："建立各级各类教育的质量标准和评估指标体系。各地教育部门要把检查评估学校教育质量作为一项经常性的任务。"要采取多种形式对各级各类学校进行质量评估和检查。1998年《中华人民共和国高等教育法》颁布，其中第四十四条规定"高等学校的办学水平、质量接受教育行政部门的监督和由其组织的评估"。此后，高等教育的评估制度作为一项管理手段被赋予了法律地位。

我国高校教学评估工作始于20世纪90年代，先后开展过合格评估、优秀评估、随机评估、水平评估、审核评估等几种不同形态的评估。但若从评估规模、效果及其影响来看，毫无疑问以水平评估与审核评估最为典型、最具代表性。水平评估全称为"普通高等学校本科教学工作水平评估"。水平评估自2003年开始至2008年结束，6年间全国共评估589所高校。审核评估全称为"普通高等学校本科教学工作审核评估"，实际上是第二轮评估，开始于2013年，2018年年底结束，630余所高校参加，包括了接受过首轮合格评估的所有高校。此外，我国高等教育评估还有：高职高专院校人才培养工作水平评估，普通高等学校独立学院教育质量综合评估以及研究生教育质量评估方面的学位授权点评估、学科评估、优秀博士学位论文评估等。2004年8月27日教育部高等教育教学评估中心（2022年2月更名为"教育部教育质量评估中心"）成立，标志着我国普通高等学校本科教学工作评估开始走向正规化、制度化和专业化阶段。

那么，当时为什么要开展普通高校本科教学工作水平评估？开展高等教育教学评估，是政府转变职能，加强宏观管理的需要。通过教学评估工作旨在促使高校更加重视教学工作，切实把主要精力放在教学和提高人才培养质量上，也适应了世界高等教育发展的趋势。本科教学工作水平评估的指导思想是："以评促建，以评促改，以评促管，评建结合，重在建设。"《普通高等学校本科教学工作水平评估方案》所列"评估指标和等级标准"共有7个一级指标，一个办学特色；19个二级指标，44个观测点，基本上涵盖了学校教学工作的全过程。评估的工作程序为：由被评学校自我评估、专家组现场考察和整改三个阶段构成。即不能认为只有专家组现场考察才是评估。从根本上说，评估就是评三个符合度：目标与社会需要和学生全面发展需要的符合度；资源的占有与有效利用、过程的设计和实施与目标的符合度；教学效果与目标的符合度。2003—2008年，589所普通高校接受了评估。评估结果为：优秀424所，良好141所，合格24所，没有不合格的。

水平评估在提升教学质量方面取得了显著成就，在社会上产生了广泛影响。但同时也存在着不少被诟病的问题：水平评估用一套指标体系评价全国高校，不利于高校的特色化、多样化发展。过于统一刚性的评估等级标准导致许多学校为得到理想的评估效果弄虚作假，评估结果失真问题相对比较严重。由于水平评估结果会与学校的资源获益、声誉、生源密切相关，为了获得优秀，一些高校使出浑身解数，甚至材料作假，出现了"迎评"等不良现象。加之优秀率比较高，最终多少演变成为一场围绕等级、名声与地位的激烈角逐。在评估过程中出现形式主义，一切工作围着指标转，且后续整改不力。结果是：评估时有模有样，评估后原模原样。没有充分利用现代信息技术，过分依赖专家进校考察。这些成绩的取得和问题的出现，为审核评估方案的设计提供了理论和实践上的警示与改进的空间。

2011年10月，教育部出台《关于普通高等学校本科教学评估工作的意见》，明确了"五位一体"的本科教学评估制度体系，即"以学校自我评估为基础，以院校评估（又分为合格评估和审核评估）、专业认证及评估、国际评估和教学基本状态数据常态检测为主要内容"的教学评估制度。12月，发布《关于开展普通高等学校本科教学工作合格评估的通知》，"针对未参加过教学工作评估的各类新建本科院校"全面开展合格评估，同时出台了《普通高等学校本科教学工作合格评估实施办法》和《普通高等学校本科教学工作合格评估指标体系》。紧接着《普通高等学校本科教学工作审核评估方案》2013年12月发布，教育部决定从2014年至2018年开展普通高校本科教学工作审核评估。该方案系统规定了审核评估过程中的要求、对象、范围与重点、组织与管理及其程序与任务，并仍坚持"以评促建、以评促改、以评促管、评建结合、重在建设"的方针；突出内涵建设，突出特色发展；强化办学合理定位，强化人才培养中心地位，强化质量保障体系建设，不断提高人才培养质量。在评估标准上，具体包括7个项目（6个必审项目加一个学校自选特色项目），共计24个要素和64个要点。6个审核项目具体包括定位与目标、师资队伍、教学资源、培养过程、学生发展、质量保障等。每个审核项目下都包括具体的审核要素，每个审核要素下都包括了详细的审核要点，三者共同形成了审核评估范围的三个层次。审核评估结论采用写实性报告，不分等级。

中央部委所属高等学校的审核评估由教育部高等教育教学评估中心负责实施，省教育厅统筹负责地方属普通本科高校的审核评估。但审核评估不同于合格评估和水平评估。合格评估属于认证模式评估，达到标准就通过。水平评估属于选优模式评估，主要是看被评估对象处于什么水平，重点是选"优"。审核评估主要看被评估对象是否达到了自身设定的目标，国家不设统一评估标准，结论不分等级，形成写实性审核报告。审核评估的重点是引导学校建立自律机制，强化自我改进，提升办学水平和教育质量。可见，审核评估打破了之前合格评估以政府为主导的评估模式。从水平评估到审核评估，不仅是我国高校教学评估实践的新探索，更是教学评估理论的新认知。集中表现在四个方面：一是在评估理念上，从强调绩效问责走向注重协商对话；二是在评估作用上，从刚性强化走向柔性激励；三是在评估分类上，从单一标准走向多样标准；四是在评估重点上，从教学具体活动走向内部质量保证体系。

具体而言，较之前的高等教育评估，审核评估在以下方面取得了创新和进展：一是创造性地提出了"五个度"（即学校人才培养效果与培养目标的达成度；学校办学定位、人才培养目标与国家和区域经济社会发展需求的适应度；教师和教学资源条件的保障度；教学和质量保障体系运行的有效度；学生和社会用人单位的满意度）的本科教学质量评估标准，并在审核评估中坚持"学生中心、成果导向、持续改进"的理念。

二是注重发挥学校的主体作用。注重以学校自我评估、自我检验、自我改进为主，体现学校在人才培养质量中的主体地位。三是实行管办评分离，培育了第三方评估机构，促进了社会参与。四是重视强调对被评高校内部质量保障体系的评估。审核评估把质量保障体系作为一个独立审核项目。五是根据"五位一体"高等教育评估整体设计，与本科教学基础数据监测、专业认证、年度教学质量报告制度等结合，打出了高等教育评估的"组合拳"。六是建立了比较完善的评估培训体系。由于培训到位，使得专家、受评高校等各方对审核评估的指导思想、理念、标准、模式、方法有了比较透彻的了解。七是通过审核评估，各高校坚持立德树人根本任务，强化本科教学中心地位，推动了高等教育教学理念更新，促进了高校内涵建设，提升了人才培养质量，为学校推进本科教学改革指明了方向。

为贯彻落实《深化新时代教育评价改革总体方案》和《关于深化新时代教育督导体制机制改革的意见》，推进高校分类评价，改进本科教育教学评估，推动提高本科人才培养质量，2021年1月21日教育部又发布了《普通高等学校本科教育教学审核评估实施方案（2021—2025年）》。这是继2014—2018年审核评估总体完成后，教育部在教育强国战略背景下启动实施的新一轮审核评估，是深化新时代教育评价改革、进一步推进教育督导改革推出的硬招实招。在工作目标上，强调把"一根本、两突出、三强化、五个度"作为新一轮审核评估的共同愿景和价值追求。一根本：即全面落实立德树人根本任务，建立健全立德树人落实机制，把立德树人成效作为检验学校一切工作根本标准。两突出：即突出"以本为本"，确保本科教育教学核心地位；突出"四个回归"，落实"三个不合格""八个首先"有关要求，引导高校"五育"并举倾心培养时代新人。三强化：即以学生发展为本位，强化学生中心、产出导向、持续改进，推动人才培养范式从"以教为中心"向"以学为中心"转变。五个度：即注重人才培养目标的达成度、社会需求的适应度、师资和条件的保障度、质量保障运行的有效度、学生和用人单位的满意度。

新一轮审核评估的宗旨是"对国家负责、为学校服务"，坚持"以评促建、以评促改、以评促管、以评促强"16字方针。以立体多维的视角全面客观地评价学校本科教育教学质量，探索建立了以《自评报告》为主体，以《本科教学状态数据分析报告》

《在校生学习体验调查报告》《教师教学体验调查报告》3 份过程性报告和《本科生就业数据分析报告》《本科毕业生跟踪调查报告》《用人单位跟踪调查报告》3 份结果性报告为两翼的"1+3+3"多维立体评价体系,从学校、教师、在校生、毕业生、用人单位等多元多维视角更加全面、客观、系统地呈现学校本科教育教学和人才培养情况,形成"招生—培养—就业"全链条联动的质量"闭环"评价反馈和持续改进机制,提高教育评价的科学性、专业性、客观性。真正体现"以学生为中心"理念,引导学校促进教师投入教学,提升学生学习体验。

其中,最具亮点的是《普通高等学校本科教育教学审核评估指标体系》(试行)采取柔性分类方法,提供导向鲜明的两类四种"评估套餐"由高校自主选择。第一类审核评估:针对具有世界一流办学目标、一流师资队伍和育人平台,培养一流拔尖创新人才,服务国家重大战略需求的普通本科高校。重点考察建设世界一流大学所必备的质量保障能力及本科教育教学综合改革举措与成效。第二类审核评估:针对高校的办学定位和办学历史不同,具体分为三种:一是适用于已参加过上轮审核评估,重点以学术型人才培养为主要方向的普通本科高校;二是适用于已参加过上轮审核评估,重点以应用型人才培养为主要方向的普通本科高校;三是适用于已通过合格评估 5 年以上,首次参加审核评估、本科办学历史较短的地方应用型普通本科高校。第二类审核评估重点考察高校本科人才培养目标定位、资源条件、培养过程、学生发展、教学成效等。

新一轮本科教育教学审核评估还要求以评估方法手段创新实现减负增效,综合运用互联网、大数据、人工智能等现代信息技术手段,深度挖掘常态监测数据资源,采取线上与入校结合、定性与定量结合、明察与暗访结合等方式,做全做深线上评估,做准做实入校评估。在专家线上集体会诊基础上,针对"问题清单"重点考察,减少入校评估人数、天数、环节,对通过教育部认证(评估)并在有效期内的专业(课程)免于评估考察。《普通高等学校本科教育教学审核评估实施方案(2021—2025 年)》突出以评估结果运用落实"强硬度""长牙齿",综合运用评估、督导、通报、挂钩和问责等举措,切实推进教育管理和教育治理效能提升。把上轮评估整改情况作为申请受理门槛条件,增设问题清单,建立"回头看"督导复查机制,对突破办学规范和办学条件底线的高校，采取约谈负责人、减少招生计划等问责措施，倒逼高校压实质量建设主体责任、持续提升质量保障能力。

在高等学校评估中还需要关注的是"学科评估"和"双一流成效评估"。学科评估是教育部学位与研究生教育发展中心按照国务院学位委员会和教育部颁布的《学位授予与人才培养学科目录》对全国具有博士或硕士学位授予权的一级学科开展整体水平评估，属于以第三方方式开展的非行政性、服务性评估项目，2002年首次开展，截至2022年完成了五轮。学科评估按照"自愿申请、免费参评"原则，采用"客观评价与主观评价相结合、以客观评价为主"的指标体系，包括"人才培养质量""师资队伍与资源""科学研究水平"和"社会服务与学科声誉"四个一级指标，指标权重全部由参与学科声誉调查的专家确定；构建以立德树人成效为根本标准，以"质量、成效、特色、贡献"为价值导向；评估数据以"公共数据和单位填报相结合"的方式获取，评估结果按"分档"方式呈现，具体方法是按"学科整体水平得分"的位次百分位，将前70%的学科分9档公布：前2%（或前2名）为A^+，2%—5%为A（不含2%，下同），5%—10%为A^-，10%—20%为B^+，20%—30%为B，30%—40%为B^-，40%—50%为C^+，50%—60%为C，60%—70%为C^-。第四轮学科评估摒弃以往结果发布方式，进一步创新评估理念，评估结果不再公布分数，也不公布名次，而是采用按百分位进行分档的方式公布结果，不强调单位间精细分数差异和名次前后。第五轮评估更是不公布结果，只是把结果分发到了各个学校，帮助高校总结阶段性进展，查找结构性短板，发现优势与不足，发挥评估诊断作用，推动学科内涵式建设，切实做到以评促建、以评促升。

"双一流"建设是新时代高等教育强国建设的引领性、标志性工程，对于提高高等教育综合实力，支撑创新驱动发展战略，服务经济社会高质量发展具有重大意义。首轮"双一流"建设确定建设高校137所、建设学科465个。"双一流"以5年为一个周期，从2016年开始实施。建设高校实行总量控制、开放竞争、动态调整。为贯彻落实《深化新时代教育评价改革总体方案》，加快"双一流"建设，2021年3月，教育部、财政部、国家发展改革委发布了《"双一流"建设成效评价办法（试行）》。根据该办法，在各建设高校开展自评总结基础上，基于"双一流"建设监测情况对建设高校及学科建设成效开展了"背靠背"式的定量分析，并组织专家开展了定性评价。综合定量和定性评价结果，从整体发展水平、成长提升程度、可持续发展能力三个视角，综合呈现了建设高校和建设学科成效。成效评价重在查找问题、发现差距，结果按区间及梯度分类呈现，不计算总分、不发布排名，连同意见反馈建设高校，供建设中持续改进。

2022年2月14日，经国务院批准，教育部、财政部、国家发展和改革委员会联合发布通知，公布了第二轮"双一流"建设高校及建设学科名单。三部委依据党中央、国务院确定的"十四五"期间国家战略急需领域，按照"总体稳定，优化调整"的原则，经过"双一流"建设专家委员会研究，以需求为导向、以学科为基础、以比选为手段，确定了新一轮建设高校及学科名单，全国共有147所高校入选，新增7所高校及学科。另有16个整体发展水平相对一般，可持续发展能力、成长提升程度都不突出的学科在这一轮中虽然没有被调出，但必须进行约谈整改，并给予公开警示，2023年将接受再评价。与以往不同，第二轮建设名单不再专门区分一流大学建设高校和一流学科建设高校，也没有再分A类和B类。可见，"双一流"重点在"建设"，以学科为基础，而不是人为划定身份、层次，派发"帽子"，更不是在中国高校中划分"三六九等"。

随着高等教育普及化时代的到来和双一流建设的稳步推进，加强高等教育质量保障已成为世界各国（地区）高等教育发展政策的核心，高等教育评估作为高等教育外部质量保障体系的重要组成部分则是改革的重点。从国际上看，高校教学质量评价模式主要有四个：①以美国为代表的院校认证模式。主要由州政府根据联邦政府收集的数据，对高校通过认证的基本条件进行评价，具体是从办学宗旨、教学与科研、服务社会等几个方面对高校的教学质量进行评价，逐步形成了多元化的高校教学质量评价模式。②以英国为代表的院校审核模式。主要是针对高校教学水平和质量水平的有效性进行评价，并对高校的教学实际运行情况进行评价，以期为提高高校教学质量水平提供依据。③以法国为代表的政府评价模式。该模式是由政府设立国家评估委员会作为专门评价机构，侧重对高校教学质量进行整体评价，政府的评价价值取向贯穿于评价全过程，评价活动经费由政府提供。④以日本为代表的高校自评模式。高校自身为评价主体，通过各种评价手段和方法进行内部教学质量评价，以发现高校自身在教学、科研等方面的不足，从而进一步明确改进方向，最终达到提高高校教学质量的目的。[①] 而我国的高校教育教学合格评估、审核评估以及学科评估、双一流成效评估等都是在我国高等教育发展新形势下，在沿袭和总结已有评估经验的基础上，借鉴国外先进评估思想提出的新型评估模式，初步达到了世界先进水平，在某些领域和做法上，甚至引领国际高等教育评估的发展，为世界各国的高等教育评估贡献着中国智慧和中国经验。

本章小结

标准化是教育考试评价改革的重大方向。教育考试评价标准化首先在高校招生考试中试验、开展和推行。1985年广东省率先进行高考标准化改革试验，主要解决的问题是怎样运用教育统计测量学理论指导考试和把计算机技术应用于考试，从而实现考试手段的现代化。2020年《中国高考评价体系》发布，极大促进和初步实现了中国高考命题的标准化、科学化和考试的现代化。然而，博士生招生考试采用"申请—考核"制，看似走上了一条"反标准化考试"之路。同时，探索建立"第三方"教育考试评价机制也取得了初步进展。

人类考试评价实践从一开始是伴随着教育教学活动而产生，并贯穿教学活动始终。义务教育深受"应试"风气影响，单纯以升学率和分数评价学校和学生的倾向严重，《义务教育质量评价指南》着力构建以发展素质教育为导向的科学评价体系，旨在营造良好教育生态。核心素养是学生在接受相应学段的教育过程中，逐步形成的适应个人终生发展和社会发展需要的必备品格和关键能力，学业质量标准就是以本学科核心素养及其表现水平为主要维度，而基于课程标准的学业成就评价是实现教育质量监控和保障基础教育质量的重要手段。

课堂教学是各级各类学校的主阵地。但什么是一堂好课？见仁见智。其中，建设高素质教师队伍是关键，教师管理标准化是根本。随着幼儿园、中小学教师专业标准、

[①] 钟秉林，王新凤.普及化阶段我国高校教学质量评价范式的转变[J]中国大学教学，2019（09）：82.

校长专业标准、学校评估标准以及质量评估指南等相继出台，结合建立督政、督学、评估监测三位一体的教育督导体系，我国的教育评价标准化体系正在逐步形成，标准的作用也同步在考试评价领域开始充分发挥。特别是我国在总结已有评估经验基础上，借鉴国外先进评估思想提出的一些新型评估模式，初步达到了世界先进水平，为世界各国的教育评估贡献着中国智慧和中国经验。

思考题

1. 什么是标准化考试？
2. 试述《中国高考评价体系》的组成部分及创新之处。
3. 试就博士研究生招生考试的"申请—考核"制谈谈你的看法、体会和建议。
4. 在我国发展"第三方"教育考试评价面临的困难有哪些？
5. 你认为"一堂好课的标准"是什么。
6. 试对中小学《教师专业标准》中提出的教师基本理念进行解读。
7. 简述学校评估的发展历程与持续改进路径。

第五章　过程性：从关注结果到重视过程

结果评价是在学生学习一段时间后进行的评价，目的在于检测学生的学业成绩是否达到各学科的学习目标与要求，以了解学生学习的最终效果。过程评价是在教学活动过程中进行的评价，目的在于为教师的教与学生的学提供详细而具体的反馈信息，以便及时调节和完善教师的教学活动与学生的学习活动。现代教育考试评价的一个极其重要的趋势就是不断"强化过程性评价"。因为评价是一个不断发展变化的过程，评价应该渗透于学的过程、教的过程以及发展的过程，必须掌握全部发展信息，及时做出每一时、每一段的评价，在无数个评价结果的积累基础上，以发展视角做出全程的全面评价。2020年10月13日中共中央、国务院印发的《深化新时代教育评价改革总体方案》提出了"改进结果评价，强化过程评价，探索增值评价，健全综合评价"的"四个评价"总体要求和主要原则，其中最突出的就是明确要求"强化过程评价"。在这里，"过程"是相对于"结果"而言的，它是一种更加关注学生学习过程而非学习结果的评价，重点是要不断探索开展学生学习情况全过程、德智体美劳全要素评价。

第一节　过程性评价的理念

"过程性评价"概念一般认为是由美国教育评价专家斯克里文（Scriven，M.S.）于1967年第一次提出，后经美国著名教育学家布卢姆运用至教育评价实践中。所谓过程性评价是指"在教学活动中对学生学习的各类信息加以即时、动态的解释，以揭示、判断和生成教学价值的活动"。① 由此可见，过程性评价是以学生为中心的教学评价模式，更注重学习过程的动态评价，更注重学生的学习过程和学习效果。2018年《教育部关于加快建设高水平本科教育全面提高人才培养能力的意见》（"新时代高教40条"）其中第12条就具体专门部署了"加强学习过程管理"事宜。要求加强考试管理，严格过程考核，加大过程考核成绩在课程总成绩中的比重。健全能力与知识考核并重的多元化学业考核评价体系，完善学生学习过程监测、评估与反馈机制。加强对毕业设计（论文）选题、开题、答辩等环节的全过程管理，对形式、内容、难度进行严格监控，提高毕业设计（论文）质量。综合应用笔试、口试、非标准答案考试等多种形式，全面考核学生对知识的掌握和运用，以考辅教、以考促学，激励学生主动学习、刻苦学习。《深化新时代教育评价改革总体方案》在"严格学业标准"中也要求"完善过程性考核与结果性考核有机结合的学业考评制度，加强课堂参与和课堂纪律考查，引导学生树立良好学风。"

一、过程性评价的内涵与功能

过程性评价（process assessment）是20世纪80年代以来逐步形成的一种评价范式。20世纪70年代，过程性评价这一概念被美国教育评价专家斯克里文首次提出后最初是用于教材改革，后来又运用于对教师和学生的评价中。如果要给它下一个定义，即过程性评价是指在教学活动中对学生学习过程涉及的各类信息给予即时、动态的收集、解释、反馈与调整，以揭示、判断和生成教学价值的活动。从评价的价值取向看，过程性评价是以优化学习过程、提高学习效果、促进个体生命发展为目的的评价活动；从评价对象看，学习过程中的知识建构、能力发展、学习动机激发、学习策略运用以及情感态度形成等过程性因素都应纳入评价的范围；从评价效果看，过程性评价既要实现学生学习动机的激发和学习方式、学习效果的优化，也要促进教师的教学反思与教学方式的改进，实现教学效果的优化。可见，过程性评价是在教学过程中把学生学习的过程性要素纳入评价范围，动态地揭示学生的学习需要，即时性反馈评价信息，借以调整学习行为、优化教学策略，从而实现教学过程的价值增值。所以，过程性评价不是作为一种"认识反映"行为而存在于教学结束之后，而是内在于教学过程并与

---

① 张曙光.过程性评价的哲学诠释[J].齐鲁学刊，2012（04）：69-73.

教学一起生成或创造了教学价值。①即过程性评价并非单纯地确定学习成果，而是强调过程与结果并重，发挥诊断与调节学习过程的作用，通过评价过程与学习过程相融合，从学习动机、过程、效果三方面对学生开展全方位、系统性评价，重视教学过程以及评价过程的有机联系，推动主客体的沟通互动，进而促进学生发展。②

根据现代教育理念，教育作为一种培养人的活动是以过程的形式存在的，并以过程的方式展开，离开了过程就无法实现教育目标，过程属性是教育的基本属性。③学习就是受教育的过程，与学习伴随而来的对学生学习的评价或者考核当然也应该是在过程中进行和完成的，也必然具有过程的属性。过程性评价中的"过程"有二层含义：一是讲评价本身就是一个价值认知并建构的过程；二是指学习和教学活动过程中的评价。与通常所说的终结性评价相比，过程性评价渗透于学习过程之中；过程性评价不以一次评价作为学习价值判断的依据，而是一个渐进揭示学习价值、逐步完善对学习价值认知的过程；学习者亲身参与评价过程，从中了解自身学习的意义并汲取学习的动力；评价在学习过程中发生，见之于学习的各个环节，其动态的、即时的、全面的实施，有利于评价的结果接近于客体或客体活动的真实价值；发生于学习过程中的评价，不仅仅是在行为与思维操作之后给出价值判断，其中隐含对学习行为的肯定与否定，以此实现对学习行为的修正与引导。④

然而，不同学者对过程性评价的内涵还是有许多不同的阐释，总体来看，过程性评价是一种独特的评价方法，在一定程度上弥补了终结性评价的弊端，考查的重点是学生的学习过程和思维方式，而不是只关注最后的结果。过程性评价强调对学生学习全过程的、全面的、多形式的评价，其实质是为了促进学生的全面、更好地发展。与传统终结性评价不同，过程性评价具有反馈、导向和改进功能，对学生的批判性思维、创造能力等高阶思维的培养起着不可或缺作用。过程性评价的功能主要是通过引导教

---

① 张曙光.过程性评价的哲学诠释[J].齐鲁学刊，2012（04）：69-73.
② 高凌飚.过程性评价的理念和功能[J].华南师范大学学报（社会科学版），2004（06）：102-106.
③ 郭元祥.论教育的过程属性和过程价值：生成性思维视域中的教育过程观[J].教育研究，2005（9）：3-8.
④ 谢同祥，李艺.过程性评价：关于学习过程价值的建构过程[J].电化教育研究，2009（06）：17-20.

师、学生对教学及学习过程的关注，从而提高课程教学实施质量，是促进个体全面发展的一种重要的评价思想，倾向于"过程"与"发展"的价值取向，是过程性评价的理念基础。

具体而言，过程性评价有三方面的功能：[1]其一，学习质量水平的判断。参照学习期间的完成情况以及动机表现等评估学习质量，在肯定学习成果的同时，积极找出学生学习中存在的问题；其二，回流导向。明确学生当前的学习情况，做好学习过程的动态监管与评估，并给予及时反馈与指导，促使学生全面了解自己，及时调整学习策略，同时，教师依据学生的学习情况，不断调节教学策略，从而实现过程性评价的回流导向作用；其三，学会评价。过程性评价主张评价主体与客体相整合、评价过程与学习过程相融合，让学生经历评价的过程，使学生掌握评价方法，学会评价，实现终身可持续发展。

二、过程性评价的特征

过程性评价是一种过程价值取向的评价，从本质上讲，这种评价是受"实践理性"支配的，它强调评价者与被评价者的交互作用，强调评价者对评价情境的理解，强调过程本身的价值。[2]具体而言，过程性评价是过程导向的而非目标导向的；在关注对象上强调过程与方法而非知识与技能；在评价方法上更多地倚重质性评价方法而非量化方法。[3]基于对过程性评价概念内涵的理解，有人认为过程性评价具有关注学习过程、评价主体多元、评价内容与方式多样、评价过程动态、评价强调学生发展等重要特点。[4]有人认为过程性评价主要区别于传统终结性评价，具有连贯性、修正性、阶段性、全面性等特征。[5]一般认为，过程性评价作为现今主流的评价方式，具有以下特点：[6]

---

[1] 高凌飚.关于过程性评价的思考[J].课程·教材·教法，2004（10）：15-19.
[2] 李雁冰.课程评价论[M].上海：上海教育出版社：2002：60.
[3] 于海臣，魏军.过程性评价的内涵、价值追求及影响因素[J].阴山学刊，2015（03）：88-91.
[4] 杨振芳.大学生课程学习过程性评价的现状、问题与对策[J].教育与考试，2021（04）：90-96.
[5] 许荟蓉.在线教学模式下的体育教学过程性评价方法研究[J].教育现代化，2019（73）：127-128.
[6] 段芳.混合式教学下过程性评价体系的构建与实践[D].云南师范大学，2021.

1. 评价的目标与过程并重

传统以目标为导向的评价方式过于强调评价的选拔功能，不太关注学习期间学生表现出来的努力与进步，未能有效展现学习的具体特征，如此也就无法对学生的学习进行客观全面的评判。过程性评价力求对学习的全程进行评价分析，在关注目标的同时，了解学生学习情况，肯定成绩与进步，鼓励学生充分展现自我，从而增强学生的自信心。

2. 评价主体与客体相整合

以目标为导向的评价方式重在成绩测试、等级评定与控制，教师作为评价的唯一主体，掌握绝对的主权，而忽视了学生的主体性。过程性评价主张评价主体与客体的互动、融合，鼓励评价客体也就是学生主动参与到评价过程中，形成学生自评、同伴互评、教师点评的多元评价方式，通过这种师生共同"民主参与、协商和交往"的过程，使评价的结果更加客观与全面。

3. 学习评价与学习过程相融合

学生的学习是一个不断变化的动态过程，传统意义上的评价很难对学生的动态过程加以评估。过程性评价将学习评价与学习过程进行实时交融，强调学习评价与学习过程同时进行，要求对能够展现学习水平的学习材料以及行为做好评价工作，及时反馈学生学习过程中的学习状况，引导学生积极反思学习期间的问题与不足，并适时调整学习状态，促进教师的教学反思，获得良好的教学成效。

4. 关注学生个性化发展

教育的目的不是把学生培养成"相同的人"，而是尊重个体差异，推动学生个性化的全面成长与进步。过程性评价强调对个性化价值的关注，重视关于学生的学习进度、进步程度、作品质量、思维能力等个性化学习行为表现的考量，帮助教师更加全面地把握学生学习表现，推动个性化教学工作顺利展开。同时，学生也能够参照过程性评价情况来把握当前的学习情况，确定与自身相适合的学习策略。

5. 重视非预期结果

学生的学习过程是丰富多样的，不同的学生会有不同的学习经历，从而产生不同的学习结果。过程性评价将评价的视野投向学生的整个学习经验领域，认为凡是有价值的学习结果都应当得到评价的肯定，而不管这些学习结果是否在预定的目标范围内。

过程性评价也会对学习的结果进行评价，与传统评价所不同的是，这里的结果是过程中的结果（process outcome），并且其评价标准不是预设的，而是目标游离和价值多元的。

三、实施"教学评一体化"策略

与其说过程性评价是一种评价方式，更不如说是一种评价理念。它是在回归"育人"教育本质下，人们追寻个性化教育理想的一种诉求，不是要抛弃或替代其他的评价方式，而是要实现多种评价方式的有机融合，评价的视野相对更加宽阔。[①] 即过程性评价的理念，将评价巧妙地渗透在教学过程中的各个环节，"通过组织活动和制定评价学生进步和思考能力的指导方针，过程性评价可以描绘出学生动态的、详细的进步情况"，[②] 让学生在学习知识的过程中，没有任何负担地接受评价结果，并马上反馈到自己的学习中，努力改进自己的学习。它所描绘的评价信息不仅关注学生已发生的学习行为，还为学生后续的学习提供有效的反馈与指引，使得学生可以在"学习—评价—反馈—学习"的循环中，更好地了解自己的优势与差距，进行自我调整，实现自我发展。[③]

在实际中，过程性评价是内在于教学过程的评价，是对教学与评价一体化精神的诠释。过程性评价不仅强调评价与教学同步进行，也是与学习同时进行的共时性评价。在这里，教学评一体化具体包含两方面的含义：一是考核评价就是一种教学活动，评价即教学，教学即评价；二是说"测评也是学习"，强调教学过程和评价过程的协调统一。评价与教学的一体化，使评价不再局限于某种具体的、固定的评价方式，而是随着教学过程的推进、随着具体情境的呈现，更加灵活多样地激发学生的学习动机、学习兴趣，将评价和教学融为一体。

《普通高中课程方案》（2017年版2020年修订）就提出，"围绕核心素养开展教学与评价""关注学生学习过程""注重对学生学习过程的评价"。并指出："评价的过程即学生学习的过程"，建议教师开展过程性评价，将评价作为学习的一个部分。强

[①] 王月莲.高校过程性评价的理性认识[J].阴山学刊，2015（03）：84-87.
[②] 吴维宁.过程性评价的理念与方法[J].课程·教材·教法，2006（06）：18-22.
[③] 张雪蓉，乔昳玥.学习过程性评价实施效果分析：以N大学G专业为个案[J].职业技术教育，2018（14）：55-59.

调教师要"依据评价结果反思日常教学，优化教学内容，调整教学策略，完善教学过程"，即要求教师在日常教育教学中实现教学评一体化的过程性评价。和普通中小学不同，"高等学校教学形式与教学方法是融合在一起的，某种教学形式也就是相应的教学方法。"① 一般将高等学校教学方法体系划分为课堂教学、现场教学、自学指导、科研训练、学业成绩检查与评定五种类型。这样，高校学业成绩考试就成了一种教学形式和教学方法，参与到高校的教学过程之中，渗透到高校的教学体系之内，并与其他教学形式和教学方法一起，共同促使高等学校的教学取得最优化的效果。在这个意义上，我们说高等学校的考试评价就是一种教学活动。

在实现教学评一体化的过程中，让学生学会评价是过程性评价的特色和亮点。让学生经历评价的过程是实现学校教育目标的重要手段，也是过程性评价理念的新颖之处。在布卢姆及其学生构建的教育目标体系中，"评价"不仅是情感领域的第三级目标，更是认知领域的第五级目标，是教育的高阶目标，"评价"也被认为是需要发展的高阶认知能力。而要提高学生的评价能力，就需要和应该给予学生参与他们课程学习的评价机会，让学生在参与学习的自我评价、同伴评价中提升自身的评价能力。② 斯克里文认为，学生可以在不同程度上以不同方式参与评价，具体包括：向教师建议如何改进测验；参与测验题目的编制；和教师共同制定评价方案；帮助教师制定评价标准；应用一定的评价标准主动评估自己或同伴的学业表现等。③

然而，在传统的评价中，测验或考试对学生而言具有相当的神秘性，从标准的制定，试题的选择直到分数的评判，学生完全被隔绝在外。但作为过程性评价与此就迥然不同。比如作为过程性评价主要工具的档案袋评价就给学生提供了一个学习评价的机会，学生是选择档案袋内容的决策者甚至是主要决策者，他们拥有判断自己学习质量和进步的权力和机会，使学生能够学习自己判断自己的进步。当然，让学生成为评价的主体，并不是说让学生设定自己的分数或给同伴打分，而是让学生参与到评价的各个环节中，管理并运用评价信息来监控自己的学习，思考怎样才能学得更好，并能

---

① 潘懋元. 新编高等教育学[M]. 北京：北京师范大学出版社，1996：383.
② 杨振芳. 大学生课程学习过程性评价的现状、问题与对策[J]. 教育与考试，2021（04）：90-96.
③ 姬彦红，张建玲. 过程性评价实施中教师的困惑与出路[J]. 当代教育科学，2013（13）：23-25.

规划下一步的改进行动，旨在获得最大的成功。此外，让学生学会评价还将成为学会学习的一部分，理解和掌握评价的方法和工具，作为与终身学习相呼应的一个方面，实现终身的可持续发展。

四、坚持过程评价与结果评价的统一

终结性评价是一种传统的评价模式，终结性评价在整体学业结束后进行，由专门的教育考试机构组织实施，以服务于甄别、选拔为目标，采取注重结果的价值取向，以考试形式评定学生的知识掌握和能力建设，评价结果多以量化的分数或等级呈现，通常在正式、封闭和严肃的氛围中进行。过程性评价在整个教育教学阶段的学期中、学期末或某个其他时间点进行，是针对传统的终结性评价而言的，由学校或教师组织实施，是对学生学习过程中的表现、所取得的成绩及与之相关的非智力因素等方面发展作出的评价，采取目标与过程并重的价值取向，评价结果以描述性评价、等级或分数等多种形式来呈现，通常在较为开放、宽松的氛围中进行。[1]

从现代教育评价的发展历程来看，对评价的认识、功能和方式逐步深化与开阔，从注重选拔和甄别功能的终结性评价，到注重诊断和反馈功能的形成性评价，逐渐走向注重激励和发展的过程性评价。20世纪60年代，美国评价学专家斯克里文首次区分了形成性评价和终结性评价，自此，形成性评价概念被明确和广泛使用。20世纪80年代，在多元智能理论、建构主义、后现代主义、学习心理学、过程哲学等理论基础上，基于对已有教育评价方式的反思，人们提出评价不单单是一个价值判断的过程，也是一种"心理建构"的过程，教学过程具有生成性，评价应与学习过程交互作用。自此，过程性评价这个词语开始出现并迅速扩展。可见，过程性评价是在加深对评价的认识过程中发展起来的概念。[2]

过程性评价反映的理念是以学生为本，为的是促进学生在现有水平上寻求发展，即教育的目的就在教育的过程之中，教育过程不是手段而是目的。要评价学生的学习情况，必然要关注学习过程。[3]这样，评价的重心就由"结果"移向"过程"。然而，

---

[1] 李志涛.过程性评价纳入高校招生评价体系的国际经验与启示[J].中国考试，2021（02）：69-76.

[2] 王月莲.高校过程性评价的理性认识[J].阴山学刊，2015（03）：84-87.

[3] 吴维宁.过程性评价的理念与方法[J].课程·教材·教法，2006（06）：18-22.

这并不是忽视结果，而是把每一个小"结果"都视为一个"新起点"，向更高水平寻求发展，关注的是学生在学习过程中运用学习策略、自我认识、自我反思、自我进步及提升，而不是仅凭最后的结果判断学生在群体中的水平。由于每个人会有各自的学习方式和习惯，在学习过程中评定不仅可以促进学生学习，而且可以加深评价主体和客体之间的了解、交流和合作，虽然过程性评价在实施过程中需要评价者花费更多的时间和精力，但潜在的收获却是难以估计的。①

现今，不仅在学业考试评价中推行过程性评价，即使升学考试也可以或已经开始实施。有人选取美、英等8国探究了其将过程性评价成绩纳入高校招生评价体系的范畴、所占权重、方式等，发现国外高中成绩纳入高校招生评价体系的方式有并列式、嵌入式、单独式3种类型。并列式：高中成绩作为评价指标之一，与其他指标同时发挥招生评价功能。嵌入式：高中成绩按一定比例计入证书总成绩，证书是高校招生录取的重要依据。单独式：高校招生仅以高中学习成绩为录取依据。并列式与嵌入式并存：高中成绩与毕业会考成绩或并列或综合，因不同类型高校而异。我国新高考改革探索建立"两依据、一参考"的招生录取模式，制度设计也体现了这一倾向：一是既重视终结性考试评价，也参考高中阶段的过程性评价；二是既依据量化的分数，也重视发挥定性评价的作用。②

相比较而言，过程性评价有自身的优势：①全面。过程性评价的理念能更全面地发挥评价的各种功能。过程性评价既注意标准又注意过程，不是用过于刻板的标准来衡量所有学生，而是通过学生在学习过程中的表现去判断每位学生的学习质量和水平，符合人的多元智能的实际，有利于激发学生的学习动力和自信心。②及时。过程性评价是与教学同时进行的共时性评价，评价和教学相互交叉和融合，教师和学生互动和协商，能及时地反映学生学习中的情况，有利于及时地肯定学生的成绩，引导学生的学习和发展方向，及时地发现存在的问题不足，改错纠偏。③灵活。过程性评价不过分追求目标的标准化和方法的规范化，不过分追求评价的客观性和精确性，不过分追求评价环境和程序的正规和严肃，有利于学生充分展示才能。④深入。过程性评价采

---

① 杨怡，王为.PISA理念下高中地理教学过程性评价研究[J].地理教育，2020（S1）：29-31.
② 李志涛.过程性评价纳入高校招生评价体系的国际经验与启示[J].中国考试，2021（02）：69-76.

用包括质性评价在内的各种评价方式,从学生本身、同辈伙伴、教师家长等不同角度获得评价信息,可以深入到学习的不同方面和不同层次,可以从不同视角对学习进行描述和评价,对学习质量的评价层次更高也更深了。⑤可持续。过程性评价不是间歇式地进行,而是贯穿于学习的始终,在学习之前、之中、之后都不间断地进行着。随着评价理念的逐步树立和对评价方法的逐步掌握,学生将评价作为学习的一部分,作为自己生命活动的一部分,更成为促进自己终身学习和终身发展的重要手段。[①]

当然,过程性评价也有其局限和推行中常遇到的困难:[②]一是由于过程性评价更多地采用了开放的、即时的评价方式和质性的方法,其标准和程序无法做到规范。二是过程性评价较多地带有参与者的主观性和个别特征,很难证明评价的公平与公正,是否被社会所接受也成了问题。三是过程性评价贯穿于学习和教学过程的始终,评价强度多大才恰当,比较难以把握。工作量加大,评价内容过多,过于频密烦琐,会导致学生和教师厌倦。加之随着班级人数的增多,教师没有足够精力去关注每一位学生学习的每一个环节。而如果没有做到位,过程性评价的学生平时表现就很难体现出明显的差异性,优秀及良好比例过高,会形成负偏态分布。总之,相比结果评价,过程性评价复杂程度相对较高,也就相对难以把握衡量和操作实施。

可见,不是什么情况下都能用过程性评价,要将过程性评价与终结性评价统一起来。如果在实践层面存在放大终结性评价的局限性而夸大过程性评价的闪光点,甚至简单把终结性评价的量化方法移植到过程性评价中,压缩终结性评价在学生学业成绩评价中所占的比例,加大过程性评价的比例,无论评什么都要打分或定等级,那就必然产生对立。其实,不同评价范式下会有不同的评价观和评价方式,过程性评价和终结性评价的价值取向、评价目的、评价内容等具有差别,但差别并不代表着对立。过程是结果中的过程,结果是过程中的结果,过程和结果是不可分割的整体。因此,过程性评价和终结性评价不构成一对矛盾,它们不是非此即彼、互相排斥的关系,是亦此亦彼、互相包含的关系。从评价内容来看,过程性评价指向的是学习过程,而"学生的学习,包括前期的预备状态,学习中的各种思考与活动的过程,学习后得到的结

---

① 高凌飚.关于过程性评价的思考[J].课程·教材·教法,2004(10):15-19.
② 高凌飚.关于过程性评价的思考[J].课程·教材·教法,2004(10):15-19.

果，是一个不可分割的整体"，[①] 知识建构、能力发展和情感态度形成等因素都应纳入评价的范围。从评价方法来看，过程性评价不排斥量化测量，但更注重质性评价以及二者的有机配合，[②] 最终将总结性评价和过程性评价结合在一起，共同提高教育教学评价的有效性。

总之，学生的发展和成长具有动态性，使发展变化的过程成为评价的组成部分，这是我们最为缺少的理念和实践。比如，很多学校不关注学生平时学习状态，也没有期中考试，只进行期末考试，只将期末考试的分数作为本门课程的结业成绩。其实，过程性评价比终结性评价更有价值，要想通过考试来提高学生的学习质量和教师的教学水准，必须发挥阶段性的形成性、过程性评价的作用。在我国，尤其是大学生于基础教育阶段已养成了参加阶段性形成性考试的习惯，事实证明也是一种相当有效地提高教学质量的办法，很值得高校继续使用和坚持。当然，终结性评价和过程性评价互为补充，其价值无法相互取代，只不过目前尤其要强化和突出过程性考试评价的作用而已。

第二节　过程性评价的组织与实施

过程性评价的组织与实施方式，主要是着眼于整个教育过程与学生成长过程，综合运用课堂观察、随堂测验、辩论演讲、成长记录袋等方式，全面收集学生在知情意行等方面的信息，客观记录和评价学生的多方面表现，抓住一切教育时机促进学生全面而有个性的发展。事实上，过程性评价也有正式与非正式之分。非正式的过程性评价是指教师在与学生的日常接触、互动过程中，通过观察（包括直接和间接的观察）和交流不断地了解学生，在有意无意间形成对学生的看法和判断的一种评价方式。非正式的学习活动，如与人谈话、浏览网络、看电视或者阅读一些教师所列书单上没有的书籍等，都可能引发新的思考，这些新思考往往成为新思想、新发现的重要来源，

[①] 高凌飚.过程性评价的理念和功能[J].华南师范大学学报（社会科学版），2004（06）：102-106.

[②] 王月莲.高校过程性评价的理性认识[J].阴山学刊，2015（03）：84-87.

也应纳入过程性评价的范围。① 以下主要针对各级各类学校中正式的过程性评价之组织与实施略做论述。

一、基本组织形式：学生自评、同学互评和教师评价

过程性评价奉行"教学评一体化"策略，旨在让学生学会评价，主张评价主体和客体的融合，师生共同参与评价并不断进行反馈，从而作用于学习过程。故从评价的形式看，其最基本的组织形式是：学生自评、同学互评、教师评价三种。这三种评价形式往往同时作用于课程教学中，学生自评具有反省作用，同学互评具有借鉴作用，教师评价具有诊断作用。②

学生自评是通过查看自己学习过程中保存的资料，结合学习内容的测验结果分析自己的优点和缺点，客观地对本阶段的学习表现进行描述，并明确努力的方向，真正做到心中有数。③ 过程性评价就是要充分发挥学生自主学习和自我发展的主体作用，通过引导他们学会对学情做自我研判，对学习经历以及评价结果作自我反思，适时调整努力方向，查缺补漏，不断增强自我发展能力。

同学互评是过程性评价实践中最常见的形式，也是评价组织中的重要环节。同学之间采用互相点评的方式，评点出相互之间的共通优点、值得借鉴的关键之处以及存在的问题和改进的建议，其作用是促使同学之间相互学习、互相借鉴，提高合作学习的能力及自主学习的动机。同学互评的关键在于提高互评意见的表述质量，避免互评因同伴关系而流于形式。为此，教师可以要求学生必须"给出一个等级，至少发现一个优点，至少提出一条建议"。④ 这样不仅保证了同学间的相互学习、互相欣赏，也可以促进被评价者根据给出的建议进行修改，促进学习。

教师作为教学过程的主导应该发挥好教师评价的诊断功能。教师要及时从学生的作品中选择优秀的和不合格的，展示优秀的作品，分析、讨论这两类作品中的优点和缺点，让学生理解什么样的作品能达到课程任务的学习要求，进而通过不断调整自己的学习方向来促进自己的学习。对于学生来说，教师的评价不仅会促进优秀学生的学

---

① 吴维宁.过程性评价的理念与方法[J].课程·教材·教法，2006（06）：18-22.
② 郑明达.过程性评价的组织策略与方法研究[J].中国电化教育，2010（9）：107-109.
③ 姬彦红，张建玲.过程性评价实施中教师的困惑与出路[J].当代教育科学，2013（13）：23-25.
④ 郑明达.过程性评价的组织策略与方法研究[J].中国电化教育，2010（9）：107-109.

习，也会为学习有困难的学生提供学习的榜样，使他们在以后的任务完成过程中有参照的对象。[①] 当然，教师应对学生自评和同学互评进行分析并及时调整教学内容和授课方式，在此基础上，提出有针对性和建设性的反馈意见，引导学生明确学习目的，知晓进步取得和问题存在的主客观原因，并指明改进的努力方向和进取目标。[②]

学生自评、同学互评、教师评价也并非依次进行。学生自评和同伴评价的方法多样。教师要创造机会，引导学生在学习中及时自我反思和相互讨论；采用成长记录的方式，让学生用自己的语言描述学习和进步的情况，对自己和他人的作品进行评议，教师要及时对成长记录进行评析，肯定学生的进步，指出存在的问题，明确进一步学习的方向；在一个阶段的学习结束后，可通过分组或全班的形式举行学习分析讨论会，教师不应代替学生进行分析，而应提出具体的问题，引导学生讨论，和学生一起分析总结，场所可以通过网上平台或课堂讨论等来实现。

但相关调查显示，在大学，72.58%的教师反映设置有同伴互评，但仅有23.2%的学生反馈有同伴互评。访谈结果表明只有部分教师设置有同伴互评，且访谈中多数教师表示只在小组汇报或个人汇报后设置互评。可见，同伴互评在教师实施的过程性评价中并不普遍。并且最终还是将同伴互评的结果要转换为分数，教师有预设的评价标准，但作为"点评"时则没有标准。在时间安排上，互评的安排是比较灵活的。调查还发现，仅有30%的学生反馈教师在课程学习的评价中设置有学生自评，仅有23%的学生反馈教师在课程学习的评价中设置有学生互评，在接受访谈的6名专任教师中仅有一名教师设置了学生自评，仅有3名教师反馈在评价中设置了学生互评。可见，学生参与课程学习评价的机会还很少。[③]

总之，过程性评价本身不是单纯地由教师来评价学生，而是师生共同围绕学习活动所进行的对话交流，其中学生的自我评价与学生间的相互评价对他们自身存在于学习过程的偶发性、无序性以及情感性、意志性等非理性因素的描述、解释与判断，是教师评价所无法替代的。[④] 自我评价和同伴评价是让学生作为主体对自己或同伴的学习

[①] 任艳. 以过程性评价促进教与学模式的变革[J]. 阴山学刊, 2015（03）: 91-93.
[②] 曹明. 过程性评价的应用困境及对策[J]. 思想政治课教学, 2020（03）: 81-84.
[③] 杨振芳. 大学生课程学习过程性评价的现状、问题与对策[J]. 教育与考试, 2021（04）: 90-96.
[④] 张曙光. 过程性评价的哲学诠释[J]. 齐鲁学刊, 2012（04）: 69-73.

进行反思，检查回顾学习的起点、过程、成果、困难和问题及其产生的原因，从而对自己的学习方法和学习能力有清醒的认识，明确下一步学习的方向，进而学会评价与反思。自我评价和同伴评价不仅对学生当前的学习很重要，对学生形成终身学习能力也十分重要。

二、过程性评价实施的方式

相对于落脚终点的结果性评价而言，过程性评价把学习分解为粒度较小的环节或者开展针对微分学习过程的即时评价，旨在体现对被评价者的价值关怀。[1] 过程性评价实施的大致环节是：① 明确评价的内涵和标准，给出评估范例。② 设计评价方案和工具。根据专业和学生的实际情况，针对具体问题，选择合适的评价工具。③ 解释和利用反映学习质量的结果。过程性评价属于个体内差异评价，评价的目的并不是对学生的学习下一个终结性的结论，而是促进学生的学习与发展。④ 反思和改进评价方案。对于评价方案进行再评价，也称"元评价"。[2]

然而在实践中，人们理解和实施的过程性评价只是对传统考核方式稍做改进。课程总评成绩一般由平时成绩与期末成绩两部分组成，成绩比例由教师自主设置，比较流行的结构性评价比值从5∶5开到3∶7开不等运用比较普遍，两项成绩均于期末考试结束后一起录入系统。做得好一点的是将分值比例更细致些划分而已，如平时成绩包括课堂表现、课堂讨论、课后作业、课程论文以及知识拓展等。或者直接用公式表示：课程最终成绩=过程性平时成绩（60%）+期末笔试成绩（40%）。其中，过程性平时成绩=学生考勤（5%）+课堂表现（10%）+小组讨论（15%）+作业成绩（50%）+期中测试（20%）。或者过程性评价包括：考勤+课前预习+课堂讨论+节章总结+课后作业+线下线上测试等环节。[3] 有的大学则将平时成绩确定为由期中考试、课堂讨论、小测验、作业、实验报告、论文、出勤情况等组成，原则上平时成绩所占比例不低于课程成绩的40%。这些规定和条件的限制，有助于引导学生注重平时学习，鼓励教师

---

[1] 谢同祥，李艺.过程性评价：关于学习过程价值的建构过程[J].电化教育研究，2009（06）：17-20.

[2] 高凌飚，钟媚.过程性评价：概念、范围与实施[J].上海教育科研，2005（09）：12-14.

[3] 徐绍红，张伟，李红玲.加大过程性评价权重，培养学生自主学习能力的实践探索[J].河南化工，2020（04）：64-66.

加强过程性评价与管理。①

其实，应该依据不同学段、不同学科类型以及课程性质、课程目标和学生的发展特点，灵活采用不同的过程性考核方式和办法。如对本科生的问卷与访谈就发现，学生希望教师在过程性评价中不仅仅是考勤和小论文，希望采取课堂讨论、课堂测验、课堂陈述、课题训练、项目设计、成型实验、调研报告、实地考察、论文撰写等多种形式，促使学生真正地参与其中，增强学生学习参与度，促进学生深度学习，更好地培养学生分析和解决问题的能力、批判思维力等。当然，也要分课程类型进行设计。如理论模块应以闭卷为主，间或采用开卷考试、论文与答辩、案例分析、调查报告等辅助形式；技能模块则应以过程考核为主，间或采用实验设计、课程设计、实际创作、动手操作、模拟项目及职业技能鉴定等形式，综合成绩考虑学生参与学习的过程及平时成绩。并将过程考核和能力考核在总考核成绩中进行权重赋值，强调评价的开放性、过程性和激励性。

相关调查显示，教师采用的过程性评价方式比较多样，并且具有明显的方式偏好。平时作业、阶段性学习测验、参与课外活动情况、参与学习竞赛活动情况、专题讨论表现、小组学习汇报、学习反思（日志）、学习笔记、课程小论文、课堂表现、出勤、课堂练习/作业、态度调查、参与实验表现等。其中，教师偏好的评价方式主要有"平时作业""课堂表现""出勤""课堂练习/作业""专题讨论表现"和"小组学习汇报"。② 而"平时作业（个人作业）""案例分析""小组讨论""课堂讨论""小组作业"对学生学习能力提升最大。相关研究还发现，论文和报告写作对文科学生学习的影响大于对理工科学生的影响；与考试相关的"考试内容"和"成绩排名"对理工科学生学习态度、学习策略和学习行为投入的直接效应均大于对人文社科的直接效应。③ 同时，依据学科、课程特点及学生的个性差异，应避免不同学科、课程千篇一律的课程考核方式，否则不仅不能激发学生的学习兴趣，反而会降低学生学习的积极性。

过程性评价的最新着力点是探索"非标准答案考试"。2015年5月，国务院办公

---

① 杨旸.对推行过程性评价的探索与实践[J].科教导刊（下旬），2016（24）：45-46.
② 杨振芳.大学生课程学习过程性评价的现状、问题与对策[J].教育与考试，2021（04）：90-96.
③ 郭芳芳，史静寰.课程学习评价与不同学科本科生学习之间的关系[J].高等教育研究，2014（05）：63-70.

厅《关于深化高等学校创新创业教育改革的实施意见》提出，高校应该"改革考试考核内容和方式，注重考查学生运用知识分析、解决问题的能力，探索非标准答案考试，破除'高分低能'积弊"。从广义角度理解，非标准答案考试本质上等同于过程性评价。从狭义上理解，是指考试命题具有开放性和探究性，考查学生独立思考能力以及解决问题的能力。非标准答案考试是培养创新精神的重要方式。常用的考查办法有：小论文、小组讨论、角色扮演、PPT演讲、小测验、面试、阶段性测验、调研报告、案例分析、小制作和小作品、上课笔记、留言讨论评论、演讲、报告等。无论是课堂表现观察、作业记录、测验、问卷调查等以及小组报告、讨论、辩论、提问、测验等，都是在自然状态和开放、公开性的环境中进行的，评价结果须对学生开放。基于非标准考试具有注重过程评价以及激发学习积极性等优点，就要求我们优化教学内容、理论教学贴近实例，注重文献的查阅和运用、考查中增加主观题型以及调整考核成绩构成等措施，使评价在学习中实现牵引作用，培养学生主动独立思考问题、探索新知识、解决新问题和对知识的综合应用能力。

随着互联网时代的发展，新的评价模式应以现代信息技术，特别是网络技术为支撑，构建一种适用于该教学模式的过程性评价方法显得尤为重要，使教与学可以在一定程度上不受时间和地点的限制，朝着个性化和自主学习的方向发展。可以将现代新型教育技术平台与传统教学相结合，在传统的线下教学中加入线上数字化学习平台，构建线上线下联动的过程性评价方法体系。该体系可通过监控教学过程中学习者的学习行为，根据学习者的学习风格，给予学习者恰当的激励与反馈并提供个性化指导。依托现代在线教育和测试平台，实时交互，或在讨论区讨论，实体交互活动则在面授课堂开展。辅之建立班级QQ群、微信群等。如果是平时的测试，将考试融合于教学全过程，机器评阅准确高效，学生能够获得快速反馈。通过数字化学习平台对学习者的学习过程和学习效果进行判断，对学习者的学习质量水平作出评价，并及时将存在的问题和提出的意见反馈给学生，强化学生的学习，进而形成良性的评价机制，促进学生更好地把握学习的方式方法。线上线下相结合的过程性评价设计，其重要意义还在于借助主体交互、内容多元、方式动态的平台，可以有效监测学生的在线学习状态，为科学客观的实现过程性评价提供依据，同时依靠平台自动获得准确的反馈信息，进而督促学习者形成良好的个人自主学习习惯并激发其学习热情，提高学习效率，优化教学。[①]事实证明，科学有效运用当代信息技术实施过程性评价，可促进不同类型学习者的有效学习，学习者的学习热情和学习成绩会大幅提升，并养成终身学习的能力。

三、过程性评价实施的工具与方法

过程性评价最初多采用纸笔测试、评价量表等量化的评价形式。根据有关研究者的文献梳理，[②]克里斯蒂娜·凯斯认为过程性评价主要有等级量表（数字的、图表的和检核表等）、相互作用表、轶事记录及模拟法等工具。刘丽颖认为，过程性评价主要有过程性评价表、评价量规、档案袋评价（学生成长记录袋）等工具。吴维宁认为过程性评价主要使用课堂观察、成长记录（袋）、个别交流、辩论演讲、作文比赛、模型制作等方式。桑娅（Sonya）则认为学习日志或日记是获得学生学习情况的重要载体，以及临床会谈和有声思考等过程性评价工具。盖瑞·贝丝提出的过程性评价质性评价方式包括参与式观察、内容分析、情境分析、内部调查及访谈等。随着过程性评价的普及和科技的发展，过程性评价又开始借助网络资源和新兴的科学技术。如阿尔达·佩雷拉和伊索莉娜·奥利维拉等人研究表明，在线课程中使用电子档案作为评价的工具，可以促进学生学习和其他方面的能力。熊明福还设计了电子档案袋过程性评价系统，魏蔚则设计了移动端的智能巡课系统，并已经运用到常规课堂教学中。

其实在实施过程中，过程性评价量表、成长记录袋是最为重要的两种评价工具。评价量表是学生自评和互评的依据与记录载体。常见的过程性评价量表有：① 等级量表，包括数字的、图表的或者检核表的形式；② 相互作用表；③ 自我汇报表、学习日志和轶事记录；④ 观察表、调查表；⑤ 问题列表等。这些都是教师为学习者提供的一种学习支架，无须刻意关注学习者的结果，旨在使学习者从中获得领悟、自我反思和学会自我评价。设计过程性评价量表时，评价目标必须全面。科学合理的评价量表不但有助于规范学生评价行为，而且可以将过程性评价演变成一种有指引性和约束力的自我学习和相互学习的教学过程。而成长记录袋是根据教学目标，收集能够反映学生学习与发展过程的各种数据与证明材料，成长记录袋可以更全面、更系统、更细致、

[①] 郑晓藏，高悦.O2O教学模式下的过程性评价设计研究[J].中国教育信息化，2017（01）：20-24.

[②] 刘彩霞.大学生课程学习过程性评价实施状况研究[D].河南大学，2019：9-10.

痕迹明显地记录学生学习的过程,[①]效果更佳。故此,成长记录袋(档案袋评价法)将在本章第三节专门论述。

当然,过程性评价还应当根据教学的需要灵活地运用多种评价方法,其核心原则是宜将量化与质性方法结合起来。评价中若涉及态度、情感等价值判断的问题,则采用定性的方法,以描述和记录为主。若涉及关于事实判断的问题,则采用定量的评价方法。另外,教学过程中教师的观察、谈话、描述,对于学生学习成果的记录、评定和报告,学生回答、讨论、论证,完成表现性任务,完成纸笔测验,学生的自我总结、自我反思,教师、学生之间的相互沟通与交流等,都是过程性评价常用的方法。多种评价方法的运用,既能关注学生知识与技能的获得,又能获取学生能力发展的信息;既能面向全体,又能尊重学生个体差异,有利于充分调动教学过程的各种积极性因素,促进学习与教学的共同提高。但访谈、调查、课堂问答、小组讨论、口头测验、撰写学习日志等评价是一种主观判断,为了避免评价效度和信度方面的偏差,师生要确定清晰的学习成果,围绕学习成果设置交谈的话题,以便搜集到能够客观反映学生学习情况的信息。[②]

大学的课程在内容、难度、性质、授课时间上差异很大,对学生的过程性评价既要制度化、规范化,又要体现建构性,在将定性与定量评价结合起来的同时,宜采用多层评价策略,评价形式和方法应多样化,要彻底改变笔试和闭卷考试一统天下的局面,构建起多元化考试评价体系。要重视诊断性评价、表现性评价、发展性评价和真实性评价等理念的统合,可采用课堂测验、一句话总结、读书笔记、限时论文、概念图、档案袋以及辩论赛、技能大赛等办法,发挥学生在提升教学质量中的主体地位,激发学生自我评价、自主监督、自我改进的内在动力。即使书面考试,题型也宜采用开放式的论述题、案例分析题等,要将学生参加学科竞赛、科技发明以及在刊物上发表学术论文等纳入评价体系。

当然,过程性评价指标还必须体现出学科特点,与学习内容相匹配,不同学科的

[①]王英红.高校思想政治理论课过程性评价体系的构建[J].北京教育(德育),2019(10):93-96.

[②]屈玉霞,张曙光.高职院校专业理论课过程性评价研究[J].中国高教研究,2013(03):107-110.

评价指标有较大的差异，同一学科的不同课程也会因关注点不同而不同，同一课程的不同单元、不同学习内容，评价的指标也会有所变化。所以，过程性评价途径、方式等都应该是多元的、灵活的，不以一个方案定终身。如数学学科比较重视平时的作业完成情况和平时的测验成绩；物理、化学、生物都是实验性学科，重视学生做实验的技能和表现。[1]师生必须共同确定一个评价的指标体系，以确保过程性评价的科学、规范、减少随意性、主观性。为此，评价指标设置要全面，定性与定量结合，标准描述要具体、可操作、可量化。评价结果既有分数的评价，又有描述性语言的评价。

在过程性评价组织实施方面，现今比较流行的是一种"小组评价"。所谓小组评价，是指在规定的时间内，以学生学习小组为单位，以一定的评价程序和评价标准来实施的相对正式的过程性学业评价。根据教学班级学生人数将学生进行分组，做到每组学生人数尽量相等、恰当，便于交流和讨论。各小组根据教师课前和课后布置的教学任务收集整理相关资料，先小组内部各成员自由发言交流讨论，在此基础上每小组选派或推荐一位小组代表在全班公开展示交流该小组的讨论结果，教师和其他组成员按汇报内容、汇报语言组织、汇报 PPT 等方面打分或对其表现评定一个等级。小组讨论的个人成绩由个人自评、组内成员互评、组间成员互评和教师评价四部分构成。其中组内成员互评和组间成员互评取平均分，最终按照 15% 的比例计入过程性平时成绩。[2] 其中，小组评价的可信度相对较高，由于学生了解学生比教师了解学生要容易得多。采用小组评价的方法实施过程性评价，就很好地解决了教师评价视域狭窄的问题。[3] 当然，小组评价还应得到教师的具体指导、总结和提升，对一些好的做法和事例教师要肯定与推广，以引起学生对于过程性评价的重视，从而认真对待过程性评价，并从中学会评价。

反馈是学习周期中必不可少的组成部分，教师反馈一直都是过程性评价关注的焦点，没有评价就没有反馈，同样没有反馈的评价也就没有意义。教师反馈有助于学习和发展，是一个积极的共享过程，过程性评价的重中之重在于有效地指导学生进行自

---

[1] 北京市十一学校.过程性评价，评些什么？[J].未来教育家，2014（10）：33.

[2] 刘丙章，刘波.翻转课堂中过程性评价考核方式：以经济地理学课程为例[J].林区教学，2020（10）：41-43.

[3] 吴维宁.过程性评价的理念与方法[J].课程·教材·教法，2006（06）：18-22.

我反思，使学生的学习效果达到最佳状态。学业成功的学生一般能比较高效地利用教师反馈来强化反思和发展，故反馈的及时性是过程性评价发挥积极作用的必要条件，要想使反馈促进学生学习，它必须是及时的、明确的、具体的反馈兼具信息性和激励性，它能告诉学生对的地方在哪里和改进的方向。① 大量研究表明，教师在给予积极反馈时，不仅能使学习者知道他们正确地完成了任务，同时还能通过称赞增强他们的学习动机，因此积极反馈比消极反馈更有助于改进学习者的行为。但对于没有进步，甚至倒退的学生也应给予特别关注，鼓励他们迎头赶上。然而，笼统、机械的积极反馈，如"good""very good""你很棒"等并不能产生很好的效果。

就反馈的形式而言，研究表明，不同的反馈形式（分数、等级、评论），评论是最有效的反馈方式。② 也就是说，多数教师都会将过程性评价的结果反馈给学生，但采用的反馈方式多是分数反馈，部分教师会进行描述性反馈，但描述性反馈多是针对全班情况的反馈，然而学生需要的是针对自身的描述性反馈，并且不仅想要得到教师的分数反馈，更希望得到教师的描述性反馈和即时点评。③ 同时，评价信息也不是单向流动而是双向的，教师从学生那里获取的反馈信息也帮助教师做出准确的判断，进而对自身的教学行为与教学过程进行优化，提高自身教学能力，促进专业发展。④ 泰勒说："持续性的反馈评价能够在学生和学习间形成良性循环体系，使教学相长，且与未来的学习发展紧密联系。"⑤

四、过程性评价与形成性评价的区别

由于过程性评价与形成性评价有着诸多的相似之处。如有人认为，过程性评价和形成性评价均具备最终能促进学生学习目标实现的倾向性，在学习动机方面存在联系，在教学规划方面存在共通性，在教师为学生提供的反馈方面存在相关性，在培养学生

---

① 杜郑丽.过程性评价对本科生学习效果的影响机制研究[D].华中科技大学，2019：9-11.
② 曾凡贵，张文忠.大学英语教学改革研究与实践[M].长沙：湖南大学出版社，2005：154.
③ 杨振芳.大学生课程学习过程性评价的现状、问题与对策[J].教育与考试，2021（04）：90-96.
④ 张雪蓉，乔映玥.学习过程性评价实施效果分析：以N大学G专业为个案[J].职业技术教育，2018（14）：55-59.
⑤ 上超望，韩梦，刘清堂.大数据背景下在线学习过程性评价系统设计研究[J].中国电化教育，2018（05）：90-95.

的自评能力方面存在共性，在对学生的正向激励与引导方面存在相同性。[①] 所以不少研究者和教育实际工作者倾向于直接将过程性评价等同于形成性评价，经常混用过程性评价和形成性评价这两个概念，认为形成性评价就是过程性评价，是在教学过程中考查学生学习目标达成程度的一种手段。在具体操作中，更是将过程性评价简单化，比如将考勤、课堂发言次数，以及作业等理解为过程性评价的全部。[②] 这种认识源于已有研究和文献对这两种评价的解释说明还不是很一致、很不到位，在概念上还没有界定的十分清晰和准确。

形成性评价与终结性评价的概念是由美国评价学专家斯克里文在1967年《评价方法论》中首先提出的。根据斯克里文的解释，形成性评价是通过多种渠道收集、综合和分析学生日常学习的信息，重视学生汲取知识、掌握技能和形成态度过程中的评估和评判，着眼于学生潜力的发展。20世纪70年代，美国著名教育学家本杰明·布卢姆又提出诊断性评价、形成性评价和终结性评价三个概念的评定方法。他认为形成性评价是在教学过程中进行，目的在于了解教学的效果，探究教学所存在的问题，以便对教学工作进行调整。布卢姆说："形成性评价不仅对课程的编制有用，而且对教学与学生的学习也是有用的。对我们来说，形成性评价，就是在课程编制、教学和学习的过程中使用系统性评价，以便对这三个过程中的任何一个过程加以改进。"[③] 它不仅注重对学生认知能力的评价而且也重视对学生情感以及行为能力的评价，这打破了教师满堂灌的传统模式，其特点在于使学生从被动接受评价转变为评价的主体和积极参与者，对学生的创新实践能力的培养具有促进作用。

形成性评价更多的是相对于终结性评价而言的，是依据评价的时间和作用不同划分的。终结性评价是对一个学段、一个学科教学的教育质量的评价，其目的是对学生阶段性学习的质量做出结论性评价，评价的目的是给学生下结论或者分等级。当然，终结性评价在特定环境中也可以看成是形成性评价的某个起点，形成性评价也可以作为终结性评价中的一环。例如：在期末考试中，一个阶段的单元测验便可看作是形成性评价。可见，形成性评价与过程性评价虽然都关注教学活动的过程。然而，它们二

---

① 牛亏环.大学生学习过程评价研究[D].上海师范大学，2015：18-19.
② 王月莲.高校过程性评价的理性认识[J].阴山学刊，2015（03）：84-87.
③ B.S.布卢姆.教育评价[M].邱渊，王钢，译.上海：华东师范大学出版社，1987：228-229.

者间的价值取向有所不同。形成性评价更重视评价的结果，重视在一定阶段内学习效果与预先设定的教学目标的达成度，价值取向方面侧重目标性。[①]形成性评价一般不以"算分"为目的，但通过这种评价，教师可及时获得教学过程中的连续反馈，为改变教学策略、改进教学方法、调整教学计划提供参考。形成性评价常采用非正式考试或单元测验的形式来进行。但并非所有的单元或阶段性的考核都会形成有效的评价，或有效的形成性评价。如果只是把阶段考核的成绩计入总成绩而不是用于平时教学改进的话，实际上也还只是一种阶段性的终结性评价，并非真正意义上的形成性评价。

与形成性评价应用在学习过程中检测学生学习现状和存在问题的功能不同，过程性评价可直接指导评价方案的设计、实施和对评价结果的解释。过程性评价重视引领学生解决实际问题等智能发展的过程性成果，既肯定学生的成绩，又旨在鉴别存在的问题；过程性评价目的不在于区别和比较学生的态度及行为表，它是评价个体内差异的一种手段，也就是说，过程性评价是针对学生自身发展前后、学生个体有相关性的不同侧面进行的比较，是一种发展性的评价方式。[②]如果形象点说明过程性评价与形成性评价的区别，即形成性评价只是简单地把一次评价考核分成若干次评价考核，相当于将一个较长考核时间分成若干个较短的时间来评价。过程性评价是教师应秉持多元化、激励性、全面性等基本原则制定过程性评价的考核计划，并采用档案袋评价法等过程性的评价方式。

另外，形成性评价较之于过程性评价更为传统，或者说，过程性评价是形成性评价影响下教育评价的新产物，这也是教育评价改革优化进程中的必然趋势。因此，过程性评价和形成性评价还是不能等同，存在本质区别。高凌飚对过程性评价与形成性评价的区别给出了比较系统的阐释并深刻指出，二者主要是在理念上有本质的区别：[③]在价值取向上，过程性评价是过程性与目标性并重的取向，形成性评价虽然对学习过程有一定的关注，实际上还是属于目标取向。在评价内容上，形成性评价所评的只是智能领域和动作技能领域的内容，主要是具体的知识和技能。过程性评价主张凡是具

---

① 王鑫,刘力.过程性评价的含义及其相关概念辨析[J].中国教育技术装备,2020（22）：10-12.
② 潘尖,先凤尧.形成性评价与过程性评价的区别[J].新课程研究（上旬刊）,2018（08）：27-29.
③ 高凌飚,钟媚.过程性评价：概念、范围与实施[J].上海教育科研,2005（09）：12-14.

有教育价值的结果，都应当受到评价的支持与肯定。在评价方法上，形成性评价倾向于量化的评价工具，强调客观性试题和标准化测验。过程性评价既支持"量化"，但更加重视"质性"的方法，将评价"嵌入"到教学的过程中，运用多样方法和策略。在评价的功能上，形成性评价注重评价的诊断作用。过程性评价则重视评价的全面功能，包括确认学习质量、进行诊断导向和学会评价等。在评价主体上，形成性评价没有注意发挥学生的作用，学生只是被评价的客体，是被动的。过程性评价主张评价主体和客体的整合，通过师生间共同的民主参与、协商和交往的过程。

第三节 档案袋评价法

档案袋评价法被认为是过程性评价最主要的评价方式和工具。专家与学者所给出的定义表明档案袋评价就是有目的收集学生的作品，反映学生在一定领域中的成就及努力程度，其内容包括作品的选择标准和学生在收集作品的过程中进行选择与反思从而促进学习的证据。档案袋评价应用于教学领域被称为"学习档案袋评价"或者"学生档案袋成长记录"。档案袋评价的特征可以概括为四个方面：收集目的性、评价多元性、学生决策的自主性和对材料的反思性。[1]作为20世纪80年代的一种形成性评价的工具，"档案袋"在教育领域得到了推广和应用，这种评价方法的运用体现了对学习过程进行评价的思想，是一种质性的典型评价方式。而过程性评价特别突出过程，档案袋评价法遂成为实现过程性评价的有效途径、工具和方法。

一、什么是档案袋

档案袋评价（portfolio assessment），在国内有"成长记录袋评价""作品集评价""学习档案评价"等多种译名。关于档案袋的定义，目前有十多种，比较权威的是阿特和施潘德尔的观点："学生记录袋就是学生作业和表现的专业收容库，它反映了学生的努力、进步或学业成绩的经历""要增强其交流潜力和对教学的益处，我们要做到：让学生参与选择具体内容、使用的教材资料和制定好判断学生作业和表现质

---

[1] 陈爱民.档案袋评价在英语写作课堂的应用[J].教育与职业，2011（35）：155-156.

量的评价准则,让学生在这个过程中定期进行反思"[1]。珀特(Porter)等人认为,档案袋是学习者学习成果的汇集,主要包括学生作品及作品反思。作品反思不仅能够帮助学习者理解、扩展所学知识,并且可以使读者对学习者及其学习情况有一个深入的了解。佛格特(Forgette)和西蒙(Simon)则认为,档案袋是指"由学生自己、教师及/或同学选择并作出评论的相关材料的不断汇集,以此评价学生在能力发展过程中的进步情况"。在所有界定中,胡中锋[2]以为舍拉(Sheila)的观点比较全面。舍拉认为,作为名词的档案袋从实体层面理解包括三方面的描述:①有目的的收集;②学生作品和记录;③一段时间内的进步。另外,档案袋还可从哲学层面理解并作为一个动词使用:①合作的过程;②收集检查和使用信息的过程;③反思和促进教学的过程。

尽管不同的学者对档案袋的见解不完全相同,但以下几点是共同的:①档案袋里的主要内容是学生的成果。包括测验卷、作业、学习心得、反思材料、小组评价、教师建议等。其呈现形式可以是文字,也可以是图像,甚至是实物材料。②档案袋里的内容是经过选择的。不是学生的任何东西都可以放进档案袋之中,档案袋重视收集体现学生发展的作品样本、成绩的证据,即发生过的事实、体现学生进步的标志性的事实,展示学生进步的状况,所有都要以学生进步的事实为主。③档案袋具有反思的功能。收集材料的过程必然伴随学生的反思,也是反思的过程。在这一过程中收集资料的活动转化为有意义的学习经历,为学生的成长提供重要契机。④档案袋的内容要有真实性。即提交的内容不能弄虚作假,伪造事实证据,这是档案袋评价的基本前提和保证。⑤档案袋的内容要有个性。是提交者经过反思之后选择的最能代表其水平与进步过程的内容,不能千篇一律,是提交者的个性特长的展示。[3]

其实,档案袋原指"一种能够表现艺术家个人艺术追求、设计风格、创作成就、涉猎领域、集不同时期代表作和历程的作品集"。[4] "portfolio"的原意是"代表性辑作"之意,最初使用这种形式的有画家以及后来的摄影家,他们为了特定的目的把自己的

---

[1] 蒋冬梅,张昕.档案袋评价在高中思想政治课中的应用[J].教学与管理,2016(18):112-115.
[2] 胡中锋,李群.学生档案袋评价之反思[J].课程·教材·教法,2006(10):34-40.
[3] 胡中锋,李群.学生档案袋评价之反思[J].课程·教材·教法,2006(10):34-40.
[4] 黄光扬.正确认识和科学使用档案袋评价方法[J].课程·教材·教法,2003(02):50-55.

代表性作品汇集起来，向预期的委托人展示。[1]档案袋评价法（portfolio assessment）作为质性评价方法之一，20世纪80年代开始应用于学校情境。90年代，西方国家受中小学"评价改革运动"的影响和课堂评价技术需要，逐渐兴起档案袋的评价方式。90年代中期以来，借助以学习者为中心的"促进学习的评价"（assessment for learning）理念的传播和深入开展，档案袋评价以其独有的优势，在西方发达国家中小学教育领域得到了广泛的应用。在一些课堂上，档案袋已成为评价学生的唯一方式。后来档案袋的应用又扩展到高等教育领域，并且很快影响到世界各地。[2]在我国，档案袋评价的正式引入是在21世纪初课程改革之后，2002年12月《教育部关于积极推进中小学评价与考试制度改革的通知》中要求"教师要在教育教学的全过程中采用多样的、开放式的评价方法（如行为观察、情景测验、学生成长记录等）了解每个学生的优点、潜能、不足以及发展的需要。"此后，档案袋评价和学生成长记录在各级各类学校中开始得到关注、研究和应用。

档案袋作为一种载体工具，主要用来收集和整理学生的学习证据或成果，通过对其进行分析，从而对学生的发展状况作出价值判断。它陪伴学生某一阶段的成长，直观地帮助教师和学生了解学生在某一阶段的学习行为表现和学习成果。特别是档案袋评价可以作为过程性评价实施过程的一种主要手段或方法。因为档案袋评价主要体现学生学习过程，记录学生在学习过程中所取得的成绩、问题、成果和反思，帮助教师和学生了解学生的成长和进步。[3]同时更加关注学生学习的兴趣、信心和联系生活的能力。它搜集的内容往往由教师根据教学目标和学生的学习状况来确定。档案袋里的作品和记录在经过系统地整合和分析后，能反映学生在各个学习领域的认知和思辨过程；反映学生在达到特定教育教学目标中所付出的努力和进步的过程；反映学生通过自我反思而逐渐形成独特观点、思维方式和学科素养的过程。档案袋评价还融合学生自评、学生互评与教师评价等多种评价于一体，主要强调学生的学习发展状态与成长过程，可对学生学习状态与学习过程进行更全面的评价。[4]

---

[1] 胡中锋，李群.学生档案袋评价之反思[J].课程·教材·教法，2006（10）：34-40.
[2] 黄纪针.国外档案袋评价应用和研究述评[J].解放军外国语学院学报，2012（06）：46-52.
[3] 王鑫，刘力.过程性评价的含义及其相关概念辨析[J].中国教育技术装备，2020（22）：10-12.
[4] 蒋冬梅，张昕.档案袋评价在高中思想政治课中的应用[J].教学与管理，2016（18）：112-115.

档案袋评价作为一种过程性、真实性和发展性的评价方式迎合了时代需求。随着信息技术的飞速发展，档案袋不再局限于最初的纯手工制作、纸质档案袋，更多的电子档案袋与过程性评价相结合的评价方法被广泛运用于教育教学中，发展成为现在的效率更高的电子（网络）档案袋，可以更方便的存放资料，包括学习目标、作业题目、教师发送的辅助性资料、教师反馈意见、同伴反馈意见、个人网页信息等。电子档案袋还能按时间、主题或其他分类标准进行组织、排序和检索，具有可共享性与可互动性，便于多方的查阅和使用。国外一些大学从学生一入学就为他们建立个人学习网页，作为展示自己学习成果的平台。电子档案袋作品可以是作业、小论文、录音、录像、照片、电子文档等，以及由学生撰写的反映自己学习心路历程的学习心得报告汇总，并配有适当文字说明。档案袋要求能公开展示，以便同学们互相参观以改进学习。

二、档案袋评价的类型

在教育领域，档案袋评价最早应用于学生评价，后来发展到教师评价。至今，钟启泉先生认为档案袋评价的档案可以分为三类：一是学习者用档案。可以明示每一个学习者的内在的脉络和学习的轨迹，是学习者自身的东西，构成自我评价与相互评价的资料。二是教师用档案。如何培育学习者的目标以及教学过程中所用的教材、素材，班级学生的资料与摘录，自我评价的资料等。三是共同档案。记载有关每一个学习者的老师、同学伙伴、社区人士、家长等的思考与愿望，通过这些相关人员共同制作的共同档案遂成为激励学习的场所，信息交换的场所，也就成为维护和推进学习的网络媒介。[1] 目前，由于使用档案袋的目的、使用者、参与者以及结构的不同，档案袋的类型更加丰富了，了解不同类型档案袋的功用有助于我们选择运用和做好为评估决策服务。总的来说，档案袋的类型可以多种多样，但常用的有以下五种类型。[2]

1. 展示型档案袋

展示型档案袋完全由学生负责选择自己最好的或最喜欢的作品，它里面包括学生个人在家里或学校制作的作品。学生选择作品的原因多种多样，因此，每个学生的展示型档案袋里面的内容和其他学生是不同的。由于教师对展示型档案袋里的内容控制

---

[1] 钟启泉.建构主义"学习观"与"档案袋评价"[J].课程·教材·教法，2004（10）：20-24.
[2] 胡中锋，李群.学生档案袋评价之反思[J].课程·教材·教法，2006（10）：34-40.

较少,加上学生选择内容的原因各异,因此,展示型档案袋一般不提供教师需要的关于教学或学生在教学要求方面的进步信息,也不一定与教师关注的教学重点相一致。展示型档案袋主要使用者是学生自己,其目的是学生对自己作品的反思。所以,展示型档案袋是不能用来进行评价的,也不能提供学生进步或成长的连续信息。但是,展示型档案袋能让教师以一种新的视角来探寻学生对作品的反思以及他们学习的方法。

2. 文件型档案袋

文件型档案袋最早源于幼儿教育,它包括系统的、正在进行的记录和学生进步的样本。其目的是记载孩子一段时间内的活动和学习情况,采用的方法是教师观察、轶事记录、访谈以及学生活动等,材料往往是教师放进档案袋的。文件型档案袋极少用于评估,它主要是描述学生一段时间内的进步以及教师的期望,许多教师往往保留这些文件很多年,作为其记录系统的一部分,它也是教师与家长联系的一个工具。教师和家长是文件型档案袋的主要使用者,他们通过这些信息了解学生成长更全面的信息,以帮助学生设定今后的目标,制定教学以及家庭支持的计划。

3. 评价型档案袋

评价型档案袋和上述两种完全不同,这种档案袋的主要目的是收集事实以系统地评价学生的学习,并将结果报告给其他人,这种档案袋要按照特定的目的或学习者的结果进行评分或赋予等级。评价型档案袋的使用者主要是课堂之外对学生的学习感兴趣的人们,重要的是,评价型档案袋应该能够进行可靠的评分。评价型档案袋并非经常使用,往往是一年一次或在需要划分等级水平的时候使用,这和标准化考试类似。但评价型档案袋的内容主要是教师选择的,以反映学生学习结果及对结果的反思为主要内容。评价型档案袋的评定者大多是教师,教师在评分的过程中需要遵循一定的标准,清楚哪些对学生是重要的,这对提高教师的教学水平、制订有效的教学策略以及阐明对学生表现的期望都是很有帮助的。

4. 过程型档案袋

这种档案袋主要积累学生在日常状态下的学习成果和学习记录,通常不需要对内容进行特殊的准备,只是真实反映学生正常的学习情况与水平。像学生平时的作业、作品的初稿、读书心得、课题设计、学习总结等,都可以归于这类档案袋中。具体包括对作品本身产生过程的记载以及对作品的反思。即一方面,过程型档案袋包括作品从萌芽到最终定型的过程。如对学生发表一篇小说的记载，就包括提纲、初稿、教师和其他人的反馈意见、编辑的修改意见和批注等，每个片段都包括作者的写作过程以及使用各种写作技巧和策略等。另一方面，还必须包括学生对作品的反思过程。如评价他们自己的工作，了解自己在一段时间内的成长或进步，且这是最为重要的部分，因为对作品的反思比最终选择作品更能培养学生的思维能力。过程型档案袋的使用者更多的是在课堂之内，不像其他档案袋类型呈现最好的或最终的作品，过程型档案袋更关注学习的过程。尽管也有一些内在的评价过程型档案袋的标准，但过程型档案袋极少进行评分或定等级。

5. 复合型档案袋

复合型档案袋是对上述几种档案袋的综合，它包括三个方面的成分：① 学生选择的作品；② 教师选择的作品；③ 通用的工具。这三个方面组成了一个档案袋或档案袋文化，这种文化用来构建学生的作品及自我反思，一段时间内的成长，教学的进程，重要的学习结果表现等，并报告给其他人。学生选择的作品不仅包括作品本身，还包括其对作品的反思，以及为何选择这些作品。学生通过选择使自己更善于思考问题，以及学会如何评判作品。这非常有利于培养学生自我反思和自我评价能力及其过程。通常教师需要根据教学的目标以及学生作品的独创性或新的视角来选择作品，也要考虑每个学生的具体情况，这就要求教师必须了解每个学生以及学生完成作品的过程。教师选择的作品也可以和学生选择的作品进行比较。此档案袋还是教师与家长联系的重要工具。

总之，每种档案袋类型都有各自的长处和局限性，也都有各自的适用目的及范围。我们希望，把建立学生档案袋的过程作为一个共享的经历，所有参与者在这一过程中都能有所收获。尽管评价研究者们对档案袋还进行了更细致的分类，但在学生评价实践中，学校却很少为每一个学生建立很多个档案袋，因为这样做不仅会给教师增加较多的工作量，还会使学生的评价变得非常烦琐。所以，大部分实施者采用的是将具有不同功能的内容，放入同一个档案袋。比如，在同一个档案袋中放入反映最佳表现和正常表现的成果、体现学习结果与学习过程的材料、呈现学生认知水平和情感状态的学习记录、活动实际等。这样，教师或相关人士只要对一个档案袋进行认真的评价分析，就可以比较全面了解学生目前的学习情况、发展阶段与水平。

三、档案袋评价的本质

就其本质而言,档案袋评价中的"档案袋":它是一个经过周密思考的目标、任务和标准的结构,而非一个所有事物或任何事物的存放处;它是一个使用更多的变化的、真实的基于表现的学生能力的标识机会,而非一个储存简介的、过时的读写任务的地方;它是一个连续的带有指导的评估过程,而非一个一年一次的、课堂之外的,为其他人需要的评估结果;它是一个开放的、共享的、可达到的存放学生作品与进步记录的地方,而非一个积累的记录分数、等级和儿童不能接近的秘密信息的文件夹;它是一个积极的思考、赋予价值和评价教与学的过程,而非一个收集学生作品样品的地方;它是一个对标准参照测验或标准化考试的补充,而非一个避免学习标准的判断。作为一种新兴的质性评价方法,档案袋评价具有传统评价所没有的一些优势,主要表现在以下几方面:[1]

(1)关注学生学习过程。档案袋能通过收集不同类型的材料,以多种方式描述学生的成长过程,反映学生的完整面貌,其最大的优势是向老师、家长和学生自己展示出一个真实、丰富的学习过程,比纸笔测试和其他传统评价更能说明学生知道什么和能够做什么。其过程性特征可使我们更加关注学生的学习过程、学生各方面才能的发展和学生向预期目标进步的历程,可以帮助教师形成对学生合理的教育预期,提出适当的学习目标,选择有效的教学策略。同时,更着眼于学生整体发展,兼顾对学生认知、情意、技能等的整体的学习评价。

(2)关注学生个性发展。档案袋评价为教师提供了其他评价手段无法提供的很多有关学生学习与发展的重要信息,帮助教师更及时、准确地掌握每个学生真实客观的学习情况,了解每个学生的学习方式和学习特点,适应学生的个性差异,肯定个人的努力进步与整体成就,呈现个别化的学习进程,进行更有针对性的指导,也使得每一位学习者的个性差异可以得到充分肯定。其中,对学生而言,学习的反思过程是其从实践中不断获取新知的过程。不仅如此,它还具有一定的重复性,使得学生每一次参与反思过程都成为极为有意义的经验和体会,进而使学生的学习行为得以延续,提高与发展自己的学习能力。

---

[1]康建琴.档案袋评价在教育中的运用[J].山西档案,2005(06):41-42.

（3）关注学生自我评价。档案袋评价提倡多主体参与，尤其看重学生的自我评价，是真正意义上以学习者为中心、为主体的评价方式。通过档案袋评价，学生能够对自己的学习过程及其成果有更清楚的认识。档案袋评价还可以展示学生思考能力、解决问题的能力、所使用的策略及知识的建构，表明学生的持续努力和意愿的改变情况，给学生提供对自己的作品进行自我评估、反省的机会，激发学生自我反思、自我督导、自我评价和主动学习的潜能，有助于学生自我评判能力、自我监控能力和自我反思能力的发展，有助于学生形成元认知策略。而元认知是促进学生学会学习的关键，学生有了元认知能力，就会成为学习的主人。

（4）档案袋成了学习者的一种自传。它收集了学生的最佳作品、最佳学习效果、与被评价的结果有关的学生工作经历的样本以及成长和发展的文献。但档案袋不是样本的简单展示，旨在便于评判学生的表现，它收集了那些用以展示一个人做了些什么的成果，推测出一个人能做些什么。学生是主要决策者，教师可对成长记录袋的内容进行合理的分析和解释，但学生是所提交作品质量和价值的最终仲裁者，非常看重学生的自我反省与自我评定。正是这一份份档案袋及其材料，串联在一起建构了学习者的成长学习轨迹。

（5）促进教学与评价的有机结合。教师可以把档案袋评价贯串在整个教学过程的始终，将其作为教学不可分割的一部分。从这一意义上来讲，档案袋是一种评价方式，更是一种教学工具。评价本身的多元性和复杂性，档案袋评价不是现有教学方法的替代工具，而是辅助工具。只有将档案袋评价融入教学中，提升学生对档案袋评价的认识，让学生更多地注重学习过程和学习效果，使自我评价和同伴评价成为一种自觉行为，档案袋评价的效果才能真正显现出来。

总之，档案袋是一种有目的、有意义的学生学习工作的收集，它讲述学生取得成绩、得以成功的故事，提供学习者所有获得的全息画面。同时，档案袋评价是一个持续过程，涉及师生对学生工作样本的选择，促进了教学与评价的有机结合，其目的在于展示学生的进步。[①]

---

①何心勇.档案袋评价探析[J].教育与职业，2012（06）：189-190.

四、档案袋评价法的使用与困境

2002年12月27日教育部发出《关于积极推进中小学评价与考试制度改革的通知》，明确要求"建立以促进学生发展为目标的评价体系"。其中具体提出"建立每个学生的成长记录。成长记录应收集能够反映学生学习过程和结果的资料，包括学生的自我评价、最佳作品（成绩记录及各种作品）、社会实践和社会公益活动记录、体育与文艺活动记录，教师、同学的观察和评价，来自家长的信息，考试和测验的信息等。"同时指出："学生是成长记录的主要记录者，成长记录要始终体现诚信的原则，要有教师、同学、家长开放性的参与，使记录的情况典型、客观、真实。"与之相配套，在有关中小学升学考试与招生制度改革中提出，"高中录取标准除考试成绩以外，可试行参考学生成长记录、社会实践和社会公益活动记录、体育与文艺活动记录、综合实践活动记录等其他资料，综合评价进行录取。"而"高中应探索建立综合性的评价体系，增加反映学生在校期间参加研究性学习、社会公益活动及日常表现等真实、典型的内容，为高等学校招生工作提供更多的学生成长信息，逐步使中学对学生的评价记录成为高等学校招生择优录取的重要参考之一。"虽然"档案袋"与"成长记录袋"这两个概念是不能等同的，成长记录袋只是档案袋里面的一种类型。但这却表明档案袋评价已不仅仅停留在理论探索的层面，而是必须开始付诸实践的行动。

其实，从20世纪80年代开始档案袋就已经在教育领域得到了推广和应用。甚至到20世纪末期，国外一些大学开始尝试探索如何有效地将档案袋评价方法运用到专业博士生教育中，以构建符合专业博士生教育自身特色的评价体系与方法。相关研究表明，[1]档案袋评价尽管存在应用上的一些局限性，但在很大程度上克服了专业博士生教育长期套用Ph.D.学位论文评价标准的诸多弊端，有利于专业博士生教育的健康发展。正如马克斯韦尔（Maxwell）等人所言："档案袋可以合法地成为博士生教育论文的替代者。"马丁（Martin）博士认为："专业博士档案袋有助于增加学生选择的机会和呈交最佳实践成果。"当然，应该将专业博士档案袋理解为一系列与研究主题相关的论文的集项，档案袋制作者的任务之一就是要创设研究成果之间的关联性。比如，澳大利亚南澳大学曾制定了准许专业博士生以档案袋代替学位论文评价形式的更

---

[1] 邓光平.档案袋评价在国外专业博士生教育中的应用及启示[J].学位与研究生教育，2013（05）：74-77.

为清晰的指导性准则。2004 年，南澳大学专门颁发了《教育博士档案袋的制作：对导师与学生的建议》（Producing a portfolio for Doctor of Education Examination：Advice to Supervisors and Students），就教育博士档案袋的制作要求作出明确说明。该建议要求在导师的指导下，教育博士候选人所提交的档案袋（7.5—8.0 万字）须包括以下几个方面的内容及要求：① 一篇采用元分析方法的论文，论文字数一般在 2—2.5 万左右。在这篇论文中必须包括相关研究进展的概述、明确的研究结论和对学术知识与实践的原创性贡献。在该项目研究期间或完成后，还包含对档案袋每个项目进行的总结性分析，以及说明他们之间实现相互关联的途径。② 三项有关专业知识和实践方面问题的研究项目报告。其中两项报告的字数均为 1 万，另一项报告的字数为 3.5 万。这些项目研究报告将证明学生具有选定研究问题的能力；在制定一个研究项目建议中，使用了合理与恰当的方法并遵循了南澳大学的研究标准：具有批判地分析数据的能力，有根据这些数据进行准确报告的能力，运用这项研究，有生成专业实践新知识的能力。③ 一份可选择性的支撑材料。比如可从发表的论文、被采纳的政策文件、参编的课程类教材或制作的网页等中任选其一。在南澳大学，教育博士生的档案袋通常由校科研管理委员会认可的两位校外专家进行审查，只有审查合格的候选人方可获得博士学位。

与 Ph.D. 学位论文评价相比，档案袋评价具有学位论文评价方法无法比拟的优势：① 档案袋具有相当大的灵活性，它能认可不同形式的研究成果。由于档案袋的选题不再局限于精深、狭窄的学术领域，而来源于更广阔的专业实践领域，学生可在非常灵活的时间内以不同的写作类型或视频、音频形式完成档案袋。因此，这对于那些工作繁忙、复杂、多样的高级专业人员来说具有特别大的吸引力。② 档案袋为学生从事研究活动提供了时间和空间的便利性。由于档案袋鼓励学生利用现实的人力、有效的时间和可用资源进行科研活动，并且认同有利于职业知识发展所需要的各种形式研究成果，这样就能确保学生在不同时间和情景中完成研究任务，而不必长期经受 Ph.D. 学位论文严格框架的拖累，更不会因工作场所的变更而影响研究进展。③ 档案袋更容易被来自专业界的读者所接受。忙碌的专业人员虽然没有充裕的时间阅读学位论文，但他们更可能愿意阅读来自对自己真实世界情景归纳方面的短小、高质量研究成果。当然，我们也应当清醒地认识到档案袋评价对专业博士教育评价也固有一些缺陷：一是档案袋虽然具有广泛的实用性，但缺乏必要的研究深度。二是档案袋评价的要求将增加在职工作的专业博士生的负担与压力。三是档案袋中的系列研究成果可能难以达到博士水准。

其实，国内外在档案袋评价的实施过程中，都出现了一些值得注意的问题，也面临很多困境，需要寻找相应的对策。[①]

首先，档案袋评价加重教师和学生负担的问题。档案袋内容的收集、编排、保存等工作可以由学生在教师指导下完成，相关档案袋会议必须由教师亲自主持，会议内容主要是对学生的作品进行回顾与反省，教师要强调学生对自己的作品进行自我评价，并在必要时帮助自我反省能力比较薄弱的学生发展相应的能力。问题是让教师为每个学生每月召开一次正规的档案袋会议，即使班额再小，也需要花费教师大量的时间。[②]也就是说，这种评价方式明显比传统的纸笔测验更耗时、更费力，故驻足观望者多。或者有的教师虽已创建了档案袋，但收集起来一大堆东西却没有时间去整理和分析，使得本来十分有价值的东西变成了难以处理的垃圾；有的教师做得比较深入，已经尝试与学生一起回顾和反省所收集的作品，但由于时间仓促，效果也不是十分理想。

其次，档案袋评价针对不同学科的适用度问题。有的教师将档案袋应用于整个学科，涉及领域过大，未能调动学生参与到档案袋的设计、收集和评价活动中，为收集而收集，将教学与评价割裂开来，在实践中走形式的情况是存在的。其实，档案袋评价的效果取决于评价的学科、项目的性质、评价的目的，教师的工作安排和学生的精力等多方面的因素。对不同的学科，档案袋评价的适用度是不同的。比如，一般认为，在艺术类的学科中采用档案袋评价比较合适；在开放性的评价中和对非选拔性的评价目的采用档案袋评价也比较合适；小学低年级和大学高年级、研究生采用档案袋评价较为合适；另外，学生相对学习压力较轻的阶段采用档案袋评价比较合适。总的来说，不能一概而论、统一要求，而要具体问题具体分析和对待。

再者，档案袋评价的信度和效度问题。档案袋评价的信度主要应从两方面考虑：一是档案袋里材料的真实性，因为材料如果不真实，则一切评价都失去了意义。要特别强调的是，在中国特定的文化背景下，确实很难保证档案袋内容的真实性，除非明

---

① 胡中锋，李群.学生档案袋评价之反思[J].课程·教材·教法，2006（10）：34-40.
② 徐芬，赵德成.档案袋评价在中小学教育中的应用[J].教育研究与实验，2001（04）：50-54.

确这一评价结果与学生将来的前途无关。二是评价者之间对档案袋分类的一致性程度。这主要和档案袋评价缺乏比较明确、一致的评价标准有关。国外有学者对档案袋评价所得分数与在同领域中所做的其他评价所得分数进行了相关分析,发现学生的档案袋分数与标准化分数之间,基本上是或然关系。也有研究发现,整体的档案袋评分与标准化测试评分之间不存在任何相关。要想保证和提高档案袋评价的效度,必须注意三个问题:收集学生作品样本的代表性、评价标准的说明和档案袋的适用范围。

最后,档案袋评价与大规模、高利害评价的关系问题。国外的一些研究表明:档案袋评价与大规模、高利害评价之间的相关为0,即不存在相关关系。[1]为此,需要注意以下问题:① 明确规定评价的内容;② 明确制定评价的标准,并进行评分者的培训;③ 确保档案袋内容的真实性。另外,也要在大规模、高利害评价的过程中结合档案袋评价的方法或思想。比如,我国的高考,能否出一些开放式的题目,能否增加一些反映学生思维过程的题目,甚至是在某些内容方面采用开卷考试的形式,特别是把综合素质评价真正做好和利用起来,以此发挥积极的导向作用,也都是需要研究和探索的问题。

总之,尽管今天档案袋评价已成为教育评价领域的热门话题,但是关于档案袋评价的实验和实施还并不多。随着电子信息技术和网络通信技术的发展,档案袋里的有关资料已经利用计算机和网络来进行辅助搜集、保存、管理和展示,从而发展成为电子档案。电子档案以现代信息技术为依托,运用文本、图片、音频、视频等多种媒介进行立卷、归档,具有更准确、方便、快捷的优势,[2]因而具有广阔的发展和应用前景。具体表现在:最低限度的存储空间、易于备份、便携性、开放性、可长时间保存、以学习者为中心、增进技术性技能水平、超文本链接、易接近性等。在评价资料方面,可以囊括文本、音频、视频、图像等文件格式,亦可通过不同的存储方式实现评价材料的有序存放和调用;在评价形式方面,电子档案袋评价融合了表现性评价和形成性评价的优势,并注重将过程性评价与总结性评价交替使用,同时也是实现发展性评价

---

[1] 赵德成.成长记录袋在大规模、高利害评价中的应用[J].教育理论与实践,2003(08):26-29.

[2] 李玉环,李玉梅.档案袋评价方式与高校思想政治教育的契合[J].兰台世界,2014(14):52-53.

和学习性评价的有效辅助工具，进而上升到终身学习、学习环境建设的层次，[①]为开放、动态、多维度地展示学生发展历程提供了方便与可能。当然，无论是纸质档案袋还是电子档案袋评价，都有工作量大，主观性强，很难保证客观、公正等自身固有的局限性和在实践中不同程度存在着为评价而评价，为收集而收集，易于流于形式、走过场等弊端现象。为此，我们应该把握档案袋评价方式的主旨和精髓，实现与考试评价其他方式的有机融合，真正发挥教育评价蕴含的育人功能。

第四节　创新德智体美劳过程性评价办法

2020年10月13日，中共中央、国务院印发的《深化新时代教育评价改革总体方案》第14条要求"树立科学成才观念"，这是首要的与核心的主旨观念。重点强调"坚持以德为先、能力为重、全面发展，坚持面向人人、因材施教、知行合一，坚决改变用分数给学生贴标签的做法，创新德智体美劳过程性评价办法，完善综合素质评价体系，切实引导学生坚定理想信念、厚植爱国主义情怀、加强品德修养、增长知识见识、培养奋斗精神、增强综合素质。"其中，"创新德智体美劳过程性评价办法"是实现此主旨观念的中心环节和政策方向。同时与《深化新时代教育评价改革总体方案》提出的"四个评价"中"强化过程评价"这一突出要求相配合，共同构成深化新时代教育评价改革的核心内容、主要评价方式和关键抓手。

一、完善德育评价

落实立德树人根本任务是新时代教育改革的根本诉求。立德是育人之本，立德树人蕴含学生德智体美劳全面发展的内在要求和首要任务。德育评价是人们依据一定的评价标准，通过科学的方法和正确的途径，多方面搜集适当的事实性材料，对德育活动及其效果的价值作出判断的过程。[②]德育评价的最终目的是对德育活动实施效果的价值判断，而评价德育实施效果的最终检验工具是学生道德行为水准的提高和改善。

过程性评价是新型的德育评价方式，具体来说，是根据分层次的德育目标，采用

---

①陆小玲.多元化教育评价视野下的电子档案袋评价[J].黑龙江高教研究，2012（08）：56-58.
②鲁洁，王逢贤.德育新论 新世纪版[M].南京：江苏教育出版社，2002：552.

多元的评价主体,将评价视角从终结性评价转向学生道德的形成和发展过程,强调评价者和学生的双向沟通互动,尊重学生的主体地位,把自评和他评结合起来,运用适当的方法和技术,对学生德育成效进行价值判断的过程。目前很多学校普遍存在"德育智育化"和"德育简单化"的倾向,这不仅体现在德育在现实中处于"说起来重要、做起来次要"的尴尬境地,而且表现为德育评价大多采用类似于智育的终结性评价,即在一定的范围和时段内,立一个统一的标准或者分数,采用时间节点(如学期中、学期末)对所有学生接受德育的效果进行评估判断,标识以分数或"优、良、中、差"等级区别,重在评价其在总体中所处的地位。

过程性评价,强调对德育过程的关注,相信学生善的天性能够在这一过程中自发自然地展开,教育的目的就是创设一定条件,以发展这种天性。在评价取向上,淡化对学生用外在的统一标准进行划等分类,而主要关注学生在德育中的自我成长过程,强调对个体进行鼓励性反馈,强调尊重学生的人格独立性和个性的差异性,以促使学生在德育过程中"知、情、意、行"获得全面协调发展。在德育实践中,强调主客体双方在自由、平等和相互信任的环境下充分沟通和民主协商,共同确定德育目标、德育内容和方法体系,遵循青少年学生身心发展阶段性特点和自我意识发展的规律,把社会的政治要求、道德准则、伦理规范等以受教育者愿意接受的方式予以呈现,充分信任,在认同沟通协商的基础上,把外在的德育要求内化为自我教育的一部分,并在日常生活中外化为相应的道德行为,进而在最大程度上提升德育成效。[①]

其实,教育评价作为一种评价活动,它的本质不是技术性的,而是社会性的,在一些涉及党的教育方针贯彻落实以及办学方向的评价上甚至带有鲜明的政治性。因此,必须把树立正确的教育价值观放在首要的位置,明确培养什么人、怎样培养人、为谁培养人这一教育根本问题。必须坚持立德树人的根本标准,把办好人民群众满意的教育,满足人民群众对公平而又有质量教育的需求放在首位。要坚持党对教育评价改革工作的全面领导,在教育评价实践和改革过程中全面贯彻落实党的教育方针,把科学的教育评价体系的建立作为贯彻执行党的教育方针的重要机制。特别是要坚持把立德树人作为教育评价的根本任务,确立立德树人在教育评价中的核心地位和检验教育工

---

① 吴寒斌,高虹.过程式评价:德育评价创新的一块基石[J].教学与管理,2014(06):11-13.

作成效的根本标准，不断改善立德树人的条件，提高立德树人的效益和质量，培养德智体美劳全面发展的社会主义建设者和接班人。[1] 为此，《深化新时代教育评价改革总体方案》第 15 条专门就"完善德育评价"提出了具体的目标任务。要求根据学生不同阶段身心特点，科学设计各级各类教育德育目标要求，引导学生养成良好思想道德、心理素质和行为习惯，传承红色基因，增强"四个自信"，立志听党话、跟党走，立志扎根人民、奉献国家。

然而，在实践中，人们却将德育评价方法的科学化简单地等同于认为只是要量化，因而在对学生的品德做出评价时，习惯于用评价学业水平那样的方法去构建德育评价的指标，人为设定评价权重、评价体系，对学生的德育水平进行评分、划定等级，片面追求评价的客观和"硬性指标"，对学生道德行为的提升即真实效果却未予以充分重视，这是追求量化德育评价带来的弊端和后果。德育实际上是"育德"的工作，许多在量化德育"分数"上表现优异的学生在现实中的道德行为上可能表现的差强人意，这不能不说是单一追求"量化"评价结果带来的遗憾，这反映了德育评价中缺少人文关怀的价值追求。德育评价归根结底是要对人的道德认知、情感、意志和行为的评价，在评价中始终要坚持人文关怀的价值取向，做到"眼中有人，心中有爱"，而不能片面追求量的评价标准，充分运用质的评价方法，量与质的结合，对学生的品德发展水平作出全面客观的评价。[2]

就具体的德育评价方法而言，张典兵《德育评价研究 30 年》进行了梳理[3]。鲁洁和王逢贤认为，常用的德育评价方法有整体印象评判法、操行评语鉴定法、操行加减评分法、积分测评法、加权综合测评法、模糊综合评判法、评分评等评语测评法、考试考核测评法、写实测评法、工作实践考查法共十种。[4] 有学者则借鉴比较流行的多元智力理论，提出了德育评价的新方法：成长册评价、表现性评价和利用现代教育技术进行评价。[5] 有研究者从德育评价的定性和定量方法及其相互关系的视角，对德育评价方

---

[1] 石中英.回归教育本体：当前我国教育评价体系改革刍议[J].教育研究，2020（09）：4-15.
[2] 黄小平，胡中锋.对中小学德育评价理论与实践问题的几点思[J].中小学德育，2014（03）：16-18+9.
[3] 张典兵.德育评价研究 30 年：回溯·反思·展望[J].学术论坛，2011（01）：199-202.
[4] 鲁洁，王逢贤.德育新论：新世纪版[M].南京：江苏教育出版社，2002：560 — 561.
[5] 夏子厚.对多元智能理论构建德育评价体系的探讨[J].教学与管理，2006（11）：65-66.

法进行了阐释，认为德育评价的定性方法包括观察法、调查法、写实法、自述法、评语法、等级评定法等，而定量方法包括加减评分法、综合测定法、自报公平法和集体评价法等。[1]

基于当前学校德育评价中的实然问题，新时代完善学校德育评价的实施路径可以从以下几方面出发。

首先，回归德育评价功能和价值的初心。德育评价要服务于"德智体美劳"全面发展的教育方针，充分发挥评价的引导作用，引导学校五育并举，落实教育立德树人。为此，应淡化德育评价的选拔、评比、资格审查功能，强化其引领学生成长的功能，回归德育评价的本真目的，摒弃德育评价中的功利主义倾向。要注重从学生理想信念、家国情怀、担当精神、品德修养、法治观念、日常品行表现等方面加以考查，引导学生践行社会主义核心价值观，弘扬社会主义先进文化、革命文化和中华优秀传统文化。对于新时代背景下产生的新问题如校园欺凌、德育后进生转化、家校德育合作等现实问题充分关注，培养学生健全的人格，通过建立相应的反馈与沟通机制，以评价促进学生道德发展水平提升，从而达到立德树人的目的。

其次，科学确定德育评价的维度和指标体系。德育评价要体现德育目标与内容的新变化，契合学生成长的阶段性特点，为初步形成学生正确的世界观、人生观和价值观服务。要坚持并体现德育的整体性与关联性，建立全员育人、全程育人、全方位育人的育人体系，树立大德育观，具体到学校教育中，则强调课程育人、文化育人、管理育人。在德育评价指标体系的研究中，特别是在指标体系分解、权重确定、维度设计等方面的研究要系统科学，开发基于学生满意度的德育评价模型，设计出基于学生满意度的德育评价量表，处理好德育质量、感知价值、学生满意和行为意向之间的关系。[2]借助信息技术探索和优化纸笔测试、学生成长记录袋、日常行为表现记录卡等定性和定量多种评价方式，提升德育类课程评价的科学性、专业性、客观性。

再者，将德育的多元评价、多主体评价、过程性评价落到实处。坚持学生自我评价、教师评价、同伴评价、家长评价和社区评价相结合，实施多主体评价，形成多方

---

[1] 谢新观，肖鸣政.德育测评的理论与技术[M].北京：光明日报出版社，1994：64.
[2] 杨瑞东，倪士光.基于学生满意度的德育评价模型的开发与应用[J].现代教育技术，2014（08）：47-53.

共同激励机制。从各个渠道，采取多种方式全面观察和收集学生在各种场景中的日常品行表现，着重评价学生在日常生活与学习中表现出的思想政治素养、道德品行、法治观念，以及在真实情境与任务中运用所学知识分析问题、解决问题时所表现出的核心素养。根据各级各类学校、学科德育标准，围绕学生德育类课程学习实践性、体验性等特点，注重观察、记录学生在学习、实践、创作等活动中的典型行为和态度特征，运用成果展示、观点交流等形式，对学生的学习情况进行质性分析，同时兼顾其他评价方式的应用。注重引导学生对自己的德育历程进行写实记录，丰富评价内容，提高德育评价的全面性、准确性。

最后，与时俱进，技术赋能德育评价实践。以往德育评价的纸笔模式烦琐，实效低，应付评价的现象大量存在。现在可以充分利用现代化信息技术，开发建立学生德育评价信息系统或平台，采用过程性和发展性评价方式，以过程积累的德育大数据为评价依据，可以借鉴其"写实记录"的方式，通过客观地、写实性地记录学生成长过程中可考察、可比较、可分析的突出表现，特别是在参加社会公益及志愿服务情况、诚信履约、文明礼仪、遵纪守法等对学生品德成长具有"高影响力"的事件方面，进行动态记录和反映。并以网上公示、互相监督保证评价的真实性和客观性，提升德育评价的信度、效度和公平性。[①]

二、强化体育评价

学校体育是实现立德树人根本任务、提升学生综合素质的基础性工程，是建设教育强国和体育强国的重要工作。近年来，我国高中生营养水平与身体形态发育水平不断提高，身高、体重、胸围等发育指标持续增长，但力量、速度、爆发力、耐力等体能素质却在持续下降，学生体质健康水平持续下滑。学生的体质健康如此之差与当今激烈的社会竞争形成较为鲜明的反差，着实令人担忧。2012年10月22日，国务院办公厅印发《关于进一步加强学校体育工作的若干意见》要求："积极探索在高中学业水平考试中增加体育科目的做法，推进高考综合评价体系建设，有效发挥其对增强学生体质的引导作用。"体育纳入中考、高考能否促进体育学科的发展，能否真正提高学生

---

① 王殿军，鞠慧，孟卫东.基于大数据的学生综合素质评价系统的开发与应用：清华大学附属中学的创新实践[J].中国考试，2018（01）：46-52.

体质健康水平，能否保证实施过程的公平和公正，一时成为大家集中探讨的热点问题。2016年5月《国务院办公厅关于强化学校体育促进学生身心健康全面发展的意见》又明确提出："中小学要把学生参加体育活动情况、学生体质健康状况和运动技能等级纳入初中、高中学业水平考试，纳入学生综合素质评价体系。各地要根据实际，科学确定初中毕业升学体育考试分值或等第要求。实施高考综合改革试点的省（区、市），在高校招生录取时，把学生体育情况作为综合素质评价的重要内容。"

2020年10月13日，中共中央、国务院印发的《深化新时代教育评价改革总体方案》第16条进一步要求"强化体育评价。"随即2020年10月15日，中共中央办公厅、国务院办公厅印发《关于全面加强和改进新时代学校体育工作的意见》，提出要"推进学校体育评价改革"。坚持健康第一的教育理念，推动青少年文化学习和体育锻炼协调发展，帮助学生在体育锻炼中享受乐趣、增强体质、健全人格、锤炼意志，培养德智体美劳全面发展的社会主义建设者和接班人。"建立日常参与、体质监测和专项运动技能测试相结合的考查机制，将达到国家学生体质健康标准要求作为教育教学考核的重要内容。完善学生体质健康档案，中小学校要客观记录学生日常体育参与情况和体质健康监测结果，定期向家长反馈。将体育科目纳入初、高中学业水平考试范围。改进中考体育测试内容、方式和计分办法，科学确定并逐步提高分值。积极推进高校在招生测试中增设体育项目。启动在高校招生中使用体育素养评价结果的研究。加强学生综合素质评价档案使用，高校根据人才培养目标和专业学习需要，将学生综合素质评价结果作为招生录取的重要参考。"

目前，体育中考已经在全国稳步推进，主要是解决"改进中考体育测试内容、方式和计分办法，科学确定并逐步提高分值"的问题。体育中考最终的目标是达到跟语数外同分值的水平，并要研究在高考录取中，体育素养如何评价、如何计分。而通过将体育纳入中高考，并逐步提高分值，以评价指挥棒倒逼学校和家长重视体育，从根本上解决体育不受重视的问题，促进青少年全面发展，也就成为改革方向和重要抓手。不过，也有人对此表示担忧和质疑。认为用提高分数的方式倒逼社会重视体育，会不会带来"应试体育"的新问题。如此，不仅可能违背加强体育工作的初衷，还可能刺激校外体育培训需求，进一步增加师生负担。特别是逐步提高体育分值，相关的教育配套必须先行，要配齐配强体育教师、改善办学条件、开齐开足上好体育课，加强体育课程和教材体系建设。相关方案的制定，也必须要遵循教育规律、尊重青少年成长规律，科学设计、循序渐进。另一方面，重视体育还需要教育界乃至全社会转变观念，充分认识到体育课、体育锻炼和体育竞赛对于让学生享受乐趣、增强体质、健全人格、锤炼意志的积极意义。[1]

《深化新时代教育评价改革总体方案》同时提出要"加强大学生体育评价，探索在高等教育所有阶段开设体育课程"，对此面临的问题比较突出。其中，大学本科生公共体育课程如何做到四年贯通不间断，需要深入研究和深化改革。最关键的是研究生体育教育如何开展并取得实效，可能需要一个不断探索和改进的过程。除此之外，备受争议和值得讨论的一个问题就是：体育要不要进高考？《关于全面加强和改进新时代学校体育工作的意见》提到"启动在高校招生中使用体育素养评价结果的研究。"对此，唐炎在《体育高考"热议"的冷思考》[2]一文中指出，人的体质健康水平主要还是取决于生活方式，这里面的确包含了体育因素，但体育也仅仅是因素之一，除此之外还有营养、卫生、睡眠、环境等众多因素。把体育纳入高考，只不过强化了体质健康水平的一个要素，如果其他要素不能改善，"一发"又怎能承受"千钧"之重？说到底，当前学生体质下滑的问题不能简单地归咎为体育问题，而是教育乃至社会层面的问题。因此，以增强体质为由将体育纳入高考是站不住脚的。反之，如果把体育纳入高考，体育课难免会沦为千篇一律的应试项目的操练。作为"应试的体育"对于学生而言必然成为一种新的学习负担，学生在应试压力下进行的体育学习难有乐趣可言。所以体育不能再走应试教育的老路，更不能重蹈应试教育弊端的覆辙，学校体育也不能通过考试来解决，考试也解决不了学校体育的问题。

另外，目前世界上高考加试体育的国家也并不多见，像韩国、日本、俄罗斯等国虽均未把体育列为高考考试科目，但学校体育却搞得有声有色。可见，学生体质健康水平与体育是不是纳入高考评价体系并无直接关联，重在学校体育教学相关工作如何去开展。目前世界上可借鉴的体育纳入高考人才选拔的国家主要有法国和澳大利亚。在法国，体育是大学入学招生考试的必考科目，高考总分200分，体育科目20分，占10%。高考体育成绩主要依据高中最后一学年的体育成绩，包括体育课成绩、竞赛成绩

---

[1] 杨三喜.体育走进中高考 教育配套要先行[N].科技日报，2020-10-23（006）.
[2] 唐炎.体育高考"热议"的冷思考[J].体育学刊，2013（2）：1-2.

和体育课出勤率等。体育考试项目包括田径、体操和游泳三大类，学生可从中任选一类。澳大利亚体育作为一门高考选考科目，高考时理论部分与实践部分的分值分别占70%和30%。[①]

在实际中，从全国39所"强基计划"高校招生简章来看，多所高校都有"体育测试不合格者，不予录取"的规定。可见，体育不达标将与这39所名校无缘，名校已经率先将体育纳入高考了！这些高校体育招生测试一般基于《国家学生体质健康标准》（2014版）制定，达到及格线（60分）即可。北京大学"强基计划"招生简章言明，对入围考生组织体育测试，测试项目包括：身高体重指数、肺活量、坐位体前屈、立定跳远、仰卧起坐。体育测试优秀者在同等条件下优先录取。中国人民大学对所有入围的考生均须参加体育测试，测试项目为肺活量、立定跳远、50米跑。体育测试成绩作为录取时同分比较的优先条件之一。清华大学以体质测试方式进行，包括：身高、体重、肺活量、台阶运动试验、坐位体前屈、立定跳远等。身体素质考核结果不计入高校测试成绩，入选但无故不参加者将取消其录取资格。

但无论如何，重视学校体育才是根本之策。2022年新颁布的《义务教育体育与健康课程标准》指出，义务教育体育与健康课程以身体练习为主要手段，以体育与健康知识、技能和方法为主要学习内容，以发展学生核心素养和增进学生身心健康为主要目的，具有基础性、健身性、实践性和综合性等特点，是学校教育的重要组成部分，对促进学生德智体美劳全面发展具有非常重要的价值。评价内容要围绕核心素养，既关注基本运动技能、体能与专项运动技能，又关注学习态度、进步情况及体育品德；既关注健康基本知识与技能，又关注健康意识和行为养成。评价方法要重视过程性评价与终结性评价结合、定性评价与定量评价结合、相对性评价与绝对性评价结合。评价主体以体育教师为主，鼓励学生、其他学科教师、家长等参与到评价中。

《义务教育体育与健康课程标准》还针对基本运动技能、体能、健康教育和专项运动技能，分别制定了不同水平的学业质量合格标准。特别是在选择适宜的评价方式方面，《义务教育体育与健康课程标准》（2022版）强调注意三点：①注重评价方法多样化。教师可根据学生实际，综合运用清单式评价、观察评价、等级评价、展示或比

---

① 曹燕. 澳大利亚体育课程与高考接轨的模式探析[J]. 中国校外教育，2013（15）：145-146.

赛评价、书面测评、口头测验、成长档案袋等方法，充分发挥不同方法的特点和优势，多角度评定学生的核心素养水平。②重视过程性评价。教师应将评价贯穿于学生学习的整个过程，不仅要关注学生学习的结果，更要关注学生成长和发展的过程。教师应结合具体的内容，选择适宜的方法，记录学生的课内外表现与进步情况，并及时向学生提供个人学习情况信息，帮助学生反思和改进学习方法，有效评价学生核心素养的提升过程和程度。③加强运用现代信息技术开展实时和精准的评价。教师可以充分利用信息技术跟踪学生的学习过程，采集数据并基于数据分析结果，及时反馈和评估学生的学习情况，如利用运动监测设备记录学生的课堂行为表现和运动负荷，准确分析和评价学生的运动能力等。

三、改进美育评价

全面加强和改进新时代学校美育工作是培养德智体美劳全面发展的社会主义建设者和接班人的必要举措，是全面贯彻党的教育方针的重要方面。对学校美育工作进行全面、客观和科学的评价有助于提高学校美育质量，增强学校对美育工作的重视程度，强化美育育人功能。然而，与国家高度重视和中小学美育教育逐步普及形成强烈反差的是，学校中轻视美育的情况普遍存在，美育成为德智体美劳全面发展教育体系中最薄弱的环节，美育相对而言明显处于可有可无的状态，做好美育评价更是一项十分困难的事情，五育之中，唯缺美育评价体系。为了补齐美育短板，改进美育评价，改变长期以来学校美育缺乏科学评价标准和基本评价机制的局面，国家相继出台了一系列文件，明确提出要把长期以来美育评价的"软要求"转变为"硬指标"，以充分发挥美育评价的指挥棒与倒逼作用。

美育作为一种集感知性、获得性和内生性于一身的隐性教育，美育的特殊功能是其他教育方式不能替代的。但其教育效果难以像其他知识型或实践型知识教育那样可以进行定量或定性评价。同时，鉴于美育对于人的涵育处于"润物细无声"的状态，衡量美育效果或成效难以在短期内形成科学有效的评价。[①]2014年1月10日教育部出台的《关于推进学校艺术教育发展的若干意见》用较大篇幅就"建立评价制度，促进学校美育规范发展"提出具体思路与举措，首度明确要建立学生艺术素质评价制度、

---

① 单宏健.深入推进学校美育评价改革[N].中国社会科学报，2020-12-28（005）.

学校艺术教育工作自评公示制度、学校艺术教育年度报告制度等三项美育评价制度，用比较精准清晰的标准和公平透明的程序进行测量与评估。为了使美育评价改革尽快落地，教育部随即研制起草了《中小学生艺术素质测评办法》《中小学校艺术教育工作自评办法》《中小学校艺术教育发展年度报告办法》三个美育评价实施办法，并于2015年5月正式印发。[1]实践表明，这些创新举措对改进美育教学、推进学校美育改革发展注入了前所未有的动力，有力促进了学校艺术教育的规范和科学发展。

2020年10月13日，中共中央国务院印发的《深化新时代教育评价改革总体方案》进一步要求"改进美育评价"。并具体提出三项任务：一是把中小学生学习音乐、美术、书法等艺术类课程以及参与学校组织的艺术实践活动情况纳入学业要求，促进学生形成艺术爱好、增强艺术素养，全面提升学生感受美、表现美、鉴赏美、创造美的能力。二是探索将艺术类科目纳入中考改革试点。三是推动高校将公共艺术课程与艺术实践纳入人才培养方案，实行学分制管理，学生修满规定学分方能毕业。随即10月15日，中共中央办公厅、国务院办公厅专门印发了《关于全面加强和改进新时代学校美育工作的意见》，更加明确具体地提出了推进学校美育评价改革的具体任务，要求"把中小学生学习音乐、美术、书法等艺术类课程以及参与学校组织的艺术实践活动情况纳入学业要求，探索将艺术类科目纳入初、高中学业水平考试范围。全面实施中小学生艺术素质测评，将测评结果纳入初、高中学生综合素质评价。探索将艺术类科目纳入中考改革试点，纳入高中阶段学校考试招生录取计分科目，依据课程标准确定考试内容，利用现代技术手段促进客观公正评价。"并特别提出，美育中考要在试点基础上尽快推广，到2022年力争全覆盖。

全面实行美育中考，引发了社会舆论广泛关注。把音乐、美术纳入中考，初衷无疑是引导学校、学生、家长重视美育。但如何保障美育中考的公平？会不会又出现新的"应试美育"倾向，这如同前述体育中考一样，都是在推进实施美育中考时必须直面的问题。必须承认，我国基础教育存在较为严重的应试倾向，一般不纳入升学考试的科目，学校就可能不教、学生则可能不学。目前在一些地方和学校对美育育人功能认识更是很不到位，应付、挤占、停上美育课的现象大量存在。但是，通过与升学挂

---

[1] 郭声健，刘珊.国家美育评价政策：背景、内容与原则[J].湖南师范大学教育科学学报，2021（03）：14-21.

钩的方式来提高学校、学生和家长对美育的重视程度，说到底还是"应试思路"。所以推进美育中考，避免应试化需改革评价体系。①特别是美育进中考所涉及的评价方式、评价过程会比较复杂。原因是，审美和人文素养以及艺术的知识和体验，在评价上主观性会强很多，在评价中，不可能像其他课程那样有标准答案，所以一旦出现问题，就容易造成不公，甚至会成为个别人徇私舞弊的温床。所以"美育进中考"不可操之过急。一方面，应逐渐扩大试点范围，在不断总结经验的基础上加快规范和推进；另一方面，要未雨绸缪，对美育进中考所涉及的评价方式、评价过程以及规范要求、纪律监管、违规处罚，都要出台细则，之后再落实实施。②

与此同时，我们还应认识到，美育评价是一项系统性工程，它不只有美育中考，还有诸如中小学生艺术素质测评、学校美育工作自评、学校美育发展年度报告制度、美育督导与问责评价等多个方面，这些都必须系统推进，才能为美育中考提供良好氛围与机制保障。③其实，推进美育评价改革的落脚点是促进学校开齐开足美育课程，重视过程培养与过程评价。除结果性评价外，美育更多的是要把评价融入日常教学过程之中，可以把课堂表现、课业作品、才艺特长、参加赛事、审美能力等纳入综合素质评价体系，为升学提供全面真实的学生成长记录。探索评价主体多元化，把任课教师评、学生自评、学生互评、学生家长评等有机结合起来，为每个学生提供一份可量化（或分等级）的过程评价报告。④把美育纳入中考和开展"艺术素质测评"，根本目的不应该是"考倒"学生，而是促进学校开齐开足美育课程，保障进行艺术活动的时间，促进学校重视美育。并把推进美育中考作为强化过程评价改革的重要试点，通过建立对美育的过程评价体系，推进整体的教育评价改革。⑤

还有，人们习惯于把学校美育等同于音乐课、美术课，因此，对于学校美育评价的认识，也停留在音乐、美术这两门课程的考试层面。由于音乐、美术不属于升学考

---

①熊丙奇.强化过程评价，推进体育、美育中考[J].上海教育评估研究，2020（06）：23-26.
②曲征.美育进中考，评价体系必须改变[J].甘肃教育，2020（23）：14.
③郭声健，王正君.美育进中考如何实现"育分"和"育人"的统一：郭声健教授访谈录[J].中国音乐教育，2021（08）：5-9.
④霍晓宏，王慧霞.美育进中考：课程认知与实践诉求：以天津市为例[J].天津教育，2021（25）：16-20.
⑤熊丙奇.强化过程评价，推进体育、美育中考[J].上海教育评估研究，2020（06）：23-26.

试科目，对于这两门课程而言，考与不考一个样，这直接导致了一些地方和学校甚至没有开展对美育工作的基本评价。为此，要创新美育评价方法。与德育、智育、体育相比，美育具有一定的特殊性，学校美育评价要突出美育的属性，评价方法的选择应符合美育教学活动规律和特点，探索将形成性、差异性、体验式评价融入美育评价的全过程。重点是如何以"审美素养"发展为目标，以体验式、过程性评价为主导，充分利用智能化技术并伴随美育实施，随时随地收集分析数据和给予评价、反馈、调控和管理等，仍然是新时代美育迫切需要完成的一项艰巨而意义非凡的任务。[1]

即使采用课程考试的方法，美育学业考试应当是为促进"各美其美，美美与共"而进行的考试。除国家规定的音乐、美术、书法外，很多学校还设置了舞蹈、戏剧、相声、地方艺术以及自然美、社会美、科学美等校本美育选修课程。对于美育课程的考试方法不可单一。学生可以选择笔试，在掌握一定审美知识基础上，用书面语言来表述自己的审美理解、审美体验和审美评价，也可以选择艺术表演，还可以参加自然审美、社会审美、科学审美活动，展现自己的审美能力。让学生按自己擅长的方式表达美，这合乎"各美其美"的原则，还能充分调动学生参加美育评价的积极性。最好将课程考试和活动等级评价综合，共同构成美育的学业考试成绩。在高校，美育课程理应比中小学更丰富、更有高度和深度，最好与专业教育和专业课程紧密关联。例如，可以开设科学美育、桥梁美学、医学美学、观光农业、计算机界面艺术等课程。学生至少必选2个学分才能毕业，同时鼓励多选，获得更多学分。[2]

2022年颁布的《义务教育艺术课程标准》指出，艺术教育是美育的重要组成部分，其核心在于弘扬真善美，塑造美好心灵。义务教育艺术课程包括音乐、美术、舞蹈、戏剧（含戏曲）、影视（含数字媒体艺术），是对学生进行审美教育、情操教育、心灵教育，培养想象力和创新思维等的重要课程，具有审美性、情感性、实践性、创造性、人文性等特点。为此，要体现艺术学习特点，优化评价机制。围绕学生艺术学习实践性、体验性、创造性等特点，将学生的课程学习与实践活动情况纳入学业评价。明确评价依据，改革创新评价的任务设计、题目命制、评价方式；强调评价的统一要

---

[1]赵伶俐，文琪.以审美素养发展为目标的美育评价[J].湖南师范大学教育科学学报，2021（03）：22—29.
[2]李晓，张国圣，晋浩天，等.美育如何教，又该怎样考[N].光明日报，2020-11-17（007）.

求，重视艺术学习的过程性、基础性考核与评价。尊重学生艺术学习的选择性，以学定考，根据学生的选择进行专项考核，体现教、学、评一致性。

新版《义务教育艺术课程标准》还明确指出，艺术课程要培养的核心素养主要包括审美感知、艺术表现、创意实践、文化理解等。学业质量标准是以核心素养为主要维度，结合课程内容，对学生学业成就具体表现特征的整体刻画。艺术课程学业质量标准是按照音乐、美术、舞蹈、戏剧（含戏曲）和影视（含数字媒体艺术）5个学科分别制定的。在评价方法上，重视表现性评价。即围绕学生艺术学习实践性、体验性、创造性等特点，注重观察、记录学生艺术学习、实践、创作等活动中的典型行为和态度特征，运用作品展示、技艺表演等形式，对学生艺术学习情况进行质性分析，同时兼顾其他评价方式的应用。注重引导学生对自己的学习历程进行写实记录，丰富评价内容，提高评价的全面性、准确性。在评价结果的呈现和运用上，可以采用分项等级制和评语相结合的方式呈现，避免单纯以分数评价学生。评语要简练、中肯、有针对性，以便学生准确了解自己的表现和结果，并知道今后的努力方向。针对不同学生的特点，对评价结果要作个性化、发展性的解读。并注重运用学生评价结果反思、改进教学。最终采取过程性评价与学业水平考试相结合的评定方式，将评定结果作为高一级学校招生录取、地区教育质量评估等的参考依据。

最后必须指出，当前学校美育评价中的"学科思维"还比较严重也相对狭隘。在多数学校现行的美育评价体系中，美育往往局限于音乐、美术等学科的教育评价，尚处于狭义美育的概念范畴，未能有效延伸到美育与审美、情操、心灵和创新意识的深层次关系中，这就直接导致现有美育评价体系的狭隘化，不能体现"大美育"的概念，这既不利于美育体系的优化，也不利于美育评价工作的开展。为此，要在学校美育评价中破除学科思维定式。美育是"纯洁道德，丰富精神的重要源泉"，而不是一门或几门学科的教育。在学校美育评价过程中，要"树立学科融合理念"，注重"五育"并举、相互融合，注重在美育课程、艺术实践、师资队伍等方面开展美育评价，统筹、引导优质社会资源向学校美育集聚，构建学校"大美育"的教育体系，切实提升学校美育的社会性。[①]

---

① 单宏健.深入推进学校美育评价改革[N].中国社会科学报，2020-12-28（005）.

四、加强劳动教育评价

劳动教育是全面发展教育体系的重要组成部分。但是，实践中的劳动教育，仍然是我国全面发展教育体系中的短板。近年来一些青少年中出现了不珍惜劳动成果、不愿劳动、不想劳动、不会劳动的现象，劳动的独特育人价值在一定程度上被低估、被忽视。自 2001 年劳动教育被并入综合实践活动后，已没有独立设课的劳动教育课程，且劳动教育在综合实践活动中又处于相对边缘的地位，目前学校劳动教育更是存在着地位弱化、目标物化、内容窄化、实施异化等诸多困境，劳动教育的价值被消解。特别是在劳动教育的评价上，一些教师将其简单理解为学生对劳动技能掌握的评价，而忽视了学生对劳动成果珍惜、劳动价值体悟等精神层面的价值评价。[①] 因此，重视和加强劳动教育，强化劳动教育评价，建立科学的劳动教育评价指标体系和评价方式与方法，成为急迫需要建立、解决和完善的问题。

2020 年 3 月 20 日，中共中央、国务院就印发了《关于全面加强新时代大中小学劳动教育的意见》，指出："劳动教育是中国特色社会主义教育制度的重要内容，直接决定社会主义建设者和接班人的劳动精神面貌、劳动价值取向和劳动技能水平。"该文件明确了新时代大中小学劳动教育的基本原则，并对新时代劳动教育提出一系列新论断与新要求。同时，文件明确了劳动教育评价的核心内容，即劳动素养的评价，要求"健全劳动素养评价制度"，"将劳动素养纳入学生综合素质评价体系，制定评价标准，建立激励机制，组织开展劳动技能和劳动成果展示、劳动竞赛等活动，全面客观记录课内外劳动过程和结果，加强实际劳动技能和价值体认情况的考核。建立公示、审核制度，确保记录真实可靠。把劳动素养评价结果作为衡量学生全面发展情况的重要内容，作为评优评先的重要参考和毕业依据，作为高一级学校录取的重要参考或依据。"

为落实此文件，教育部紧接着于 2020 年 7 月 7 日印发《大中小学劳动教育指导纲要（试行）》，要求学校和教师要抓住关键环节，灵活运用讲解说明、淬炼操作、项目实践、反思交流、榜样激励等多种方式方法，增强劳动教育效果；开展平时表现评价、学段综合评价和学生劳动素养监测，发挥评价的育人导向和反馈改进功能。2020 年 10 月 13 日，中共中央、国务院印发的《深化新时代教育评价改革总体方案》，有关"加

[①] 刘茂祥.基于实践导引的中小学劳动教育评价研究[J].教育科学研究，2020（02）：18-23.

强劳动教育评价"提出了三大任务：第一条就是实施大中小学劳动教育指导纲要，明确不同学段、不同年级劳动教育的目标要求，引导学生崇尚劳动、尊重劳动。二是探索建立劳动清单制度，明确学生参加劳动的具体内容和要求，让学生在实践中养成劳动习惯，学会劳动、学会勤俭。三是加强过程性评价，将参与劳动教育课程学习和实践情况纳入学生综合素质档案。

本质上，劳动教育评价，就是依据劳动教育的目的及其标准，通过系统地收集劳动教育过程中的信息，在对所收集的信息与劳动教育的标准进行比较的基础上，进行的价值判断。为此，在劳动教育评价环节，《大中小学劳动教育指导纲要（试行）》强调将劳动素养纳入学生综合素质评价体系。以劳动教育目标、内容要求为依据，将过程性评价和结果性评价结合起来，健全和完善学生劳动素养评价标准、程序和方法，鼓励、支持各地利用大数据、云平台、物联网等现代信息技术手段，开展劳动教育过程监测与纪实评价，发挥评价的育人导向和反馈改进功能。具体表现在如下三个方面。

（1）平时表现评价。要在平时劳动教育实践活动中及时进行评价，以评价促进学生发展。要覆盖各类型劳动教育活动，明确学年劳动实践类型、次数、时间等考核要求。关注学生在劳动教育活动中的实际表现，注重从行为表现中分析把握劳动观念形成情况。以自我评价为主，辅以教师、同伴、家长、服务对象、用人单位等他评方式，指导学生进行反思改进。要指导学生如实记录劳动教育活动情况，收集整理相关制品、作品等，选择代表性的写实记录，纳入综合素质档案，作为学生学年评优评先的重要参考。

（2）学段综合评价。学段结束时，要依据学段目标和内容，结合综合素质档案分析，兼顾必修课学习和课外劳动实践，对劳动观念、劳动能力、劳动精神、劳动习惯和品质等劳动素养发展状况进行综合评定。建立诚信机制，实行写实记录抽查制度，对弄虚作假者在评优评先方面一票否决，性质严重的应依法依规严肃处理。在高中和大学开展志愿者星级认证，高中学校和高等学校要将考核结果作为毕业依据之一，推动将学段综合评价结果作为学生升学、就业的重要参考。

（3）开展学生劳动素养监测。将学生劳动素养监测纳入基础教育质量监测、职业院校教学质量评估和普通高等学校本科教学质量评估。可委托有关专业机构，定期组织开展关于学生劳动素养状况调查，注重学生劳动观念、劳动能力、劳动精神、劳动习惯和品质等的监测，发挥监测结果的示范引导、反馈改进等功能。

《大中小学劳动教育指导纲要（试行）》还明确提出新时代劳动教育要以全面提升学生的劳动素养为总体目标，旨在通过劳动教育的开展，使学生树立正确的劳动观念、具有必备的劳动能力、培育积极的劳动精神、养成良好的劳动习惯和品质，这为构建新时代基于劳动素养的评价标准体系的构建提供了基础。不过，该纲要并未明确各级各类学校学生劳动素养的具体构成及基于素养的评价标准。恰逢 2022 年 3 月 25 日《义务教育课程方案和课程标准（2022 年版）》印发。其中，《义务教育劳动课程标准》是中华人民共和国成立以来首次为劳动课程研制课程标准，从此劳动课程拥有了与其他科目一样的课程身份和教育地位，具有标志性的意义。《义务教育劳动课程标准》就中小学开设劳动课程及其评价提出了具体的要求、标准和建议。

首先，强调中小学劳动课程要注重综合评价，要注重评价内容多维、评价方法多样、评价主体多元。既要关注劳动知识技能，更要关注劳动观念、劳动习惯和品质、劳动精神；既要关注劳动成果，更要关注劳动过程表现。要重视平时表现评价与学段综合评价结合，定性评价与定量评价结合。建议以教师评价为主，鼓励学生、其他学科教师、家长等参与到评价中。

其次，劳动课程评价应遵循的基本原则是：注重平时表现评价和阶段综合评价。强调应整体、系统地进行评价，并贯穿学习始终。依据学生年龄特征和学习特点，制订循序渐进的评价目标。注重过程性评价与结果性评价相结合，兼顾家庭劳动实践评价与社会劳动实践评价，采用多样化评价方式，如项目实践、交流对话、技能测试等，持续地反馈信息。

再者，围绕课程就具体的评价内容提出要求。要紧扣课程内容要求和劳动素养要求，客观准确地反映学生在真实情境下劳动素养的表现水平。不同类型的劳动内容、不同任务群，评价的侧重点有所不同。日常生活劳动侧重于卫生习惯、生活能力和自理、自立、自强意识等的评价。生产劳动侧重于工具使用和技能掌握、劳动价值观、劳动质量意识，以及劳动精神等的评价。服务性劳动侧重于服务意识、社会责任感等的评价。

最后，在评价方法的选择与使用上，要有利于学习诊断和促进发展。劳动课程的评价方法以表现性评价为主，可以采用劳动任务单、劳动清单、劳动档案袋等工具。

利用劳动任务单记录某项劳动任务的方案设计、劳动过程、劳动成果、劳动体会等情况。劳动任务单可作为评价学生劳动学习与实践效果、劳动目标达成情况的依据。

以往，有些学校的劳动教育没有明确的目标、内容、方法、措施，"表演性"的劳动实践教育占相当大的比重。建立劳动清单制度，利用劳动清单记录劳动项目参与、劳动技能掌握、劳动习惯养成等情况，能有效解决劳动内容空泛和劳动参与形式化的问题，将劳动实践活动落实到学生个体上，形成长效的劳动实践活动记录，利于形成劳动素养学段综合评价结果，促进高中综合素质评价体系与新时代育人要求合理衔接。建立劳动清单制度应充分考虑学生年龄及劳动教育内容、场景和需求，分类别制订多样化清单记录表，细化劳动实践项目，确保如实记录学生在参与劳动实践中取得的收获与成长。由于劳动教育内容涉及家庭劳动、生产劳动、服务性劳动和职业体验，涉及家庭、学校、经营场所和生产机构，劳动清单还可以包含学生的劳动体会，家长、同学、老师写的评语。细化劳动内容与落实劳动清单需要加强学校与家庭、学校与经营者、学校与生产机构的协调，形成学校与家庭、学校与社会双联并重劳动育人的氛围，推动劳动清单制度的有效执行。[①]

另外，利用劳动档案袋有目的地收集学生一段时间内劳动学习与实践情况的材料，了解学生在该段时间内做出的努力、取得的进步和成就。劳动档案袋主要收集劳动实践活动的过程性记录，可包括的内容有：劳动方案、劳动过程的照片和视频、劳动成果、劳动日志、自我反思、他人评价等。有条件的学校或地区可建立相应的数字化平台，进行劳动课程的过程性和结果性评价。针对具体的劳动学习与实践的目标和内容，可采取相应的方法进行评价。例如：日常生活劳动以劳动清单为主要依据，家校合作共同评价；生产劳动以劳动任务单为主要依据，结合劳动任务的完成过程和劳动成果情况进行综合评价；服务性劳动可以劳动档案袋为主要依据，结合服务对象的评语和多方面的材料进行综合评价。针对不同学段，可灵活使用多种方法进行评价。例如：1—2年级应鼓励学生使用劳动绘本、劳动日志、星级自评、贴小红花等方式体现劳动过程和劳动感受，侧重评价学生劳动意识的建立和个体日常生活技能的掌握；3—6年级可以采取劳动叙事、劳动作品展示等方式记录劳动过程，侧重评价劳动观念、劳动

---

① 马春晖.基于综合评价的劳动教育课程评价机制建构[J].福建教育，2021（06）：16-17.

习惯的养成和基本劳动技能的掌握；7—9年级可以采用劳动测试、评语评价、展示评价和劳动档案袋等方式进行，侧重评价劳动能力的提升、劳动品质的形成和劳动精神的培养，以及设计能力、团队合作能力的形成等。要用好评价结果，充分发挥评价的反馈、导向功能，依据评价目标和评价标准对评价结果进行恰当的解释，帮助学生了解自己的劳动学习与实践状况，提出改进策略。

总之，正确把握劳动教育评价内涵是科学诊断劳动教育效果的基础与前提。劳动教育不是简单地交给学生一定的劳动知识和劳动技能，而是要通过劳动教育使学生具备社会主义建设者和接班人应该有的劳动精神面貌和劳动价值取向。劳动教育评价重在激发学生潜能，鼓励其在实践中逐渐养成良好的劳动习惯，关注过程，深化劳动体验，懂得尊重劳动者，珍惜劳动成果，树立正确的劳动价值观和劳动态度，从而不断养成与提升动手实践能力和创新发展能力等。当前，学校劳动教育在开展过程中主要侧重于学生在劳动过程中的体验与锻炼，让学生通过劳动达到锻炼身体、体会劳动艰辛、促进学生劳动能力提升的目的，这些是劳动教育的目标，但只是发挥了劳动教育对人的发展层面的单一的劳动教育价值，特别应明确劳动教育还有树德、增智、强体、育美的综合价值。故此，劳动教育评价在评价理念与目标上、评价内容与标准上应遵行一体化设计，要深入思考如何才能帮助学生逐渐养成劳动素养，为将来的劳动做好准备。

本章小结

现代教育考试评价一个极其重要的趋势是日益重视"强化过程性评价"。过程性评价是指在教学活动中对学生学习过程涉及的各类信息给予即时、动态的收集、解释、反馈与调整，以揭示、判断和生成教学价值的活动。过程性评价主要区别于传统终结性评价，具有评价的目标与过程并重、主体与客体相整合、学习评价与学习过程相融合、关注学生个性化发展、重视非预期结果等特征。在实践中，要坚持过程评价与结果评价相统一，实施"教学评一体化"策略，重点是要探索开展学生学习情况全过程、德智体美劳全要素评价。

过程性评价的基本组织形式是学生自评、同学互评和教师评价。具体应依据不同学段、不同学科类型以及课程性质、课程目标和学生发展特点，灵活采用不同的过程性考核方式和办法，而科学有效运用现代信息技术实施过程性评价效果更佳。核心原则是将量化与质性方法结合起来。过程性评价的重点在于及时反馈和有效指导学生自我反思。过程性评价量表、成长记录袋等是重要的过程性评价工具。

作为过程性评价最主要的评价方式和工具，学生记录袋就是学生作业和表现的专业收容库，它反映了学生的努力、进步或学业成绩的经历。档案袋的类型有：展示型档案袋、文件型档案袋、评价型档案袋、过程型档案袋和复合型档案袋。但无论纸质档案袋还是电子档案袋评价，都有工作量大，主观性强，很难保证客观、公正等自身固有的局限性和在实践中不同程度存在着为收集而收集，易于流于形式、走过场等弊端现象。

思考题

1. 简述过程性评价的内涵及其重要性。
2. 简述过程性评价的特征。
3. 实施"教学评一体化"应注意什么。
4. 如何处理过程性评价与结果性评价、形成性评价的关系。
5. 学生自评与学会评价的相互作用机制是什么？
6. 简述小组评价的实施步骤与注意事项。
7. 试述档案袋评价的本质及其使用困境。
8. 简述创新德智体美劳过程性评价的策略与路径。

第六章 公平性：从效率分数到全面发展

考试特别是教育考试在我国向来是最重要的社会活动，在社会生活中占据着独特的地位，教育考试不仅担负为国家经济社会发展选拔人才的重任，同时也肩负着评价教育教学发展水平的重要角色。而教育考试评价的公平，是保障教育质量稳步提高的重要旨趣，公平的教育考试评价能促进学校规范办学，使教师形成严谨求实的教风，促进学生积极向学，进而通过公平的教育考试评价与选拔造就现代社会所需要的接班人和各级各类专门人才。特别是历史经验和现实教训无不昭示出这样一个命题：公平是任何社会永恒的诉求。在日益追求公平、公正与效率的今天，任何一项制度，其生存或发展空间的大小，已越来越取决于其公正的程度。考试评价制度的改革，若改掉公平，就等于革了自己的命，这似乎成了考试历史上一个颠扑不灭的真理。对中国这样一个尤重人情关系、社会资源相对紧张的发展中大国而言，民众的公平忧患意识与渴望也较别国更为强烈，"不患寡而患不均"是社会大众的普遍心态，亦是对考试评价改革的现实期许。在各级各类教育供需矛盾尚较突出的情况下，确保教育机会公平公正仍是且将一直是教育考试评价改革的第一要义与核心要素。[①]

第一节 公平公正是考试评价制度的灵魂

公平公正是人类文明史上争论不休的一个永恒话题，是社会、民众、国家追求的

---

① 郑若玲.高考：在教育与社会之间[M].厦门大学出版社，2021：7.

永恒价值，也是检验教育考试评价是否合理的最重要指标。考试评价作为教育的一个重要环节，一直是人们追求社会公平的重要手段。科举考试的公正性一直备受推崇，甚至说科举考试制度在形式上的公正性已近乎完美。1300年的科举考试经历许多变革，促进变革的动因和主旋律始终是为了实现公平公正。具体表现在：科举考试不以门第、财产作为选拔人才的依据，而以考试作为主要手段，使得下层的平民百姓可以通过寒窗苦读进入到上流阶层，是不平等社会下相对平等的制度，体现了追求公平公正的价值理念，从根本上维系着科举制度的稳固存在。特别是严密的考试管理制度使得考试秩序得到维持，考试权威性得到加强，并有效防止考试中的舞弊现象，给广大考生提供了一个公平公正的考试环境。而按省配额的录取制度使得科举考试在尊重平等性的同时尊重差异性，照顾到各地经济文化发展差异，使得落后地区考生有了更多的机会。[1]

当今，公平公正依然是教育考试评价的灵魂所在。必须从加强法治、完善制度、规范运作、有效监督、落实责任等多方面营造公平、公正的考试评价环境、条件和标准。实现了教育考试评价公平公正，就是在一定的层面、一定的领域实现了社会公正正义，并对社会公平公正产生积极效应。[2]

一、考试公平的实质内涵

"公平"与"公正"是考试追求的高位标准，但"公平"与"公正"不是完全相同的。广义来讲，人们通常会将"公正"解读为"公平，正义"。可见"公正"的定义包含但不局限于"公平"。它强调的是价值取向的正确性，重视事情的现状、结果是否符合正义的要求或原则。同时，也注重导致此结果的过程是否"公平"。"公平"主要强调的是一种"尺度"，客观性、工具性强，带有价值中立色彩，主要为防止多重标准在社会活动中带来的弊端，意在"公正"的价值取向下，寻找一种尺度和标准。应当指出的是绝对意义上的"公平"并不一定是"公正"的。[3]

所谓社会公正，就是指"给每个人他（她）所应得"；而所谓社会公平，则是指对待人或对待事要"一视同仁"。显然，公正带有明显的"价值取向"，它所侧重的是社会的"基本价值取向"，并且强调这种价值取向的正当性。而公平则带有明显的"工

---

[1] 吉丽. 科举考试公平公正研究[J]. 扬州大学学报（高教研究版），2011（01）：28-32.
[2] 江畅. 论教育考试公正的内涵与实质[J]. 湖北招生考试，2007（20）：4-10.
[3] 吴忠民. 关于公正、公平、平等的差异之辨析[J]. 中共中央党校学报，2003（04）：17-22.

具性",它所强调的是衡量标准的"同一个尺度",至于尺度本身是不是合理、正当的,公平就不予以考虑了。所以,凡是公正的事情必定是公平的事情,但是公平的事情不见得是公正的事情。这是公正和公平最为重要的区别。

考试活动区别于其他社会活动的本质特征在于:它是一种鉴别人的身心素质水平的个别差异的活动。考试作为人才选拔活动的重要手段,首先必须做到客观公正、平等合理。而公平作为一种社会评价和价值判断手段,要求的就是公正和平等,也就是按照一定的原则和标准,采用正当的程序合理地待人处事,它的主题应该是永恒的。但公平的内容和标准是具体的、历史的,要受到一定社会生产方式的制约,并会随着社会的变化而变化。所以,在社会发展的不同时期,适应社会生产和生活的发展变化采取不同的测度、评价方式和方法,按照共同的原则和标准公正、平等地进行合理有效的考试活动,就是一种公平的考试活动,实际上这就是考试公平的内涵。[1]

具体而言,考试公平,是在承认应试者存在个体差异的前提下,寻求公平认可标准的过程。[2]考试的公平性原则要求:"其一,考试的内容必须公平合理,凡参加同次考试的人,应有基本相同的答题机会和条件,或者说,应以全体考生所学而又必须掌握的材料编制考试内容使之答题机会均等。其二,凡与施考对象条件相符合的人,都有参加考试的权利,不受种族、出身、居住地区、宗教信仰、风俗习惯等方面的限制。其三,成绩面前人人平等,凡成绩相同的考生,应享受同等待遇,而不能因人而异。"[3]基于此,考试公平就是指在考试过程中无偏向性,对所有考生一视同仁。具体包括报名资格的公平、考试环境的公平、考试内容与形式的公平、阅卷的公平、分数解释的公平等。[4]

也有研究者认为,考试公平主要包括考试起点公平、考试过程公平、考试结果公平3方面。考试起点公平是应试者所享受到的考试甄别、选拔、认定权力相同,只要符合某个特定类型考试形式选拔认定的应试者,参加考试权利具有同一性相同性,而且不能附加其他条件;所谓过程公平是应试者接受选拔、认定、甄别的考试环境、考

---

[1] 赵洪俊.公开选拔党政领导干部考试与古代科举考试比较研究[M].北京:党建读物出版社,2007:79-80.
[2] 余扬.论考试公平[J].中国考试,2005(04):20-23.
[3] 廖平胜,何雄智,梁其健.考试学[M].武汉:华中师范大学出版社,1988:207.
[4] 吴根洲.2009年高考作文命题的公平性[J].教育理论与实践,2010(05):14-16.

试规则，考试监督程度相同；所谓结果公平是应试者接受选拔、认定、甄别的最终结果与本身能力素质相符，真实反映应试者能力素质的特性，某些选拔性考试中还指考试参加者面临同样录取标准和条件。只有充分保障考试运作3个具体环节的公平，才能真正体现考试本身的公平。[①]

还有研究者认为考试公平包含这样三层含义：[②] ①程序公平。即对所有参加考试的应考者都一视同仁，使所有考生得到相同的对待。为此，必须避免倾斜的分数线的现象发生，要对主观题的评分误差进行控制，要对不同试卷之间的难度差异进行等值处理。还要避免由于"题目功能差异"可能会导致男女之间、城乡之间的组间差异等。②条件公平。即所有应考者在考试中受到相同的对待，特别是在教育条件方面。若以同样的考试考查学习条件迥异的学生，并不能算公平。同样的高考分数，对于一个艰苦环境中的自学者和一个优越环境中接受特殊辅导的学生，具有很不同的意义。现今在考试中采用了降低少数民族考生的分数线、照顾教育条件落后地区的政策，即在一定程度上体现了对这种"条件公平"的追求。③事实公平。即追求所有儿童都具有平等分享优质教育资源的权利。通过考试把有限的优质教育资源提供给强者而不是弱者，使强者更强，弱者更弱，自然会扩大社会的不平等，会加速社会的两极分化。现今在小学、初中入学中所采用的"就近入学、电脑派位"方式，就是对这种"事实公平"的追求。

另有研究者认为，从考试尺度与评价对象的关系来看，考试公平应体现在考试的有效性、客观性、可靠性等方面。有效性是考试所需测试的特质被准确测出的程度。考试的可靠性是指考试的结果要尽量排除偶然性等因素的干扰，测量结果应具有可重复性，一次考试的结果，经得起多次同类测试的检验。影响考试的因素可能有来自考生的，如考生情绪或身体不适等。也可能有来自考生之外的，如评卷误差、考试时天气影响、考场环境不符合标准等。因此，要保证考试公平就必须提高考试的可靠性。考试的客观性，即考试内容和形式对考生而言是客观的、合理的，而不是有偏袒的、

[①] 余扬.论考试公平[J].中国考试，2005（04）：20-23.
[②] 谢小庆.谢小庆教育测量学论文集[M].北京：北京语言大学出版社，2012：81-83.

有歧视的、随意的，应避免试题只对某些群体考生有利或不利而产生偏差。[①]

总之，实现考试公平公正是现代教育考试评价的最高标准追求。但考试公正总是与一定的社会、经济发展水平以及人们对公正的认识相适应的。同时，考试公平也是有成本的。为此，在很多情况下，我们不得不在公平与效率之间进行权衡，在理想与现实中进行取舍。

二、考试招生中公平与效率的矛盾

考试研究著名学者刘海峰教授说："一部中国考试史，实际上是一部中国人追求公平与效率的历史。"[②]古代中国对公平曾有过不懈的追求，并出现了"至公"的理念。在考试选才方面，甚至可以说中国是一个过度追求公平的国度。但公平并不是考试的唯一目标，讲求效率也是考试的重要方面。以高考为例，效率一般有两种：一是人才选拔方面的效率，即如何提高考试的信度、效度和区分度，准确地测验出应试者的实际水平，将优秀者选拔出来并供高校挑选；二是如何使考试本身做到高效、经济，能够使考试简便易行，省时、省事、省力。从这两方面的效率来看，高考作为大规模的统一考试，在第一种效率方面是优劣兼具，在第二种效率方面则是优点突出。考试招生改革应同时考虑两种效率问题，即有效地选拔人才和配置资源，最大限度地发挥考试的测验选拔功能。而维护公平竞争、杜绝考试作弊、准确区分优劣，归根到底都是为了提高选拔人才的效率，或者说通过维护公平而达到提高效率的目的。最终"高考改革的发展趋势是从效率优先走向公平优先，继而走向公平与效率的兼顾与平衡。"[③]

然而，仅就高考的公平与效率的争论就日趋激烈，学者们各持己见，针锋相对，并大致分为"公平派"和"效率派"。"公平派"主张当前高考改革应该"首重公平"，其主要观点有：人类社会生活的许多方面普遍存在公平与效率难以抉择的难题，高考公平与效率问题也是相互对立并难以同时兼顾的矛盾的两个方面；高考公平与效率的关系如鱼与熊掌，在很长一段时间内不可兼得；高考改革应"公平为首，兼顾效率"，公平是评价高考的最重要指标；有效地选拔人才也是考试的重要职能，但在考试实际

---

①金荣华.考试公正与公平问题初探：兼论现代考试公正与公平要素[J].考试研究，2011（01）：30-35.

②刘海峰.高考改革中的公平与效率问题[J].教育研究，2002（12）：80-84.

③刘海峰.高考改革：公平为首还是效率优先[J].高等教育研究，2011（05）：1-6.

中，当效率与公平产生矛盾时，基本上是效率要让位于公平。"效率派"主张高考改革应遵循"效率优先，兼顾公平"的基本原则，认为考试的本质就是追求效率而不是公平；作为提高效率的工具，在多数情况下，考试都会造成社会的不平等。即只要存在考试，就不存在绝对的"公平"，高考中的"公平"与"效率"是难以兼顾的。可见，双方观点对立，即都认为：一是公平和效率是相互对立的，不能同时兼顾；二是高考及其改革中，必然存在公平与效率的相互对立与相互矛盾；三是在高考改革中，公平与效率中必有一方需要优先考虑。①

的确，公平与效率是两个难以同时兼顾的方面，今后还会遇到公平优先还是效率优先的两难选择。但往往是主考者较注重效率，而应试者较关心公平。考试制度的设计者最初一般都是注重考试的效率，考虑的是如何更有效地选拔真才，而应试者关心的则是考试竞争的公平性和录取程序的公正性。从三种不同的"考试公平"与效率之间的关系来看：①程序公平与效率是基本统一的。只有坚持"程序公平"，才能成为提高工作效率的一个有效工具。但在关注考生未来发展潜力的预测性考试中，严格的"程序公平"可能会影响到考试的效度，从而影响到人力资源的使用效率。②"条件公平"与效率之间具有很高的统一性，尤其是在预测性考试中。不仅看一个考生今天已经掌握了哪些知识和技能，而且看他是在什么样的条件下、在什么样的老师指导下、通过什么方式达到了今天的水平。这种选拔人才的方式，可能会比单纯看考试分数的方式具有更高的效率。③"事实公平"的实现是以牺牲效率为代价的。通常，将优质教育资源提供给强者而不是弱者，会产生更大的效率。②与在许多领域"效率优先，兼顾公平"有所不同，在考试选才方面，通常的情况是，选拔性考试最初虽也是效率优先，兼顾公平，可是在长期实行之后，往往会演变为公平优先，兼顾效率。这种公平只是程序公平而非实质公平，因为在现实社会中，很难同时做到起点公平和结果公平。总的看来，高考改革的发展趋势是从效率优先走向公平优先，继而走向公平与效率的兼顾与平衡。③

特别是社会转型期的考试招生改革，应坚持"公平优先，兼顾效率"。这一方面

---

①许祥云，杨小茹.高考公平与效率之争的真假性质及其研究的错位[J].黑龙江高教研究，2019，37（03）：24-29.

②谢小庆.谢小庆教育测量学论文集[M].北京：北京语言大学出版社，2012：84.

③刘海峰.高考改革中的公平与效率问题[J].教育研究，2002（12）：80-84.

是当前社会矛盾状况和教育问题的客观反映与现实要求,一段时间来社会公平问题日益凸显,教育公平尤为社会关注和期盼,考试招生作为现实教育利益和未来社会利益的一种分配机制,理应把维护公平作为改革的首要价值,也是对现阶段公平问题严重性的政策性应对;另一方面也是目前社会条件下考试招生改革的必然选择,过度强调效率而轻忽公平的考试招生价值定位,很可能带来像以前经济领域"效率优先"价值异化一样的后果。同时追求效率的考试招生多元化改革,增强了评价、选拔过程的主观性、复杂性,在目前社会诚信体系和法制建设还不完善的情况下极易受到不正之风的干扰。当然,强调考试招生公平价值的首要地位并非否定考试招生选才的"效率",反而应在现实可能的条件下积极稳妥地推进考试招生制度改革,使之更加符合教育规律和人才选拔规律,适应多层次、多样化的人才需求,从深层次上实现考试公平。因此,现阶段考试招生改革应坚持"公平优先,兼顾效率",无疑是最适合国情、顺乎民意的选择。[①]

从根本上说,公平与效率都是考试活动所追求的价值目标,效率和公平是统一的。然而情况又是复杂的,在现实生活中,效率和公平也就有不一致的时候,有时为了提高效率影响了公平,有时为了维护公平影响了效率。事实上,公平与效率之间在本质和主流上就不存在此消彼长的冲突关系,而是体现为互补互动的统一关系。一方面,效率决定着公平的实现。另一方面,公平也制约着效率的变化。效率的提高有助于公平的实现,社会的公平也有助于提高效率。但公平的价值高于效率的价值,效率优先,最终是为达到更高层次的公平。公平是考试的永恒价值命题。公平既是科学选材、发展自己的目标又是实现其目标的条件。"在一定意义上,公平是效率的基础和条件,没有它,效率就会因公平的缺乏而减低或停滞"。[②]我们应该努力建立公平的考试招生秩序,以公平促效率,并以效率进一步达到实质的公平。

中国古代科举考试是中华民族在世界人才甄选史上的伟大创举,对中国乃至世界文明进程具有重大影响。作为人类封建社会一种十分完备的国家考选制度,其根本目的是甄选优秀之才为行政治国所用。它的最重要特质就是:公开平等,竞争择优。这

[①] 曹刚,张和生.高考改革价值取向的现实困惑与应然追求:兼论考试公平与效率问题[J].求索,2012(10):201-202.

[②] 葛洪义.法理学[M].北京:中国政法大学出版社,1999:65.

种特质体现了公平与效率的完满结合。也正是这种特质给了科举考试强大的活力,使它最终取代其他人才选用制度在中国社会延续了13个世纪之久,同时也使它能够跨越国界,在人类文明史上产生了极大的影响。① 但有研究者认为,在考试中,"公平的提升未必带来效率的提升,甚至可能适得其反。从科举对公平的追求及其最终走向寿终正寝,我们不难看出公平与效率有可能是冲突的。"② 对此,有研究者持不同意见。因为公平有形式公平和实质公平之分,科举及当今"一次性笔试定终身"的高考,过度追求形式上的公平,机械、僵化的选拔标准和方式,未能将应有的人才选拔出来本身就算不上是公平的,当然从选人的角度上讲也不是有效率的,其所谓的"有效率"也只是考试组织的效率。所以,能称得上"实质公平"的考试应是高效、科学的。因此,考试中的公平与效率应是统一的。公平是效率的保障,只有维护公平竞争,才能客观、准确地区分和选好人才,从而获得效率;人才选拔的有效性、科学性也包含在公平的内涵中,是公平的更高境界。③

当然,绝对公平的考试招生改革永远是一种理想,现实中不可能存在满足各种公平要求和各方利益诉求的考试招生方案,因为绝对的公平是不存在的,尤其在我们这样的一个地区差距巨大的国家,但这并不妨碍相对公平成为我们的现实追求。④ 相对公平是绝大多数人接受的公平,是形式平等、尽量机会均等而非实质公平、绝对平均。也就是说,任何教育考试制度不可能使人人满意,它所确认的是相对的公平。例如,全国统一高考,从"分数面前人人平等"角度看是公平的,但表面的公平往往掩盖了实质上的不公平,对于来自农村基础教育水平低、家庭经济条件差的考生来说,入学机会是不公平的;不同地区,按不同的分数线录取,在高中发达地区降低分数线是不公平的,在高中不发达地区适当降低分数线则是公平的。公平的相对标准是对大多数人的公平,效率的相对标准是对国家、对社会、对个人的长远效益。公平与效率的共同相对标准,则是发展。"发展是硬道理",只有发展才能获得效率,提高效率;只

---

① 赵洪俊.公开选拔党政领导干部考试与古代科举考试比较研究[M].北京:党建读物出版社,2007:81-82.

② 欧颖.对高考改革价值取向争论的反思[J].招生考试研究,2009(01):10.

③ 曹刚,张和生.高考改革价值取向的现实困惑与应然追求:兼论考试公平与效率问题[J].求索,2012(10):201-202.

④ 郑若玲.守护公平:高考改革的永恒依归[J].教育测量与评价(理论版),2011(01):47-50.

有高质量发展才能达到高层次的公平。今后，随着教育考试评价的电子化、智能化和自动化，效率问题易于解决，更多地需要讲求公平优先，使公平与效率在发展中得到统一。①

三、高考改革中的公平问题

高考是国家选拔优秀人才的重要方式，上关国家政策和民族前途，下系民众个人命运，是社会公平公正的底线。高考制度由于与高校招生以及普通教育的教学紧密相关，其改革还要受一定社会政治、经济、科技、文化、教育、人口等诸多因素的交互影响，重要且复杂。而公平可能是其中最敏感却又最难以兼顾的要素。高考公平是高考改革的永恒追求。我国自恢复高考以来，几乎每一项改革，都与公平二字紧紧捆绑在一起，每次改革的出发点和着眼点，都是公平、公正。②从文理分科到"3+X"，从全国统一考卷到自主命题，从高考移民到异地高考，从自主招生到平行志愿，以及加分政策等各类措施，无一不在公平公正、科学与效率之间的两难选择中徘徊取舍。其中，高考公平是高考改革的终极追求。

1. 高考科目改革中的公平问题

我国高考制度自建立以来，为更好地发挥其选材的功能，科目的设置经历了多次改革。1952年，全国第一次实行统一招考制度，考试日期和考试科目是由全国统一规定；到1954年，高等教育部和教育部第一次规定全国高等学校的考试科目分为理工卫生农林和文史两大类；到1955年，教育部又把统考科目分为理工、医农、文史三大类，1964年重新调整为理工医农和文史两大类，并一直持续到"文革"前。③

1977年恢复高考后，恢复了大文大理的科目设置。20世纪80年代开始，为解决文理偏科、唯分数论、学生学业负担重等问题，开始探索高中毕业会考制度，形成了在会考基础上大文大理的分科考试模式。1994年全国（除上海、西藏和台湾外）实行了会考基础上的新高考，也就是"3+2"改革方案。1999年，教育部发出《关于进一步深化普通高等学校招生考试制度改革的意见》，开始实施"3+X"科目设置方案。"3"指语文、数学、外语为必考科目，英语逐步增加听力测试；"X"指由高校根据本

---

①潘懋元.公平与效率：高等教育决策的依据[J].北京大学教育评论，2003（01）：54-57.
②郑若玲.守护公平：高考改革的永恒依归[J].教育测量与评价（理论版），2011（01）：47-50.
③李立峰.高考科目与内容改革中的公平问题[J].湖北招生考试，2002（24）：26-29.

校层次、特点的要求，从物理、化学、生物、政治、历史、地理六个科目或综合科目中自行确定一门或几门考试科目。综合科目是指建立在中学文化科目基础上的综合能力测试，它不是理、化、生、政、史、地等科目按一定比例的"拼盘"，而是一种考查学生理解、掌握和运用中学所学知识的能力测试。"3+X"突出"3+综合"，"3"突出能力和应用，鼓励开展综合能力测试，引导中学生全面学习、掌握中学阶段相应的基础知识、基本技能，并形成较强的能力，实施素质教育。

在实施过程中，"3+X"体现为多种类型。比如广东省2000年设置大综合，覆盖各科知识基础，2001年改为"3+大综合+1"；江苏省2003年开始实施"3+1+1"，两个"1"一门为符合高校要求的科目，另一门为任选。随着全国范围内高中新课改的实施，"3+X"科目设置方式进一步演变，广东省2007年开始实施"3+文科基础或者理科基础+X"，江苏省从2008—2020年曾实行"3+学业水平考试+综合素质评价"模式，即高考只计算语数外3门主科成绩分数，其他科目以选修的2门成绩等级计分。浙江省2009年开始实施"3+小综合+自选模块"。最终全国大多数省份定型为"3+文科综合或者理科综合"的模式，文科综合由政治、历史、地理3科组成，理科综合由物理、化学、生物3科组成。"3+X"的考试科目设置旨在通过文科或者理科科目内部的综合，考查学生理解、掌握、运用中学所学知识的能力，引导学生全面发展。但实施过程中，也存在一些争议，诸如文科综合和理科综合并没有从根本上改变文理分科的问题，而且命题难度大，容易成为3门科目的简单拼盘。

2014年启动的新高考改革实施"3+3"高考科目设置，初衷是加强文理融合，拓宽学生的知识结构，促进学生的全面发展。但在实施过程中，出现了"田忌赛马"的功利化选科倾向和物理选考人数"断崖式下滑"的现象，其中原因之一是高考科目设置的选择性带来的公平性问题。选考物理对成绩中下的学生不利，因此首先被"驱赶"出选考科目群体。不同考试科目成绩不等值，而不同科目之间的难度不同，分值的可比性不同，在高校招生总分录取的模式下，选择不同科目的学生的成绩以及录取的结果不同，引发了新的公平性问题。[1]特别是语文、数学、外语三门科目在现行的高考方案中都是必考科目，其中包含了两门语言类科目，必然造成现行方案有利于语言天赋

---

[1] 王新凤,钟秉林.新高考公平性问题及应对策略研究：基于浙沪经验[J].国家教育行政学院学报,2019（04）：38-46.

高、形象思维能力强的女生。① 虽然这种看法和意见并不是证据确凿，理由充分，但也不是空穴来风。尤其是英语的分值与一向最高分的语文、数学同等，高于其他科目，中国的高考进入有史以来最重视英语的时期。高度重视英语有利于国际化，但导致全民过度学英语，加速性别比的不平衡、出现重英语轻母语的现象，不利于城乡教育公平。所以有必要对高考英语科目进行调整和改革，使高考英语科目回归其应有地位，进入良性发展阶段。②

2018年启动的全国第三批高考综合改革的河北、辽宁、江苏、福建、湖北、湖南、广东、重庆八省市宣布采用"3+1+2"模式。从新高考"3+3"模式中衍生出的"3+1+2"模式，在增强选择性的同时，旨在提高学生的科学素养，避免弃难就易，造成物理等科学素养的下降。这里特别将物理、历史作为必选科目，学生必须至少选择其中一门报考。此后启动的第四、五批高考综合改革的省份也都沿用了"3+1+2"模式，教育部还颁布了《普通高校本科招生专业选考科目要求指引（通用版）》，要求报考理学、工学、农学、医学的本科专业基本都必选物理和化学，提升了物理、化学等基础学科的地位，这在一定程度上约束了高校对学生选考科目的不设限以及学生的功利化选择，成为提升考生自主创新能力、加强基础学科建设的必要措施。

其实，高考科目设置是根据学生进入高等学校学习所必须具备的学科知识结构的基本要求而确定的考试科目方案，包括高考设置什么科目、科目组合以及所设科目的分值。高考科目设置公平是指中学阶段各个科目是否进入高考的范围和在高考中的权重是否合理与平衡。主要体现为：科目的设置是否消除了考生的社会背景差异，是否能够有效区分不同素质结构学生的能力差异，是否能够满足各类型高校专业的招生需求，是否能够给予学生自由选择的权利等。③ 而高考科目设置的公平性首先体现在考试科目的多寡上。考试科目组多有利于选拔各种专才但不利于公平比较，科目少则有利于公平比较，但造成学生片面发展。④ 其次，公平性体现在对每个考生的有利性应相对

---

① 马彪,刘明岩,厉浩.高考考试科目设置改革研究[J].教育理论与实践,2014（14）：15-18.
② 刘海峰.高考科目改革：为什么首先是英语？[J].湖北大学学报（哲学社会科学版）,2014（01）：96-99.
③ 李灵琴.高考科目设置的公平性研究[D].南昌大学,2012：2-3.
④ 罗立祝.公平性与科学性：高校招生考试制度改革的两难选择[J].湖北招生考试,2005（20）：4-10.

平等，使每个考生都能站在相对平等的起点上参加竞争，不存在文化背景、性别和城乡差别等歧视，不对某些人特别有利而对其他人特别不利。比如外语加试听力使得农村考生在高考竞争中往往处于不利地位，①增加科目设置的选择性，对选择考试难度大科目的学生不公平等。故新高考实施"3+3"科目改革，强调学生选择的多样性，依然存在很多问题，同时又因选考科目实施等级赋分制而产生了新的公平问题，影响到高考综合改革的走向。②

总之，选考科目作为新高考改革的重要组成部分，对于打破文理分科功不可没，也使考生可以更好地根据自己的兴趣爱好进行科目选择，但也存在着诸如选科过于盲目功利等问题。通过对美国、英国、法国、日本、韩国、芬兰等主要发达国家的"高考"（大学入学考试或高中毕业证书考试）科目选择性进行的比较分析。各国"高考"科目由必考科目与选考科目组成，选考科目的范围、数量存在较大差异，有部分选考，也有全部选考。各国"高考"科目的"必考＋选考"模式是适应高中课程"必修课＋选修课"模式的必然选择。高校不同专业的入学要求是决定"高考"科目选择性的重要因素，高中"选课"、高考"选考"与大学"选择专业"是彼此衔接的统一整体值得我们借鉴。我国大一统的高考模式虽然有利于维护高考招生的公平、公正，但科目固化、用统一的尺度衡量所有学生则不利于发展学生的个性、特长，不能满足高校不同专业对人才规格的要求。高考科目设置既要保证公平，又要充分发挥高考评价对育人的导向作用，有利于高校科学选拔人才和高中阶段实施素质教育。③

2. 高考内容改革中的公平性体现

1999年，教育部发出的《关于进一步深化普通高等学校招生考试制度改革的意见》指出，高考内容的改革是高考改革的重点和难点。要花大力气、长时间深入、细致地进行这项改革。强调要更加注重对考生能力和素质的考查，命题范围遵循中学教学大纲，但不拘泥于教学大纲，试题设计增加应用性和能力型题目。特别是命题要把以知识立意转变为以能力立意，转变传统的封闭的学科观念，在考查学科能力的同时，注

---

① 郑若玲.苦旅何以得纾解：高考改革困境与突破[M].南京：江苏教育出版社，2011：41.
② 王新凤.新高考考试科目设置的公平性问题研究[J].重庆高教研究，2020（01）：58-66.
③ 李志涛.主要发达国家"高考"科目选择性的比较分析与探讨[J].全球教育展望，2018（02）：116-128.

意考查跨学科的综合能力。可见，当时高考内容改革主要体现在高考命题环节或围绕命题所进行的诸多尝试和要求。其实，自恢复高考统一命题以来，试题的设计理念进行了几次变化和调整。1978年刚恢复全国统一考试后，强调对"双基"的考查。80年代进行考试标准化改革，强调考查知识覆盖面。此后，高考命题"以纲为纲，以本为本"。1998年后，向能力测试倾斜，并且允许"一纲多本"，设计思想改为"以纲为纲"，不再强调"以本为本"。试题设计也从封闭性试题到开放性试题，从采点给分到综合评价等。[①]

2004年1月，天津、江苏、浙江、福建等11个省市曾按照全国统一考试大纲实行高考自主命题，2005年，在全国推广。从实际运作看，自主命题有利于实施素质教育、推进高中课程改革，考题难度较以往更小。但自主命题也带来了一些问题。最突出的是考题押中率增高。由于自主命题只从本省中挑选命题人员，命题人员和教师互动的概率较之从全国范围挑选命题人员的全国统一命题肯定更大。因之，自主命题一方面减少了因一省泄题波及全国的风险，但另一方面，在抵御高押题率、人情请托和特权干涉等方面，可能低于全国统一命题。特别是不少考生认为自主命题的权威性不及全国命题。客观上讲，各省命题在命题水平和管理经验上的确难以企及全国命题，命题质量势必受到影响。而命题质量即试题信度、效度和区分度的高下，又直接关系到考试选优汰劣功能的发挥进而影响到考试的公平性，考试的权威性也会因此大打折扣。[②]"新高考"方案出台后，提出从2015年起增加使用全国统一命题试卷的省份，分省命题逐渐宣告结束。

2014年9月，国务院颁布《关于深化考试招生制度改革的实施意见》，明确提出"依据高校人才选拔要求和国家课程标准，科学设计命题内容，增强基础性、综合性，着重考查学生独立思考和运用所学知识分析问题、解决问题的能力"。2017年版普通高中各学科的课程标准，最重要的贡献是梳理和提炼了各学科的核心素养，并以此为导向确立了新的课程目标、课程结构与学业质量标准，随着改革后"高考大纲"的消失，学业质量标准作为高考命题的"大纲"，指向学科核心素养的高考内容改革目标

[①] 陈闻晋，徐琼.高考内容改革的若干思考[J].湖北招生考试，2003（20）：14-16.
[②] 郑若玲.高考改革必须凸显公平[J].教育研究，2005（03）：36-37.

遂成为一种新常态，新高考命题立意从"能力立意"向"素养立意"转型。[1]

2020年，教育部考试中心研制的《中国高考评价体系》发布。高考评价体系是以素养为统领的评价框架，由"一核""四层""四翼"组成，是高考内容改革和命题的理论依据和实践指南。其中，"四层"为高考的考查内容，即"核心价值、学科素养、关键能力、必备知识"，回答"考什么"的问题。四层的架构，科学处理了知识、能力和素养之间的关系，突破对"知识""能力"或"素养"进行单维考查的线性思维，形成贯通整体且有机统一的考查内容体系。核心素养的测评跳出"知识"和"能力"两个维度的思路，构建了考查内容、考查要求和考查情境的多维命题模型，突出核心素养导向，探索基于学业表现标准的命题方法，引导中学生核心素养的培养，建立命题、评价和教学的良性互动机制。多维命题模型是高考评价体系指导命题落实核心素养要求的具体实践，也是将以往的高考命题实践上升到理论框架的有益探索，是命题理论和实践的有机统一。[2] 这既与PISA等国际上许多有影响的考试命题理念相一致，也是新任务新要求下命题观念的重大转变。多维命题模型的确立有助于推动我国高考命题的科学化、系统化，强化素养导向，促进核心素养理念在基础教育中落地生根，助力素质教育发展。

在高考命题中，考测能力、素养与考测知识何者为重，如何兼顾公平，一直是摆在高考改革决策者面前的一道难题。鼓励创造性、求异思维与公正客观、防止作弊有时会产生矛盾，客观题与主观题掌握多大的比例，控制评分误差与鼓励创新开拓的平衡，两者之间都存在着公平与效率的张力。一方面，试题应给考生发挥创造性的空间；另一方面，试题应避免出现性别、城乡及文化背景的歧视内容。[3] 特别是考试命题中出现的城市化倾向，对教育资源占弱势的薄弱学校、农村考生群体而言，其公平性也为民众所质疑。为保证考试的公平性，题项所涉及的内容应该是所有考生都了解的，在分析、解决问题中所运用的知识和方法也应该是考生已经掌握的。此外，考试试题本身的误差也会引发不公平。题目含义及表达的模棱两可，要求反应步骤不明确，试

---

[1] 王后雄.指向学科核心素养的高考内容改革[J].湖北招生考试，2020（01）：1.
[2] 李勇，徐奉先，赵静宇，等.基于核心素养的高考内容改革理念及路径[J].课程·教材·教法，2019（07）：76-83.
[3] 刘海峰.高考改革中的公平与效率问题[J].教育研究，2002（12）：80-84.

题难易度，考试时限，测验长度，特殊的题型（选择题、是非题）中靠猜测答题的可能性，如英语听力如果全是选择题的试题类型在考试中起到真正的选拔作用就值得商榷。[①]同时，主观性题目的增多，比如对文学作品的评价是见仁见智并无确定的标准，作文评卷会使评卷者无所适从，答卷的个性化导致评卷的不确定性，这些对考生都是不公平的。因此，一定要注意恰当地把握考测能力素养与公平客观之间合适的度。[②]

3. 高考形式改革的公平性分析

1999年2月13日教育部发布的《关于进一步深化普通高等学校招生考试制度改革的意见》，针对高考形式的改革只提出了一条意见。即"现行的一次性全国统考暂时不变。积极探索一年两次考试的方案，在试点的基础上待条件成熟时再实施。"其实，高考形式涉及的范围很广，包含宏观的组织形式，如开考次数、由谁组织等，中观的考试方式方法以及微观的考试题型等。[③]这里所讲的高考形式是指考试的形态与结构，是高考的外在表现方式。高考形式关系到考试质量和考试公平，同样涉及千家万户的根本利益，关涉千万考生的发展前途。因此，高考形式的选择务必慎重。1977年恢复高考改变了高等教育选拔新生的形式，举国欢腾，全民拥护，因为它舍弃了之前推荐上大学的不公平，给人们创造了一个平等参与竞争的机会。恢复高考实际上是社会对高等教育公平要求的回应，继后不断进行的高考形式改革也是为了更好体现人们接受高等教育的权利和机会的公平。如何使考试能始终保持高质量的公平公正，高考形式改革势在必行。[④]

我国现行的高考办法和命题形式，许多就是从历史上沿袭下来、演变过来的，而且通行于各类教育考试之中。高校招生考试的实践证明，要想客观、公正、准确地反映学生的智育水平，考查学生是否具备适应大学学习的能力，传统的考试方式存在着很多先天的不足。作为国家选拔性考试的高考和省市级学业水平考试，有数十万、数百万不同智力水平、不同个性、不同心理素质应试者参与，面对同样试题要求有相同的答案，这种考试本身公平性就令人怀疑。20世纪以来，许多研究结果发现人的智力

---

① 王俊武.考试公平内涵、现状及对策探究[J].中国考试，2011（05）：53-57.
② 李立峰.高考科目与内容改革中的公平问题[J].湖北招生考试，2002（24）：26-29.
③ 张耀萍.高考形式的公平性与科学性[J].湖北招生考试，2004（04）：18-23.
④ 李丽，蒋极峰.高考形式改革要慎重[J].教育测量与评价（理论版），2010（05）：51-53.

水平具有丰富的内涵，每个人的某个方面智能强弱并非相同，从考试内部寻找考试公平支点就必须改革考试形式，采用多样化符合应试者不同素质要求的考试方式，真实客观地再现应试者素质和能力，充分展示不同人、不同的智力特长，特别是要改革单一笔试，突出考查应试者素质的考试方法。① 有的学科应全部采用客观性试题，有的则以部分采用为好，有的可能以传统形式试题的考查见长，这要具体分析。不加分析的做法不是实事求是的科学态度，我们在考试形式的改革中要具体问题具体分析。

以往关于高考形式改革主要聚焦在考试次数上。由于高考背负了太多责任，寄寓了太多希望，每年只举行一次，加之竞争激烈，成为许多考生"不能承受之重"。因此，高考被指责为"一试定终身"，每年的高考期间被喻为"黑色六七月"。为减轻考生压力，不断有人提出实行一年多次考试，似乎增加考试次数就可以分散"一考定终身"的风险。但也有研究者认为，我国暂不具备实行数次统考的条件，原因有二：一是我国高考规模太大，每年考生有数百万之众，组织一次统考尚且如临大敌，耗费大量人财物力，组织五次、六次甚至更多次的统考，压力之大、耗费之多可想而知。二是民众的考试心态不够平和，如果实行数次统考而取最佳一次成绩作为录取依据，则多数考生因寄希望于下一次更出色的发挥而选择数次参加考试，而且仍可能会以目前对待一次考试的心态来对待数次考试，即使录取率达到百分之百时也可能如此，考生的心理压力不但大，而且持续时间长，对其影响有可能更加备受折磨。② 所以，2014年开始实行的"新高考"只赋予"外语科目提供两次考试机会"。

为贯彻落实1999年教育部发布的《关于进一步深化普通高等学校招生考试制度改革的意见》，2000年1月，北京、安徽、上海实行了春季高考，以便逐步建立起具有多种选择的、更加科学和公正的高校招生选拔制度。但首次春考在专业和学历上"缺乏吸引力"，致使报名者寥寥，倒多少有点令人感到意外。北京计划招生1755名，而报名参加考试的只有1100多人，报名数少于招生数，这在我国恢复高考后还是头一次。相比之下，春考在当年安徽却十分火爆，有3.5万人报名，招生名额仅有6191人，竞争激烈程度大大超过了秋季招生。春考结束后，各方面的反映良好，认为增加一次考试不仅给考生增加了一次选择的机会，减缓了升学压力，还极大地增强了考生的心

---

① 马兰. 教育考试公正与和谐社会[J]. 内蒙古师范大学学报（教育科学版），2008（05）：8-10.
② 郑若玲. "有限多样"：高考形式改革之方向[J]. 探索与争鸣，2013（08）：84-88.

理承受力，进而有助于中学实施素质教育，有利于高校加快内部体制改革的步伐。但总体来看，"2000年的春季高考，并没有达到预期的目的""投入显得过大，但效益不是很高"。对于考生来说，很多学生仅仅把这次春季考场当成是参加秋季高考的"练兵场"。① 看来如何逐步建立起相对公正、比较合理的春秋两季招生考试制度任重道远。后来，春考没有能够持续存在下去。甚至有研究表明，考试次数增加后，在一定程度上还会动摇高考的权威性与公平性。②

4. 高考录取中的考试公平与区域公平协调

如何录取最为公平合理，历来是考试选才所面对的重要问题。与科举史上逐路取人和凭才取人的争议相类似，当代高考的录取公平也成为社会关注的焦点。考试公平与区域公平又可称为分数平等与机会平等（区域之间），考试公平主张"分数面前人人平等"，区域公平强调区域之间入学机会的大致均衡。考试公平与区域公平在实践中假若处理不当会形成一条"倾斜的分数线"，进而引起有关考试自身，甚至超出考试范围的诸多社会问题。客观而言，这是大规模统一考试必然会遇到的两难问题，因而历来为人们所重视。如若对这一问题缺乏理性的认识和全局观念，很可能会在高考改革中出现重大失误，或者出现进两步退一步甚至进一步退两步的情况。③

在现今高等教育制度安排中，以能力、素养本位为基础的考试选拔制度来分配入学机会，在一定程度上保证了学生具有平等竞争入学的权利。但因各省区经济发展水平和教育发达程度的不同，我国高考实行了分省定额的录取制度，对西部边远地区实行一定的倾斜和扶持政策。表面看来，实行全国统一考试、统一录取的办法的确可以解决分数面前人人平等的问题，保证公民的平等受教育权。但省区之间高考分数线的倾斜，意味着高等教育入学机会的不均衡，机会的不均衡带来了屡禁难绝的"高考移民"现象。无疑，"高考移民"破坏了高考分省定额录取即追求区域公平的"游戏规则"，但在某种程度上也体现了人们追求考试公平的愿望，"是一种以非正常手段反映

---

① 田建荣. 高考形式的统一性与多样化[J]. 高等教育研究, 2000（04）: 45-48.
② 王新凤, 钟秉林. 新高考公平性问题及应对策略研究: 基于浙沪经验[J]. 国家教育行政学院学报, 2019（4）: 38-46.
③ 刘海峰. 高考改革中的全局观[J]. 教育研究, 2002（02）: 21-25.

的公平诉求"①。分省命题改革试行后,省区间高考分数线因不具有可比性而失去表征意义,但并不意味着地域高等教育机会的不公平问题得到了解决,这一问题仍可谓中国教育领域"最刺眼的不公正"②。与录取公平紧密相关的是高考加(降)分这一特殊的招生政策,其初衷是帮扶弱势群体或特殊考生,例如,对少数民族或边远落后地区考生、台籍侨属考生、军烈子女等,实行优先或降分录取以及在特定时期、一定范围内对一些艰苦行业或国家急需的农、林、师范等专业,实行降分定向录取等。但多达190多项加分政策,导致高考加分严重背离初衷,并引发民众对政策执行中"权力寻租""权贵盛宴"等腐败现象的颇多诘难。③

由此看来,过于追求区域公平或考试公平都会给社会发展带来很大的危害,但毫无疑问,两者其实都代表了不同的公正观,且具有相当的合理性。具体而言,考试公平可看作是个体的公正,区域公平可视为群体的公正,从不同的价值追求出发就会产生不同的公正观。对此,有论者认为,考试公平是一种强式平等,是高考制度产生和存续的基石;区域公平是一种弱式平等,只能作为强式平等的例外存在,但因具备了形式和实质的正当性,所以才具有相当的适应力和生命力。④就实质而言,考试公平是一种考试制度设计的理想方向,是一种公正伦理的长远利益;而区域公平则是考试制度对社会政治和经济制度安排的一种现实选择,是一种迫切需要的眼前利益。

一千三百年的科举演变史表明,考试公平与区域公平的矛盾互动,是一个从重视考试公平向重视区域公平发展的渐进过程。但无论怎样发展,在基本遵循考试规则的前提下,考试公平和区域公平都只能是相对的。对考生而言,"一切以程文定去留"的自由竞争固然体现了科举考试的公平公正性,但科举不仅仅是一种公正的考试制度,它和政治是紧紧捆绑在一起的。对于主持考试的政府而言,这种制度"还要达成另外可能更为远大的目标,它必须满足社会的、地缘的,尤其是道德评判的要求。"⑤这种"远大的目标",便是统治者所共同认定的"公平分配利益"的公道理念。而这种以达

---

①刘海峰,樊本富.论西部地区的"高考移民"问题:兼论科举时代的"冒籍"现象[J].教育研究,2004(10):76-80.

②肖雪慧.最刺眼的不公正:2001再谈高考录取线[J].社会科学论坛,2001(11):43-45.

③郑若玲.高考:在教育与社会之间[M].厦门大学出版社,2021:78-79.

④王怀章,朱晓燕.平等视角下的高考制度改革[J].湖北社会科学,2005(07):141-143.

⑤李弘祺.宋代官学教育与科举[M].台北:台湾联经出版事业公司,1994:230.

成地域平衡、照顾弱势群体的"天下之大公"为表现形式的政治和社会理念背后，则隐藏着统治者维护和巩固封建政权的深远考虑。

长久以来，我国考试制度更加倾向于维护区域公平，但户籍地高考制度在一定程度上损害了考试公平。进入21世纪，随着我国经济发展推动流动人口群体的日益扩大，从而导致该群体子女异地求学、升学的现实需求不断增加，于是国家在2012年制定出台"异地高考"具体政策。异地高考政策的出台是解决流动人口子女现实就学问题的需要，是解决我国教育发展长期不平衡矛盾的需要。异地高考的实施标志着我国高考公平进入了一个新的时代，一个重新诠释区域公平与考试公平的时代。异地高考有助于打破高考高地与洼地之间的壁垒，维护考试公平。但同时又存在形成"马太效应"的隐患，影响区域公平。考试公平与区域公平的博弈，在现实问题的解决方案上又呈现出明显不同的趋向。[1]

其实，考试公平与区域公平的矛盾是一个"千古难题"。对于这种高考录取改革中的两难问题，如果只看到问题的一面而忽视另一面，就可能出现比原先更大的消极后果。因此，高考录取分数线的改革既不能只追求"考试公平"，也不能完全倒向"区域公平"。[2]总的来说，对考试公平这一长远利益或者强式平等的追求是我们必须坚守的永恒目标，只是在现实的制度安排下它必然成为难以企及和超越的理想追求，而区域公平却是我们相当长时间内必然而又现实的选择。从现实国情来看，在东中西部地区落差相当大的情况下，实行分省录取制度能够给予各地区相对均衡的入学机会。而在现代高考制度下，区域公平只能作为调整各地入学机会的一种手段或策略，尽管各地区之间教育均衡发展的实现还有相当长的时间，但其努力的方向却必然是考试公平，这一点是必须要明确的。[3]

四、依法治考的理论和实践

考试招生活动是众多社会活动中的一种，理应受到法律和社会道德的约束，也已经被社会大众广泛呼吁。依法治考可以把政府主管部门，考试管理机构，各有关单位

---

[1] 李佳.异地高考中的区域公平与考试公平[J].考试研究，2013（02）：47-52.
[2] 郑若玲.考试公平与区域公平：高考录取中的两难选择[J].高等教育研究，2001（06）：53-57.
[3] 李立峰.教育公正视野中的高考录取制度改革：兼论考试公平与区域公平之争[J].湖北社会科学，2007（09）：156-158.

的权利关在笼子里，提高个人违法成本，有效遏制各种形式的舞弊，从而形成一个良好有序的招生考试选拔的社会环境和制度机制，最大限度地保证考试全过程的公平公正，发挥重要的、正确的价值导向功能。① 同时，依法治考是实现社会考试公平公正的最有效方式，只有依法治考，才能确保考试的权威性、公平性。

依法治考，就是贯彻执行国家教育考试法律法规、方针政策和业务规范，在考试招生的各个环节都制定相应的实施细则，并不断地改革完善，做到有法可依。② 目前在我国各级各类教育考试实施过程中，还缺少国家层面的最顶层、最权威的法律文件，故在实际工作中，为统一标准，保证正常的考试秩序，体现考试的公平公正，相关教育行政部门和各级各类考试管理机构颁布了大量的指导性文件和操作性规程，多是以"办法""规定""通知""意见"等文体形式呈现，成为我国目前处理和应对考试组织工作中问题和矛盾的主要法律依据。③

1988年，新中国成立以来第一个全国统一的《高等学校招生全国统一考试处罚暂行规定》颁布实施。同年3月3日，国务院制发了《高等教育自学考试暂行条例》，这是我国首部教育考试行政法规。在部门规章层面，2004年教育部发布的《国家教育考试违规处理办法》共四章三十四条，具体对国家教育考试违规行为的认定与处理程序等做出了详细的规定。在地方性法规及规范性文件方面，2007年9月1日起实施的《重庆市国家教育考试条例》结合地方特色对考试组织管理、报名应试、命题制卷、考试实施、考试评判、安全保密、法律责任等做出了相关规定。《中华人民共和国教育法》第七十九、八十、八十一条对国家教育考试违规的处置做出了相应规定。特别是2015年《中华人民共和国刑法修正案（九）》明确规定国家考试舞弊入刑，《中华人民共和国刑法（2020年修正）》中的第二百八十四条设置了组织考试作弊罪，非法出售、提供试题、答案罪和代替考试罪。通过立法加大了对考试作弊行为的打击处理力度，将此类行为入刑，反映出依法规范的思路，是对历史经验的合理借鉴，是依法治考取得的重要成就。

---

① 黄建民，吴荻.研究生考试招生改革中公平与公正的思考[J].中国考试，2014（11）：56-61.
② 肖辉.依法治考 依法治招[J].中国考试，2006（03）：50-52.
③ 高川，张君，林杰.依法治考视阈下自考地方性立法的研究与实践：以天津市为例[J].天津大学学报（社会科学版），2019（06）：543-548.

2012年1月5日，经过修订后的《国家教育考试违规处理办法》发布。新办法进一步明确了国家教育考试的概念，将原第二条对国家教育考试所作的定义修改为："本办法所称国家教育考试是指普通和成人高等学校招生考试、全国硕士研究生招生考试、高等教育自学考试等，由国务院教育行政部门确定实施，由经批准的实施教育考试的机构承办，面向社会公开、统一举行，其结果作为招收学历教育学生或者取得国家承认学历、学位证书依据的测试活动"。这一表述，将同等学力申请硕士学位统一考试、高校自主选拔录取中的学校考核等相关考试涵盖在内，进一步增强了国家教育考试概念的适用性和准确性。同时，严厉打击考试违规行为是维护国家教育考试严肃性和权威性的重要举措，"办法"的修订是新形势下从严治考、依法治考的有力依据。"办法"在保留如何认定和处理考生违规行为规定的基础上，增加了听证程序的安排，增强了对考生合法权益的保障。[①]

近年来，国家教育考试规模不断扩大。由教育部考试中心承担的普通高考、研究生入学考试、成人高考和自学考试，以及英语四六级考试、计算机等级考试等，年参考人数达到4000万。如此之大的考试规模，仅靠目前已有的考试规章来规范已远远不够。由于法律规范的缺失，不可避免地出现践踏考试公正的行为。为了保障考试各主体的权利和义务，确保考试的公平公正，人们期望依法治考，在法律的规范下营造良好的考试环境。但到2023年，我国还没有一部专门规范教育考试的法律法规。对教育考试的公平公正、考试主体的权利和义务、考务管理和考试纪律、法律救济等以及对教育考试中违纪和作弊的处理，还只停留在规章的层面上，考试违规行为和犯罪行为的界限和标准模糊，惩处力度远远不够。且仅单纯依靠《国家教育考试违规处理办法（2012修正）》并不能彻底落实"依法治考"的深层理念，这是目前国家教育考试中违纪和作弊频发的重要原因之一。[②]

虽说有考试必有作弊，古今中外，概莫能外。我国自科举时代起，就有了夹带、枪替、通关节和冒籍等作弊的手段，各地举子为了获取功名，在考试中无所不用其极。为了防止作弊，历代统治者通过建立健全科举制度，从糊名、誊录到贡院规制等都做出了严格的规定，清朝还颁布了《钦定科场条例》可以说达到了密不透风的地步。现

[①] 焦新.适应现实需要 从严依法治考[N].中国教育报，2012-05-15（002）.
[②] 于建坤.依法治考，重庆市迈出第一步[N].中国教育报，2007-09-12（007）.

今社会，各类考试中各种作弊行为同样层出不穷、屡禁不止。特别是近年来，从传统的携带纸条、抄袭发展到替考、利用现代化通信工具作弊，还出现了科技化作弊、团伙化作弊、市场化作弊等新态势，①破坏了公平竞争的原则。而当前我国考试领域存在大量的法律空白，表现为：考试设置机关及考试机构职责不清，权限不明；应考人的权利没有明确的规定，考试机构及其工作人员为维护正常考试秩序所采取的一些必要措施（如对正在作弊的团伙驻地进行搜查、对作弊当事人搜身、收缴作弊工具等）没有法律的明确授权；对考试工作人员、社会人员和应考人的作弊行为缺乏有针对性的法律责任，造成考试作弊成本低，难以有效地遏止肆无忌惮的考试作弊行为。另外，考试法律救济手段单一，对应考人的合法权益保障不很到位；对揭发检举考试违规作弊行为缺乏鼓励和奖励性规定；等等。这些问题的存在，严重地影响了考试的公平公正。

从世界范围来看，国外对考试作弊行为的处罚是非常严厉的。比如美国，对于托福等全国性统一考试的作弊者，通常会以"危害国家安全罪"判处三年以上有期徒刑，并处罚金。2002 年，美国执法部门在国内 13 个州以及首都华盛顿逮捕了 58 名在托福考试中作弊的外国留学生，这次被逮捕的学生中大多数涉嫌花钱请人代考，还有一部分则是专门替他人考试的"枪手"。美国司法部门官员在声明中说，在托福考试中作弊是对美国国家安全的威胁，所有被逮捕的学生都面临阴谋欺诈的指控，如果指控成立，将面临最高 5 年监禁和 25 万美元罚款的处罚。相比我国对类似的考试作弊行为虽然已经入刑，但缺少专门的法律依据，而且按现行的法规和规章的处罚也没有威慑力，起不到应有的震慑效果。因此，我们必须根据考试管理的实际情况，参考国外的相关做法，尽快制定出台一部《考试法》，构建适合我国的考试法律体系。②

其实，早在民国初期，以"考试权"为核心的考试制度就已被孙中山提到了与立法权、行政权和司法权同等的地位，成为民国时期五权宪法的重要组成部分。根据孙中山的文官考试思想，拟议了《文官考试令》《文官考试委员官职令》等六个考试法令草案。南京国民政府成立后，于 1928 年 10 月 20 日公布《考试院组织法》，次年公布《考试法》。1930 年 1 月，成立考试院及考选委员会。后经过近十年的立法过程，南京

---

① 樊本富，李立峰.依法治考：困境、反思与展望[J].中国考试，2012（03）：22-27.
② 樊本富，李立峰.依法治考：困境、反思与展望[J].中国考试，2012（03）：22-27.

国民政府建立了一整套由考试法律、条例和规则以及考试规程和考试细则组成的考试法规体系，这一体系严密规范又具有操作性。可以说，民国时期是我国古代官吏制度向现代官吏制度过渡的时期。这期间建立起来的文官考试制度既不同于中国传统的科举考试，也不同于西方近代的文官考试，逐渐体现出其自身的特点：整个考试制度的建立以法律为前提，以《考试法》对考试制度予以规范；采取公开平等的择优录取原则；建立全国统一的考试机关。[①]当前"依法治考"的力量还非常薄弱，对连年发生的高考舞弊案处理仍无专门明确而有效的法律条文加以惩处，这不利于维护考试的正常秩序，也有失考试的公平与公正原则，因而，借鉴历史经验，加强考试立法，对于关乎每个人的命运前途，又极易产生腐败的考试来说已成为当务之急。

从根本上说，我国考试法律制度的建设，应当首先从考试立法抓起。依法治考的核心在于确立"考试法"作为"治考"的最具权威的标准，崇尚法治大于人治和人人必须遵守考试法律的根本原则。与此相适应，制定"考试法"的目的在于依法规范考试的公平、安全和秩序，为维护广大应考人的合法权益提供法律保障和司法救济。至于考试立法不外乎集中立法模式与分散立法模式两种。所谓集中立法，即制定统一的"考试法"，调整和规范国家公务员考试、国家教育考试以及国家司法考试等职业资格证书考试等所有国家级考试。所谓分散立法模式，是指根据教育类考试、公务员考试、司法考试与职业技术类考试等所具有的不同特点，分别制定"国家教育考试法""国家司法考试法""国家公务员考试法"及"职业资格与技术等级考试法"等单行法律。但是不管采取何种模式立法，都应当在法治原则的指引下，积极推进，尽早颁布和实施"考试法"。[②]

事实上，2004年经国务院批准发布的《2003—2007教育振兴行动计划》曾明确将制定"考试法"作为加强教育法制建设的重要内容，教育部自2005年初也开始了《中华人民共和国考试法（草案）》的起草工作，会同人事部、劳动和社会保障部、司法部、卫生部等部门成立了《考试法（草案）》起草工作部级领导工作小组。2009年，"考试法"草案曾由教育部提请国务院法制办审议，由于部门之间意见分歧较大而被

[①]邱静远.依法治考：孙中山"考试权独立"思想[J].学海，2020（02）：191-196.
[②]李化德，李亦成.我国考试法治的历史解析与现实思考[J].中国考试（研究版），2008（12）：32-40.

搁置，此后一直处于修改完善阶段。考试立法的曲折与艰难，与法律适用范围的模糊性、考试管理体制的复杂性及低位阶规范的分散性紧密相关。首先，我国考试立法在"教育考试法"与"考试法"之间不断反复，折射出法律适用范围的理论分歧，即该法究竟要规范哪些考试始终未能得到厘清。考试制度涉及范围比较广泛，适用对象的争论影响了法律规则的具体设计及与其他关联立法的关系。其次，各类考试的组织实施主体不同，管理过程涉及的部门、行业、人员众多，对不同主体权力（权利）和职责（义务）的规定牵一发而动全身，国家层面的顶层设计由于多重利益博弈而显得格外慎重。最后，现行低位阶规范零散庞杂，考试立法如何统合这些法规规章甚至规范性文件具有较大难度，且必然涉及相关法律的修改或废除，难以做到单边突进。[1]

当然，即使今后《考试法》立法成功，还是应对三个方面问题进行分析、明确和规定：一要全面理解"依法治考"的内涵。"依法治考"是指遵循法治的核心精神、依照法律的基本要求对教育考试行为进行治理。即通过建立完善的教育考试法律制度体系，明确教育考试法治化的核心精神和基本要求，准确界定与制约国家教育考试权力，使教育考试相关部门或机构依法行使职权，利益相关者考试权利得到明晰与维护，考试程序得到规范与完善，考试结果实现公平公正，从而实现国家教育考试制度规范化、科学化和民主化运行。[2]

二要说明立法只是"依法治考"的第一步，还应该重视执法，实现法律实效。考试作弊成因繁复，道德成本的约束是一个很重要的因素，除法治化外，还应将外在的法律规范内化为人们的行为习惯。甚至有人提出，法律是否应该涉足考试领域，认为考试作弊是道德层面的问题，应用道德规范来制约，"依德治考"。[3]他们特别担心，未成年人是我国考试领域的大军，对其考试作弊的法律责任将很难追究。其实，未成年人的法律责任承担问题在考试作弊领域只是一个技术问题，作为基本法的《民法》和《刑法》已经有明确的规定，《考试法》在此基础上只需专门规定本领域的特殊情形即可，这和《考试法》的适用对象并不冲突。

三要明确"依法治考"不仅是治考生，也要治考官。依法治考就是人人都必须守

---

[1] 靳澜涛.我国教育考试立法的现实困境与应然出路[J].中国考试，2020（12）：59-65.
[2] 彭宇文,姜杰文."依法治考"的基本内涵与实现路径[J].新课程研究，2021（06）：8-11.
[3] 何志平.法律没必要插足"作弊"[N].华南新闻，2005-09-13（002）.

法。以前，以法治招、以法治考往往意味着法律仅仅是治理考试招生的一种手段，在法之上还有以法律为手段的管理者的权威，管理者本身似乎无须受法律的约束。现在强调依法治招、依法治考，是一种超越任何当事人的普遍化规则。即法治招考并不仅仅针对考生群体，对高校、各级招办及其工作人员、教育行政管理部门以及其他社会成员而言，都需共同承担普遍化的平等守法义务，并合法享有法律所规定的权利。[1]

总之，在我国，高考被誉为是最公平、最公正的考试，是唯一的一片净土。但从根本上讲，若要让"史上最严高考"再严一点，考试招生风气再好一点，就需要让法律为考试招生撑腰，高考等则必须恪守公平、公正、公开的基本原则和制度底线，进一步完善和细化考试有关规范和法律规定，让法律填塞进考试招生过程中的每个环节和角落，并尽可能增大对舞弊事件、作弊者等的违法成本，只有依据《考试法》严惩考试舞弊者，对考试作弊等每一个违法行为实施精准打击，才能解决教育考试法律实践中的难题，持久保持各级各类考试的公信力，使公平竞争的考试平台更加完备，进而极大推进以维护考试公平公正为核心的考试法治进程，使考试评价走上理想的法治化道路。

第二节 考试招生和评价中的"唯分数论"

《深化新时代教育评价改革总体方案》提出，要"扭转不科学的教育评价导向，坚决克服唯分数、唯升学、唯文凭、唯论文、唯帽子的顽瘴痼疾"。在"五唯"评价场域中，"唯分数"是我国考试招生与评价制度的突出特征。"唯分数"的基本含义是只注重考试分数，以考试分数作为选拔评价人的唯一标准。分数至高无上，自然而然成为学生、家长乃至学校一致追求的教育首要目标，由此导致的应试教育与素质教育之争亦成为我国教育领域旷日持久的难点问题。特别是"唯分数"是当前我国高校考试招生制度的关键特征。从考试测量学、教育评价学的基本原理及高考"指挥棒"对基础教育的导向上看，"唯分数"均有着显而易见的不合理性，是必须从根本上克服的制度弊病。尽管高校招生考试改革屡屡倡导要德智体美劳全面衡量，择优录取，但实然的

---

[1] 覃红霞.高考法律问题研究[M].杭州：浙江教育出版社，2017：4.

招生却总是演变成几乎完全"唯分取人"。① 长期以来,这种"以分取人"的高校考试招生办法,在提高考试效率的同时,有效保障了考试公平,对促进教育发展和社会进步做出了积极贡献。然而,随着经济社会的发展,高等教育的普及化,尤其是教育测量理论和教育评价观念的转变,正逐步要求变革这种传统的、单一的"以分取人"的"唯分数论"的选拔观念和人才评价模式,进而走向构建综合评价、多元录取的人才选拔和评价新体系。

一、"唯分数论"的由来与实质

"唯分数"评价是一种只注重以分数为表征的纸笔测试成绩,且以此作为唯一标准对学生、教师甚至是整个教育作价值判断和优劣判定的活动,它构成了当前我国中考、高考为主要表现形式的考试招生制度的基本特征。"唯分数"评价是"五唯"教育评价中最基础、最根本的问题,由于目前我国教育评价的主流地位是以各类考试为基础的评价,产生的结果必然是分数成为衡量教育的一切,分数成为教育的一切追求。"唯升学、唯文凭、唯论文、唯帽子"一定程度上都是在"唯分数"评价基础上的延展。"唯分数"评价因其沉疴痼疾的顽固性和复杂性,一直困扰着我国教育的改革和发展。其中,分数的高利害性尤其在高考中被强调到无以复加的地步,导致高中、初中教育异化,抹杀学生个性,同时影响了教育公平的实现。受高考强大指挥棒的影响,"唯分数"评价以高考为分水岭向下弥散和渗透于基础教育的方方面面,并形成了基础教育"唯分数"评价的顽瘴痼疾。学界对破除"唯分数"评价这一教育改革难点问题也一直在深入的研究、探讨和推进中。②

我国"一考定终身"的考试评价制度由来已久,应试教育根深蒂固,教育评价体系和考试招生体系中存在突出的"五唯"顽瘴痼疾。"五唯"是对我国教育评价体系弊病的精准概括,制约着我国教育事业的健康发展。"唯分数"就是评价学生一刀切,

---

①张会杰.考试招生"唯分数"的两难困境:观念及制度的根源[J].中国考试,2019(01):10-14.

②刘志军,徐彬.综合素质评价:破除"唯分数"评价的关键与路径[J].教育研究,2020(02):91-100.

以分数论英雄，把考试成绩作为评价学生的唯一标准。[1]因为一般人都认为：分数最公平、最公正，最令大家信服，故分分计较。这些都来源于我国有悠久的考试传统，尤其是自科举创制以降就有"以程文定去留"的录取机制，并形成了以分数高低或成绩优劣为评价标准的人才选拔思维定式，其背后的隐喻是维护考试的客观与公平，避免钱、权、势、情等人为因素对考试选拔的不良影响。但问题的本质是："唯分数"所维护的是考试绝对化、分数一刀切的形式公平，而非满足个体、社会与教育多样化、多元化发展需求的实质公平，它在很大程度上不仅无情地扼杀了人的多元化发展的个体性与可能性，也忽略了社会发展多元化对人才素养变化诉求的多样性与现实性。[2]再说，单次测试的信度也值得商榷。部分学生由于不适应传统纸笔测试，甚至会在纸笔测试中出现"高分低能"或"高能低分"的结果。科学的评价方式应该是多元而非单一的，唯分数论以单一考试代替多元评价，无法实现真正科学的"选材"功能，还导致学生片面发展取代全面发展，造成经过高考"选材"的大学生群体出现基本生活能力不足、道德认识滑坡、身体素质下降、心理健康问题频出等现象。

　　实质上，考试的结果不仅仅是为了得到一个分数。考试是以量化形式实现评价的一种方式。考试肯定会得到一个分数，但考试并不仅仅是为了得到一个分数，而且，一个考试分数也远远不足以解释考试的结果。一份试卷或一个测验所得到的分数，是被试对试卷中的每一个试题，即每一个测试项目反应作答的计分累积的结果。在考试中，被试通过作答反应将内在的心智特质转化为显性的行为，而经过综合后的分数却往往模糊了被试的心智特质表现。虽然从某种意义上说，考试分数可能有一定的代表性，但"唯分数论"实际上是用一种简单化、片面化评价代替对学生的全面评价。从考试的本质来看，被试在测试项目上的反应状况更接近其心智特质的真实。然而，在教育实践中人们更多的是关心考试分数，几乎不去追溯隐藏在分数背后的考生心智的特质差异。所以，只有我们改变了考试仅仅追求一个分数的观念，才能够促进考试正

---

[1] 鞠光宇,马陆亭.根治"五唯"顽瘴痼疾 完善考试招生制度[J].中国考试,2019（01）：15-18.
[2] 李木洲,曾思鑫.高考"唯分数"的形成机理与破解之道[J].河北师范大学学报（教育科学版），2020（04）：6-13.

本清源、走向评价。①

二、"唯分数论"的表现和问题

"五唯"是一个存在严重缺陷的教育评价体系，不符合教育的基本规律和人才评价规律，严重影响学生成长、教师素质、社会稳定和国家的竞争力，克服"五唯"顽瘴痼疾迫在眉睫。"唯分数"导致教师"考什么教什么"，大搞"题海战术"，重知识轻能力，考试成为教学的最终目的。学生为了考高分死记硬背，抹杀了个性发展和全面发展。学校培养学生的能力和素质单一化，创新能力培育与发展不足，无法满足社会对创新型、多样化人才的需求。在有的义务教育学校，存在"不考不教、不考不学"的问题。简单说就是中考、高考要考（计入总分）的科目，学校就将其作为重点学科高度重视，而不考（或不计入总分）的科目，就将其视为"副科"边缘化。与升学无关的美育、劳动教育、体育，都被一些学校和家庭漠视。本来按照国家制定的课程标准要求，"开齐开足"所有课程，是学校的本分，可是，这在一些学校却是很难完成的任务，音体美课被挤占是常事，这不利于德智体美劳全面发展的社会主义建设者和接班人的培养。可以说"唯分数"严重影响着我国考试招生制度改革，严重影响义务教育、高中教育与大学教育的衔接，严重影响引领未来发展的高素质创新人才培养。②

具体表现在：① 学生评价"唯分数"化。对学生进行评价时，评价的维度本应包括学生的智能、个性、思想品德以及身体发育等多方面，德智体美劳五育并举要求的也是学生的全面发展。而"唯分数"评价以考试成绩作为评价的唯一依据，仅关注学生的智力发展，忽视非智力因素，考试范围局限于语文、数学、英语、物理、化学等几门文化课，所谓的"好生"和"差生"的划分也以考试分数为标准。② 教师评价"唯分数"化。受高考唯分数论的影响，对教师的评价常局限于"教学质量"的高低，教学质量又多以学生学业考试分数为依据，即该教师所授学科的考试分数及在年级中的排名，教师的薪资和职称常与学生考试分数紧密相关。为了取得高质量、高分数的教学成绩，教师采用题海战术式的教学方法，强调知识的记忆。机械记忆虽然能带来

---

① 张警鹏，郑启跃."从考试到评价"的实例分析[J].教育测量与评价（理论版），2008（01）：39-42.

② 管兴华，胡亚杰，谢丹，等.破解"唯分数"加强大学教育与中学教育衔接[J].中国考试，2019（04）：5-7.

一时的成绩提高，但实际上既禁锢了教师自身的专业发展，也无益于学生的身心健康和学业发展。③教学内容"唯分数"化。素质教育以促进学生德智体美劳全面发展为目的，但落实到各级各类学校，教育现状却令人担忧。基础教育频现"唯文化课"现象，音乐、体育、美术、德育被迫为语文、数学、英语等"主课"让路。尽管国家严禁幼儿园"小学化"，仍然有不少幼儿园提前教授小学课本里的知识，以通过"提高学生进入小学后成绩"的办法增加入学人数。在"主课"的学习中，也存在必考内容重点学习、选考内容简单学习的现象，学生成为知识点的"记忆容器"，无法形成完整的学科知识体系，"高分低能"现象频出。

在招生考试中更是将"分分计较"推向极致，"多考一分，干掉千人"。然而，特定考试分数的细微差异并不具有统计学意义，分数必须相差到一定程度才能合理地推测考生水平真的不同。仅仅依赖考试分数的细微差异进行录取并不具有技术合理性，不利于科学公平选拔人才。但在"唯分数"招生机制下，考生各科分数直接加和，然后按照总分从高到低排序录取，从教育评价价值判断的合理性看，考生认知结构的差异被遮蔽。招生工作被简化为仅由计算机系统自动筛选即可完成，不具备丝毫价值观念的机器足以轻松胜任。这看起来公平，却是不科学，甚至是荒谬的。1929年，钱钟书先生报考清华大学，英语满分，国文接近满分，数学成绩只有15分，3科总分不足215分。那么，究竟是录取总分更高的、还是录取单科更优异的，倚重的却是不同的价值观和人才观。在分工日益细化和专业化的当代社会，人才特别是拔尖创新人才的突出贡献更多取决于其最擅长的优势领域，正所谓用人之长、人尽其才。大量事实表明，把各门学科分数加和求总分，甚至把其他一些因素折算成分数计入总分，最终按总分从高到低排序录取是一种操作虽简单但危害很大的选才模式。最后，当招生"分分计较"，基础教育自然异化为"唯分数"的应试教育。[①]

21世纪20年代以来，虽然我国高等教育已经进入了普及化阶段，但因为高校层次和类型各异，遂导致其教学计划、培养目标、生源素质及具体需求也不尽相同，然而在大一统的模式下，林林总总的高校基本难以选拔出适合自身需求的人才，以分数作为一元评价依据的选拔制度依然存在。随着新高考的实施，综合素质评价录取方式将

---

①张会杰.考试招生"唯分数"的两难困境：观念及制度的根源[J].中国考试，2019（01）：14.

高考成绩之外的综合素养纳入了生源选择标准,其在一定程度上改善了仅凭高考成绩进行录取的偏颇局面,但改革却仍然没有改变高考成绩占据主导决定地位的基本规则。如上海综合评价批次和浙江"三位一体"的招生均使用高考成绩作为入围资格线,高校只能在入围考生范围内组织校测、进行选拔,故而高考成绩依然是能否获得录取资格的重要门槛。又如高考成绩在计算录取排名分数时亦不可或缺,甚至起到决定性的作用。即使"强基计划"招生,也强调高考成绩占85%。好在2020年中共中央、国务院印发的《深化新时代教育评价改革总体方案》,其中要求稳步推进中高考改革,并提出要"加快完善初、高中学生综合素质档案建设和使用办法,逐步转变简单以考试成绩为唯一标准的招生模式"的改革理念与目标。

三、"唯分数论"的形成机制

有什么样的评价指挥棒,就有什么样的考试导向。"唯分数"在本质上是考试制度设计与实施的一种表现形态或运行方式。因此,探寻"唯分数"的形成需要从制度视角加以审视。长期以来,尽管"唯分数"被普遍认为是一种不够科学合理的人才选拔方式,但是在特定的制度环境里,"唯分数"可能是相对更优或更具可操作性的制度安排,因为理想的制度运行需要有理想的制度环境作为支撑。[1]高考是一种高利害的选拔性考试,高考分数具有刚性、可比的独特优点,能够满足社会公众对高考形式公平的诉求。高校招生"唯分数"固守才学本位原则,能够有效选拔人才和抵制人情关系的侵蚀,有利于促进社会流动、维护社会公平,但也存在加剧中学应试教育、学生负担过重、难以考察德行、难以体现创新实践能力、难以精准选拔人才等弊端,高校招生"唯分数"是"两害相权取其轻"的公共选择结果。[2]具体而言,"唯分数"观念及制度的根源在于:

首先,公平为首而非效度优先的观念根深蒂固。在我国,破除"唯分取人"的招生录取机制与"分分计较"公平客观的矛盾及争论古已有之。高考中的公平是指基于考试成绩的公平,即"分数面前人人平等"。在我国社会文化与观念习俗中,虽然也承

---

[1] 李木洲,曾思鑫.高考"唯分数"的形成机理与破解之道[J].河北师范大学学报(教育科学版),2020(04):6-13.
[2] 罗立祝,温军英.高校招生"唯分数":问题、根源与对策[J].河北师范大学学报(教育科学版),2021(03):46-53.

认"分数至上"的诸多局限,可一旦关涉到公平,更占上风的观念常常是:没有考上,大家都服气;而其他选拔方式,权势、关系有可能发挥作用,大家就不服气。"分数面前人人平等",名落孙山者虽然难免会有挫败感,但也只能怨自己水平不够或运气不佳,甚至迷信自己的"命不好",却无从责怪他人或社会,即使是离录取分数线只差一两分也是如此。但如果是觉得竞争机制不公平而落榜,他们怨恨的则是制度设计者,还可能对政府和社会产生抗争心理,影响社会的和谐与稳定。

其次,社会诚信机制缺失,主观评价难以得到大众的信任。中国是一个人情社会,由于传统文化中根深蒂固的差序格局,人们主观性强的价值判断常常会背离普遍主义原则,自觉不自觉地掺杂着亲疏远近的人情请托以及对更高位权力的逢迎。综合评价必然涉及主观评判,因人情、关系、权势的困扰,淡化分数的招生机制不可避免地遭遇社会诚信缺失带来的诸多挑战,极有可能出现不公平、不公正的暗箱操作。即使进行主观评价的评价者完全客观、科学、公正,由于缺乏社会诚信机制的监督和公证,仍然难以得到大众的信任和认可。"唯分取人"招生机制有助于抵制权贵的请托,有助于减少招生过程中的违规行为及各类腐败现象。由此,在我国,不管是学界高峰论坛,还是民间街谈巷议,都理所当然地认为,高考改革要从根本上破除"唯分数论",必须建立健全完备的社会诚信机制。只有当社会诚信机制建立健全、可以有效监督评价者的评价行为和评价过程、可以约束评价者的自由裁量权时,高考改革破除"唯分数论"才具备了现实基础。[1]

再次,在现行招生制度的条件约束下,"唯分数"操作效率高。"分数面前人人平等",严格按照考试总分从高到低排序录取才是最公平,也是更具效率的实践形式,这一朴素观念在我国深入人心。"唯分取人"客观刚性,除了符合不少人的公平期待,操作效率也很高。相反,淡化考试分数的主观评价需要投入的人力、精力和财力则会大幅增加,西方国家的高校尤其是世界一流大学的招生就是全年全天候的专业工作。我国试点过"综合评价招生""三位一体招生"的高校均表示,破除"唯分数"后,随着招生规模的扩大,虽然边际成本递减,但选拔成本总体上是提高的,选拔效率有所降低。在现行招生制度的条件约束下,由于录取时间相对较短,破除"唯分取人"可

---

[1] 张会杰.考试招生"唯分数"的两难困境:观念及制度的根源[J].中国考试,2019(01):10-14.

以说是不切实际的。①

最重要的是客观可比的评价特性。考试招生只要存在竞争，就需要进行比较，分数则是一个易于比较的尺度。比如，标准化考试与综合素质评价是高考的两大测评方式，二者各有优劣利弊，标准化考试的优点在于考试内容客观可测、考试分数简单可比，而综合素质评价往往采取质性手段评价，不仅存在主观判断的问题，而且评价结果难以量化，使之在高校招生录取中长期处于"次要参考"地位，且硬挂钩后其最终所占高考总分的比重也较小。因此，客观可比、简便易行是量化"分数"自身的内在特质所决定的，尤其是在注重考试公平的背景下，高考作为高竞争、高利害、高风险的社会基础性制度，必然会趋于谨慎与保守。或者说，在特定的社会条件下，高考"唯分数"只是一种必要的制度之"恶"。②

另外，大规模教育选拔考试，不仅涉及利益群体众多，社会关注度高，而且竞争激烈，这构成了"唯分数"形成的社会外部条件。比如高考所涉及的利益主体主要包括考生、学校、市场、国家等，而不同的利益主体又有不同的利益诉求。譬如，考生（含家长）的主要利益在于公平地考试竞争并获取更优的高等教育资源；学校的主要利益在于获得更高的升学率（中学）和优质的生源（大学）；市场的主要利益在于长远地获取符合经济社会发展需要的各级各类人才；国家的主要利益在于通过科学的人才选拔培养符合国家需要的建设者与后继人，同时国家（政府）作为高考政策的制定者，其利益还包括确保制度推行风险最小化，以维护社会稳定与和谐。然而，在理性的利益博弈中，维护公平与社会稳定往往成为首要考虑的利益因素，而以分数为重的招生录取模式无疑具有先天的兼顾多方利益的优势所在。因此，利益理性也成为高考"唯分数"的重要现实基础。

总之，"唯分数"的形成与维持不是单因素决定的社会现象，它是文化观念、价值认同、制度设计和现实利益等多种因素共同作用与博弈的结果。概而言之，文化激励与至公理念是"唯分数"形成的价值前提；分数优先与客观可比是"唯分数"形成的制

---

① 张会杰.考试招生"唯分数"的两难困境：观念及制度的根源[J].中国考试，2019（01）：10-14.
② 李木洲，曾思鑫.高考"唯分数"的形成机理与破解之道[J].河北师范大学学报（教育科学版），2020（04）：6-13.

度条件；高度竞争与利益理性是"唯分数"形成的现实基础。①今后，"唯"分数在短期内还是我国高校招生的一个重要方式。新一轮高校招生制度改革就是要不断创造条件，逐步破解高校招生"唯"分数的困局。高校招生"唯分数"作为一种价值取向，不仅使高等学校招生"唯"分数现象泛滥，也阻碍了高校招生依据多元化的积极探索，更会让破格录取、注册入学失去价值依据与改革空间。所以，高等学校招生"唯"分数需要具体问题具体对待。但严重阻碍着新一轮高校招生制度改革推进的"唯分数"则是必须彻底克服。②

四、"唯分数论"的危害和破解

"唯分数论"违背人才选拔的基本原则，对教育教学和人才培养危害巨大，是高校招生诸多问题的根源，已为大众所共识。因此，国务院 2014 年 9 月 4 日颁布的《关于深化考试招生制度改革的实施意见》将打破"唯分数论"作为此次改革的首要目标之一。《关于深化考试招生制度改革的实施意见》在分析现行考试招生制度的问题时明确指出，"唯分数论影响学生全面发展"。其实，"唯分数论"对中国教育和学生发展的影响是全方位的，其中最主要的危害至少包括以下几个方面：③

（1）"唯分数论"是导致高中教育异化的罪魁祸首。高中教育肩负着培养合格劳动者、为高一级学校输送合格新生的双重使命，有自己独立的教育目标和围绕该目标制定的一系列课程和教育教学活动。由于高考只考部分科目，导致了"考什么学什么"的现象，学生过早地出现文、理分科和偏科现象，艺术、体育、品德等综合素质教育类课程则完全得不到保障，高中教育沦为应试教育，丧失了作为一个独立教育阶段的意义。高三一年的时间不停地复习、背诵、做题，这样长期的高强度、高压力训练和考试是对正在成长中的青少年身心的残酷摧残。

（2）"唯分数论"是抹杀学生个性的元凶。在"唯分数论"的高校招生体制下，学生不是根据自己的天赋、能力和兴趣寻求自我发展，而是在参加一场所有人都被迫参

---

① 李木洲，曾思鑫.高考"唯分数"的形成机理与破解之道[J].河北师范大学学报（教育科学版），2020（04）：6-13.
② 吴根洲，刘海峰.高等学校招生中的"唯"分数与"唯分数"[J].教育研究，2019（10）：74-80.
③ 文东茅.高考改革方案对"唯分数论"的超越[J].中国高教研究，2014（10）：5-7.

加的与他人之间的竞赛，而且参赛项目只有一项，即"语数外"等要考的那几门科目。因为只有目标竞赛项目，学校就只是针对该项目进行训练。因此，在这种制度下很少有"偏才""怪才"，学生的兴趣特长也在无形中消磨殆尽。"唯分数"严重抹杀学生个性，从而导致了基础教育与家庭教育的种种异化现象，既制约着学生的健康成长，也不利于创新型人才的培养。[1]

（3）"唯分数论"是掩盖和制造教育不公平的帮凶。根据多元智能和测不准等现代教育评价理论，高考分数并不能客观、全面反映学生的综合素质，特别是非智能素养，存在评价空白或评价短板。[2]而"唯分数论"最迷惑人心之处就是所谓的"分数面前人人平等"。殊不知，由于考试内容和形式的特殊性，不同天赋的人取得高考成绩的难易程度并不相同，语言能力和逻辑思维能力强的人容易取得高分，动手能力和想象能力强的人则无法发挥所长。同样，不同外部条件的人取得高考成绩的难易程度也不一样，家庭条件和学习环境越好、师资力量越强，学生越容易取得好成绩。可见，"唯分数论"所坚持的是一种"分数面前人人平等"的形式公平，其绝对化、一刀切的考试公平在很大程度上遮盖了人的多元发展可能性的实质公平，也忽视了由于不同地区、人群受教育基础、条件的巨大差异而导致的教育机会实质上的不公平。

当然，不"唯分数"的评价并不是不要分数，而是提供什么样的分数的问题。有研究者对有关如何破解"唯分数"问题进行了途径归纳：[3]一是以对分数滥用批判与优化改造"唯分数"评价。这种观点认为，分数经常在学校教育中被误用和滥用，而分数功能异化的关键在于未能确立和找到合理使用分数的标准。只要一种评价系统能帮助教师诊断和改进教学、促进学生学习、反映教育教学目标、方法手段与目标内容相适应等，由此产生的分数就是合理的和必要的。[4]二是通过价值观转向破除"唯分数"评价。"以分为本"的学习评价价值观的根本问题是"有分无人"，解决这一问题的根

---

[1] 董泽芳,李木洲.高考"唯分数"的破除与重构[J].中国考试,2019（04）：1-4.
[2] 董泽芳,李木洲.高考"唯分数"的破除与重构[J].中国考试,2019（04）：1-4.
[3] 刘志军,徐彬.综合素质评价：破除"唯分数"评价的关键与路径[J].教育研究,2020（02）：91-100.
[4] 夏正江.分数功能的异化与回归[J].课程·教材·教法,2007（06）：18-23.

本路径是转向"以人为本"的学习评价理念,[1] 就是要更多体现多样性、选择性和综合性。在考试招生制度改革中体现"育人为本"的教育观和招生考试观,以一种更全面的评价观、更多元的人才观和更深刻的公平观,实现对"唯分数论"的超越。[2] 三是以教育评价系统改革破除"唯分数"评价。克服"唯分数"评价痼疾,需要对政绩考核、学校评价、教师考核、学生发展、考试招生、社会舆论、社会用人、社会分配等方面进行全面系统配套改革。[3] 四是通过建立正确的评价制度实现对"唯分数"评价的破除。高考是整个教育体系的"牛鼻子",只有做好高考制度改革,完善考试招生制度,才能根治"唯分数"评价。[4] 而破除高考"唯分数"的关键在于建立综合多元的评价录取制度。[5] 当然,也可从分段推进高校招生使用综合素质评价结果、深化促进全面发展的高考科目与内容改革、加大高校招生录取机制改革等方面着手破解。[6] 五是加强大学教育与中学教育的衔接破除"唯分数"评价。[7] 六是从文化环境和技术保障入手共同破除"唯分数"评价。如营造公平竞争的制度文化环境,构建科学可行的综合评价体系。[8]

最终,引入学生综合素质评价,被认为是推动扭转"唯分数论"的最有效途径。但要从根本上破除"唯分数论",必须改革按总分录取的方式。[9] 也就是说,高考改革的重点是打破分数决定一切,但是,只要能够从高到低精确地按分数排队,综合素质评价就不太会被"参考",还会盛产"状元",分分计较的应试教育模式就难以真正改变。应当认识到刻板的总分录取模式源于招考录一体、集中录取的招生录取制度。

---

[1] 王中男. 价值分析:"以分为本"的学习评价价值观[J]. 上海师范大学学报(哲学社会科学版),2016(06):74-81.

[2] 文东茅. 高考改革方案对"唯分数论"的超越[J]. 中国高教研究,2014(10):5-7.

[3] 张志勇. 改革八个教育评价指挥棒的政策建议[J]. 人民教育,2019(05):37-41.

[4] 鞠光宇,马陆亭. 根治"五唯"顽瘴痼疾 完善考试招生制度[J]. 中国考试,2019(01):15-18.

[5] 董泽芳,李木洲. 高考"唯分数"的破除与重构[J]. 中国考试,2019(04):1-4.

[6] 罗立祝,温军英. 高校招生"唯分数":问题、根源与对策[J]. 河北师范大学学报(教育科学版),2021(03):46-53.

[7] 管兴华,胡亚杰,谢丹,等. 破解"唯分数"加强大学教育与中学教育衔接[J]. 中国考试,2019(04):5-7.

[8] 吴根洲,刘海峰. 高等学校招生中的"唯"分数与"唯分数"[J]. 教育研究,2019(10):74-80.

[9] 熊丙奇. 高等教育进入普及化时代,必须破除"唯分数论""唯升学论"[J]. 湖北招生考试,2019(04):1.

因而，淡化总分评价的另一个方案，是通过高校自主招生、高校和学生双向多选，形成多样化的招生标准和多元评价机制，而不是一刀切的统一的分数标准，从而破除分分计较的总分评价和录取模式，走出应试教育的困境。世界主要国家多实行全国统一的入学考试，但是，考试成绩只是基本标准，各个高校可根据自身办学理念和学科专业的要求，自主确定采用的考试类型、成绩门槛和其他要求，形成多样化的录取标准。[1]

第三节 成果为本的教育与评价

成果为本的教育（Outcome-based Education）是一种在教学和学习过程中主要关注和侧重学习成果的教育理念。简称OBE。国内学者对OBE名称的常见表述还有："成效为本"教学法，"能力导向教育""需求导向教育"或"目标导向教育"等提法，也有称为"基于结果的教育"，或者"以学业结果为基础的教育""以学生学习成果为导向的教育""成果导向教育"等。OBE与传统教育的区别主要表现在：OBE模式运行聚焦于清晰定义的学生学习结果框架，而传统教育聚焦于课程结构；OBE模式下时间是可选择的资源，取决于教师和学生的需要，而传统教育恰好相反，教学安排和日程都是固定的；OBE模式下具有清晰定义的标准，对所有的学生都是标准导向的，而传统教育中是竞争性的标准，只有少数人能够获得成功；OBE模式聚焦于持续提升每个学生的学习或者能力达到毕业前的最高水平，而传统教育聚焦于学生的考试与测验，[2]甚至导致了"唯分数论"。

一、OBE：成果为本的教育

成果为本的教育是1981年由美国人斯派蒂（William G.Spady）首先提出来的。其代表作是《基于成果的教育：关键问题及答案》（Outcomes-based Education：Critical Issues and Answers）。斯派蒂在该书中把OBE定义为"清晰地聚焦和组织教育系统，

---

[1]杨东平.拒绝考试机器 才能破除"唯分数论"[N].中国青年报，2014-09-17（002）.
[2]张男星，张炼，王新凤，等.理解OBE：起源、核心与实践边界：兼议专业教育的范式转变[J].高等工程教育研究，2020（03）：109-115.

使之围绕确保学生在未来生活中获得实质性成功的经验"。OBE 理念很快被人们接受和推广，如美国工程教育认证协会（ABET）就全面接受了 OBE 的理念，将其贯穿于工程教育认证标准的始终。[①] 此后，该理论以惊人的速度获得了广泛重视和应用，英国、加拿大、澳大利亚、新西兰、南非等国和中国香港地区陆续推崇和实施了这一理念，现已成为世界教育改革的主流理念之一。

20 世纪 70 年代至 90 年代，北美和加拿大等地区践行的 OBE 实践范围涵盖了幼儿园到高中教育阶段。斯派蒂等将 90 年代的 OBE 称之为转型的 OBE，以区别于各地实践基础上形成的传统的 OBE、过渡的 OBE 等教育形态。传统的 OBE 很大程度还是聚焦于课程，过渡的 OBE 开始聚焦于学生获得自我反思、问题解决等高阶能力，转型的 OBE 则高度期待所有学生获得成功，学习结果对学生是较高水平的挑战，从顶峰成果反向设计课程和教学。[②]

20 世纪 90 年代中后期，我国香港特别行政区各大学相继引进这种教育理念，香港教育资助委员会所辖的 8 所高等院校从 2005 年起逐步采用成果为本的教育理念和方法。遵循了从大学（University）到专业学院（School / Faculty），再到系（Department）和学习项目（Program），最终推向每个课程的顺序，渐进式推广，全面实施成果为本的教育。[③] 之后，清华大学也着手"实施以学生学习成果为导向的教育"，明确提出要从以"教"为中心向以"学"为中心转变，推进基于 OBE 的培养方案重构，设定新时期各专业的"三位一体"人才培养目标与学习效果；围绕学习成果的达成，设计新的培养逻辑，重构各专业的培养方案；坚持把课程作为人才培养的基本环节，实行基于 OBE 的课程设计与评价，明确课程的培养目标并细化学习成果，设计和优化课程的各个环节，针对学习成果进行课程测试和评价；开展基于 OBE 的国际专业认证，建立规范的教学质量管理体系，提升人才培养的科学化、制度化和国际化水平。

"成果为本的教育"的经典论述是："基于结果的教育明确地意味着关注和组织教

[①] 李志义，朱泓，刘志军，等.用成果导向教育理念引导高等工程教育教学改革[J].高等工程教育研究，2014（02）：29.

[②] 张男星，张炼，王新凤，等.理解OBE：起源、核心与实践边界：兼议专业教育的范式转变[J].高等工程教育研究，2020（03）：109-115.

[③] 刘旸，刘红.成效为本教学方法的理论与实践：以香港高校英语教学为例[J].现代教育管理，2009（08）：57.

育系统中的每件事物，围绕着一个根本的目标让所有的学生在完成他们的学习经历后都能获得成功。这意味着首先要对教育结果有一个清晰的了解，然后据此组织课程、指导课程及评估以保证这一学习成果最终能发生。"① 在这里，成果并不意味着学生的学业成绩，而是学生在课程结束后所拥有的能力。OBE 是一种"以学生为中心"的教育理念，在实践上，它聚焦于学生受教育后获得什么能力和对学生能够做什么的培养，它强调一切教育活动、教育过程、教学和课程设计都必须围绕对学生实现预期的学习成果。在实践上，OBE 是一种注重教育产出的教育模式。斯派蒂理解的 OBE 是指围绕一个既定的目标，清楚地关注和组织教育系统中的每个要素，让所有学生在完成一个有意义的学习经历后能达成的清晰成果。这种成果不只是价值观、信念、态度达到一定的状态，而且更加强调学生"学到了什么"和"能做什么"。②

具体而言，这里所说的成果是学生最终取得的学习结果，是学生通过某一阶段学习后所能达到的最大能力。它具有 6 个特点：① 成果并非先前学习结果的累计或平均，而是学生完成所有学习过程后获得的最终结果。② 成果不只是学生相信、感觉、记得、知道和了解，更不是学习的暂时表现，而是学生内化到其心灵深处的过程历程。③ 成果不仅是学生所知、所了解的内容，还包括能应用于实际的能力，以及可能涉及的价值观或其他情感因素。④ 成果越接近"学生真实学习经验"，越可能持久存在，尤其是经过学生长期、广泛实践的成果，其存续性更高。⑤ 成果应兼顾生活的重要内容和技能，并注重其实用性，否则会变成易忘记的信息和片面的知识。⑥ "最终成果"并不是不顾学习过程中的结果，学校应根据最后取得的顶峰成果，按照反向设计原则设计课程，并分阶段对阶段成果进行评价。③

虽然 OBE 教育理念由美国人斯派蒂（Spady）率先提出，并对其定义和构成要素进行了描述。但 OBE 理念并非来源于斯派蒂，通常认为它的出现是以泰勒（Taylor）的"教育目标说"和布卢姆（Bloom）的"掌握学习理论"以及目标参照性评价、能

---

① SPADY W G.Outcome-based Education：Critical Issues and Answers[M].Arlington：American association of school administrators，1994：1.

② 田腾飞，刘任露.OBE 认证理念下师范类专业的课程建设[J].华南师范大学学报（社会科学版），2022（01）：41-52.

③ 李志义，朱泓，刘志军，等.用成果导向教育理念引导高等工程教育教学改革[J].高等工程教育研究，2014（02）：29-30.

力为本的教育为基础。马伦（B. Malan）就曾系统地总结了与 OBE 起源紧密相关的教育运动和教育思想。一是泰勒运动。著名的泰勒原理（确定教育目标—选择教育经验—组织教育经验—评价教育经验）就是围绕"教育目标"这个核心展开课程设计的。二是布卢姆的掌握学习理论。该理论认为：若能提供充裕的学习时间，绝大多数学习者都能达成学习目标。实际上，这构成了 OBE 教育模式得以成立的支撑假设之一。OBE 在很多方面吸纳了掌握学习理论的特征：弹性的时间框架去实现教学目标；使用不同的资源去创设丰富的教育环境；使用形成性教学评价来反馈学习产出以改善教与学等。三是能力本位的职业教育（Competency Based Education，简称 CBE）。它产生于二战以后，以美国、加拿大为代表，主要应用于职业教育和技能培训中。其要旨是通过学校聘请行业中一批专家组成专业委员会，按照岗位群的需要，层层分解以确定从事行业所应具备的能力。然后，再由学校组织相关教学人员，以这些能力为目标，设置课程、组织教学内容，最后考核是否达到这些能力要求。四是标准参照学习。标准参照测验并非为了选拔人才，而是通过测验来了解学生掌握知识和能力的水平，查漏补缺，让每个学生都能获得学业成就感。[1]

二、OBE 的结构框架和实施原则

成果为本教育经过 10 余年的发展后，逐步形成了比较完整的理论体系和实施模式。作为 OBE 最重要的倡导者，Spady 于 1980 年在《成果导向教学管理：以社会学的视角》一文中系统而全面地提出"成果导向教育"的概念。Spady 认为 OBE 是清晰地聚焦和组织教育系统，使之围绕确保学生获得在未来生活中获得实质性成功的经验。他认为 OBE 实现了教育范式的转换。因为，在 OBE 教育模式中，学生学到了什么和是否成功远比怎样学习和什么时候学习重要。在 1994 年出版的《基于成果的教育：关键问题及答案》中，Spady 对"OBE"理论进行了详细的论述。全书共有七章并回答了七个问题：① 什么是基于成果的教育？② 为什么基于成果的教育改革引起了那么广泛的兴趣？③ 成果指的是什么，它们是怎么产生的？④ 基于成果的应用有哪些主要趋势？⑤ 基于成果的应用如何影响学校和学生？⑥ 为什么会出现关于"OBE"的争议？

---

[1] 顾佩华，胡文龙，林鹏，等.基于"学习产出"（OBE）的工程教育模式：汕头大学的实践与探索[J].高等工程教育研究，2014（01）：27-37.

⑦ "OBE"该走向何方？

随着成果导向教育课程理论研究日趋成熟，其理念迅速风靡全球，渗透到多个国家和地区的课程改革中。OBE 具体的实施框架可归纳为：1 个核心目标、2 个重要条件、3 个关键前提、4 个实施原则、5 个实施要点。一个核心目标：所有学生都要达成顶峰成果。两个重要条件：一是描绘成果蓝图，建立一个清晰的学习成果蓝图，并勾勒出哪些是必备的能力与内容，即确定学生在毕业时应该达到的能力结构；二是创设成功环境，为学生达成预期成果提供适宜的条件和机会。三个关键前提：一是所有学生均能通过学习达成预期成果，但不一定同时和通过相同途径、采用同样方式；二是成功是成功之母，成功的学习会促进、激发更成功的学习；三是学校要对学生成功学习负责，学校掌握着成功的条件与机会，直接影响学生能否成功学习。四个实施原则是：清楚聚焦、扩大机会、提高期待和反向设计。五个实施要点是：确定学习成果、构建课程体系、确定教学策略、自我参照评价和逐级达到顶峰。①

在 OBE 教育模式下，最终的学习成果是课程设计的起点和焦点，教学方法的选择、评价方式的运用均围绕着最终的学习成果展开，这是 OBE 理念中的核心规则。进而逆向设计，即从期望学生达到的最终学习成果出发，来确立相应的课程和教学设计，因此课程内容的选择成为 OBE 理念在实施层面重点关注的，需要拣选那些对于"达到"最终学习成果或"支持"最终学习成果的核心内容。

在具体实施中，"清楚聚焦"最为关键。即课程设计与教学要清楚地聚焦在学生在完成学习过程后所能达成的最终学习成果，并让学生将他们的学习目标聚焦在这些学习成果上。教师必须清楚地阐述并致力于帮助学生发展知识、能力和境界，使他们能够达成预期成果。清楚聚焦是 OBE 实施原则中最重要和最基本的原则，这是因为：第一，可协助教师制定一个能清楚预期学生学习成果的学习蓝图；第二，以该学习蓝图作为课程、教学、评价的设计与执行的起点，与所有的学习紧密结合；第三，无论是教学设计还是教学评价，都是以让学生能充分展示其学习成果为前提；第四，从第一次课堂教学开始直到最后，师生如同伙伴一样为达成学习成果而努力分享每一时刻。②

---

① 李志义，朱泓，刘志军，等.用成果导向教育理念引导高等工程教育教学改革[J].高等工程教育研究，2014（02）：31.

② 李志义，朱泓，刘志军，等.用成果导向教育理念引导高等工程教育教学改革[J].高等工程教育研究，2014（02）：30.

总之，OBE教育理念是一种以成果为目标导向，以学生为本，采用逆向思维的方式进行的教育改革体系设计和建设理念，是一种先进的教育思想。

三、基于OBE理念的学习成果评价

"成果为本"是一种逆向教育改革模式，不像传统教育那样主要根据教育者及其机构设立的先验标准组织教育教学，而是主张教育者及其机构必须根据社会的要求设定教育成果，即学生未来需要具备的知识、能力和品质，以此来设立教育目标、匹配教育资源、确定教育内容、设计教育方式、推进教育过程、制订教育监控办法，从而使教育真正以学生为中心，使教育成果便于测量和证明，以提高教育和学习的有效性。具体而言，成果为本教育是一种课程设计和教学实施的教育理念，重点在于学生学完以后具备可测的能力。因此OBE的教学设计过程与传统教学设计过程的顺序相反，重点不在于学习内容，而在于学生学习完毕后所能具备的能力。故而要先确定学习成果，然后才组织课程、教学和考核，以确保所期望的学习成果能够实现。

"成果为本的教育"最为突出的贡献在于：它对教育质量的重视，并将这一理念贯穿于教学和学习过程的始终。其最突出的优点是：首先，成果为本的教育不但突出而明确地规划了教学的目标，并且将这些信息准确地传递给了学生，使教师与学生之间教与学的过程更为透明化，而透明化的教学过程便利了师生之间的沟通，从而能够准确地形成学习和教学的前提条件。其次，成果为本的教育在课堂的实施过程中始终遵循已经确立的教学前提作为原则来设计教学活动和评估方式及内容，使得教学和评估过程更为有的放矢，做到了教学和学习的过程与教学目标的一致性。第三，成果为本的教育下的教学评估主要是评估学生的学习是否达到了预定的教学目标，这种评估更准确地体现了教学质量。[①]

OBE理念与传统教学思想最根本的区别在于，传统教学中，教学内容先于教学目标存在并占据核心位置，教师对教学知识的选择通常是在熟悉的学科领域选择熟悉的知识单元，讲授过程中虽然会进行相关课程和课堂教学改革，但终究还是以教师为中心。而在OBE教育中，从需求开始，由需求决定学校人才培养目标，在校、院以及专

---

① 刘旸,刘红.成效为本教学方法的理论与实践：以香港高校英语教学为例[J].现代教育管理，2009（08）：58.

业三级培养目标统整基础上，确立毕业能力指标体系，并由此确立课程体系、教学组织以及知识选择的纵向连贯体系，教学目标先于教学内容存在并居于主导地位，课程资源开发、教学环节设置、教学组织实施、评价等活动都需要围绕预期目标展开。

OBE模式确定的最终学习成果（顶峰成果），既是OBE的终点也是它的起点。学习成果应该可以清楚表达和直接或间接测评，因此往往要将其转换成绩效指标。从本质讲，OBE教育模式就是围绕定义学习成果、实现学习成果、评估学习成果这条主线展开的。实现教育模式闭环的关键环节是评估学习成果。OBE对教学评价不是教学内容和学习时间，而是侧重于学生获得的学习成果。评估一般采用多元和梯次的评估，不以学生之间进行比较，而是强调达成学习成果的内涵和个人的学习效果。当然，逐级达到顶峰，是要将学生的学习进程划分成不同的阶段，并确定出每阶段的学习目标，这些学习目标是从初级到高级，最终达成顶峰成果。这将意味着，具有不同学习能力的学生将用不同时间、通过不同途径和方式，最终达到同一目标。

由于成果为本教育倡导反向设计原则，这里的关键就是，课程设计要从最终成果（顶峰设计）反向设计以确定所有迈向顶峰成果的教学的适配性。教学的出发点不是教师想要教什么，而是要达成高峰成果需要什么，内外需求决定目标，目标决定毕业要求，要求决定课程体系。而课程体系的具体体现要落实在新的培养方案和课程实施大纲上。一般而言，根据专业对毕业生在毕业五年后能够达成的职业和专业成就提出培养目标，由此确立学生毕业要求，明确学生毕业时应该掌握的知识、能力和品质，并将其细化为知识能力指标点，用矩阵图的方式说明课程体系与毕业要求指标点的对应支撑关系。教师根据支撑矩阵关系编写课程实施大纲，设计课程教学目标、课程内容、教学方法、考核方式等。如此反向设计，却要正向实施，使得"成果需求"既是起点又是终点。当然，目标定位要具有先进性、符合专业人才毕业能力素质要求的可实现性，以及有利于多元化人才成长的灵活性，以此来最大限度地保证培养目标与结果的一致性。[①]

总的来说，"成果为本"既是一种指导教育全过程、全系统的抽象理念，同时也是一种体现在专业和课程审批、教学设计、教员选择、学生管理、课堂教学、成绩测试、

[①] 蔺伟，王征，韩姗杉.阅读北理（第2辑）：上·树人篇[M].北京：北京理工大学出版社，2020：113.

教学反馈、改进行动和效果检验等等各个具体教育环节和细节的教育制度、教育系统，是一种全面自觉、深度反思、不断跟踪改进教育的教育发展机制和教育教学思想。当然，OBE 也存在一些问题，譬如成效需要由多方利益共同体参与来确定，如何使成果界定地明确、科学，其本身就是一件非常困难的事情。因为成果、成效很明确，就有过于具体化、简化之嫌，教育过程中一些不可言喻的部分会被轻视或者忽略了，而这往往在艺术学科、人文社科更加重要。同时，教育有时并没有那么明确的目标导向，也许不经意的一些教育过程会对学生产生很重大的影响，过度使用 OBE 也会存在功利化、僵化的导向。但是，自 20 世纪 90 年代以来，教育界普遍认可的教育教学改革实践和课程设计思想是以 OBE 理念为基础的，说明其范式特别对具体的教育教学改革、职业教育以及课程建设具有重要的借鉴价值和作用。[1]

四、专业认证与 OBE 教育理念

中国大陆接受 OBE 理念是从参与工程类专业认证开始的，之后发展到医学类专业、师范类专业甚至将来的其他专业。诚然，OBE 理念已成为欧美发达国家推动专业认证的核心理念，虽然这并不意味着其对高校的所有专业都适用。但通常来说，那些专业性非常强（具有不可替代性）、职业性特征明显、须经长时间实操训练的专业更适合通过专业认证的方式来提高自身质量。比如，针对与公众健康、工程、法律、师范等相关专业的质量保障更适合开展专业认证。[2]

从 20 世纪末开始，欧美各国工程教育认证组织先后改革认证标准，视 OBE 为一项重要的质量准则，并由此延伸开来，在国家学位标准、高校教育目标、专业培养计划中都以 OBE 为重要质量准则。OBE 教育理念认为教育者必须对学生毕业时应达到的能力及其水平有清楚的构想，然后寻求设计适宜的教育结构来保证学生达到这些预期目标。该教育理念首先受到国际工程教育界的高度关注，作为国际化程度最高、体系最完整的本科工程教育国际互认协议——《华盛顿协议》（Washington Accord）——就全面接受了 OBE 理念并将其融入工程教育专业认证中。《华盛顿协议》各成员国大多

---

[1] 苏芃,李曼丽.基于OBE理念,构建通识教育课程教学与评估体系：以清华大学为例[J].高等工程教育研究,2018（02）：129-135.

[2] 田腾飞,任一明.高校师范专业认证的总体设计及实践探索[J].重庆师范大学学报（社会科学版）,2018（03）：69-74.

数采取"成果导向"的认证标准，尤其是强调顶峰成果与反向设计的理念，将其贯穿于工程教育认证标准的始终。新的认证标准将学生表现作为教学成果的评量依据，并以促进专业持续改进作为认证的最终目标。①

2013年6月，我国成为《华盛顿协议》签约成员。根据协议要求以及等效互认原则，我国工程教育界开始以结果导向教育理念引导工程教育改革。中国工程教育专业认证协会颁布的《工程教育认证标准》充分体现了OBE理念，强调"有公开的、符合学校定位的、适应社会经济发展需要的培养目标。""毕业要求应能支撑培养目标的达成。""课程设置能支持毕业要求的达成。"2016年6月，中国被《华盛顿协议》组织接纳为第18个正式成员，我国工程教育专业认证体系实现了国际实质等效，为深化工程教育改革提供了良好契机。此后，相关领域的专业认证、不同层次不同学科的高等教育机构开始对OBE理念加以关注、探讨和实践。

专业认证在国际上行之有年，是为工程、医药、卫生、法律、师范等学科专业本科毕业生进入相应的专门行业工作提供质量保证的第三方评估认证机制。专业认证倡导将基于OBE教育理念贯穿于人才培养全过程，以确保毕业生达到或超过专业认证既定的教育质量标准。在专业认证中，人们将OBE理念的内涵概括为12个字，即"学生中心，产出导向，持续改进"。体现到专业层面，就是要求能够建立一种符合学习者发展需要、满足社会需求的人才培养自适应与完善机制。通常用五个"度"来衡量该机制的有效性，即人才培养定位与社会需求的适应度、教师及教学资源的支撑度、质量保障体系运行的有效度、培养目标与培养效果的达成度、毕业生和用人单位的满意度。贯彻到课程教学层面，就是要求建立一种以培养目标为导向，以学习者为中心，能够切实支撑毕业要求达成的课程教学模式与体系。就参加专业认证的专业而言，实施专业认证理念下的课程教学，构建与运行产出导向、学生中心、持续改进的课程教学机制，以确保培养目标与培养效果的达成度，这是能否通过专业认证的基础工作和必要条件。除了已实施多年的工程和医学教育专业认证，我国教育部正在全国范围内推行三级联动的教师教育专业认证，并正在试点和即将正式实行理科、农林、人文与

---

① 邹一琴,郑仲桥,鲍静益.应用型本科人才弹性力培养[M].南京：东南大学出版社,2018：18.

社科专业认证。[①]

专业认证所秉持的以产出为导向、以学生为中心和持续改进三大基本理念，反映了当前国际高等教育的发展趋势，对于引导和促进专业建设与教学改革、保障和提高人才培养质量至关重要。"以学生为中心"是专业认证的基础。要求教学设计与教学实施要围绕促进学生达到学习成果来进行，要求教师提供合适的教学环境引导学生进行学习，并通过科学合理的教学评价实时掌握学生的学习成效，关键还在于面向全体学生而不是个别优秀学生，并辅之覆盖面广泛的毕业生跟踪反馈机制等。"以产出为导向"是专业认证的核心。就是用期望全体学生获得的学习成果，即培养目标和毕业要求，反推出所需的培养环节、课程体系、教学模式以及对应的持续改进机制，以保证人才培养体系能够支撑毕业要求和培养目标的达成。"持续改进"是专业认证的保障。只有不断评价和反馈教学实施效果，及时发现并修正需要改进的教学环节，通过周期性评价形成持续改进的教学闭环反馈系统，才能长久保持和提高人才培养质量。

2017年10月26日，教育部印发《普通高等学校师范类专业认证实施办法（暂行）》，师范类专业认证开始在全国范围内广泛推行。师范类专业要顺利通过专业认证，首先必须从根本上理解和把握专业认证的基本理念，并以理念为指导开展专业建设工作。师范类专业认证也以"学生中心、产出导向、持续改进"为基本理念。学生中心，强调遵循师范生成长成才规律，以师范生为中心配置教育资源、组织课程和实施教学；产出导向，强调以师范生的学习成果为导向，对照师范毕业生核心能力素质要求，评价师范类专业人才培养质量；持续改进，强调对师范类专业教学进行全方位、全过程评价，并将评价结果应用于教学改进，推动师范类专业人才培养质量的持续提升。OBE作为师范类专业认证的基本理念，不仅对认证工作起着导向作用，同时也对师范类专业建设提出了新要求。基于OBE理念的师范专业课程建设，要依据毕业要求重构课程体系，对照认证标准调整课程结构；强化实践导向，优化课程内容；注重培养效果，实施有效的课程教学；聚焦目标达成，开展课程评价。为确保预期的实施效

[①] 施晓秋.遵循专业认证OBE理念的课程教学设计与实施[J].高等工程教育研究，2018（05）：154-160.

果，课程建设还应关注OBE的实施条件及其与教师职业的内在关联性。[1]

OBE的提出及在全球范围内的迅速发展和在专业认证中的运用，最主要的因素是适应了从工业化向信息化时代转变的宏观社会背景。2010年，斯派蒂等又将OBE拓展到终身学习领域，构建了一种未来社会的教育形态，即赋能学习社群，致力于培养学生个人幸福感、创新创业能力、沟通与团队合作能力、职业能力以及环境可持续性等五大领域的学习成果。2012年，欧盟委员会提出了一项"反思教育"的战略，要求其成员国关注学生学习成果，注重学生获得的知识、技术和能力，确保年轻人能够获得劳动力市场所需要的技能。OBE致力于所有的人都能成功地学习，也就是在实施OBE的学校，所有的学生都应该获得一定的学习成果，让所有学生不管家庭背景、年龄、学习类型、学习成绩或者其他因素如何都能有希望获得成功的学习。[2] 总之，演进到今天被广泛运用于教育更多领域的OBE，已经不是狭义的结果导向教育，OBE已经形成为一种教育体系化理念和行动框架的综合体，具有广泛的适应性和指导意义。

第四节 教育评价新使命：促进学生全面发展

随着中国经济的长足发展，人民生活水平大幅提高，满足人民对美好生活的向往就成为迫切的任务和需要进行长期艰苦努力的工作。在教育领域，国家明确提出要建立高质量教育体系，推动人的全面发展。为此，要建立促进学生全面发展的评价体系，评价不仅要关注学生的学业成绩，而且要发现和发展学生多方面的潜能，发挥评价的教育功能，促进学生在原有水平上的全面发展。全面发展性教育评价在方向上不仅关注过去、现在，而且更关注未来，它是一种面向终身需求、未来发展的评价制度；全面发展性学生评价目的是以促进全体学生的全面发展为目标，一切为了全体学生的全面发展，评价不与奖惩相联系；在全面发展性评价视野中，没有所谓的"差生"，评价是一种心理需要，评价是服务，旨在促进一切学生的身心和谐全面发展。为此，当

---

[1] 田腾飞，刘任露.OBE认证理念下师范类专业的课程建设[J].华南师范大学学报（社会科学版），2022（01）：41-52.

[2] 张男星，张炼，王新凤，等.理解OBE：起源、核心与实践边界：兼议专业教育的范式转变[J].高等工程教育研究，2020（03）：109-115.

前教育评价的新使命就是：必须树立科学成才观念，更新考试评价观，以深化新时代教育评价改革为核心，建立与学生全面发展和创新人才培养相适应的多元化考试评价新模式，坚持发展性评价，开展真实性评价，实施表现性评价，探索增值性评价，以彻底改变笔试和闭卷考试一统天下的局面，促进学生全面而有个性的发展。

一、坚持发展性评价

发展性评价理念认为，以往的教育评价模式在指向上存在错误，过于注重考量教育评价实践主体的过去，尤其是被评价主体的过去，这不利于教育评价实践主体的良性发展，且会恶化评价实践主体之间的正常关系。所以主张教育评价模式的指向必须大幅调整，由关注过去转向重视未来，所要实现的目的应该促进教育评价实践主体的发展，而非惩戒或惩罚。由此可见，评价实践主体的未来发展才是该模式的重中之重。

发展性评价（Developmental Evaluation）的基本观点认为，教育评价实践主体分为评价主体与被评价主体，实施教育评价过程中，要实现二者的配对发展，即制定双方认可的发展目标，由二者共同承担实现发展目标的职责，要运用评价面谈和发展性评价技术和方法，对被评价主体的素质发展、工作过程和绩效进行价值判断，使被评价主体在发展性教育评价活动中不断认识自我，发现自我，发展自我，完善自我，优化自我结构，自觉改掉缺点、发扬优点，逐步实现不同层次的发展目标。

发展性评价首先源于教师评价。发展性教师评价制度是在对奖惩性教师评价反思与批判基础上，最先于20世纪80年代初期，由英国开放大学教育学院纳托尔（Latoner）和克利夫特（Clift）等人倡导发展起来的一种教育评价理念。该发展性评价模式的优点在于将教育评价的重心转向到个体与群体以及学校的未来发展，保持对教育评价实践主体良性发展的期许态度。这在客观上有利于促进社会个体、群体及其学校的发展，有利于调动教育评价实践主体的主观能动性和主体发展性，为教育评价实践操作注入可行性的动力源泉。但此模式的实施对经济社会发展水平要求较高，在经济发展不发达地区很难实施推广，且操作上对教育资源的消耗较大。[①]

在我国，有人认为发展性评价并不是一个外来引入的术语，而是新课程改革设计者针对我国教育评价现状，在分析和吸收了国际上教育评价新理念的背景下提出的一

---

① 罗华玲.西方主要教育评价模式之新解[J].昆明学院学报，2011（01）：108-110.

个全新的本土化概念。①从可查的公开出版物来看，发展性评价在我国最早见于1998年华东师范大学王斌华的博士学位论文《发展性教师评价制度研究》，随后蒋建洲于2000年在湖南师范大学出版社出版了《发展性教育评价制度的理论与实践研究》一书，是国内第一本较全面论述发展性评价的著作，至此发展性评价开始逐步进入广大研究者的视野，而2001年开始实施的第八次新课程改革则极大地推动了发展性教育评价研究的发展。②2001年6月7日教育部发布的《基础教育课程改革纲要（试行）》指出，要"改变课程评价过分强调甄别与选拔的功能，发挥评价促进学生发展、教师提高和改进教学实践的功能。""建立促进学生全面发展的评价体系。评价不仅要关注学生的学业成绩，而且要发现和发展学生多方面的潜能，了解学生发展中的需求，帮助学生认识自我，建立自信。发挥评价的教育功能，促进学生在原有水平上的发展"。2001年7月，义务教育阶段的18种课程标准（实验稿）正式颁布，新课程标准倡导"立足过程，促进发展"的评价理念。自此，发展性评价在国家层面成为课程改革评价的总方针，"发展性评价"成了新课程评价中的核心理念，同时掀起了发展性评价在我国研究的热潮。

发展性评价以促进学生全面发展为宗旨，主张面向未来，面向评价对象的发展，并着力于人的内在情感、意志、态度的激发，着力于促进人的完美和发展，强调个性化和差异性评价。发展性评价强调评价主体的多元化，主张更多的人成为评价主体，特别是使评价对象成为评价主体，重视评价对象的自我反馈、自我调控、自我完善、自我认识的作用。发展性评价在重视指标量化的同时更加关注不能直接量化的指标在评价中的作用，认为过于强调细化和量化的指标，往往忽视了情感、意志、态度和其他一些无法量化而对评价对象的发展影响较大的因素的作用。可见，"发展性评价"是一种将"综合评价、过程评价、个体内差异评价、自我评价、形成性评价和定性评价"等进行有机的统一整合，并进一步深化而形成的突出"导向功能、改进功能和调控功能"的教育评价理念，它不仅体现了评价的科学性而且蕴涵着深厚的人文关怀意识。③

---

①李勇，郭志英.发展性评价再诠释[J].天津市教科院学报，2018（02）：41-43.
②李振超，陈琳，郑旭东.基于历史数据的发展性评价研究进展分析[J].现代教育管理，2015（05）：79-85.
③杨新宇，侯新杰.新课程评价改革中"发展性评价理念"的哲学诠释[J].宜春学院学报，2009（01）：25-28.

发展性评价是相对于甄别性评价而言的。甄别性评价的目的是选择出满足相应条件和要求的学生，通过评价进行甄别、鉴定和选拔。而发展性评价重视学生自身能力和潜能的发展。发展性评价包含的内容相对广泛，可以是思维能力的发展，也可以是学习能力、判断能力、沟通交往能力的发展。甄别性评价通常只重视学生单一能力的培养，如升学考试时关于智力和技能方面的测验，偏向性十分明显。发展性评价是利用可持续发展观对学生行为进行动态评价的过程[1]；是一种以促进评价对象发展为根本目的、重过程、重评价对象主体性的综合性教育评价；是一种尊重个别差异，基于学生实际表现的评价方式[2]。总体而言，发展性评价更多的是一种理念，而不是一种具体的评价方法，凡是旨在促进学生、教师和学校发展为目的的评价，都可称之为发展性评价。

发展性评价理念的显著特点：① 评价目的聚焦促进学生的全面发展。强调评价学生未来潜能的发展性，避免过于注重选拔与甄别的功能，讲求从过去、现在、未来连贯性评价学生的变化，为学生的进一步发展指明方向。② 评价内容的综合性。体现了"一切为了学生发展"的教育理念，不仅关注学习成绩，更关注学生其他方面的潜能以及良好的心理素质、学习兴趣与积极情感体验等方面的发展，引导和促进学生综合素质的发展与完善，实现德智体美劳全面发展。③ 评价样态多元化。提倡建立多元化的指标体系，对被评者进行全面评价，注重质性评价与量化评价的统整聚合。其定量评价形式有书面评价、单元测试、模块终结性测验等；定性评价有档案袋评价、学习日志、行为观察、访谈法、情境测验法等。[3] ④ 评价主体的多元丰富。主张消除评价者与被评价者、主体与客体之间绝对的二元对立，双方共同建构学习和评价目标。并以学生自我激励评价为主，强调被评者的参与，注重被评者的自我评价，充分发挥其主观能动性，同时，教师、学生家长、学科专家等也参与其中。⑤ 评价过程的交互动态化。它不是把凝固化的目标作为评价标准，而是保持目标的开放性，以发现被评者尚未发展但能够和应该发展的空间和潜能。[4] 强调评价与教学活动的相互促进，把诊断性评价

---

[1] 刘文霞.互动环境下大学生学习行为发展性评价体系研究[J].中国成人教育，2020（07）：9-11.
[2] 钟启泉.研究性学习："课程文化"的革命[J].教育研究，2003（05）：71-76.
[3] 叶爱英，颜辉盛.国内发展性评价研究综述[J].教育与教学研究，2014（09）：1-5.
[4] 张耀灿，曹清燕.发展性评价：高校思想政治理论课教学测评的指导理念[J].思想理论教育导刊，2009（05）：65-68.

作为发展性评价的前提并贯穿始终，强调在动态交互中及时反馈，不断修正，从而有序实现学生的持续发展，连贯一致，起点与终点循环往复。

二、实施真实性评价

真实性评价（authentic assessment）旨在改变过分关注事实性知识再认和回忆的做法，实现对高层次思维能力等有现实价值的学习结果的评价。这一概念一经提出，就受到了教育研究者、课程开发者、教育决策人员以及一线教育工作者的极大欢迎。[1]"真实性评价"一词被认为首先是由美国学者格兰特·威金斯（Grant Wiggins）在1989年提出的，其概念是："真实性评价是检验学生学习成效的一种评价方式，是基于真实任务情境的评价，它要求学生应用必需的知识和技能去完成真实情境或模拟真实情境中的某项任务，通过对学生完成任务状况的考察而达到培养学生思考问题、反思实践、提高研究技巧的目的。"其后，美国教育评价专家乔恩·米勒（Jon Mueller）等人组织中小学不同学科的教师尝试在实践中运用，并对真实性评价的要素、操作程序等进一步细化和完善。[2]

作为一种评价方法，真实性评价的目的是要促进学生实际解决问题能力的提高，主要由3个要素构成：评价标准、评价任务、评价量规。① 评价标准是对学生应该知道什么和能做什么的具体陈述，表达了教师对学生学习结果的期望。② 评价任务是指为了使学生达到评价标准而设计的一系列需要学生完成的作业或任务。它最突出的是"真实性"，它应是发生于真实世界的任务或是对真实世界任务的模拟或复写，反映的是现实生活中的活动、表现或挑战，并与学生的学习目标及生活相联系。它要求学生在完成任务的过程中建构自己的行为，创造性地运用所学的知识和技能解决问题。③ 评价量规是工具，它是为了判断学生在真实性任务中的表现而建立的一套任务表现标准和评分等级。量规的使用在一定程度上保证了评价的有效性和公平性，它对评分标准的制定在评价前对学生是公开的。总之，真实性评价的核心是通过提供给学生与现实生活相关领域类似的真实性任务，让每个学生充分应用相关知识、技能以及策略，表现其理解水平和对知识的应用能力。[3]

---

[1] 杨向东."真实性评价"之辨[J].全球教育展望，2015（05）：36-49.
[2] 张继玺.真实性评价：理论与实践[J].教育发展研究，2007（02）：23-27.
[3] 俎媛媛.美国真实性学生评价及其启示[J].教育发展研究，2007（06）：62-66.

真实性评价的特点：第一，强调学习和思考的方法，特别是解决实际问题的高层次思维能力，并不是单纯在研究性学习中运用真实性评价，即使是学科教学也要整合和应用知识，而不仅仅是复述事实性知识。第二，任务必须是能与真实生活情景产生关联。这种真实情景包括对日常生活情景的模拟，或者真实情景中的实际操作。通过完成真实情境中的真实任务，学生所表现出或反映出来的东西也是他们真正学到的东西，因而是可靠的、真实的。第三，过程和作品是评价的重点。过程的重要性在于学生问题解决的综合能力，如高阶思考能力、反思能力、合作能力、信息搜集能力和创造力等，都必然在评价过程中展现出来，而作品则是各种能力综合作用的结果。第四，要事先确定评价学生任务表现的规则和标准。例如，学生作业表现中哪些是优秀的、哪些表现属一般或不好，表现的哪些层面属主要评分点，这些规则和标准事先应向学生加以明确，便于增加评价的有效性。①

将真实性评价的组成要素和特点融合在一起，维拉罗尔（Villarroel）等认为，真实性评价具有3个维度12个特征。第一个维度是真实性：①与日常生活相关的问题；②与课堂之外具有相关性；③是真实的表现；④体现工作表现能力；⑤与现实/工作世界的任务类似；⑥具有实用价值。第二个维度是认知挑战：⑦体现高阶思维；⑧体现解决问题的能力；⑨体现决策能力。第三个维度是评价：⑩具有反馈；⑪是形成性的评价；⑫具有已知的评价标准。②

其中，"真实性"是真实性评价的最重要特征，主要表现为学习任务的真实性。学习任务的真实性是指学习任务或活动能反映真实的生活，在真实的生活环境或模拟真实的生活环境中进行，并对学生具有真实的、重要的意义和价值。要理解真实性评价的概念首先必须理解"真实性任务"。真实性任务是类似于某一个具体领域的从业者所面临的那些真实的活动、表现或挑战，具有复杂性和多维性的特征，需要批判性思维等高级认知思维能力。当然，所谓的"真实性"也是有条件的：其一，要求学生自己积极地建构而不是被动地选择；其二，任务必须源于真实世界或模拟真实世界并且具有挑战性。其三，真实性评价任务的环境是课堂内外的实际生活环境，没有特定的和

---

① 张继玺.真实性评价：理论与实践[J].教育发展研究，2007（02）：23-27.
② 张藏，埃立克·奥尔森.真实性评价：促进本科课程与教学改革的重要途径：基于对美国纽约州立大学奥斯威戈分校的考察[J].教育发展研究，2021（07）：20-27.

统一的标准，反映学生对事实和概念的获得以及实际运用的能力。[①]

与传统学生评价相比，真实性评价表现出以下不同：其一，评价不像传统考试那样只给出间接的、孤立的题目，而是给学生设定一个真实情境，使学生能直接面对有价值的学习任务，在完成任务的过程中展示自己的知识和技能；其二，评价不同于传统考试是对答案的回忆、再认和区分，而是期望学生用掌握的知识和技能创造性地表现自己、完成任务；其三，评价具有灵活性，不是以唯一的正确答案来衡量学生，而是看学生能否在执行真实性任务的过程中积极思考、能否综合运用所学知识处理问题、能否创造性地解决问题；其四，评价的目的不只是对过去学习情况的检查和总结，更重要的是为学生今后的发展提供支持性的信息，以便于改进不足和制定下一步学习计划；其五，评价的效度取决于评价任务是否在考察所学内容的基础上很好地模拟了真实世界，而不只是依赖于与课程内容一致的程度；其六，数字不是表达评价结果的唯一方式，评价更多的是让学生直接向评价者展示可观察到的学习成果，以事实证明学生对所学内容的理解程度；其七，评价与教学和课程是相统一的，评价整合于日常的教学过程中，通过及时的反馈检查课程目标达到的程度，并促使学生和教师共同参与到课程建设中去。[②]

总之，真实性评价是检验学生学习成效的一种评价方式。但真实性评价并不是具体的评价方法，而是基于建构主义学习理论所提出的一种新的教育评价理念。它所表达的核心评价思想，是把促进学生发展作为学生评价的基本目的。它要求学生运用所学知识和技能去完成真实世界或模拟真实世界中一件很有意义的任务，在任务开展过程中对学生的学习成果进行评价。与传统评价方法不同的是，真实性评价强调从真实的学习活动中收集真实表现资料，强调学生的亲身参与，不仅真正实现了对学习过程的关注、反馈与改善，而且可以据此实现对学生发展的综合评价。[③]真实性评价一般有三类典型的评价方式，分别是：基于观察的评价、成长记录袋评价和表现性评价。[④]

[①]张继玺.真实性评价：理论与实践[J].教育发展研究，2007（02）：23-27.
[②]俎媛媛.美国真实性学生评价及其启示[J].教育发展研究，2007（06）：62-66.
[③]一帆.真实性评价[J].教育测量与评价（理论版），2011（11）：56.
[④]HART D.真实性评价：教师指导手册[M].国家基础教育课程改革"促进教师发展与学生成长的评价研究"项目组，译.北京：中国轻工业出版社，2004：27-97.

三、开展表现性评价

表现性评价（Performance Assessment）是 20 世纪 90 年代早期在美国最先兴起的一种评价方式。它是通过完成一些实际的任务，诱导出学生的真实表现，以此评价学生掌握和运用知识和能力的方法。[1]但什么是表现性评价？国内外学者有很多的答案，其中美国学者斯蒂金斯（R.J.Stiggins）和威金斯（G.Wiggins）的观点比较具有代表性。斯蒂金斯对表现性评价的权威性定义是："表现性评价就是让学生参与一些活动，要求他们实际表现出某种特定的表现性技能，或者创建出符合某种特定标准的成果或作品。简言之，就是我们在学生执行具体的操作时直接观察和评价他们的表现。"或者说，"表现性评价为测量学习者运用先前所获得的知识解决新异问题或完成具体任务能力的一系列尝试。在表现性评价中，常常运用真实的生活或模拟的评价练习来引发最初的反应，而这些反应可直接由高水平的评价者按一定的标准进行观察、评判，其形式包括建构反应题、书面报告、作文、演说、操作、实验、资料收集、作品展示。"[2]而威金斯则强调，表现性评价要求学生完成一个活动，或制作一个作品以证明其知识与技能等，即主张让学生在真实情景中去表现其所知与所能。[3]表现性评价是真实性评价的一种类型。

我国学者周文叶在总结前人研究的基础上这样定义表现性评价："在尽量合乎真实的情境中，运用评分规则对学生完成复杂任务的过程表现或结果做出判断。"这一定义包含了三方面的内涵：第一，真实情境中知识与技能的运用；第二，学生必须创造出问题解决方法或通过自己的行为表现来证明自己的学习过程和结果；第三，评价者根据事先设计好的评分规则做出判断。[4]还有一些专家将其定义为"教师让学生在真实或模拟的生活情境中运用先前所获得的知识解决某个问题或创造某种东西，以考查学生知识与技能掌握的程度，以及实践、问题解决、交流合作和批判性思考等多种复杂能力的发展状况"。[5]这些学者和研究者在定义表现性评价时有一个共同点，即强调评价

---

[1] 一帆.表现性评价[J].教育测量与评价（理论版），2011（10）：64.
[2] STIGGINS R J.促进学习的学生参与式课堂评价[M].北京：中国轻工业出版社，2005：155-163.
[3] 周文叶.论表现性评价在综合素质评价中的运用[J].全球教育展望，2007（10）：54-58.
[4] 周文叶.中小学表现性评价的理论与技术[M].上海：华东师范大学出版社，2014：53.
[5] 教育部基础教育司.新课程与学生评价改革[M].北京：高等教育出版社，2004：69.

的情境，提倡在真实的、活动的情境或者接近真实的情境中去进行评价。同时，表现性评价不是常规或机械的思考，不是回忆信息、事实、定义、术语或执行简单的任务，而是评价那些能综合运用知识进行创造的高阶认知目标。

表现性评价是和客观纸笔测验相对应的一种评价方式。它要求在尽量真实的情境中，运用评分规则对学生的表现做出判断。表现性评价的内涵具体表现在三方面：①① 真实情境中的任务。"真实"，要求我们将评价所测的能力直接与生活中复杂的能力连接，以提高学生习得的能力迁移至学校学术情境之外之生活中的程度。传统的选择式考试只能测量学生"知道什么"，不能很好评价学生在实际生活中"能做什么"，表现性评价更侧重评价学生综合运用已有知识进行实作与表现的能力。② 学生的建构反应。表现性评价要求学生建构反应来证明自己的学习过程和结果，而不是选择答案。建构反应的评价学生可以按照自己的方式自由反应，使学生的创造力得以表现，更加接近真实世界的问题解决。大部分的表现性任务要求学生参与一系列复杂的决定，学生必须分析问题，选择各种各样的方法去解决问题，通过书面、口头等其他形式交流问题解决方法等。③ 依据评分规则的判断。评价者必须观察学生的实际操作、表现（如学生的口头陈述、表演等在问题解决过程中的外显行为）或记录学业成果（如论文、方案设计等），以此评价学生的能力。真正的表现性评价没有统一的标准答案，不存在对错之分，只存在程度之别，只能根据事先设置好的评分规则，依靠评价者的经验和智慧来决定表现的可接受程度。

与传统测验相比，表现性评价的特点：① 它是对学习的直接测量。表现性评价通过学生在切实地"做（完成）"一些任务时的行为或表现来进行评价，如在即兴编故事中，教师当场就可以根据学生的行为表现对学生的口头反应能力作评价。② 评价本身既是测验又是学习活动。表现性评价中，学生要在真实或接近真实的环境中解决问题、完成任务，要进行直接的尝试、思考，测验的过程也是学生巩固学习和主动学习的过程。③ 既测量结果又评价过程。比如，要评价学生的实验能力，我们不仅对学生的实验成果及获得的数据进行评价，更重要的是对学生在实验过程中对实验的设计、使用仪器和实验技巧等实验过程方面的因素进行评价。④ 有多重评估功能。表现性任务

---

① 周文叶.让学生做课堂的主人：表现性评价的实施[J].当代教育科学，2013（16）：16-18.

一般较复杂,很多都要求学生以小组为单位或通过与他人的交流完成,通过表现性任务可以较好地评价学生的高级智力技能,也可以用来评价学生的社会技能,如合作能力、沟通能力、分享等。⑤主观评估。表现性任务一般很少有唯一正确或最佳的答案,且往往有多种行为表现或问题解决方案都可以被评定为优秀。这就需要依靠评价者的经验和智慧来进行评判,所以,评估的主观性是表现性评价的一个特点,同时也是不足。①

表现性评价的这些特点,在音乐、美术、体育等课程的评价中已经得到了很大程度的体现。我们评价一位学生的音乐素养,主要看的是他的音乐表现才能,而不是他是否知道有关音乐的知识,表现性评价是对学生"能做什么"的行为表现直接进行评价,更加关注学生的实际表现及历程。事实上,有些学习内容没有形成最终的有形的产物而只有过程,如演讲、唱歌、跳舞、讨论等。表现性评价既是对这些学习过程的评价,又是对其产物进行评价,是全面的评价。更关注非认知因素,如与人合作的能力、参与社会活动的能力等,突出了情感、态度、价值观领域在学生发展中的重要地位。表现性评价理念下的学生必须参与实作、实践表现,必须综合而又灵活地运用所学知识,进行思维加工和判断,进行各种探究活动,有个性地展现自己的才能,从而培养创新能力。②

表现性评价在当前的教育评价改革实践中越来越受到重视。有些区域以政策文件的形式要求学校和教师加强表现性评价的实施,甚至规定在小学低年级期末考试中只能运用表现性评价,一些地方已开始在中高考命题中加强表现性评价的应用。如要求语文学科命题"注重考查内容与社会生活实践的联系";数学学科命题要"注意数学应用,考查学生分析、解决综合问题的能力";理科综合命题要"从学生已有的经验和将要经历的社会生活实际出发,通过生产、生活中的一些真实情境和实验观察、自然体验,考查学生联系实际深化、应用知识的策略和学科素养"。但在命题实践中还是存在情境与任务真实性不够,情境与任务缺乏联系,考查内容仍然是孤立的知识,未注意

---

① 一帆.表现性评价[J].教育测量与评价(理论版),2011(10):64.
② 周文叶.论表现性评价在综合素质评价中的运用[J].全球教育展望,2007(10):54-58.

生产生活实践的复杂性等问题。[①]另有一些学校的学习或评价活动打着表现性评价之名，却非实施表现性评价之实。各种所谓的"闯关""嘉年华""游园"活动，形式五花八门，场面热热闹闹。即并非以活动形式进行的就是表现性评价，也并非学生表现了就是表现性评价。表现性评价需要学生自己建构答案，需要某种建构性或创新性的行为，它指向的一定是深度学习，而非浅层的只需要了解的信息或简单的操作，[②]要体现"表现性任务"的累积性以及核心素养的进阶性和发展性。

在国外，表现性评价不仅适用对不同阶段学生的学习效果评价，也广泛应用于教师、课程和学校绩效评价中。甚至大学招生中的表现性评价也都在进行中。与传统的标准化考试评价方式不同，表现性评价招生强调评价情景的真实性和任务的复杂性，在实践中强调发挥学生的主体作用，更侧重评价对学习的促进效果。美国一流大学表现性评价招生通过更真实、全面的方式考查学生综合素质与发展潜能，由于允许学生运用自身知识技能创造性地解决问题，因而更能科学地测量学生认知思维、推理技能和知识应用能力。[③]英国普通教育证书高级水平考试大规模运用了中心评审课程作业。它是指在平时教学过程中，由教师布置或者学生自定的、需要学生实际表现得较为真实的作业任务，包括实验、调查、野外考察、论文、演讲等。课程作业的具体评分由各中心的教师负责，并按一定比重纳入该科目 A 级考试的最后成绩中。评分的标准和政策则由全国性的大学入学考试机构统一制定。目前，英国各门学科的 A 级考试中，中心评审课程作业普遍占 20%—35% 的分数比重，表现性评价已成功地纳入了英国的高考制度。[④]在我国大力推进新时代教育评价改革的背景下，表现性评价招生的设计理念与实践框架、实施效果等很值得我们研究和借鉴。

四、探索增值性评价

增值理念在学校评价中的应用，最早在美英等国提出，其后传到其他国家和地区，

---

①赵德成.表现性评价应用中的问题：基于2015年多省市中高考命题的分析[J].课程·教材·教法，2016（01）：53-59.

②周文叶.表现性评价：指向深度学习[J].教育测量与评价，2018（07）：1.

③袁卫，袁礼.潮流逆转与观念重塑：美国一流大学表现性评价招生析论[J].高教探索，2021（07）：71-80.

④冯生尧，谢瑶妮.英国高考中的表现性评价：中心评审课程作业[J].比较教育研究，2006（08）：78-82.

目前已经在国际上得到广泛应用。在我国，目前还处于探索阶段。我国大陆地区的许多学者虽然在20世纪90年代开始做了大量的理论介绍与探索工作，但用增值评价方法来对学校效能进行实证研究还不多见。[1]进入21世纪以来，增值评价在我国逐渐引起普遍关注，并从研究走向实践，在一些地方已开始落地实施，通过"教育增值"的量化分析，对学校的发展进行科学认定，升学率不再成为评价和考核学校的唯一指标。通过对一些"实验校"进行增值评价，激发了学校办学内生动力，取得了积极成效，积累了一定的实践经验，也逐步得到各相关群体的理解与认可。2020年10月13日，中共中央、国务院印发《深化新时代教育评价改革总体方案》明确提出要"改进结果评价，强化过程评价，探索增值评价，健全综合评价"。在这"四个评价"中，相对于结果评价、过程评价和综合评价，"增值评价"这一我国教育实践领域原本不很熟悉的概念引起特别的关注和热议。从整体架构而言，"四个评价"是组合拳，增值评价却最为响亮。

增值评价最早出现在美国，最初是由统计学专家而非教育专家提出来的，其初衷是通过更加精准的统计分析方法解决教师评价中的一些难题。后来，美国教育工作者逐步认识到，这种创新的教育理念可以有针对性地解决一些传统教育中的不足，比如过度关注学习结果而不是学习过程，只关注少数优秀学生群体而非全体学生。此外，还有一些专家从学校效能的视角来分析增值评价，认为要将学校对学生发展的影响从生源和学生背景等这些非学校可控的因素中剥离出来，进而测量一定时间内学生的进步幅度，以发现一些学校的学生是否比其他学校的学生获得相对较大的发展。[2]美国增值评价在学校评价和教师评价方面的应用较多，[3]其中田纳西州增值评价系统被视为美国增值评价的先锋和典范，备受关注。[4]

---

[1] 马晓强，彭文蓉，托马斯.学校效能的增值评价：对河北省保定市普通高中学校的实证研究[J].教育研究，2006（10）：77-84.
[2] 苏红.全面看待增值评价对基础教育的影响：以美国为例[J].人民教育，2021（21）：75-78.
[3] 徐士强，赵风波.美国田纳西州教育增值评价模式及其论争[J].全球教育展望，2009（09）：52-55.
[4] 徐丹，牛月蕾.教育增值评价先行者：美国田纳西州教育增值评价模式解析[J].教育科学，2012（01）：83-87.

其实，增值评价是一种评价思想而非技术。[①]"增值"本是经济学的概念，即产出减去投入后增加的价值。在教育领域，增值主要指学生经过一个阶段的学习之后所表现出来的学业进步程度。进而，学业进步的增量被认为是教学质量提升的重要证据，更是教育评价应当关注的焦点。增值评价不以单次考试结果作为评价依据，而是从动态、发展的视角，剥离掉学生家庭背景等非教育因素对学生成绩的影响，借助计算机系统和复杂的统计模型测量教与学，追踪、分析学生在不同时间点学业成绩的变化状况，解释教师、学校、学区等教育因素对学生学业成就的直接影响。尽管增值评价在理论上相对比较完备，但在技术上比较复杂，真正要在教育实践中落地生根，还需要与国家和地方各具特色的教育运行机制、教育生态进行有效融合。

具体而言，增值性评价（value-added assessment）指向学业成绩的增值，即关注学业成绩的增量。"增值"是指学生成绩连续年度比较后的变化，是学生在一段时间教育过程后的"成长"。也就是通过追踪，收集学生在一段时间内不同时间点上的标准化测验成绩，通过计算连年测量单个学生知识的进步幅度，以此作为衡量学校绩效的标准，矫正入学成绩，进而提高后期学生的学业成绩。即增值评价就是以学生的学业成就为评价依据，通过相关的统计分析技术，把学校对学生发展的影响从诸多相关因素中分解出来，考查学生在前后两次学业成就测评期间的进步幅度，以及学校、教师等对学生学业成就教育的"净"影响。[②]

与现有的以分数排名、升学率等指标为依据的教育评价体系相比，增值评价具有四个特点。[③]①将学生进步和变化作为评价的核心。增值评价强调学校教育质量的高低不在于有多少学生升学，而在于让每一个学生都体验成功的快乐。是基于每个学生的进步来计算学校或教师对学生学业增长的影响，不关注学生成绩的绝对水平，是每个学生当前与过去的比较。并为教师提供形成性评价和终结性评价的信息，为教师的自我提升提供依据。②增值性评价能够满足所有学生的需要。它是面向全体学生，每

[①] 李凌艳.如何用好教育增值评价？：对"探索增值评价"的主旨与行动的理性思考[J].中小学管理，2020（10）：8-10.

[②] 一帆.增值评价[J].教育测量与评价（理论版），2013（11）：44.

[③] 一帆.增值评价[J].教育测量与评价（理论版），2013（11）：44.

一个学生的增值情况累计为学校的增值结果。增值性评价是基于每个学生的进步来计算学校或教师对学生学业增长的影响,这样就使学校和教师的关注点从个别学生身上转移到每个学生的进步和得到充分的发展。发展不仅是指学习成绩的提高,而且包括学生身心健康在内的全面发展。③增值性评价保证了更加公平的比较。增值性评价将每个学生的当前成绩与过去成绩进行比较,关注学生的进步和成长,从而改变了以往将学生的学业成绩与平均值或任意制定的标准进行比较的做法。由此对学校或教师效能的评价都是基于学生的进步或增值,有利于激发生源质量差的学校促进学生进步的动力。④实现对学校教育教学管理水平的真实评价。增值评价以每个个体的进步和发展作为依据,着眼于考察学校对学生发展的引导和辅助提升功能。基于追踪设计的研究,通过数据详尽的描述、识别出学生的成功与待进步。增值评价关注学生进步幅度与学校办学、教师教学之间的关系,探索学生个体纵向发展情况,增值性评价与绩效责任紧密相连。目的在于提升学校办学效益、改进教师教学效能,更好地为学生发展服务。[①]

在具体操作中,增值评价是偏量化的一种评价方式,可以通过建立影响学生学业成就的模型,以计量的方式探究各项变量对学生发生作用的大小和变化幅度。模型的设计与开发直接影响增值评价的最后效果。从增值评价兴起,"模型研究"就是一个研究板块,许多研究者非常注重推进增值评价模型的优化。为了更好地控制影响学生成就的其他因素,单纯获得教师或学校对学生增值的影响,大多数投入实践的增值评价选用了多水平模型,将各种复杂嵌套的影响因素进行分层,以实现"净效应"。但是学生成长始终处于不确定的情境中,影响因素不能完全被统计观察或测量,追求模型的绝对精准性本身难以实现。此外,复杂的模型不仅加剧了研究者开发的难度,也面临了推广和理解问题。如果模型的复杂化不尽如人意,模型研究可以朝向模型简化的方向转型,增加评价的可理解性。

处于增值评价研究前沿的英国已经开始放弃复杂的多水平模型开发道路,采取更加简单易行的均值计算方法。简单的统计模型不考虑其他非学校教育的可控因素,而

---

① 辛涛,张文静,李雪燕.增值性评价的回顾与前瞻[J].中国教育学刊,2009(04):40-43.

是将起点接近的学生或学校直接划为一个群体，比较水平相似学生个体或单个学校的增值。这不仅降低了增值评价模型的研发难度，同时减轻了教育工作者实际操作层面的负担。例如，多水平线性方程中的残差即代表着增值，对于统计知识掌握较少的一线教师、家长、学生或大多数社会人员而言是难以领会的，而简单统计模型只是将学生成就与相近水平群体的均值进行对照比较，这对公众来说理解难度大大降低了，评价更易建立信任感。我国增值评价模型的研究也不能一味追求精深复杂的技术研发，要考虑评价实际操作层面的可行性和模型的可理解性，避免陷入技术异化的怪圈中。[①]

资料显示，目前增值评价模型主要有：增长分数模型、多元回归模型、多水平线性模型（包括获得分模型和协变量校正模型）、多变量模型、马尔科夫链模型五大类。从模型的精确度来看，增值分模型仅考虑到连续测试间个体、群体分数变化的差异；多元线性回归模型从回归预测的角度用前测分数预测后测分数，将后测观察分数与预测分数的差值作为增值，该方法与简单多水平模型中的协变量校正模型的出发点相似，但不能区分不同层（学生、学校）间的效应；简单多水平模型中的获得分模型与协变量校正模型都能对不同层的效应进行区分；马尔科夫链模型，从学生受教师教育的影响在评价等级上发生的变化率研究学校效能。[②]事实上，不同的模型，有不同的理论假设前提和不同的数据适用条件，错误的选用模型会获得错误的结果，从而对教育实践产生误导。

特别是，增值评价的每一次测评，经过数据录入，都会形成一个相对独立完整的数据库。在进行数据分析前，必须将这些独立的数据库进行链接，形成一个完整的追踪数据库。在这个数据库中，同一个学生的多次测查数据都会被链接到一起，如果数据分析需要，还可以将每一个学生所对应的教师和学校信息都链接到同一个数据库中，从而形成一个完整的大型的追踪数据库，进行各种数据分析。在追踪数据库中，往往会面临大量缺失值的问题。随着追踪年限的不断增长，相应的数据库会变得越来越庞

[①] 郭元祥，王秋妮.增值评价研究的知识图谱与前景展望[J].教育测量与评价，2021（07）：3-10.
[②] 边玉芳，王烨晖.增值评价：学校办学质量评估的一种有效途径[J].教育学报，2013（01）：43-48.

大，信息变得越来越丰富，对这个数据库的维护直接决定着增值评价的效果。[①]

增值评价结果有较为广泛的应用范围。首先，应用于教育行政部门的教育质量监测。教育行政和督导部门可依据学校增值分数对学校进行工作绩效考核和教育教学的督导检查。其次，应用于学校自我评价。增值评价可以提供学生个体的进步信息、学校课程目标的完成程度等信息，同时可以促进学校的自我改进和发展。此外还为家长深入了解学校教育质量提供可靠信息。[②] 但要知道，增值评价存在一定的统计偏差，不能作为评价学生、教师和学校的唯一指标，而是需要结合其他方式得出的评价结果进行谨慎解释和应用。增值评价的重点不是为了让后进的学生、教师和学校"翻身"，[③] 而是为了通过科学测评找到真正有效的学习策略、教学方式和管理手段，助推学生的发展、教师的改进和学校的变革。新时代的增值应更加关注人的全面发展，指向学生发展核心素养的增值。

总之，教育评价发展至今，特别是21世纪以来产生了许多不同的评价新理念，这些评价理念既有差别，又有联系。"发展性评价""表现性评价""真实性评价""档案袋评价""增值性评价"等不同的概念，经常被混在一起使用。有的认为表现性评价是真实性评价的一种，有的认为表现性评价是档案袋评价的又一称呼，甚至有人提出要将表现性评价、真实性评价、档案袋评价等一起归纳为广义的表现性评价。理解不同，侧重点各异，莫衷一是。单就真实性评价和表现性评价的关系，大家意见就不一致。一种观点认为，真实性评价就是表现性评价，两者在内涵和外延上是等同的。另有学者认为，表现性评价是真实性评价的一种，真实性评价包含除表现性评价之外的其他形式。还有学者认为真实性评价是表现性评价的一种特殊形式。所有的真实性评价都属于表现性评价，[④] 真实性评价使用表现性评价和档案袋评价等多种质性评价方式等。此外，还有说发展性评价也是一种形成性评价。而所有新的评价理念都是注重过程性、发展性，也都比较复杂、烦琐，需要付出更多的精力和成本，并掌握现代评价技术才

---

① 边玉芳，王烨晖. 增值评价：学校办学质量评估的一种有效途径[J]. 教育学报，2013（01）：43-48.

② 一帆. 增值评价[J]. 教育测量与评价（理论版），2013（11）：44.

③ 辛涛. "探索增值评价"的几个关键问题[J]. 中小学管理，2020（10）：1.

④ 杨向东. "真实性评价"之辨[J]. 全球教育展望，2015（05）：36-49.

能达到理想的评价效果。

本章小结

公平公正是考试评价制度的灵魂，实现公平公正是现代教育考试评价的最高标准追求。考试公平就是在考试过程中无偏向性，对所有考生一视同仁。考试公平主要包括考试起点公平、考试过程公平、考试结果公平。或者程序公平、条件公平、事实公平。但考试公平公正总是与一定的社会、经济发展水平以及人们对公平公正的认识相适应的，在很多情况下，不得不在公平与效率之间进行权衡。高考改革的发展趋势是从效率优先走向公平优先，继而走向公平与效率的兼顾与平衡。为确保考试招生活动公平公正，必须依法治考。

在"五唯"评价场域中，"唯分数"是我国考试招生与评价制度的突出特征。因为一般人都认为，分数最公平、最公正，最令人信服。"唯分数论"实际上是用一种简单化、片面化评价代替对学生的全面评价，但"唯分数"乃是相对更优或更具可操作性的制度安排，有深刻的传统观念及制度根源，破解之道是要探索系统化的改革路径。

成果为本的教育是当今世界教育改革的主流理念之一。强调首先要对教育结果有一个清晰的了解，然后据此组织课程、指导课程及评估以保证这一学习成果最终能发生。由斯派蒂首先提出，简称 OBE。OBE 具体的实施框架可归纳为：1 个核心目标、2 个重要条件、3 个关键前提、4 个实施原则、5 个实施要点。在具体实践中，"清楚聚焦"最为关键。现今专业认证所秉持的以产出为导向、以学生为中心和持续改进三大基本理念，就是基于 OBE 成果为本的教育。

当前教育评价的新使命是：必须树立科学成才观念，更新考试评价观，以深化新时代教育评价改革为核心，建立与学生全面发展和创新人才培养相适应的多元化考试评价新模式，坚持发展性评价，开展真实性评价，实施表现性评价，探索增值性评价，以彻底改变笔试和闭卷考试一统天下的局面，促进学生全面而有个性的发展。

思考题

1. 试述考试公平的实质内涵。

2. 为什么说考试评价改革若改掉公平，就等于革了自己的命？

3. 如何处理考试招生中公平与效率的矛盾？

4. 高考录取中的考试公平与区域公平应该如何协调。

5. 请谈谈你对制定《考试法》的意见和建议。

6. 试述"唯分数论"的形成机制。

7. 请根据成果为本（OBE）的教育理念和评价策略，设计一门课程的评价环节；或者列出你目前所从事的教育管理工作中的标准化目标任务。

8. 试比较发展性评价、真实性评价、表现性评价三者之间的异同。

9. 怎样开展增值性评价？如何理解"增值评价是一种评价思想"之说法？

第七章　国际化：国际大规模教育评价项目

如何引导教育的健康发展，实现对教育的有效监控，是世界各国教育关注的焦点问题和教育研究者共同面临的课题。国际大规模教育评价是当前教育领域的一种新形态和不容忽视的文化现象。作为一种教育评价样态，它在评估对象、施测范围、测评内容、测评学段、实务操作等方面呈现出独有的特征。国际大规模教育评价可以追溯到1931—1938年美欧九个国家率先开启的一项跨越大西洋的"国际考试研究"项目，自此，正式拉开国际大规模教育评价实践的大幕。但真正实施国际大规模教育评价的是由国际教育成就评价协会（IEA）在1959年至1962年间进行的12国实验研究。紧接着成立于1961年的经济合作与发展组织（OECD）在全球广泛推展PISA项目，深度涉足教育领域，极大地提升了它的教育影响力。此后，国际教育评价协会（IEA）、经合组织（OECD）、联合国教科文组织（UNESCO）、世界银行等国际组织都开始大力实施国际教育评价项目，如IEA的国际数学与科学趋势研究（TIMSS）、国际阅读素养进展研究（PIRLS），UNESCO的全球教育监测（GEM），OECD的高等教育学习成果评价（AHELO）以及2015年发布报告《强壮开端Ⅳ：早期教育与保育的质量监测》（Starting Strong Ⅳ：Monitoring Quality in Early Childhood Education and Care）等。另外，还有"成人PISA"之称的PIAAC项目、成人素养和生活能力（ALL）调查、素养评估与监测项目（LAMP）和2008年OECD推出的"教师教学国际调查"（TALIS）项目等。而NAEP虽是美国国内最具权威性的中小学学业成就评价体系，却也在全球有广泛认可度和接受度。[①] 当今，国际大规模教育评价不仅在世界范围掀起了

---

① 刘磊明. 国际大规模教育评价的逻辑反思[J]. 教育研究，2020（01）：75-85.

教育监测、评估的风潮，进一步深化了国际教育考试评价的标准化和科学化，进而深刻影响着全球教育政策方向的确立，教育治理体系的建构和人才培养模式的变革，深刻影响着世界教育考试评价的改革、发展之走向。

第一节 TIMSS：国际教育成就评价协会"国际数学和科学趋势研究"

国际教育成就评价协会（International Association for the Evaluation of Educational Achievement，简称 IEA）是一个从事国际教育研究的非政府性的国际组织。[①] 1958年，联合国教科文组织的有关教育学者、心理学者等联合成立了 IEA 组织，我国于 1984 年加入该国际组织。IEA 总部设在荷兰的阿姆斯特丹，主要致力于阅读、数学、科学等基础学科学习成绩的国际比较研究。其成立的主要目的在于：一是为各国提供一些国际的教育资讯，以便各国教育政策的制定者能够很好地评估自身教育系统存在的问题和优势所在；二是提供高品质的资料，使各国教育政策的制定者和教育工作者等了解到影响教学与学习的学校因素和非学校因素；三是协助各国各种教育评估和教育改革的开展，并为其评估和改革提供参考依据。IEA 自从成立以来，已经比较研究过 20 多个项目，其中有两个项目是每隔几年循环开展一次，分别是国际数学与科学趋势研究（TIMSS）和国际阅读素养进展研究（PIRLS）。

一、TIMSS 概述

"国际数学和科学趋势研究"（Trends In International Mathematics And Science Study，简称 TIMSS）是由国际教育成就评价协会（IEA）发起的国际性学业质量监测项目之一。IEA 于 1958 年成立后，即推动了"第一次国际数学研究"（FIMS），当时有十几个国家和地区参与。随后在 20 世纪 80 年代初又进行了第二次测评，参与国家和地区的规模扩大到二十几个。1995 年进行了第三次测评，当时被称之为第三次

[①] 王建军.国际教育成就评价协会（IEA）简介[J].外国教育研究，1990（01）：64-65.

（Third）测评，参与的国家和地区达到了45个，涉及50多万名学生[①]。2003年进行的测评正式将项目名称中的第一个字母T的含义由Third更名为Trends，成为"国际数学与科学趋势研究"，简称TIMSS，由此也标志着TIMSS项目由探索期进入了稳定期。

自1995年起，TIMSS形成了相对稳定的四年周期，采用联合国教科文组织（UNESCO）国际教育等级分类标准（ISCED）中四年级和八年级的学生作为测试对象。所有被试的学生必须是正规公立学校的学生，私立学校和职业中学的学生不参与该研究。由于各参与国或地区入学年龄不同，学制有所差异，为了保证接受测试的学生年龄差别不会太大，TIMSS系列研究质量保障项目规定：被测试的四年级学生的平均年龄一般为9.5岁，八年级学生平均年龄一般为13.5岁。每个国家或地区至少抽取4500名学生，每个班级至少有14名学生。

TIMSS数学和科学学科测试的成绩以量尺和等级来衡量：非常优秀625分以上，优秀550分以上，中等475分以上，差为400分及其以下。该国或地区在这一科目测试中的最后得分取决于所有参加测试学生的平均分，目的是相对准确比较不同国家和地区的学生在数学和科学学科的学业成就。而且要求参与过4年级测评的学生上8年级的时候也要参与测评，这使得TIMSS形成了"准纵向"研究的测评机制，符合其发展报告的"趋势"特点。TIMSS的测评专注于数学和科学两个学科，已于1995、1999、2003、2007、2011、2015、2019年开展过7次，每次测评后都公布相关结果并公开和发表分析报告。TIMSS测评中国大陆没有参加过正式测评。我国香港地区从TIMSS启动伊始便全线参与，中国台湾2003年加盟4年级的TIMSS，之前仅参与8年级的TIMSS。

TIMSS可以说是迄今为止规模最大、持续时间最长的大规模数学和科学教育国际测评项目。TIMSS的架构包括测评的目标、对象、内容、背景调查、结果报告等。组卷采用BIB技术，试题具有偏重基础知识、基本技能，题量大、难度低，情境少，与课程教学联系紧密的特点，可为我国基础教育质量监测在目标、框架、试题和内容等方面提供借鉴。

[①] 赵中建，黄丹凤.教育改革浪潮中的"指南针"：美国TIMSS研究的特点和影响分析[J].比较教育研究，2008（02）：1-6.

二、TIMSS 研究目的和测评框架

TIMSS 测评以面向未来生活和社会发展所必需的数学科学素质为测评内容，意在通过对测评结果的分析报告达到以下目的：① 在全球背景下评估国家或地区教育系统的效能；② 对比国家或地区之间在学习资源和机会方面的差异；③ 激励课程改革并准确指出需要改进之处；④ 评估新的教育举措所带来的影响；⑤ 训练研究者和教师在考试评价方面的能力。同时，其目的还在于了解各国和地区学生的数学、科学学习成就及其各自文化背景、学习环境、教师因素等影响因子的相关性。通过对连续参加的国家或地区进行纵向的趋势比较，以协助各参与方了解其教育改革或课程改革的成效。[①]

TIMSS 的具体目标是了解各国或地区计划课程的实现程度，因此其在数学和科学内容选择上以各个国家或地区的课程为依据，在编制测评框架之前对各国或地区的数学和科学课程内容进行调查。TIMSS 测评本着"以评促建"的基本原则，首先明确了以课程为指向的测评目标，然后在每次工作中更新发布测评框架，最后基于框架完成测评工具的开发和使用。TIMSS 测评将评价目标明确指向了科技课程的 3 个层面，分别是预期的课程、实际执行的课程和实际达成的课程。对应这 3 个层面，分别提出了 4 个研究问题：期待学生学习的内容是什么？（第 1 层面）；提供教学支持的是谁？（第 2 层面）；如何组织教学？（第 2 层面）；学生实际学到了什么？（第 3 层面）。为了回答这些问题，项目采用了纸笔测试和问卷调查 2 种方式收集对应信息。其中纸笔测试主要用于收集第 3 层面的信息，描述学生的学业成就，反映实际达成的课程效果。而问卷调查主要用于收集第 1 和第 2 层面的信息，描述国家或地区对课程的期待程度、教师和学生及学校管理者对课程实际开展情况的反馈。

在明确评价目标后，TIMSS 测评开发有对应的研究工具框架，发布"项目文本"（Framework），既包括项目整体实施的框架，也包括项目具体的测评内容。TIMSS 测评的内容主要是数学和科学两个科目，具体内容均由内容维度和认知维度两方面构成。[②] TIMSS 的内容维度采用逐层深入的方法，在更为具体的内容描述中，TIMSS 按照

[①] 一帆. 国际数学和科学趋势研究[J]. 教育测量与评价（理论版），2011（07）：34.

[②] IEA.TIMSS 2015 Assessment Frameworks[EB/OL]. https://timssandpirls.bc.edu/timss2015/downloads/T15_Frameworks_Full_Book.pdf，2019-09-10/2023-07-19.

"领域（content domains）—主要模块（major topic areas）—主题（several topics）—目标（specific objectives）"的方式逐层深入，并在领域维度确定了测查的比例，在具体目标维度确定了具体的考察内容，以便于试题的命制。在认知维度方面，TIMSS数学和科学采用相同的认知维度框架，均由知道、应用和推理构成。但从具体的表述方法和内容分析上看，两个科目存在着较大的差异：数学的认知维度较为具体，较多采用举例的方式定义不同的认知维度，而科学的认知维度表述理论性较强。

背景调查是 TIMSS 测评的重要组成部分，承担着多维度解释测评结果和开展深度国际测评结果比较的任务。影响因素包括学生的学习态度、兴趣、学习习惯、学习风格等对学业成就有影响的相关因素，用来更好的理解学生的学习行为。影响因素通过调查问卷获取信息。调查问卷分为学生问卷、教师问卷、课程问卷和学校问卷。TIMSS 背景调查除问卷调查外，还包括对学校课程的分析、教师的课堂教学录像、教师的生活状况、学生的生活状况等综合信息。主要用于调查基本的人口统计学信息和与课程与教学相关的信息等，如你的家中有多少本书？（不包括杂志、报纸和教科书）等。还进行学生家庭社会经济地位状况调查，如询问家中是否有电脑，学生是否每天都吃早餐等等。同时还调查学生对于课程学习的态度和个人学习成就水平的态度，如询问你是否喜欢数学？你是否期待上数学课？你是否喜欢做科学实验？你是否受到了科学老师的表扬？等。

自第二次测评起，IEA 明确发布了基于参评国家和地区的课程标准制定的 TIMSS 评估框架，随后的命题与测评均按照评估框架进行，更加侧重于评价学生课程知识内容的掌握程度。后期 TIMSS 测评框架的变化主要表现在能够以参与评价的国家或地区的课标修订为依据来更新自身测评广度，并不断综合内容和认知维度。进而也重视测评学生未来所需的关键素养，如在 TIMSS2003-2011 中就单独设立维度考查学生的探究能力，而自 TIMSS2015 起则突出表现在对学生实践能力的强调上。TIMSS 对信息时代所带来的教育变化和冲击同样有敏锐的反应，除了引入计算机测评手段外，还允许在数学测试中使用计算器等电子设备。[①]高度的规范性和指向性使该测评对于各国数学和科学教育实施与改革具有重要意义。

---

① 严文法，刘雯，李彦花.全球基础教育质量评估变化趋势及其对我国基础教育质量监测的启示：以PISA、TIMSS、NAEP为例[J].外国教育研究，2020（09）：75-86.

三、TIMSS试题分析与主要特点

TIMSS测试的具体领域由数学、科学成就和影响因素两部分组成。数学和科学成就主要考查样本学校四年级和八年级学生对基本概念的掌握和推理应用情况。数学和科学的学科试卷由选择题和问答题组成。每一组测试由14本题册构成，14本题册共同组成了完整的测评。由此可以明确，TIMSS要求每个班级的学生不少于14人是基于其题册的设计要求。[1] 每一次的测评都按照数学、科学和背景调查的顺序先后进行，中间有短暂的休息时间。以TIMSS2007为例，四年级学生数学共有179道题，科学有174道题；八年级学生数学有215道题，科学有214道题目。每个年级共分成14个题本（数学和科学各7本），每个学生并不需要回答所有的题目，基准分为500分。

TIMSS通过多年的测评积累构造了题库，用于历年的测评。在题库的基础上，选用了矩阵抽样（matrix sampling）中平衡不完全块BIB（Balanced Incomplete Block）螺旋的矩阵抽样的方法进行题册的设计。测评要求学生做的题目越多，测评的结果就越接近于学生的真实情况。但是过多的题目不仅增加了学生的作答负担，同时也可能造成学生的消极作答，降低测评的效度。BIB螺旋组块设计较为有效地解决了这一问题，在题册与题册之间通过重复出现的"锚题"达到等量化的作用，进而使每个学生只需完成测评的一部分即可达到测评的目的。

在TIMSS试题的编制方面，TIMSS试题由内容维度和认知维度构造"双向细目表"，在框架下进行具体题目的命制。比如，TIMSS2011就围绕内容与认知两方面展开。内容指的是可以用数学进行测量的特定领域或科目。数学评估内容包括三大块，即计算、测量与数据处理，四年级和八年级分别设175和217道题目；科学评估内容有三项，即生物、物理/化学、地理，四年级和八年级分别设172和217道题目。认知是指学生在处理数学问题的思维过程，由习得、使用和推理组成。四年级与八年级学生的评估内容不一，但认知过程相同。[2]

TIMSS试题的编制严格依据测评目标，偏重于课程与教学结果，重视基本知识和

---

[1] 王烨晖，张缨斌，杨涛，等.国际大型测评项目中等值技术的应用与启示[J].中国考试，2017（08）：43-49.

[2] 熊建辉，俞可.国际大规模教育评估的影响力：以PISA，TIMSS和PIRLS为例[J].人民教育，2014（02）：29-33.

能力的测查，偏向于记忆和基本能力的测评，TIMSS 的试题中 70%—80% 的试题考查了知道和应用的能力，试题类似于我国的普通考试题。TIMSS 为了达到测评结果的准确性，不仅进行了 BIB 题块设计，同时也在每个题册中采用了大题量的设计。题量虽然较大，但题目难度相对较低。特别是 TIMSS 试题题干较少带有情境，或者说不侧重于通过情境进行测试与现实生活的联系，也不侧重于考查学生对于现实生活中的问题解决。情境性问题一般适合考察学生的综合能力和高阶思维，这类试题占比较少。TIMSS 更侧重于在世界范围内测试 4 年级和 8 年级学生通过课程与教学应该掌握哪些基本知识和基本技能，与课程教学紧密联系。

四、TIMSS 测评结果的使用

TIMSS 每 4 年推出一次新的测查，其对学生数学和科学的学业成就、教育实践和教育政策的考查结果已成为世界范围内评价数学和科学教育质量的主要信息资源。TIMSS 测评结果有专门的平台（网站）予以公开。同时 TIMSS 也声称参与测评的国家和地区可以得到所有的数据和相应的分析报告。TIMSS 的结果发布具有"低利害"的特点，不指向具体的学生、教师、班级和学校，而是直接报告各个国家和地区的情况。TIMSS 的整体框架设计紧密围绕着其长趋势的监测目标，TIMSS 的最显著特点是趋势性报告。目前 TIMSS 利用历年获得的数据，进一步纵向研究测评领域上不同国家和地区的发展状况，使测评本身的功能进一步拓展，形成数学和科学成就发展趋势研究。

TIMSS 网站可以导出原始数据，同时也可以导出成绩分析图表。此外，配合背景调查的变量，TIMSS 结果平台也可以按照九个维度分别导出相关的成绩结果。①国际科学水平基准；②内容和认知领域；③家庭环境支持；④学校资源；⑤学校环境；⑥学校安全；⑦教师和校长的准备；⑧课堂教学；⑨学生参与度和态度。总体而言，TIMSS 测评的数据是完全公开的，且公开的方式极大的考虑到使用者的便利性，不仅为研究者提供了原始的数据，同时也为教师、学生、家长等非专业人员提供了可视性较强的图表。

2020 年 12 月 8 日，TIMSS2019 测评结果报告正式发布。全球共有 64 个国家和地区参与了本轮测评，涉及 1.1 万所学校、33 万名学生、2.2 万名教师和 31 万名家长。TIMSS 2019 新启用了计算机辅助测评技术的数字评估形式，不仅提升了大规模测评的操作效率，还提高了学生的参与度。TIMSS 2019测评结果显示，东亚国家（地区）名列前茅，各项成绩均处于领先地位，其中新加坡一举包揽了本轮两个年级两项学科测评的四项冠军。在四年级数学测评中，新加坡位列榜首，名列前五的国家（地区）还有中国香港、韩国、中国台北和日本，俄罗斯位列第六名。在八年级数学测评中，前三名分别是新加坡、中国台北和韩国，日本、中国香港和俄罗斯紧随其后。四年级科学测评的前五名分别是新加坡、韩国、俄罗斯、日本和中国台北，芬兰排名第六。在八年级科学测评中，新加坡、中国台北、日本、韩国、俄罗斯和芬兰依次位居前六。[1]

2019年底，国际教育评价协会的官网上（https：//timss.bc.edu/timss2023/）介绍了TIMSS 2023的六个主要特点：[2] ① 创新试题类型，让学生参与互动。TIMSS 2023将采用各种各样互动类型的问题，包括视频或动画，以显示数学与科学的研究或现象，增强利用数字环境吸引学生的功能，让学生积极参与互动。例如，学生将创建一系列数据并进行展示，通过在屏幕上移动和旋转对象来解决问题，还可以使用键入文本、算式和手绘图等方式作答。② 融合问题解决和任务探究于评估之中。TIMSS 2023重视问题解决与科学探究的过程，关注观察、归纳、探索、发现、猜想、论证等探究性活动，因此TIMSS 2023积极开发新的问题和探究任务，并整合到评价设计中。模拟现实世界和实验室情况，呼吁学生整合并应用过程技能和内容知识来解决问题，并进行科学实验和调查。③ 设计小组适应性评估，确保与学生群体匹配。TIMSS 2023关注评价难度与学生成绩的适应性，通过群体适应性设计，使评估内容与学生群体的匹配更科学合规。提供两套数字化评估题本和难度转化参数，一套难度较大，包含中等和较难题目；另一套难度较小，包含中等和较易题目，使评估难度与学生以往成绩能更好地匹配，便于更好地评价所有学生的学习成绩。④ 形成增强版的国际评价报告。为了更好地评价学生解决数学问题和进行科学探究的能力，TIMSS 2023将要获取学生参与测试的策略和方法。这样TIMSS所要研究的内容就更加全面，主要包括数学与科学内容与认知、策略与方法，以及与学习能力相关的背景因素（如家庭、学校、教学、态度

---

[1] 宋佳，钟悦.揭秘数学与科学学业成就的影响因素 TIMSS2019测评结果报告发布[J].上海教育，2021（06）：53-55.

[2] 曾小平，田河.国际数学与科学教育评价新动向：例析TIMSS 2023的主要特点[J].基础教育课程，2020（17）：67-71.

等）。这些信息将包含在 TIMSS 2023 的国际报告中，以增进对学生数学和科学成就的理解，便于更深刻地了解学生的学习状况，制定更科学的教育决策。⑤收集有关课程学习背景的政策信息。参与国家和地区将要编写《TIMSS 2023 百科全书》，提供数学与科学教育的全面信息，包括教育系统结构、课程和教学内容，以及最近计划进行的改革。研究这些背景数据与学业成就的关联，可以揭示学习环境和经历中的不平等现象。⑥采用多种评价方式。首先，传送形式多样，如采用 USB 记忆棒、本地服务器和互联网等。其次，载体多样，可以使用学校的设备，也可以使用学生自带的设备。此外，数字化评估还可以简化翻译和验证活动，改善数据收集方式，进行自动评分，减少纸质交付的相关打印和运输成本，从而提高运营效率。对于无法进行数字化评估的国家和地区，TIMSS 2023 仍然可以提供基于纸质的评价。

第二节　PIRLS：国际教育成就评价协会"国际阅读素养进展研究"

"国际阅读素养进展研究"（Progress in International Reading Literacy Study，简称 PIRLS）是由国际教育成就评价协会（IEA）发起并组织实施的全球性学生阅读素养跨国（地区）和历时比较评价研究，每五年举行一次，评价的对象是 9—10 岁小学四年级的学生，以此来监控各国（地区）学生阅读素养的进展情况，并为教育政策制定者和研究者提高学生的阅读素养提供事实依据。[1] 全球共有 60 个国家（地区）参与此项目，是目前参与最多，影响力最大的面向小学阶段的国际阅读评估项目。分析 PIRLS 阅读素养测评项目的测试、目的、框架与测试方式，一方面可以了解国际阅读素养测试的最新动态，另一方面也可为我国阅读素养教学提供参考与借鉴。

一、PIRLS 研究目的

PIRLS 的研究目的是调查小学四年级学生的母语阅读素养和水平，以及影响他们阅读素养的因素，包括学生的阅读态度和习惯、学校的阅读学习环境、家庭的阅读学

---

[1] 张所帅.坚守与创新：PIRLS 阅读素养评价的回顾与启示[J].全球教育展望，2017（02）：58-66.

习环境等。除此以外，各参与地区还可以根据评估结构与全球多国区域学生的阅读素养互相横向比较，通过掌握国际性小学四年级学生的学习成就和监测学业成就与教学质量的发展趋势，来进行相应的政策与教学措施的改革，他们希望参与方能够作出基于证据的改进教育政策的决定。比如，在全球范围内衡量其教育系统的有效性；找出学习资源和机会方面的差距；指出每一个薄弱环节和激励课程改革；衡量新教育举措的影响；培训研究人员和教师进行评估和评价等。[1]

阅读素养（Reading Literacy）是 PIRLS 评价的核心。PIRLS 不再仅仅把阅读视为离开情境的一种"技能"，而是与阅读者、阅读者目的、任务密切联系的综合素养，一种情境中解决问题的素养。这样，阅读既与学习、生活及工作实际密不可分，阅读教学也应当与学生全面、终身发展紧密结合。1991 年，国际教育成就评价协会决定将"阅读（reading）"与"素养（literacy）"合称"阅读素养（reading literacy）"来固化这一新的研究成果。之后不断发展和修正，最终在 1999 年由各地区协调员会议多次修改之后最终确定。随之并通过研究，将"阅读素养"界定为："根据社会需要和（或）本人意愿，理解（understand）与应用书面语言的能力（ability）。"

2001 年，PIRLS 又将"阅读素养"定义修改为："根据社会需要和（或）个人意愿，理解与运用书面语言的能力（ability）。年轻读者（young readers）可从各类文本中建构（construct）意义，并成为在阅读中学习、能参与阅读交流且能由此获得快乐。"这个定义有几个值得关注的地方：其一，"能够从各种材料中建构意义"，强调阅读不是被动地接受作者所传递的信息，而是读者主动对文章作建构的活动；其二，"通过阅读来学习"，与"建构意义"相呼应，也就是说，我们在课堂里面教阅读，不单是要教会学生如何阅读，更重要的是要让学生通过阅读学会学习，这是一个很重要的观点改变，强调了阅读的目的性；其三，"参与阅读者群体的活动""获得乐趣"都意在突出阅读的目的性，将阅读作为谋求生存、提升生活品质的重要手段。[2]

《PIRLS 2006 评价框架》中更指出，"阅读是一切形式的个人学习和智力成长的基

---

[1] 郑宇.PIRLS 研究概述及其对国内小学语文教材编制的启示[J].课程·教材·教法，2013（02）：109-114.

[2] 郑宇.PIRLS 研究概述及其对国内小学语文教材编制的启示[J].课程·教材·教法，2013（02）：109-114.

础。当今全球化社会中，具有读写素养的人口，是一个国家社会和经济发展基本要素。为提高人民生活质量，国家需要最大限度发挥人员、社会和物质资源的潜力。具有阅读能力的公民对实现这一目标至关重要。"此后一直延续这一基本观点。可见，这是国际教育成就评价协会一直坚持的基本观点，它代表了国际阅读教育界，甚至整个教育学界的基本共识。① 特别是 PIRLS 对阅读素养的界定，统领和指导整个评价项目。同时也是选择评价工具、确定评分标准和分析评估结果的根本依据。

二、PIRLS 测评框架

根据对阅读素养的理解，基于 PIRLS 研究的目的和评价对象的特点，PIRLS 构建了相应的阅读评价体系，其中包括阅读测试和调查问卷两部分。对阅读目的、理解过程的评价，构成了对学生"阅读能力"实际情况的评价。此外，PIRLS 还对影响学生阅读能力的因素进行调查，以综合这两方面的研究结果为学生阅读能力的进展情况进行监控和分析。

PIRLS 评估框架，主要侧重于两个关键的内容领域："阅读的目的"和"理解的过程"。阅读目的不同，阅读材料就不同。阅读活动的发生有其特定的目的，如为了消遣娱乐而进行阅读、为了文学体验而进行阅读、为了获得信息而进行阅读、为了学习知识而进行阅读、为了完成某件事情而进行阅读等。PIRLS 将阅读素养评价聚焦在为了文学体验而阅读和为了获取并使用信息而阅读两种阅读目的上。理解过程体现了读者以不同的认知形式建构意义、获得对文本理解的过程。PIRLS 将理解过程区分为"关注并提取明确信息""直接推论""解释并整合观点和信息""检视并评价内容、语言和文本要素"四个层级，每一个理解层级都会设计与之相对应的阅读问题，供学生建构阅读反应以证明其具有相应的阅读能力。

"阅读目的"和"理解过程"是 PIRLS 阅读素养评价的基础，主要以纸笔测试的方式进行。其中，"为了文学体验而阅读"和"为了获取并使用信息而阅读"这两种阅读目的所占比例相等，均为 50%，说明在 PIRLS 看来，这两种目的的阅读对学生来说同等重要，不可偏废。四个层级的理解过程所占比例两两相当，其中"直接推论"与"解释并整合观点和信息"均为 30%，比"关注并提取明确信息"和"检视并评价内

---

① 鲍道宏，陈淑端.PIRLS 项目几个理论问题及实践意义[J].福建基础教育研究，2019（03）：7-9.

容、语言和文本要素"均为20%各高出10个百分点,体现了PIRLS在认知理解评价上的侧重。阅读素养不仅包括从各种不同文本中建构意义的能力,也包括有利于养成终身阅读习惯的行为和态度,这些行为和态度能够促使学生成为熟练的阅读者,帮助其实现自己的阅读目标。"阅读行为和态度"将通过学生问卷的形式来完成。①

PIRLS不仅考查学生现有的阅读素养,而且要分析影响学生现有阅读成绩的因素,这样就可以发现问题并了解和提高阅读水平相关的影响因素。根据调查对象的不同,PIRLS评价相关因素问卷共分为:被试学生问卷、被试学生的家长问卷、教师问卷和校长问卷四类。② PIRLS 2011还增添了课程问卷,这些问卷以了解基本人口资料、学生阅读态度,以及包括父母阅读习惯、教师阅读教学、学校阅读教育政策、整体阅读课程安排等所形塑的学生阅读环境,有助于掌握学生的阅读背景状况,对个体在阅读型社会中最大化地实现自己的潜力和支持终身阅读的行为和态度,有着巨大的作用。

伴随信息化的到来,PIRLS阅读表现评测开始分为PIRLS纸本和ePIRLS在线评测。PIRLS阅读理解测验主要是藉由两种文体的阅读材料——故事体与说明文——检视阅读理解历程。阅读历程包括"直接理解历程"和"诠释理解历程"两部分。而ePIRLS、digitalPIRLS2021与PIRLS检视虽有相同的理解历程,但以网页形式呈现专题,通过使用数字互联网模拟学校学习情境,评价学生使用网络获取与使用信息的能力。

三、PIRLS测评方式和方法

以往,PIRLS主要采用选择题和建构反应题两种题型来评价儿童的阅读能力。以PIRLS 2011为例,对阅读目的和理解过程的评估基于十篇文本,其中文学类与信息类各半,文本篇幅通常在800—1000字之间。其中六篇沿袭之前的评估,以便为衡量阅读进步趋势提供一个基准,其余四篇为最新开发。PIRLS包含135个问题,几乎一半是选择题、一半是建构反应题(即问答题)。③ 选择题为学生提供四个可能的答案,其中一个是正确的或最恰当的,每个选择题1分。建构反应题要求学生建构自己的答案

---

① 张所帅.坚守与创新:PIRLS阅读素养评价的回顾与启示[J].全球教育展望,2017(02):58-66.

② 徐星.认识PIRLS阅读素养的全球评估与比较[J].上海教育,2013(02):30-32.

③ 余倩,俞可.PIRLS 2011中国香港领跑,欧洲表现不佳[J].上海教育,2013(02):27-29.

而不是仅从可能的答案中进行选择，建构反应题用来让学生阐释他们对文本的解释和评价、展现他们的论证水平，以及让他们自己在文中寻找支持他们个人观点和推论的证据。这种题型根据理解的深度或用题目所需文本支持的程度来赋予1分、2分或3分。每个文段包含11—14个题目，总分至少要达到15分。在一个典型的文段中，一般包括7道选择题、2—3道1—2分的简答题，以及1道3分的扩展反应题。选择题和建构反应题均能够评价四个阅读理解过程中的任何一个。然而，究竟是采用选择题还是建构反应题，主要依据所评价的理解过程以及何种形式能够最好的体现参测者的阅读理解水平，同时也要兼顾评分的效率原则。[1]

随着数字阅读的扩展，数字阅读素养评价的理念与内容最终也要通过与之相匹配的测试方式来实施。以PIRLS 2021为例，了解数字阅读素养的测试手段、工具与方法，有助于帮助教师理解"数字阅读素养应该怎么教"等技术性问题，也是今后的方向，从而实现有效教学。[2]

1. 数字化阅读测试手段：引入自适应技术，强调个性化测试

随着数字技术被引入测量领域，PIRLS 2021选择采取自适应测试的方法对测试题本进行设计，即在数字环境中，基于学生能力水平的差异提供个性化的测试题本技术。其目标是在测试内容广泛性与测试时间有限性的矛盾下，通过最少的题目来实现高精度的测量。分发的试题符合学生的能力范围，可以减少学生的挫败感，增强学生完成测试的动机，提高完成测试的效率。PIRLS 2021采用的是群体适应性测试，即以国家（地区）为组别，评估文本难度与学生数字阅读素养的匹配程度，在素养得分较高的国家（地区）增加难度较大的测试题本，而在素养得分较低的国家（地区）采用难度较小的测试题本。PIRLS 2021共提供了18篇文章，分为难、中、易三个层次，每篇文章下又设置了大、中、小三种不同难度的单元题册。参加测试的国家（地区）会根据其预测试时的阅读素养成绩获得和该地区大多数四年级学生阅读素养水平的文章与题册。自适应测试强调的是针对个体差异给予测试题目，在这个过程中，不同的个体转变自己在测评中的身份，他们既是被动的受评者，又是主动的评价者，个性化的需求被考

---

[1]张颖."国际阅读素养进展研究（PIRLS）"项目评介[J].中学语文教学，2006（12）：3-9.
[2]钱荟,刘洁玲.提升小学生数字阅读素养：PIRLS2021数字阅读测评对我国阅读教学的启示[J].语文建设，2021（16）：18-22.

虑，个性化的测评路径得以实现。

2. 数字化阅读测试工具：以多文本与动态文本塑造真实测试情境

PIRLS 2021 将文本类型简要划分为传统纸质文本（书籍、杂志、文件与报纸）、电子文本（网站、网页）和混合文本三类。PIRLS 2021 重点强调数字文本选择的真实性，要求通过数字环境反映学生日常在生活中、学校中的真实阅读情况。具体测试文本的选择标准包括：清晰度与连贯度、内容趣味度、性别、人种和文化的公平性与敏感性。以 PIRLS 2016 官网公布的 ePIRLS 在线阅读测评样题"火星"为例，项目组设置了"了解火星科研探索进程"的课程项目。学生会看到带有某标志的搜索引擎与搜索结果、网络期刊，以及科研门户网站等内容，体会真实世界的网络阅读环境。现代教育评价强调真实性的情境化测验，从 PIRLS 测试的内容来看，数字阅读测评拟真性、情境化的网络阅读环境是通过多文本与动态文本实现的，此处的"文本"不仅包括文字、图画，甚至包括网页、动态链接等。

3. 数字化阅读测试方式：增加问题类型，暗含深层交互

PIRLS 2021 数字阅读素养测评问题除传统的选择题和主观题外，还出现了网络环境中的新题型，如拖放、排序、下拉式功能表等。系统会记录被测试者测试的时间，当被测试者长时间内没有按照提示点击链接进行下一项操作时，指导教师会自动帮助学生跳过此操作而进入下一阶段。系统通过记录学生的网络操作，完成学生与测试系统的交互，共同实现测试意义的建构。例如，当学生通过不同的超链接进入测试下一阶段时，会形成被测试者与测试材料的交互。学生完成测试的过程，也是意义建构的过程，因为根据不同的超链接内容，学生会形成对主题文本不同的理解。

四、PIRLS 的改进与数字阅读

2001 年，PIRLS 对全球 35 个国家和地区进行了第一轮阅读素养测评。PIRLS 的第二轮测评工作于 2006 年进行，共有 45 个国家和地区参加。2006 年，我国首次参与了该项目；中国香港地区参加了 2001 年和 2006 年的国际阅读素养测评，中国台湾地区参加了 2006 年的该项目测试。在 PIRLS 2006 中，中国台湾地区在所有参与测试的国家和地区中排名第 22 位；中国香港地区排名全球第 2 位，较 2001 年（排名第 14 位）有了很大进步。到 2011 年第三轮阅读素养评价时有 49 个国家和地区参加。2016

年有58个，2021年有60个国家和地区参加。2016年延伸至测评数字阅读能力，此测评称为ePIRLS（extension of PIRLS）。PIRLS 2016有14个国家和地区参与ePIRLS。PIRLS 2021扩大数字阅读能力的测量，参与国家和地区更多，测评着重于调查数字阅读使用的方式与教学方式。事实上，"PIRLS"在保持评价理念和框架结构基本稳定的前提下，每一轮测试都会结合前瞻性的思考和现实中的需要不断调整，更新测试的内容和方式，以便能更好地达到评价目的。

阅读素养是学生学习以及终身发展的基础。随着互联网时代的日益普及，数字阅读（电子阅读、e阅读）已然成为当下人们最主要的阅读方式。随之，数字阅读素养，也就成为人们在"互联网+"时代必不可少的素养。为了应对新时代挑战，2001年，PIRLS在评价框架中提出了评价学生阅读电子文本能力的重要性；2011年，PIRLS推出了基于网络的阅读计划，探索进行基于网络的文本阅读评价的可能性；2016年，PIRLS正式推出基于电脑的在线阅读评价项目ePIRLS，通过模拟网络时代学生真实的学校学习情境，评价学生的数字信息阅读能力；2021年，PIRLS推出了基于数字的阅读素养测评digital PIRLS，实现了数字化文本、测试、管理的全面转型。作为国际影响力最大的小学阅读素养评估项目，PIRLS关注学生是否具备从"学习阅读"转向"通过阅读学习"的能力，在PIRLS 2021测试中直接将数字阅读素养测评作为主要测试领域，反映了数字阅读素养对学生当下学习与未来发展的重要价值。

从本质上看，数字阅读素养是传统阅读素养的重要组成部分。对比PIRLS历年来关于阅读素养定义的变化，我们发现虽然PIRLS 2021转变为数字阅读素养测评，但其对阅读素养的界定并没有发生本质变化：阅读活动的多重目的性仍然是阅读素养的核心，学生参与阅读活动不仅是为了增长知识，完成学习，更是为了满足参与学校与日常生活的需要。同时，仍然需要传统纸质阅读理解的认知过程与基本能力。由此可见，数字阅读素养与传统阅读素养的关系并非取代，而是相互整合，以满足学生当下以及未来学习、发展的需要。[1]

而阅读材料的变化是阅读素养最明显的特征。PIRLS 2016在概念界定中删除了"年轻读者"中的"年轻"二字，其目的是突出该项目适应所有年龄读者。PIRLS 2021

---

[1] 钱荃, 刘洁玲. 提升小学生数字阅读素养：PIRLS2021数字阅读测评对我国阅读教学的启示[J]. 语文建设, 2021（16）：18-22.

将"文章"更新为"各种形式的文本",以突出数字化阅读素养的明显特征。由于阅读的媒介从传统印刷文本如书籍、杂志、文件和报纸,变为电脑屏幕、智能手机,如互联网、电子邮件、短信、微信以及与多种视频、融媒体的文本,文本的结构与格式均发生了相应的变化,因此需要学生使用新的阅读理解技能与策略应对全新的阅读环境。为此,学生不仅必须具备非网络环境下浏览与识别电子文本能力,还必须具备在线环境检索数据、规整和评估各网页信息的能力。重要的是,在线评估任务结束时,最终还必须能整合多个网站提供的观点和信息。这样,新的 PIRLS 逐渐走向实际上是对学生一般电子阅读素养与基于计算机的互联网阅读素养的全面评价。

特别是 PIRLS 的最大价值并非排名,而是促进各个教育体系反思并改进现有的阅读教学。PIRLS 2016 向我们呈现的阅读素养,已不仅仅是某种特定的学术能力,而是人们在多元情境中,在具体的生活、工作、学习与娱乐过程中所必备的一种社会性互动和意义建构的综合素养,通过阅读来达成主体的体验与意义的创造,通过阅读来实现人的综合成长和可持续发展,这是一种超越学校边界的社会性养成的能力。[①]

第三节 PISA:经济合作与发展组织"国际学生评价项目"

"国际学生评价项目"(The Program for International Student Assessment,简称 PISA)是经济合作与发展组织(OECD)于 2000 年发起的对基础教育进行跨国家(地区)、跨文化的评价项目,是一项针对 15 岁在校生的国际性学生学习质量比较研究项目,创立于 1997 年,具体是对 15 岁在校生的科学、数学、阅读等学科核心素养进行测评,并对影响学生素养的关键因素进行问卷测查,以真实反映学生参与未来社会生活的能力,为教育教学改进提供有效证据。PISA 从 2000 年首次开始评价,其后每三年进行一次,每 9 年完成一个循环,根据评价年命名。其新颖、规范、科学、系统的整体设计与严格的控制标准,得到了广泛关注和积极响应,PISA 的参与国家(地区)从 PISA2000 的 43 个增加到 PISA2018 的 79 个。在 PISA2018 中,约 60 万 15 岁在校生参与了测试,代表来自 79 个参测国家(地区)的 3200 万学生。测试结果也受到了

---

① 王艳,屠莉娅.从PIRLS2016看新时代的阅读素养[J].上海教育,2018(17):30-35.

政府部门、国际组织、大众媒体、教育专家和社会各界的高度重视。很多国家（地区）开始对 PISA 的测试结果进行深入分析，推动本国（地区）的教育改革，PISA 已成为当今世界最具规模与影响力的国际性教育监测评估项目，进而成为影响全球教育治理的重要力量。[①]

一、PISA 的评价目的

PISA 这项国际测评研究旨在了解各国义务教育质量与公平状况、比较各国学生的基本素养水平，从而推断各国未来公民和劳动力的素质。PSIA 的评价是前瞻性的，关注 15 岁青少年迎接未来的准备情况。因此，PISA 更加关注学生运用在校所学知识能够做些什么。PISA 的测量目标是发展常规的、可靠的、与政策相关的学生成就指标，从而达到关于国家教育体制的质量、公正性和效率的评价目标。[②] PISA 项目创始人施莱克尔说：PISA 评价的直接目的在于改善教育的品质，优化学生的素养。PISA 评价聚焦于"能力"，在评价新要素上，关注学习参与度。[③] 经合组织希望在 PISA 测试和调查的基础上，为各国（地区）的教育改革和发展提供比较分析数据和最佳案例，推动各国（地区）教育政策完善和教育事业发展。[④]

PISA 是一项以证据为本的政策研究，以改进教育政策为评价目的，而我们现有的教育评价多数是以评价学校教育质量和学生学习质量为目的。PISA 的宗旨在于使学生学得更好、教师教得更好、学校体制更加高效。其具体目的是考查学生在将来生活中如何创造性地运用这些知识和技能，确定他们在义务教育即将结束阶段所掌握的能够充分参与社会发展所需的基本知识和技能程度，并通过学生运用他们在校内和校外环境中所学习到的知识来反映他们终身学习的能力，进一步检验他们的决策和选择能力。PISA 将学生学习结果的数据与学生个人特征数据以及学校内外影响他们学习的关键因素联系起来，目的是使人们注意到成绩类型的差异，并识别出那些成绩达到高标准的学校和教育体系的特点。而且每三年进行一次，数据之间可以跨年度比较，这种长期

---

① 教育部基础教育质量监测中心.PISA 经验：国际视野与本土探索[EB/OL]. http: //www.moe.gov.cn/jyb_xwfb/moe_2082/zl_2019n/2019_zl94/201912/t20191204_410709.html，2019-12-04/2023-07-19.
② 蒋德仁.国际学生评价（PISA）概说[M].杭州：浙江教育出版社，2012：3.
③ 潘涌.PISA 价值观和评价观对中国教育创新的启示[J].教育发展研究，2012（02）：47-52.
④ 张民选.PISA、TALIS 与上海基础教育发展[J].外国中小学教育，2019（04）：1-9.

性和定期性使国家（经济体）能够监测它们在达到关键学习目标上的进步。运用 PISA 研究结果可以使在教育政策制定过程中，用经过科学研究得到的数据说话，并且能综合考虑多种因素，减少决策过程的主观性和片面性。①

PISA 评价的具体目的是了解学生在阅读、数学和科学素养方面为成人生活所作的准备情况。因此，考察的重点是学生在实际生活中运用知识和技能的能力，而不是所掌握的特殊的学校课程。具体而言，PISA 评价关注四个子目标的实现：学习成果的质量；学习成果的等价性和学习机会的均等性；教育过程的有效性和效率；教育对社会经济的影响。PISA 将教育系统分为教育与学习中的个人参与者、教学背景、教育服务的提供者、作为整体的教育系统四个层面进行分析。PISA 的测评模型就是围绕教育系统的上述四个层面展开的。这四个层面分别从教育成果、政策杠杆、前提条件三个领域入手，不仅关注国家的经济、人口等因素，关注学校的因素，也关注学生个人的家庭、移民、兴趣、爱好等因素。PISA 重点关注的是判断学生是否具有现实生活和终身学习所必需的知识、技能，并了解各环境因素与学生成就之间的关系。据此，PISA 也对有关学生和学校特点的背景性指标、各项指标的发展趋势、政策分析和研究的知识基础进行问卷调查。②

二、PISA 的评价内容

PISA 确立了阅读、数学、科学素养的基本评估领域，由这三个"领域"构成一个评估循环核心。PISA 测试每三年进行一次，每次以一方面能力为主（占 2/3），其他两方面能力为辅（占 1/3）。如 PISA2000 重点考查阅读能力，PISA2003 的重点是数学能力，PISA2006 的重点则为科学能力，2009 年开始第二个循环。③除主要的测试领域外，PISA 重视创新思维、问题解决、合作能力、信息素养、财经素养的测评。2003 年 PISA 增加了"问题解决测评（纸笔测试）"，2009 年增加了"数字化测评"，2012 年增加了"创造性思维和财经素养"领域的测评，2015 年增加了"协同解决问题能力测评"，2017 年提出评估学生的"社会与情感技能的计划"。2018 年增加了"全球胜任

---

① 陆璟.PISA 2009 上海实施报告[J].教育发展研究，2009（24）：72-75.
② 蒋德仁.国际学生评价（PISA）概说[M].杭州：浙江教育出版社，2012：3.
③ 一帆.国际学生评价项目[J].教育测量与评价（理论版），2011（05）：43.

力测评",2022年增加了"创造性思维的能力测评"。①

PISA框架中的"素养",不同于知识,它是"学生应用所学知识和技能,分析、推理和进行有效沟通,解决和解释各种不同情景中的问题的能力"。由此,设定了PISA评估的基调。例如,PISA2009考察的阅读、数学、科学三个基本素养的定义和测试的维度、基本内容,三个素养都强调功能性知识和技能,使人们能够积极参与社会。这些素养都侧重于三个方面:学生在每个领域需要获得的知识内容或结构;需要执行的一系列过程和各种认知技能;应用或利用知识和技能的情况或背景。② 同时,对基础测评素养的内涵与内容也不断进行更新,例如,PISA2000提出阅读素养是指"理解、使用和反思书面文本,以实现自己的目标,发展自己的知识和潜力,并参与社会"。PISA2009对阅读素养的定义(也用于2012年和2015年)增加了对阅读中参与的要求,认为阅读素养是指理解、使用、反思和参与到文本语境中,以实现自己的目标,促进自身的发展并积极参与社会。在内容层面,PISA2009阅读素养增加了对数字文本的考察,这是因为经合组织认识到此类文本在个人成长和积极参与社会中的作用日益增强。对阅读考量不再仅仅局限于提取信息,而是关注关于构建知识、批判性思考和作出有根据的判断。③

至PISA2021数学测评框架出台,数学素养被定义为:个体在真实世界的不同情境下进行数学推理,并表达、应用和阐释数学以解决问题的能力。它包括使用数学概念、过程、事实和工具来描述、解释和预测现象的能力。这一定义包含三个重要的目标维度:数学推理、问题解决和21世纪建设性公民。该定义不但侧重于利用数学来解决现实问题,而且将数学推理视为数学素养的核心方面,总体上突出强调数学推理、问题解决在公民数学素养中的重要地位,以及21世纪公民与时俱进的数学素养诉求。此外,该定义认识到学生对一系列数学概念、过程等有良好理解的重要性,以及依托数学实现参与探索真实世界的价值的重要性。PISA中有关数学素养的这一构想,特别强调培养学生在情境中使用数学能力的必要性,以及学生在数学课堂上具有在情境中使

---

① 胡进.PISA2021:创造性思维的测量维度与评估示范[J].天津市教科院学报,2021(02):23-28.
② 杨文杰.PISA实施20年:PISA及其效应的系统分析[J].外国教育研究,2021(12):39-53.
③ 杨文杰.PISA实施20年:PISA及其效应的系统分析[J].外国教育研究,2021(12):39-53.

用数学的丰富经验的重要性，把数学素养从理论到实践层面的操作推进了一步，有了更为明晰的实践指向。①

PISA 的第一代框架构建于 20 世纪 90 年代，其科学素养评估采用三维框架进行描述，即过程、概念和情境，其中过程是测评重点。PISA 2003 中，虽然过程仍然是主要的测评目标，但已经开始更多地测评公众对于科学的理解。PISA 2006 陆续增加了多项未来公民核心能力与素养，提出行为应该由学生面临的情境和任务来定义，而非由科学规律决定，更加注重对于被试综合能力和认知的探查。② PISA2021 首次将"创造性思维"（Creative Thinking）作为一个评价维度，从产生多样化创意、产生创造性创意、评价和改进创意等三个方面界定创造性思维的核心能力。根据 2019 年 4 月，OECD 发布的《PISA 2021 创造性思维框架（第三版）》，旨在通过提供 15 岁学生创造性思维能力状况的国际比较数据，以期激发全球教育政策与教学法的积极变革。此次 OECD 又将"创造性思维"纳入评估内容，究其原因，第一，全球迫切需要依靠创造性思维不断创新和创造知识来应对各种新挑战。第二，创造性思维是 OECD "教育 2030 学习框架"所强调的变革社会和塑造未来的三大素养之一，它能确保个体在受到约束、富有挑战性的环境中取得更好结果，并帮助他们适应不断快速变革的世界。第三，创造性思维能够提升人的许多其他能力，如元认知能力、人际交往能力、问题解决技能，还能提高个体的能动性、学业成绩及未来职业成功和社会参与等。因此，这必将是教育大规模测评领域的又一次开拓性尝试。③

由于新型冠状病毒疫情的影响，经合组织成员国和准成员国决定将 PISA2021 评估推迟到 2022 年，将 PISA2024 评估推迟到 2025 年。PISA2022 专注于数学，并对创造性思维进行额外的测试。PISA 2025 将专注于科学，并包括对外语的新评估。它还将包括数字世界中的学习创新领域，旨在衡量学生在使用数字工具的同时参与自我调节学习的能力。2021 年 3 月，经济合作与发展组织（OECD）发布了《PISA2025 科学战略愿景和方向》的研究文件，宣布 PISA2025 将以科学素养作为主要的测评内容，并

---

① 朱忠明.PISA2021 数学测评框架关键特征的审视及启示[J].课程·教材·教法，2020（04）：138-143.
② 严文法，刘雯，李彦花.全球基础教育质量评估变化趋势及其对我国基础教育质量监测的启示：以 PISA、TIMSS、NAEP 为例[J].外国教育研究，2020（09）：75-86.
③ 唐科莉，张娜.PISA 2021 评估新领域：创造性思维[J].人民教育，2020（11）：32-37.

明确了三个维度：科学知识、科学能力以及科学身份。其中，科学知识维度将首次加入"社会环境系统与可持续发展"这一重要板块，以帮助学生更好地应对当前人类所面对的生存挑战。①2021年9月，OECD又发布《PISA2025外语评估框架》，提出将于2025年首次进行外语评估。该评估为选择性质，两个PISA周期，即6年进行一轮。首轮评估的外语语种为英语，重点关注三项技能：阅读、口语和听力。在未来的周期中，覆盖范围可能会逐渐扩大。PISA2025外语测评框架包含两大模块：外语测试和背景问卷，前者的功能是测量外语水平，后者的功能是收集影响外语学习成效的各种相关数据。②

三、PISA的组织运行方式

PISA是一项大型系统工程，首先是设计测评框架；接着根据框架设计测评工具，包括试题本和问卷，以及包括项目管理、翻译修订、抽样、数据管理、考务、评分等各方面的实施手册，用精细化管理确保测试达到PISA技术标准的要求；之后组织试测，对试测结果进行技术分析，用于筛选和修订试题；其后再组织正式测试；最后得出研究结果和政策启示；根据研究结果再改进下一轮的研究。上述过程中的各个环节是环环相扣的整体设计，一开始就考虑到后面的需要。例如设计认知测试的时候不仅要全面均衡地反映测评框架各个维度的要求，还要考虑下一个环节的试题分析技术方法，问卷的变量设计也要充分考虑多层统计的需要。又如2007年试测准备时不仅要确定2008年试测的时间，也要同时确定2009年正式测试的时间，以避免试测学生和正式测试学生年龄交叉重复，等等。③

PISA的指导监管由PISA管理委员会（PISA Governing Board）负责，该委员会是由各OECD成员国教育部任命的一位该国代表和PISA的各参与国（地区）教育主管部门任命的一位观察员所组成。管理委员会主席由委员会商议决定。管理委员会在OECD教育目标的指导下，确定每次PISA测评的重点，制定测评指导原则，以保证测评顺利实施。OECD秘书处负责PISA的日常管理，包括监督调查实施的情况、为PISA管理委员会管理行政事务、通过跨国交流得出一致意见等，它架起PISA管理委

---

① 王佳馨.PISA 2025关注环境素养[J].上海教育，2021（14）：48-49.
② 蔡雨阳.PISA 2025新增外语测评[J].上海教育，2021（35）：52-53.
③ 陆璟.PISA 2009上海实施报告[J].教育发展研究，2009（24）：72-75.

员会和 PISA 国际联合处之间沟通协作的桥梁。PISA 的具体设计和实施由多国机构组成的 PISA 国际联合处（亦称国际承包商）来负责。该联合处由一些国际大型的测评机构组成，目前它以澳大利亚教育研究委员会为首，其他联合机构还包括荷兰的全国教育测量研究所、美国的 Westat 公司和教育考试服务中心以及日本的全国教育政策研究所。[①] 此外还有国家项目负责人、学科内容专家组、问卷专家组、技术顾问组等。

PISA 的测试工具编制体现了 OECD 成员国及 PISA 参与国或地区之间文化的差异性和语言的多样性。PISA 管理委员会负责制定评估政策与标准，并在参与国中挑选三大主要测试领域的著名技术专家组成专家团队设计测试的理论框架和问卷。同时，所有参与 PISA 测试的国家和地区都被邀请提交测试问题，国际联合处也会自行设计一些测试问题。随后，国际联合处和各参与方将审阅这些问题并检查有无文化偏见。只有那些被一致认可的问题才能用于 PISA 测试。此外，在正式测试前，会在所有参与国和地区中进行测试，如果试测问题在某些国家和地区被证明太容易或太困难都会在正式测试时被取消。最后，各国和地区的专家将测试问卷译成本国语言，学生用本国语言进行测试。

PISA 测试的抽样方法为：国际联合处在每个参与国和地区的学校中随机抽样，其样本以学生年龄为基准，不受制于参与国（地区）的学制结构。即 PISA 选取的样本是在测试开始时年龄在 15 岁 3 个月（整）到 16 岁 2 个月（整）之间的在校学生中随机抽取具有不同的背景和能力水平的青少年，不管学生在哪个年级或哪种类型教育机构就读，也不考虑他们接受的是否是全日制教育。但是，样本不包括在家庭、工作场所自学以及未在国内就读的本国学生。同时，PISA 的抽样标准允许参与国或地区剔除不符合要求的学校和学生，如有智力障碍、功能性残疾，以及那些不具测试条件的学校等。此外，为了使测试结果更加准确和可信，PISA 规定学生样本不得少于 4500 个，学校样本最少有 150 所，每所样本学校必须包括 35 名学生（至少 20 名），学校应答率必须是抽样学校 85% 以上，如果少于该比率则必须安排替补学校，而学生的总应答率必须是抽样学生的 80% 以上。其学校样本的抽取采用的是分层取样的方法，包括显性分层（如一个国家的州或地区）和隐避分层（如学校类型、构成人数等）。在抽样程

---

① 蒋德仁.国际学生评价（PISA）概说[M].杭州：浙江教育出版社，2012：5.

序上，首先是对学校进行抽取，然后对样本学校的学生进行选择。

在PISA的测试实施方面，主持机构首先确定主要测试领域：阅读、数学和科学，以测试学生的阅读素养、数学素养和科学素养，并分别界定它们的内涵。然后再确定每一个领域的测试框架，每个领域的测试框架都包含"定义与特征""内容维度""认知能力维度"和"情境维度"。①由于PISA测试试题着重于应用及情境化，受测学生必须灵活运用学科知识与认知技能，针对情境化的问题自行建构答案，因此能深入检视学生的基础素养。

起初，PISA以纸笔测验的形式测量学生的阅读能力、数学能力和科学能力，从而了解学生是否具备未来生活所需的知识和技能，同时学生还需完成一份关于他们的背景和态度的调查表。PISA总计2小时的纸笔测试题主要是多项选择题和自由回答题，大都涉及实际生活情境，试题库总计需要7个小时的时间，不同的学生完成不同的试题组合。此外，学生还需用20—30分钟完成一份背景问卷，校长的问卷大约需要30分钟。②PISA开放式问答题，采用双位编码评分技术。"双位编码"既区分得分等级：满分、部分得分、零分，又区分作答反应类型。具体双位编码规则是：第1位数字为学生应得的得分等级，第2位数字为学生的作答反应类型，即学生在解题过程中应用的策略，或是错误作答的不同错误类型。

由于纸笔测试具有相对多的局限性，如统计费时费力、较为抽象和静态等，PISA从2006年的测评中逐步推行使用计算机在线测试作为选择模块，并在2015年进一步扩展到全面计算机线上测验。这种测试方式不仅可以更好地覆盖PISA评估框架内用静态纸笔测试过程中难以捕捉到的细节和方面，还可以提高评估的效率，可以降低运营成本和学生的响应时间，使评估更有效度。同时，以计算机在线为基础的评价方式也能拓宽PISA潜在的评估领域，并在长远的战略层面上阐述其价值。基于此，PISA在未来的实施中将继续开发和利用以计算机线上测试以及其他技术和方法的优势，包括使用计算机适应性测试，拓展评估领域中的技术创新，加强非认知成果的测量，强化PISA在互联网中的角色，促使学生信息与交流技术素养的形成，使学生能更好地适应

---

①张民选，陆璟，占胜利，等.专业视野中的PISA[J].教育研究，2011（06）：3-10.
②鲍建生.追求卓越：从TIMSS看影响学生数学成就的因素[M].上海：上海教育出版社，2003：22.

学习、工作和生活上的改变。

最后，使用单参数项目反应理论（IRT）模型分析来生成学生成绩，并将评分和计分两个过程分开，制定科学的评分标准与原则，明确学生是否真正了解测试文本内容，理解学生的答案。通过这一整套程序，PISA尽可能地促进指标的可比性，减少结果误差，实现测量的有效性。[1]

PISA问卷调查的对象一组是所有参加测试的学生，另一组是所有参测学生所在学校的校长。所有参测学生和校长都必须参加问卷调查。另外，经合组织还为学生所在学校的老师和学生家长设计了问卷，但各国可以选择教师和家长是否参加。如果说PISA的测试部分旨在检测各国或地区义务教育末期学生的学业水平，特别是上述主要学科的素养，那么，PISA的问卷调查试图揭示各国或地区学业水平和学生素养高低背后的原因与影响因素。[2]

四、PISA的教育评价观

PISA在2000年开始第一轮测评，最初有32个国家参加，包括28个OECD国家和4个非OECD国家。随后，又有11个国家和地区加入了PISA的测试，共有43个国家和地区参与。2003年进行第二轮测评，除了30个OECD国家参加外，还有11个非OECD国家（地区）参与。2006年进行第三轮测评有57个国家和地区参与；2009年第四轮测评共有74个国家和地区参与，非OECD国家（地区）的数量超过了30个。越来越多的非OECD国家（地区）参与PISA的测试，一方面是因为有些国家（地区）希望从国际的视角了解本国或本地区教育发展的水平；另一方面，也有一些国家（地区）希望通过参与PISA学习OECD的学生学业测试的组织管理模式，以便为本国（地区）建立长期有效的质量监测体系提供参照。

我国教育部考试中心2006年引进并启动了PISA2006中国试测研究项目。但PISA 2006中国试测研究并不代表中国大陆正式参与PISA。天津、北京和潍坊三个城市一起参加了2006年PISA在中国大陆地区的试点性测试研究。其中，天津市共有50所学校的1700多名学生参加了最终测试。PISA2009有68个国家和地区参加，我国参加了

---

[1] 杨文杰.PISA实施20年：PISA及其效应的系统分析[J].外国教育研究，2021（12）：39-53.
[2] 张民选.PISA、TALIS与上海基础教育发展[J].外国中小学教育，2019（04）：1-9.

2009年的该项目试测。教育部考试中心负责该项目在全国的实施管理工作，在保证全国15岁学生代表性的基础上，兼顾自愿参加的原则，参照各省、自治区、直辖市的地域分布，综合人文、经济及教育指标，兼顾参加课改的省市，选择了天津、河北、吉林、江苏、浙江、湖北、海南、四川、云南、宁夏、北京市房山区、北京市海淀区中国人民大学附属中学等，共11个省、自治区、直辖市参加此次试测研究。[1] 2009年4月17日，PISA正式在上海开始测试。5000名在1993年出生的学生参与测评，分布在150余所中学。[2] 2015年4月，北京、上海、江苏、广东的268所学校1万多名学生在各自学校以计算机考试模式顺利完成了PISA2015正式测试和调查问卷。4省市共同参与PISA测试，是我国继2009年上海参与PISA测试取得好成绩之后的最具影响力的一次PISA测试。[3]

2009年和2012年我国仅选取了上海市作为抽样地区，两次均取得了"世界第一"的好成绩。2015年北京、上海、江苏、浙江四省市作为一个整体参与测评，取得了第十名。PISA2018测试，全世界有79个国家和地区的60万15.3—16.2岁的学生参与，我国北京、上海、江苏和浙江组成中国地区联合体参与本次测试，四省市学生阅读、数学、科学平均分分别为555分、591分和590分，三项关键能力素养均居参测国家（地区）第一，远远高出OECD参测平均水平阅读487分、数学489分和科学489分。我国四省市全面发展的学生比例为25.2%，排名也是世界第一。[4] 当然，PISA2018测试结果也显示，在认知领域方面，我国四省市学生的阅读、数学与科学素养表现卓越，存在底部和顶端优势；在非认知领域方面，学生表现良好，表现出乐学与善学；在教育公平方面，家庭背景因素仍对学生素养表现影响较大，城乡学校均衡、校际均衡等问题仍需持续推进。为此，需要继续加大教育投入，加强教师队伍建设，坚持课程教学改革方向，持续推进教育公平，加强基于证据的决策。[5]

---

[1] 一帆. 国际学生评价项目[J]. 教育测量与评价（理论版），2011（05）：43.
[2] 蒋德仁. 国际学生评价（PISA）概说[M]. 杭州：浙江教育出版社，2012：6.
[3] 张莉娜.PISA2015科学素养测评对我国中小学科学教学与评价的启示[J]. 全球教育展望，2016（03）：15-24.
[4] 辛涛，贾瑜，李刚，等.PISA2018解读：全球视野与中国表现：基于中国四省市PISA2018数据的分析与国际比较[J]. 中小学管理，2020（01）：5-9.
[5] 赵茜，张佳慧，常颖昊."国际学生评估项目2018"的结果审视与政策含义[J]. 教育研究，2019（12）：26-35.

PISA 的测试结果在很多国家和地区也受到高度重视。比如，2001 年 PISA 公布结果，在参与测试的国家和地区中，德国学生在三个方面的测试分数都在 OECD 的平均分之下，与芬兰、挪威、英国等欧洲国家相距甚远。这一结果在德国引起轩然大波，德国政府开始实施教育改革，如统一教育标准，建立最低要求；加强学前教育，提早入学年龄；增加教育投入，调整优先投资项等。芬兰在 2000 年、2003 年的 PISA 测试中，均取得了最佳的总成绩，这在国际上掀起"芬兰教育研究热"，各国教育专家纷纷探索芬兰取得高质量教育的原因。[1]

但必须明确，PISA 测试与各国选拔优秀人才、升学考试为目的的测试不同，也不同于 TIMSS 测试，这不是一场世界性竞赛，也不是一种选拔性的考试。PISA 测试并不以各国或地区义务教育阶段的课程标准为基础，也不以学科知识为中心，甚至不仅仅测试所谓"能力"。PISA 项目的独特指向是：测量 15 岁学生在主要学科领域运用知识和技能以及在不同情境中提出、解决问题和解释问题时有效地分析、推理和交流的能力，即素养，与学习课程内容无关；测试针对教育系统评价，不针对学生个人与个体学校；研究教育系统、学校、家庭、学生个人特征等方面对成绩的影响，为教育决策提供依据，而不只是对成绩的统计分析。PISA 是一项多维度、实质性的国际教育调查研究，主要体现其政策导向。聚焦素养的测试和详尽的报告分析使 PISA 为各个参与方提供了包含知识、技能和能力方面的测量指标，又提供了调查所得的包含人口计量、社会经济、学校特点等与教育链接的变量信息的背景指标，因而容易驱动各国教育政策的变革。[2]

特别是 PISA 不仅在测试试题的设计中充分体现着多维评价的理念，而且在与测试同时使用的问卷工具中也充分体现了多维研究的理念。就阅读素养的测试研究而言，PISA 不仅要多维度地纪录学生的素养高低和素养结构，而且探寻各国各地区学生阅读素养与其他因素的关系，或者说要探索"什么因素影响学生阅读素养的精熟程度"。唯有如此，才能深入了解学生素养高低的形成原因，寻找教育改革和政策调整的方向。PISA 在这方面设定了个人、学校、家庭、政府投入等方面的相关因素。比如，在影响

---

[1] 一帆. 国际学生评价项目[J]. 教育测量与评价（理论版），2011（05）：43.
[2] 严文法，刘雯，李彦花. 全球基础教育质量评估变化趋势及其对我国基础教育质量监测的启示：以PISA、TIMSS、NAEP 为例[J]. 外国教育研究，2020（09）：75-86.

学生阅读素养的个人因素中，PISA 主要研究学生阅读喜爱程度、阅读材料广度、趣味阅读时间、学校阅读时间和网上阅读活动等因素。PISA 将这些因素合称为学生的阅读"参与度"。在阅读的广度方面，PISA 问卷中涉及的阅读材料包括：纸质材料和电子材料。纸质阅读材料包括：漫画、虚构类材料、纪实类材料、报纸和杂志等五类。电子阅读材料包括：电子邮件、网上聊天、网上新闻或为学习某主题而搜寻信息和在网上搜寻特定材料。[1]此外，PISA 的突出转变还表现在对测评结果的定位和解读上，除公布各国或地区在每一个测试项目中的详细排名外，其在每轮测评结束后提供的报告越来越详细。外延涉及教育公平、校园暴力等突出问题与教育成果间的关系，引导研究者理性看待教育测量的结果。[2]

PISA 所奉行的"多元素养"价值观理念，采纳面向未来生活，支撑终身学习的评价思路为我们提供了参考经验。众所周知，PISA 并非第一个对学生"素养"进行评价和比较研究的国际大型测试。在阅读素养方面，前有国际教育成就评价协会（IEA）的阅读素养进展研究（PIRLS）和由 OECD 协办的国际成人素养（读写）测试（IALS）；在数学、科学素养方面有早前具有相当影响力的由 IEA 主持的 TIMSS。但在"素养"理念的创新上，相对于上述大型国际比较测试 PISA 无疑是具有高度变革性。在 PISA 素养评价框架的界定下，"素养"得到了更为全方位的描述，不再局限于学校的课本知识与技能而是拓展至与学生生活周围息息相关的各种情境；终身学习的定位也使得 PISA 评价下的素养突破了狭隘的功能主义素养观，开始重视个体的学习动机、态度和策略的应用与控制。PISA 不仅在理念上紧跟时代所赋予"素养"的历史使命，还在实践层面通过对评价框架的独特设计使这一具有时代特征的"素养"尽可能地呈现出来。也许在许多人眼中，PISA 只是世界杯在教育领域的一次重演，但在热闹的观赛背后却蕴含着深刻的教育学转向。[3]

总的来说，PISA 是一项具有前瞻性的评价项目，希望通过参与 PISA，从国际的视角来审视中国学生是否为终身学习做好了准备；PISA 是一项在理论、技术、管理上具有先进性的系统研究，希望能借鉴 PISA 的理论、技术和管理方法，结合我国的实际

---

[1]张民选，陆璟，占胜利，等.专业视野中的PISA[J].教育研究，2011（06）：3-10.
[2]严文法，刘雯，李彦花.全球基础教育质量评估变化趋势及其对我国基础教育质量监测的启示：以PISA、TIMSS、NAEP 为例[J].外国教育研究，2020（09）：75-86.
[3]徐瑾劼."Literacy"：PISA素养观背后的教育学立场[J].外国中小学教育，2012（01）：17-23.

情况，建立科学的质量监测体系；PISA 是一项以改进教育政策为目的的实证研究，希望借鉴这一视角，加强我们教育决策的科学性。①

第四节　AHELO：经济合作与发展组织"高等教育学习成果评价"

AHELO 项目被喻为"高等教育的 PISA"，旨在评估即将毕业的本科大四学生所掌握的学习成果，即大学生通过四年学习活动获得的知识水平以及将其应用到实践的能力。2008 年，经济合作与发展组织（OECD）启动了国际"高等教育学习成果评价项目"（Assessment of Higher Education Learning Outcomes，AHELO），并将其作为经合组织在高等教育领域最重大的项目。2011 年 6 月至 2012 年 12 月在美国、加拿大、意大利、芬兰、俄罗斯、澳大利亚、日本和韩国等 17 个国家选取 250 所高校参与了可行性研究（试点）；2013 年 3 月在巴黎召开了 AHELO 项目可行性研究总结大会，肯定了可行性阶段的实施效果和测量工具的有效性；2013 年 11 月召开 OECD 教育政策委员会全会，决定全面推行 AHELO 项目，计划于 2016 年进行首次正式测试，参与范围扩大至全部 34 个 OECD 成员国，并明确提出要"吸引更多 OECD 成员国以外特别是新兴经济体的参与。"②

一、AHELO 的测评宗旨

在 2008 年 OECD 成员国教育部部长"东京会议"上，重点讨论了借鉴国际学生评价项目（PISA）的成功经验，开展高等教育质量评价国际比较研究的问题。经过 3 次国际专家咨询会后，OECD 成员国提议发起高等教育学习成果评价项目（AHELO），③这是具有重要价值的国际性尝试。该项目的产生有重要的时代背景，是高等教育规模扩张情况下高等教育问责强化的结果，也是"以学生为中心"的高等教育评价逐渐成

---

①陆璟.PISA 2009 上海实施报告[J].教育发展研究，2009（24）：72-75.
②李亚东，王位.高等教育质量保障：国际组织出"组合拳"[J].高教发展与评估，2014（06）：1-8.
③景安磊.国际高等教育学习结果评价发展背景、现状和启示[J].中国考试，2015（06）：37-41.

为主流范式的表征。①AHELO 与建立在学术声誉、科研成果等基础上的大学排行榜等有所不同，试图设计一个标准，直接评价学生的学习结果，使得在世界范围内评估比较高等教育机构的教学质量和学生的学习质量变成可能，并提供有关高等教育学习质量的信息，以及学习质量与劳动力市场的关联证据。②

为了弥补当前国际高校排行重学术、轻教育教学和学生培养的不足，AHELO 项目创新测评方式和方法，明晰测评标准，研发测评工具，拟对全球不同类型高等教育机构教师的教学效果和学生的学习成果进行测评，以期获得可比数据，为监测全球高等教育质量提供新依据。一方面，测评为全球高校提供比较的视角，使参与调查的高校明确自身教育教学中存在的优势及问题，借鉴别国经验，为高校培养高质量人才提供精确的反馈数据和有效的政策支持。另一方面，测评不以排名为目的，只提供相关调查信息，使各高校既明晰自身的办学效果，又避免排名带来的负面影响。再者，测评使高校学生了解自身学习能力和不足，为其将来成为就业市场需要的全球国际人才做好准备；同时，测评使政府在分配教育资源时更加科学、合理，做到有的放矢。③

AHELO 项目是非功利性性质，初衷是建立可供高等教育学习成果测评的可靠性工具，对不同国家及地区的高等教育进行质量的监测与追踪调查，测试结果不仅可以作为世界各大高校自我评价和他我比较的重要依据，也可以成为正确认识高校自身的建设、发展和教学过程中值得肯定的优势和有待完善的不足，从而全面实现对高度教育质量的监控，为高校培养高质量人才提供精确的反馈数据和有效的政策支持。具体而言，AHELO 的主要目标是向政府、机构和学生提供有关学生在第一（学士学位）学位结束时应知道和能够做什么的数据。此类数据可用于多种用途：它们允许政府根据国际标准评价受过高等教育的人群中的人力资本的质量；它们使机构能够根据国际标准对学生的学习成果进行比较和基准测试，以提高教学质量；它们使学生能够权衡他们学到的技能，让学生知道学校机构和国家的学习成果分布以及国际标准。

与传统的高等教育质量评估重投入轻产出相比，AHELO 项目对大学获得学士学

---

①吴洪富，韩红敏.学生学习评价的国际性尝试："高等教育学习结果评价"解读[J].现代教育管理，2016（09）：97-101.

②周海涛，景安磊."高等教育学习结果评价"概述[J].高教发展与评估，2014（01）：67-71.

③徐静.从教学评价走向学习结果评价：OECD 国际高等教育学习结果测评项目述评[J].比较教育研究，2015（10）：92-97.

位的毕业生进行通用技能及学科技能的学习成果评估，真正实现了对教育产出的关注，将学习成果作为衡量高等教育质量的重要指标，真正以学生为本全面观测高等教育质量。学生成为高等教育质量评估的主体，从而有力加速了高等教育发展的变革。具体而言，AHELO 旨在考察学士学位获得者的学习成果，考察内容为"通用技能"（Generic Skills）和"学科专业知识"（Discipline-Specific Skills）。同时致力于找到与学习成果相关的背景因素。这是一项能够评估比较国际范围内高等教育机构的教学质量和学生学习成果质量的有效工具，其核心概念是学习成果，体现了以学生为本和成果为本的教育理念。

二、AHELO 测试内容和工具

在评价内容方面，AHELO 设计了"通用技能"和"学科专业技能"的框架，并分别有相应的评价工具。其中，通用技能测试面向所有专业的学生，学科技能测试只面向相应学科背景的学生。现今，OECD 国际高等教育学习成果评价（AHELO）以自愿为基础，通过网上测试平台，对全球各类高等教育机构学生的学习结果进行测评，这是实施测评的核心媒介，学生作答测评问卷、调查数据的传输与收集、问卷的评定与评分等工作均通过网上测试台进行。AHELO 测评问卷分为两种题型：开放性问答题和多项选择题。其中，开放性问答题为主观题，又称"任务型测试题"，要求被测者根据一定的阅读材料自主回答问题，通过角色扮演，完成相关任务；多项选择题为客观题，要求被测者从 4 个选项中选择最佳选项。AHELO 背景调查问卷的设计遵循三个原则：第一，反映参与国或地区的政治、文化特点；第二，反映被测人群的人口学特点；第三，反映被测高等教育机构的地域特点和办学特点。通用技能和学科技能的测试时间分别为 120 分钟和 90 分钟；被测者作答背景调查问卷的时间为 10 分钟至 15 分钟。具体情况分别如下：[1]

1.通用技能

通用技能也被称作"核心技能""关键技能"，与学科技能同等重要，是学生通过

---

[1] 徐静.从教学评价走向学习结果评价：OECD 国际高等教育学习结果测评项目述评[J].比较教育研究，2015（10）：92-97.

一定的认知活动形成的、具有跨学科性质的一般性的能力、技巧和素养。通用技能是学生在某一学科学习、锻炼而获得的技能，但又不拘泥于某一学科，具有广泛性、持续性、灵活性和可迁移性等特点。根据经济合作与发展组织调查，具备较高水平的通用技能的学生在工作中更加优秀，而越来越多的高校也意识到培养学生通用技能的重要性。

AHELO通用技能测试主要评价学生的4项核心认知能力：批判性思维能力、分析推理能力、解决问题的能力以及书面交流的能力。通用技能测试题中的任务型测试和客观题测试互为补充，又各有侧重。任务型测试重点考查学生的批判思维能力和写作能力；客观题测试重点考查学生的分析、推理能力。

为了更好地体现学生的核心能力，通用技能中的任务型测试有意弱化学习者对已有知识的依赖，采用可读性强、又不为学生所熟知的阅读材料。为了使测试适用于不同国家和地区的文化，确保测试的国际有效性，经合组织在确定通用技能测试的多选题时，都提前咨询了各参与国家和地区的意见，依据易于翻译和跨文化的原则确定题型。

通用技能测试中，被测学生需完成一项任务型测试和25个多项选择题。其中，任务型测试题参考美国大学学习评价（US Collegiate Learning Assessment，CLA）的内容并作修订，对开放性问题设置不同的现实情境（书信、地图、备忘录等）。

2.学科技能

学科技能测试避免考查学生对课程内容的简单记忆，重点评估学生运用所学专业知识对相关问题进行分析、判断的能力、解决问题的能力、与相关领域专家进行有效交流的能力、批判性思维能力和独立学习的能力等。在可行性研究阶段，学科专业技能集中于经济学和工程学两个领域。

（1）经济学技能测试。重点关注学科知识与理解、专业知识的应用、数据和定量分析能力、与专业人员和非专业人员交流的能力和独立学习能力等五个方面的学习成果。其主要特点是：能广泛反映当前经济学领域专家的观点、思想；能反映学生学科教育的成绩；不仅考查学生对基本概念的理解力，而且考查学生运用学科知识的综合技能；综合考量不同参与国家和地区的文化、语言等背景因素，有利于开展跨国、跨地区、跨文化的测评。多选题型的测试范围更为广泛，测试内容更为丰富，以其快捷、高效、易于评分的特点，与任务型测试相得益彰。经济学专业技能的测试工具由美国教育考试服务机构与澳大利亚教育研究理事会（Australian Council for Educational Research，ACER）合作开发。

（2）工程学技能测试。涵盖不同难度的题型，主要评价学生的5项工程学核心技能：一般性工程能力、工程学的基础知识、工程分析、工程设计、工程实践。工程学技能测试中的任务型测试和客观题测试各有偏重，其中，任务型测试侧重考查学生的前4项综合技能；客观题测试用于考查学生的第5项核心技能。任务型问卷要求学生根据要求进行简单工程学设计，描述、分析过程，同时对复杂数据进行评价并给出相关建议或解决办法。该测试为被测者提供真实的工程学案例情境，配以专业的工程学图片、图表和地图，使学生在具体的工程学环境下分析、解决问题。作为对任务型测试的补充，客观题测试侧重考查学生是否理解、掌握基本的工程学知识以及能否运用基本的工程学理论迅速、有效地收集工程数据。工程学基本素养是学习者进一步提高技能水平的必要前提，因此，客观题测试同时验证被测学生在任务型测试中体现的能力是否牢固以及是否具有偶然性。工程学专业技能的测试工具由澳大利亚教育研究理事会、日本国家教育政策研究学会（National Institute for Educational Policy Research，NIER）及意大利佛罗伦萨大学共同研究开发。

3.背景调查问卷

AHELO的通用技能或学科专业技能测试完成后，还需要向学生、教师及学校领导发放与测试问题有关的影响因素背景维度问卷，结合背景问卷数据和学习成果测量表现，鉴别出影响学习成果的因素，并分析导致大学教育"增值"的原因，从而帮助学校判断应采取何种行动以使学生的学习成果最优化。[1]该调查可以把测试结果、高校和学生变量进行有效关联，重在帮助诊断高等教育机构存在的问题。[2]背景调查问卷主要收集如下信息：被测评学生入学前的知识和技能储备情况、相关教师的基本信息、课程信息、被测评高等教育机构和参与国家的基本信息等。对被测评对象进行背景问卷调查，有助于研究人员获得精确的测量数据，全面、深刻地了解被测对象，准确分析

---

[1]李亚东，王位.高等教育质量保障：国际组织出"组合拳"[J].高教发展与评估，2014（06）：1-8.

[2]周海涛，景安磊."高等教育学习结果评价"概述[J].高教发展与评估，2014（01）：67-71.

测试结果，从而使人们对研究问题作出正确解释和判断，为研究的后续发展提供基础。

三、AHELO 测评管理与研发

OECD 高等教育学习成果评价项目由多方共同参与管理。AHELO 可行性研究阶段，参与国家政府和被测高等教育机构组成高等教育机构管理项目理事会（Programme for Institutional Management in Higher Education Governing Board，简称 IMHEGB），该理事会是项目的最高管理机构，整体负责项目管理工作，并对项目推进作出统一部署。OECD 教育政策委员会是项目的另一指导机构，负责项目决策。以澳大利亚教育研究理事会（ACER）为首的国际联盟，负责开发测评工具，确定测评方法和测评内容，同时，指导项目实施可行性调查。经合组织秘书处是项目的总指挥，对 AHELO 项目进行总体协调和监督。高等教育学习结果测评的技术性特点使经济合作与发展组织重视国际专家的参与和作用。[1]

AHELO 项目还成立了 3 个专家组以便协助测试工具的研发。AHELO 国家专家组（Group of National Experts）是项目技术方面的主要管理方，负责监督项目的实施进度和测评方法的应用；AHELO 国家项目负责人（National Project Managers）负责确保各参与国家严格按照既定程序，高质量地完成测评；AHELO 技术顾问专家组（Technical Advisory Group）在测评工具开发、调查抽样、测试设计、试题翻译以及评分等方面提供技术支持和咨询。同时，成立有 AHELO 相关利益专家组（Stakeholders Consultative Group）通过讨论、分析测评信息，为项目的实施献言献策。其中，AHELO 相关利益专家组由国际质量监督机构、被调查国家的学生组织、大学、企业代表以及工程学和经济学专家代表等成员构成。[2]

AHELO 项目自创立以来的实施大致可分为三个阶段：① 2008 年至 2009 年，是项目的成立和可行性调查的前期调研阶段。针对高等教育学习成果评价的国际性、综合性和复杂性特点，2008 年项目成立之初，OECD 即决定在正式推广 AHELO 项目之前，应对其进行可行性调查。② 2010 年至 2013 年，是项目可行性调查的实施阶段。其中，

---

[1]徐静.从教学评价走向学习结果评价：OECD 国际高等教育学习结果测评项目述评[J].比较教育研究，2015（10）：92-97.

[2]徐静.从教学评价走向学习结果评价：OECD 国际高等教育学习结果测评项目述评[J].比较教育研究，2015（10）：92-97.

2010年1月至2011年6月，是AHELO项目测评工具和测评框架的开发和确定阶段。为确保测评工具的国际有效性，OECD将AHELO测评工具锁定在被测者的通用技能、学科技能和背景信息三个方面。并在2011年6月至2012年12月实施和运用，采用田野调查法，对来自不同国家和高校的学生进行测试，并收集调查数据。之后于2012年12月至2013年10月，研究人员对可行性调查数据进行分析、总结，并分3次公布可行性调查结论，认为经济合作与发展组织开展国际高等教育学习成果评价科学、可行。2013年，经合组织公布项目可行性调查报告并指出，AHELO可行性调查数据具备较大的信度和效度，AHELO对不同地区、不同文化背景的全球各类高等教育机构及在校学生进行测评科学、可行，计划于2016年全面启动世界范围内的高等教育学习成果评价。③ 2014年至2015年，是AHELO项目正式启动的前期准备阶段。根据可行性调查报告，研究人员进一步分析数据，进行深入调研，广泛征求国际专家的意见和建议，为项目的正式运行做好准备。①

AHELO项目明确要求参与国设立项目总负责人（NPM）和国家中心（NC）来负责项目实施和协调。每个国家参与每种测试需要招募至少10所能够体现多样性和代表性的高校，每所高校随机抽取200名左右本科四年级学生参与测试和问卷调查。评估结果反馈表现在三个方面：一是给参与高校提供一份报告，内容包含本校参与学生的测试结果和整体测试结果，以及本校与本国所有参与高校的匿名对比，与全球同类高校的对比等；二是给参与国项目管理机构提供本国各参与学校的详细结果、与其他各国总体测试结果的比较等；三是每位参与学生还将获得个人测试结果。②

OECD研发的国际高等教育学习成果评价项目（AHELO）是一系列高等教育模式变革的产物，这一概念的提出，反映了高等教育不断变化的发展趋势，尤其体现了人们对监测、评估高等教育质量的重视。在可行性研究阶段，AHELO对全球17个国家248个高等教育机构进行了试评，测评对象涉及4900多名高校教职工和23 000多名大学本科在校生。为了保证调查数据有效、可信，研究人员参照高校办学理念、课程设置、地理位置以及学生特征等指标随机选取样本对象。另有英国、瑞典、新加坡、沙

---

① 徐静.从教学评价走向学习结果评价：OECD国际高等教育学习结果测评项目述评[J].比较教育研究，2015（10）：92-97.
② 李亚东，王位.高等教育质量保障：国际组织出"组合拳"[J].高教发展与评估，2014（06）：1-8.

特阿拉伯、巴西和巴林等6个国家作为正式观察员，可行性研究的17个参与国或经济体在地域、语言和文化背景方面均具有代表性。鉴于OECD投入了大量资源，而且其教育理事会在学习成果评价领域有丰富的经验，当时预计AHELO可能将为世界高等教育质量评估改进提供新的范式。①

四、AHELO项目进展与应用前景

然而，AHELO项目要在全球推行却面临挑战：一是测量结果的客观性。测试内容能否真实、全面地反映大学生的学习结果。二是试题呈现的公正性。统一设计的试题在不同文化和语言的国家如何做到公正。三是质量标准的多样性。如何处理各国大学生应该学习什么和怎样判断质量高低等见仁见智问题。四是结果反馈的效用性。测试结果对学校改进教学和学生改进学习到底能起到多大作用。②关键是评价高等教育的学习成果是否可行？阿特巴赫曾对AHELO的全面铺开持十分悲观的态度，他甚至建议放弃这个"坏且昂贵的项目"。主要原因就在于它对高等教育项目的多样性强调过多，而对共通性重视不足。阿特巴赫认为"即使是土木工程领域，不同大学和国家在合适的知识基础和学习深度方面也存在差异"，③这导致对大学生学习成果评价进行起来十分困难。可见，高等教育研究界对于学习成果评价这个议题还存在较大的争议。问题是学习成果评价又是必需品。例如我国工程教育认证的通用标准就明确规定："专业必须有明确、公开的毕业要求。专业应通过评价证明毕业要求的达成"。AHELO的可行性研究为学习成果评价提供了经验和促进，并且"把学习成果这个话题带到了高等教育研究的前沿"。④AHELO是一个起点，尽管需要对之进行改进。⑤

在2013年11月19—20日召开的经合组织教育政策委员会会议上，讨论决定AHELO项目继续保持其低风险、自愿性、国际基准比较、非排行的特性。与可行性研究阶段相比，AHELO项目在正式实施阶段将会有以下主要变化。①扩大参与国

---

①周海涛，景安磊."高等教育学习结果评价"概述[J].高教发展与评估，2014（01）：67-71.

②李亚东，王位.高等教育质量保障：国际组织出"组合拳"[J].高教发展与评估，2014（06）：1-8.

③ALTBACH P.AHELO：The Myth of Measurement and Comparability[J].International Higher Education，2015（82）：2-3.

④OECD.Assessment of Higher Education Learning Outcomes AHELO Feasibility Study Report Volume 3[R].Paris：OECD Publishing，2013：35.

⑤彭湃.工程教育学习成果的评价与国际比较：对AHELO工程学测评的教育评价学考察[J].高等工程教育研究，2016（5）：33-38.

家（地区）的范围。增加参与方的多样性，吸引更多的 OECD 成员国以外的经济体参与，特别是发展迅速的新兴经济体（如中国、印度、巴西等）。②改进项目组织管理结构。成立专门的 AHELO 管理理事会，理顺管理结构，提高管理效率。③扩大测试的学科专业领域。计划将能力测试范围扩大到 13 个学科专业领域（农学、商学、化学、土木工程、计算机科学、教育、历史、法律、数学、机械工程、医学、护理、物理），并希望在更长时间内，扩大至所有 STEM（Science，Technology，Engineering，Mathematics，即理学、技术、工程、数学）相关的学科。④将通用能力模块整合到所有测试类型中。更加强调对通用能力的测试，未来的学科专业能力测试中，也将包括 30 分钟的"通用能力模块"。测试时间将由 90 分钟延长至 120 分钟。⑤完善评价结果的反馈形式。正式实施后 OECD 将向参与国家高效反馈更多细节性的数据和分析信息，使评价结果更加"有用"。包括本校与本国所有参与高校的匿名对比，与全球同类高校的对比等，以及本国各参与学校的详细结果、与其他各国总体测试结果的比较等。而最大的变化，在于每个参与学生将获得其个人的测试结果。⑥基准比较方式的改变。AHELO 帮助参与高校与本国、本地区及国际上的同类高校进行比较，来发现本校学生的学习成果在哪些方面表现较好，哪些方面还存在不足，从而相应地改进教学。①

  来自参与国和高校的反馈也认为，AHELO 形成了一套较为有效的测量工具，填补了国际上此前缺乏对高等教育学习过程和学习成果进行直接测量的空白，使整个高教界提高了将"教学"作为高等教育使命核心内容的认识，使"学习成果"成为讨论高等教育成效的中心话题。②从测试结果来看，AHELO 有"四大用处"：一是有助于高校全面详实地了解本校的教学质量和学生的学习质量，以及本校与其他高校的差异；二是有助于政府了解高等教育质量状况，以及通过提供的国际经验对资源投资做出正确决策；三是有助于用人单位了解进入劳动力市场的毕业生将所学知识应用于行业实践的能力；四是有助于大学毕业生更加客观地了解自己掌握知识及实践能力的情况，为进入劳动力市场择业奠定基础。③比如我国高等工程教育由于缺乏综合考试，在学习成果评价方面仍然存在学科本位和知识本位的特征，对能力的评价较为碎片化，尤其对

---

①吴岩. 国际高等教育质量保障体系新视野[M]. 北京：教育科学出版社，2014：251-252.
②吴岩. 国际高等教育质量保障体系新视野[M]. 北京：教育科学出版社，2014：251.
③李亚东，王位. 高等教育质量保障：国际组织出"组合拳"[J]. 高教发展与评估，2014（06）：1-8.

"书本以外"的能力评价不足，这容易降低学生成绩对未来职业发展的预测效度。因此，非常需要更多考虑业界对于未来工程师要求的测评数据。[1]

总之，尽管从一开始，AHELO 项目研发就存有争议，但是这丝毫不能掩盖一个事实：学习成果的确是意义教育之关键，亦是预示诊断和提高高校教学过程和学生学习之必备。AHELO 项目是 OECD 针对当今高等教育出现的高等教育规模的扩张、高等教育进入大众化普及化阶段、高等教育机构多样化、教育技术的快速整合等一系列新发展趋势作出的积极回应。此外，该项目不仅旨在建立国际高等教育学生学习成果评价标准操作模式，还为全球高等教育学生学习成果评价的国际交流提供了一个重要平台，并试图探索出影响高等教育发展的主要因素，为测评高等教育学习成果提供了国际性的方法。特别是 AHELO 项目不只是测评方式、内容的转变，更是测评理念的革新，要求树立以学生为中心、成果为本的思想，促进学生学习成果的改进。从某种意义而言，这无疑具有突破性和创造性，它的测评理念、方式、内容以及技术也具有一定的拓展性。[2] 我国要参与实施 AHELO，可能面临诸如研发与测评经费难以筹集、项目测评数据收集可能困难以及 AHELO 是否适用我国国情等问题，对此需要随着 AHELO 的实施进展，进一步深入细致研究，并加强合作，早日谋划，统筹管理、酌情展开，积极成就，扩大国际影响力。[3]

本章小结

国际大规模教育评价是当前教育领域的一种新形态和不容忽视的文化现象。国际教育成就评价协会（IEA）的国际数学和科学趋势研究（TIMSS）最早于1958年开始，以四年级和八年级的学生作为测试对象，目的是相对准确比较不同国家和地区的学生在数学和科学学科的学业成就。TIMSS 的架构包括测评的目标、对象、内容、背景调查、结果报告等。组卷采用 BIB 技术，试题具有偏重基础知识、基本技能，题量大、难度低，情境少，与课程教学联系紧密的特点。

国际阅读素养进展研究（PIRLS）亦由国际教育成就评价协会发起并组织实施，每

---

[1] 彭湃.工程教育学习成果的评价与国际比较：对AHELO工程学测评的教育评价学考察[J].高等工程教育研究，2016（5）：33-38.

[2] 陈涛.一种全新的尝试：高等教育质量测评的国际动向：OECD "高等教育学习成果测评"的设计与实施[J].比较教育研究，2015（02）：30-37.

[3] 王卓.双一流背景下AHELO项目在我国高等教育中的应用前景[D].陕西师范大学，2017：6.

五年举行一次，评价的对象是 9—10 岁小学四年级的学生，以此来监控各国（地区）学生阅读素养的进展情况，并为教育政策制定者和研究者提高学生的阅读素养提供事实依据。阅读素养是 PIRLS 评价的核心，被定义为："根据社会需要和（或）个人意愿，理解与运用书面语言的能力。年轻读者可从各类文本中建构意义，并成为在阅读中学习、能参与阅读交流且能由此获得快乐。"

国际学生评价项目（PISA）是经济合作与发展组织（OECD）于 2000 年发起的对基础教育进行跨国家（地区）、跨文化的评价项目，是一项针对 15 岁在校生的国际性学生学习质量比较研究项目，创立于 1997 年，具体是对 15 岁在校生的科学、数学、阅读等学科核心素养进行测评，并对影响学生素养的关键因素进行问卷测查。每三年进行一次，每 9 年完成一个循环。PISA 现已成为当今世界最具规模与影响力的国际性教育监测评估项目，进而成为影响全球教育治理的重要力量。

AHELO 项目被喻为"高等教育的 PISA"，旨在评估即将毕业的本科大四学生所掌握的学习成果，考察内容为"通用技能"和"学科专业知识"，同时致力于找到与学习成果相关的背景因素。2008 年由经济合作与发展组织启动，计划于 2016 年进行首次正式测试。当时预计 AHELO 可能将为世界高等教育质量评估改进提供新的范式。但由于在处理各国大学生应该学习什么和怎样判断质量高低等问题上意见不一，特别是有关评价高等教育的学习成果是否可行，导致该项目进展缓慢，未来应用前景应该比较广阔。

思考题

1. 了解和搜集各领域或与自身教育实践密切相关的国际大规模教育评价项目相关资料形成研究报告，建议在自己的教育实践中加以运用和评说。

2. 试述 TIMSS 的研究目的和测评框架。

3. 国际数学与科学趋势研究（TIMSS）的试题编制对我国高考数学命题有何启示。

4. 试述国际阅读素养进展研究（PIRLS）的数字阅读素养测试手段、工具与方法。

5. 试分析 PIRLS 对阅读素养的界定及其时代意义。

6. 简述 PISA 的组织运行方式。

7. 试评 PISA 的教育评价观。

8. 试分析和论证"高等教育学习成果评价项目"（AHELO）的应用前景。

第八章 信息化：实施教育考试评价数字化战略

信息化是实现国家教育考试评价治理能力现代化的必由之路。信息化的概念起源于20世纪60年代的日本，20世纪70年代后期开始盛行于世界。21世纪开始，世界各国普遍认识到信息化的重要性，均把信息化确定为国家战略。如今，信息化已经是世界发展的大趋势，正成为我们这个时代最鲜明的特征。随着互联网、物联网、云计算、人工智能、大数据等新技术、新应用不断涌现，以数字化、网络化、智能化为特征的新一代信息技术正推动着社会生产、生活方式的急剧变化，开启了人类历史上崭新的文明形态。[1]期间，各种高科技信息化手段已经广泛应用于各类教育考试评价的全过程，并与考试评价各项业务和环节高度融合。事实证明，信息化不仅能有效提高考试评价工作的效率，降低管理成本，开发和利用有价值的考试信息资源，还能提高考试评价的公平性、科学性。[2]以信息化、数字化等推动考试评价现代化，必将极大促进考试理念的变革，实现评价方式的创新，提升考试评价综合治理能力，解决当前教育考试评价改革中的许多热点和难点问题。

第一节 招生考试录取的网络化

在我国，考试信息化起步于20世纪80年代初期。随着标准化考试引入中国，光

---

[1]鲁欣正.用信息化推进国家教育考试治理能力现代化的思考[J].中国考试，2020（05）：49-54.
[2]田家杰.加快考试信息化建设 提高人事考试公平公正性[J].中国管理信息化，2017（01）：214-215.

标阅读器、计算机、网络等信息技术开始在高考等大规模考试招生中得以应用，网上报名、网上阅卷、计算机编排考场、网上录取开始逐渐成为考试管理普遍采用的工作模式。[1]后随着信息技术的迅猛发展，先进的网络数字技术越来越多地应用到考试的每个环节，信息技术的应用已经成为我国各级各类招生考试必不可少的一种手段，从考试报名、考生资格审核、考场编排、准考证打印，到计算机化考试、网上阅卷、成绩查询、数据统计评价等环节的实施操作都离不开网络、计算机及相关信息系统的支持。[2]特别是各类招生考试从传统的纸笔测验到网上评卷、智能机考和考务管理信息化，极大地加速了教育测评领域的信息化步伐和考试观念的转变，考试招生和评价信息化进入了新阶段，正在逐渐深刻地影响和带动着教育考试评价的未来。

一、互联网+：现代信息技术对考试评价的改变

信息化对教育考试评价的影响是革命性的。以计算机及网络技术为核心的信息化被认为是继以蒸汽机为标志的工业革命之后的又一次产业革命，"互联网+"带来工业化4.0时代。[3]随着计算机技术的发展和整个社会信息文化水平的不断提高，计算机已经逐步渗透到生产、学习、生活的各个方面，将计算机技术应用于教育测量和评价的全过程中，即计算机辅助测试最先成为国外计算机教育和教育技术领域内的一个研究热点，它从评价内容、评价方法和评价形式多方面发展了传统测评理论和实践。20世纪60年代，美国首先将电脑用于教育测量。20世纪80年代到90年代中期，我国在考试中对现代信息技术的应用还很少，考试的大多数环节仍采用人工管理的模式。人工评卷要动用大量的评卷人员，费用也高。此间的进展主要是研制光标阅读机并用其评阅选择题试卷。计算机阅卷的突出特点是速度快、效率高。一台机器不但可以代替上百人的阅卷工作，而且可以连续24小时不停地工作，真正做到了节省人、财、物。那时，应用计算机，主要是采集和管理考生的报名信息、通过计算机编排考场、打印准考证、统计分数、打印成绩通知单、统计分析以及辅助录取工作。

20世纪90年代中期以后，主要是以网络为中心的信息技术在考试中的应用，网络

---

[1] 鲁欣正.用信息化推进国家教育考试治理能力现代化的思考[J].中国考试，2020（05）：49-54.
[2] 鱼杰.中小学教师资格考试信息化平台建设探索和研究[J].中国考试，2015（01）：45-52.
[3] 朱汝光，李鸿江."互联网+"视野下对教育考试招生信息化工作的思考[J].中国考试，2016（06）：25-29.

特别是国际互联网成为当时一种重要的信息传播方式，为教育考试的现代化开创了一片新的天地。其后掀起了建设网络，开发基于网络的各种软件的热潮，各地普遍建设了先进的计算机网络系统，为招生考试的现代化提供了基础保障，使网上阅卷达到了一定的普及程度，较好地控制了主观题的评分误差，又省掉了试卷保管、登分、统分等环节，节省了人力、物力、场地和经费，很快得以推开。20世纪90年代末，教育部考试中心以及全国大多数省级招生考试机构都建立了网站，除发布考试信息外，还提供网上报名、成绩查询、录取信息跟踪等服务，并开始利用网站开展大型招生宣传咨询活动，与考生之间形成良好互动，使考试网站真正成为与考生沟通的桥梁。[1]

当今，互联网快速改变着人们的生活方式、认知方式、学习方式、行为习惯，乃至社会管理方式。越来越多的应试人员需要通过互联网提交报名信息、获取考试相关信息、查询考试成绩、证书等信息，传统的考试信息采集和发布方式越来越难以满足需要。随着考试种类的快速增加和应试人员的急剧膨胀，考试相关机构和组织迫切需要改变传统的信息采集和发布的方式，减轻工作量，提高工作效率，通过互联网采集和发布信息能够满足这一要求。加之录取规则的多样化，平行志愿的广泛应用，如果不借助信息技术和网络，沿承以往的手工录取分档方式，其时间周期将大幅度加长，准确性、可信度亦得不到保证。在考试实施的管理信息系统中，在互联网广泛应用之前，各实施主体的管理信息系统之间采用分布式数据库设计，各地对信息标准落实不到位，导致信息完备性较差。为保证各系统之间的信息一致，需要经常在系统之间传输维护，延长了处理时间，增加了出错的概率。同时由于各级考试信息管理人员均可接触考试数据库，信息安全面临隐患，这就迫切需要建立集中式数据库，通过互联网同步数据。[2]

2015年3月5日，在第十二届全国人大第三次会议上的《政府工作报告》首次提出"互联网+"行动计划，成为一项新的国家战略。之后密集出台《关于积极推进"互联网+"行动的指导意见》《促进大数据发展行动纲要》等文件，加速了我国信息化建设与应用的步伐。2018年4月，教育部颁布的旨在落实"互联网+教育"的《教育信息化2.0行动计划》，"互联网+"思维正以其独特的形式渗透至教育领域的课程、

---

[1] 徐萍.高考制度伦理研究[M].武汉：华中师范大学出版社，2016：77-78.
[2] 柳学智.考试信息化发展趋势分析[J].中国考试（研究版），2009（11）：49-52.

教学和考试评价等方方面面，信息技术对考试的革命性影响尤其明显，以计算机化考试、网上评卷、网上录取等为先导的信息技术应用深刻影响着教育考试的理念、模式和走向，①并对传统考试与评价提出了新的挑战。特别是国家教育考试服务的考生数以千万计，考试机构遂把互联网作为服务考生的主要手段，以考生为中心，着力提升国家教育考试门户网站的服务功能，增加微博、微信公众号、手机移动端访问等新的服务功能，建立报名、缴费、分数和证书查询等"一站式"服务窗口，全面提升了考生的信息化服务体验与获得感。②

国家教育考试是高利害考试，其公平公正为诸项要义之首。在持续不断地反作弊中，除了教育、公安、科技信息、交通等部门的通力合作外，教育考试和教育测评信息化技术的发展也做出了保驾护航的贡献。信息化技术已经从命题、试题进厂印制、出厂运输、密室保管、考场启封、考后封袋、运至评卷点到此后的评卷、统计成绩等实现了全程覆盖。比如最新研制成功的电子标签，将其贴在试题袋上，除了在考场上由有关监考人员按密码程序正确启封和考后装袋外，在任何时间、任何场所只要有人非法启封，电子标签当即向总部报警，有效地杜绝了在此环节上作弊的漏洞。当然，有些环节由于客观或难以避免的因素，也有可能造成实际上的不公平。比如在人工高考评卷点，一位高考评卷教师早晨精力充沛时评的第一张试卷和他到下午处于疲劳状态时评的最后一张试卷相比，问答题和主观题把握的尺度能否做到一致？谁也难以保证，而且也无法及时调整，等等。由此产生的分数后果，实际上也影响了公平公正。如今，在信息化技术条件下，这些问题就都能得到较好的解决。③

随着计算机技术、网络技术等迅速发展，大型的社会化考试（如计算机等级考试、职业资格认证、TOFEL，GRE等）以及远程教育和网络教育中教学评价活动的开展对计算机辅助评价的需求也日益扩大。并不断向中考、校园考试等地方性、区域性、校本化考试领域拓展，从教育考试领域向司法考试、公务员考试等职业资格考试领域拓展，逐渐形成了以教育考试评价和教育测评为核心的多条服务价值链。④今后还要建立

---

① 姜钢.教育考试信息化面临的挑战和任务[J].中国考试，2017（06）：1-5.
② 鲁欣正.用信息化推进国家教育考试治理能力现代化的思考[J].中国考试，2020（05）：49-54.
③ 于建坤.信息化为教育考试和测评插上翅膀[N].中国教育报，2013-03-18（007）.
④ 于建坤.信息化为教育考试和测评插上翅膀[N].中国教育报，2013-03-18（007）.

全民终身学习的社会，必须积极探索建立多种形式学习成果的认定转换制度，建立学分银行系统，试行普通高校、高职院校、成人高校等之间的学分转换，建立与其他教育形式沟通衔接、学分互认的路径及规则，为每位学习者建立个人终身学习账户，存储其通过不同教育形式和学习方式所获得的学分。而建设学分银行管理服务平台，满足学习者学分认定、转换、零存整取等的需求，①实现多种学习渠道、学习方式、学习过程的相互衔接、积累和互认，构建人才成长"立交桥"，都迫切需要借助信息化技术手段来完成，进而对考试评价信息化、数字化提出了更高要求，也带来了新的动力。

二、网上评卷和网上录取

随着我国步入信息化时代，加上互联网+、大数据等的发展，使得教育考试信息化发展呈现出新的趋势与特点。一是全国统一网报平台模式，逐渐从纵向变为纵横相结合，其覆盖范围进一步扩大；二是将考试系统中的违纪数据库纳入诚信系统，有力地打击了教育考试中的作弊行为；三是考场中采用人脸识别技术，考试开启"刷脸时代"，从源头上杜绝危害教育考试安全的各种行为；四是无纸化考试发展速度不断加快，并逐渐向人机对话方向发展，教育考试信息化水平进一步提升。②但我国教育考试评价的信息化乃是从网上评卷和网上录取开始并为人们所熟知的。

作为一个考试大国，我国除去地方性考试和学校考试，仅国家教育考试每年就涉及数千万人，涉及人数之多、面之广，世界上无论哪一个国家都无法相比，因此组织考试也耗费了大量的人力、物力和财力。20世纪90年代，网上评卷作为信息化技术在教育考试领域开始应用后，其高效、质优的优势迅速被人们所认识。短短几年，网上评卷快速扩展开来，实现了全国所有省区市高考都实行了网上评卷，网上评卷技术遂成为我国考试由传统手工方式向现代化、信息化的转折点。进而，以网上评卷的成功实施为突破口，信息化技术向两端延伸到考试前期的命题、报名、组织、编排和考场管理，以及后期的成绩统计、数据分析、网上录取，逐渐覆盖了招生考试的全部过程。教育考试信息化技术的发展，有力地推动了教育考试由传统向现代的转型，大大提高了教育考试的质量和效率。③

---

①鲁欣正.关于教育考试数字化转型的若干思考[J].中国考试，2022（09）：1-8.
②刘浩.教育考试信息化面临的挑战和任务[J].智库时代，2018（27）：94.
③于建坤.信息化为教育考试和测评插上翅膀[N].中国教育报，2013-03-18（007）.

网上评卷作为一种新的评卷方式，它以网络、扫描和识别技术为依托，以图像处理技术、图像压缩技术、存储技术及数据库，配以专业的管理软件同时完成客观题（选择题）自动评卷、给分及主观题的网上在线评卷、试卷自动分发、误差控制等一系列工作，一体化完成评卷、登分、统计等工作，一般开发有专门的网上评卷系统或平台，是一种以实现阅卷公正性为目标的信息化阅卷方式。阅卷前先将答题纸通过专用的高速扫描设备扫描成图像，扫描后的试卷直接返回试卷库保存，不再带进评卷现场。客观题部分采用 OMR 技术由计算机自动判分，主观题部分采用图像切割技术，按题号将考生答卷切割成题块。经过加密处理的主观题图像按一定的规则保存到计算机服务器里，评卷时进行任务分发，由阅卷老师进行背对背评卷的方式进行。对阅卷老师进行分组管理，通过设定误差值的方式，对阅卷老师评分差距过大的情况进行有效控制。与传统的手工阅卷相比，网上评卷具有效率高、误差小、保密性强、便于分析管理等明显优点。计算机自动分发试题取代了手工操作，解决了漏评、错评问题；扫描后的试卷实现了电子图像保存，方便了查询检索；所有成绩在评卷过程中自动存入计算机，不再有登分、统分的环节与误差，减小了管理难度，节省了人力和物力。[1] 网上评卷全过程采用计算机管理，减少了传统评卷方式的诸多手工环节，提高了评卷工作效率，可以实时监控评卷质量和评卷进度，便于对命题、答题和评卷情况进行有效分析，进一步提高了评卷工作的科学化管理水平。[2]

网上评卷最大的优势是评卷结果的误差控制，更能体现评卷公平公正的原则。由于每次评卷老师变化大，评卷老师在时间紧、任务重、长时间疲劳作业的情况下，会产生评卷误差，控制误差的一个重要手段是引入多评机制，即一道题让至少两个以上的教师来评阅，计算机将评阅结果进行比较、配对或仲裁后产生最终成绩。每道题随机分给两个不同的老师评阅，当两个老师对同一道题的给分之差超过规定的范围时，则自动将该试卷分发给第三位老师评阅；第三位老师可以是该科目权威专家，也可以是普通评卷员，他们批阅之后的分数自动会去跟前面两位教师匹配，若两两匹配之差在设定范围之内就采纳两者的平均分（或按特殊算法给最终分，系统默认取平均分）；如果第三个人给的分数还无法跟前两者匹配，系统会把这份试题发给第四个教师，通

---

[1] 于明洋.推进信息化建设，提高考试管理水平[J].劳动保障世界，2015（S3）：123-124.
[2] 王瑞.网上评卷与自学考试信息化建设：以甘肃省为例[J].中国考试，2014（05）：46-51.

常四评由评卷经验丰富的题组长评阅,该评阅为最终评阅。

人工评卷虽然也有质检过程,通常采用的是随机抽检,由于手工评卷分数直接标在试卷上,数据量太大,对评卷误差难以实时统计和发现,评卷质量难以实时控制和改善。人工评卷评分中存在的误差主要在试题的主观性程度越强(如作文题、论述题、简答题等),误差越大;每题赋分越高,误差越大,且无法有效及时发现。另外,答卷在运输、保管、交接和评卷的流转过程需投入大量的人力和物力。由于数据量庞大,登分和合分需大量人员,而且极易出错。所以,与传统阅卷方式相比较,网上评卷有巨大优势。此外,网上评卷自动屏蔽考生信息可以确保阅卷过程及结果的客观公正,完全杜绝了人情分、印象分现象的存在。而自动统计分析,从小题分、大题分到科目分全部由系统自动采集(即登分、加分),在设定统计指标及报表种类后,系统会自动完成统计分析与报表生成工作,避免人工操作可能导致的各种错误发生,从而也大幅减轻了教师的阅卷负担。[1]同时,网上评卷对于改善评卷人员的工作环境,减少考务管理人员的工作量和对评卷产生的数据进行更深层次的挖掘,[2]如对试题、试卷的定量分析,特别是网上录取等提供了便利,具有积极的现实意义。

1999年,教育部发布《关于进一步深化普通高等学校招生考试制度改革的意见》,在录取方式改革方面提出的重点是实施计算机网上录取。利用中国教育科研网建立全国大学生招生远程录取、学籍学历管理、毕业生远程就业服务一体化的信息系统。网上录取系统做到了信息编码统一、考生基础信息统一、同级界面统一、高校录取工作软件统一,并且与其他环节顺畅衔接。网上录取是高校招生手段的革命性变革,既有利于维护公平、公正,又可以节省人力、财力,并进而带动高校招生考试其他方面的改革。2001年8月,我国31个省、区、市和上千所高校共同采用网上录取,顺利地完成了招生录取工作。2002年全国80%的高校录取工作实行广域网远程异地录取,使整个招生过程在计算机中都保留了详细的日志。[3]高校招生网上录取不仅既公平又高效率,节省经费。特别是有助于杜绝招生工作中的不正之风,使录取工作更加公平、公正和

---

[1] 王瑞.网上评卷与自学考试信息化建设:以甘肃省为例[J].中国考试,2014(05):46-51.
[2] 戴家干.高考改革与教育公平公正[J].中国高等教育,2006(12):7-9.
[3] 刘智运.改革高考招生制度,提高高等教育的公平与效率[J].湖北招生考试,2002(20):27-30.

透明。

三、促进信息技术与考试业务融合

顺应时代潮流，推进考试信息化建设，还体现在网上报名、网上填报志愿、网上考场巡查、网上保密室监控等多方面，[1]信息技术已广泛应用于考试招生的各个方面和环节，进而也要求和有力地推动了国内教育招生考试机构的信息化和专业化建设，实现信息技术与考试业务有机深度融合。考试信息化的关键不在信息技术，也不在考试业务，而在应用信息技术对考试业务和组织进行重构。这既需要对传统考试的业务流程、组织结构、岗位职责等的详尽了解和分析，还需要掌握和选择适合的信息技术，并将二者有机地结合起来，提出适合的考试信息化理论，建立可行的考试信息化模型，对传统考试业务和组织进行平稳、可控地重构。

美国学者诺兰的经典理论"诺兰模型"[2]提出，"信息化的发展一般要经历初始阶段、扩展阶段、控制阶段、集成阶段、数据管理阶段和成熟阶段六个阶段"。国内教育考试的信息化目前主要体现在计算机辅助管理、网络化管理方面，并且都是从提高管理机构的自身工作效率为目的，逐渐向为考生提供更高效、便捷、智能化的手段和服务方面拓展，考试信息系统的建设大部分是根据当时的需求逐步独立开展的，"信息孤岛"情况较为普遍，目前国家和省级均尚未建立起教育考试综合性管理服务平台。因此，我国招考信息化建设总体上还处于诺兰模型的控制阶段与集成阶段之间，要积极向数据管理阶段演化。[3]

教育考试的业务环节大致包括编制考试大纲（说明）、命题制卷、考试报名、考场编排、考试实施、评卷录取、统计评价等。信息化与考试业务的融合是指通过在这些业务环节的各类信息技术的广泛应用，优化资源配置，创新工作模式，促进业务管理的规范化、流程化，提高工作效能，使得考试质量得以保证、考试管理更加精细、

---

[1] 王泽来.信息化推动教育招生考试机构专业化建设：普通高校招生网上录取改革十周年启示[J].中国轻工教育，2010（04）：91-93.

[2] 郑凯，聂瑞华.基于诺兰模型的高校信息化发展现状及趋势分析[J].中国教育信息化，2009（21）：13-15.

[3] 厉浩，章群皓，张蕾，等.基于数据中心的省级教育考试信息化研究[J].中国考试，2016（03）：15-20.

考试误差得以控制、考试的评价功能最大限度地有效发挥。据此，应建立3大信息化平台：① 以题库建设为核心，建设命题信息化工作平台。围绕命题核心业务，从征题、素材加工、试测、试题加工、题库管理和组卷、统计分析等试卷生产的全流程，建设具备在线征题、在线编辑、智能查重、自动化组卷等丰富功能的命题信息化工作平台。② 以科技考务为目标，建设考务信息化工作平台。围绕制卷、试卷押运和保管、考试报名、考场编排、考试组织实施、评卷、分数公布等考务工作，综合运用云计算、互联网、多媒体、人工智能等技术，研发系列信息化应用，实现考务管理信息化全覆盖，全面提升考务管理的科技化程度。③ 顺应考试手段和形式的改革，建设机考网考系统，推进计算机化考试。计算机化考试是未来考试发展的新趋势，是专业化考试机构的核心竞争力之一，国际著名的考试机构都在逐步采用机考网考的方式替代传统纸笔考试方式。我国的考试机构应积极研究和制定机考网考试题试卷交换标准，开发机考网考系统，开展机考网考试点，探索和积累机考网考的考试组织实施经验，为大规模实施机考网考做好准备。[1] 在这里，主要围绕科技考务，建设考务信息化工作平台相关问题进行探讨，题库建设和命题信息化将在本章第三节专门论述。

为适应考试招生制度改革的新形势和新要求，实现对教育考试的全局统一指挥、全程分级管理、全域实时监控，进一步提升国家教育考试管理与服务的专业化、规范化、精细化水平和综合治理能力，教育部考试中心于2017年5月印发《国家教育考试综合管理平台建设指南》，要求积极推进"国家教育考试综合管理平台"省级平台建设，围绕"业务、数据、指挥"三条主线，提出以考试基础数据库、考试业务系统、决策指挥系统、综合管理系统、数据交换平台和技术支撑体系为主要建设内容的建设目标，并对国家教育考试综合管理平台进行了顶层设计和规划，指导、引领各级教育考试机构稳步开展平台建设工作。而考试信息化综合管理平台则是以试卷安全为重点，抓住试卷运转、保管、分发、回收等环节，围绕标准化考场建设、考场作弊防范系统建设、视频指挥统和身份采集系统建设，旨在实现试卷全程流转监控、保密室值守智能化、考试数据及时采集汇总、考情动态全面掌控，大幅提升网上视频巡查能力、考试实时视频指挥能力，为维护高考安全稳定提供重要支撑。

---

[1] 鲁欣正.用信息化推进国家教育考试治理能力现代化的思考[J].中国考试，2020（05）：49-54.

目前，考试信息化综合管理平台建设已经使考试考务发生了变化，呈现出新亮点。①研发试卷保密箱实现全程卫星定位。针对有些省区考点分散，试卷运输距离长，试卷运转过程监控难的问题，利用考试信息化综合管理平台建设，联合厂家研发了目前全国最先进的试卷保密箱，保密箱采用新型材料，具有防水、防火、防摔等功能，并引入卫星定位系统，做到了从试卷运输定位车到运输车和考试卷同时定位监控，真正实现了试卷流转的全程监控，堵塞了试卷管理的最后一个盲区。②从2019年高考开始，考生入场采用"身份验证＋人脸识别＋指纹对比"的方式进行，使考生查验更加"智慧化"，利用考生报名时采集的考生数据，通过读取身份证、抓拍头像、人像识别核验，由系统识别完成验证，极大提高了识别速度和准确率，提高了考试技防水平。③通过引入云计算技术，结合大数据与物联网技术，搭建考务数据中心，建立了考点库、考生库、考试工作人员库三大数据库，考生入场、工作人员到岗等考务组织情况实时数据上传省级综合管理平台，再以数字地图呈现，做到国家、省、市、考区、考点五级机构的及时指挥。同时对考点周边和无线电频率波动情况进行实时数据监测，出现异常第一时间报警提醒，做到及时有效处置。①

然而，信息化在为国家教育考试的平稳、高效运行提供技术支撑、为广大考生提供便捷服务的同时，也面临日益严峻的网络安全威胁和风险。国家教育考试的网络基础设施、信息系统一旦遭到破坏，考试数据、考生信息一旦遭到篡改、窃取，就会对社会秩序、公共利益、考生的合法权益、考试机构的公信力和权威性造成严重损害。所以建设教育考试评价信息化综合平台，网络安全体系建设必不可少。教育考试面临的安全风险和威胁主要来自内部和外部两个方面：内部主要包括内部人员对信息系统的错误操作、越权访问、恶意操作、蓄意破坏；外部主要包括黑客或者非授权人员对信息系统的恶意攻击和非法入侵。为此，要从人防、物防和技防等多方面开展网络和信息系统的安全建设工作，补齐短板，扎好篱笆，构筑"进不来、拿不走、打不开、看不懂、跑不了"的安全管理和防范技术体系。除强化法律制度建设、落实责任、全员培训、制定预案外，技术防范措施，如边界防护、虚网划分、入侵检测、病毒查杀、漏洞扫描、代码审计、渗透测试、日志审计、数据加密等，可确保障网络数据的完整

---

①赵静.我省率先在全国建成教育考试信息化综合管理平台[J].青海教育，2019（06）：5.

性、保密性、可用性。①

可见，信息化是一把双刃剑，在为教育考试带来便利的同时，也带来了一系列不利于考试安全的问题。其中，考试安全面临的最大挑战是使用现代化的信息技术作弊。主要表现在：①考试作弊手段不断翻新，技术含量越来越高，作弊手段从过去的汉显BP机作弊、手机作弊、无线电作弊到如今利用互联网作弊，无线电作弊器材的频率从百余赫兹到目前可以覆盖几公里范围的"云系列"，器材的"人机分离""数据自动销毁"等功能增加了压制和查处难度；②助考组织利用高科技手段在网上招揽考生、买卖作弊器材，利用微型扫描窃照设备窃取试题并传出考场，雇佣高手作答后将答案传给考场内使用窃听设备的考生，提供产、供、销一条龙的服务，形成了组织严密、形式隐蔽、范围极广的"助考"产业链；③"助考"人员利用互联网传送考试试题和答案，通过QQ群、微信群、电子邮箱等网络平台作弊，作弊呈现群体性，打破地域限制，呈现出"一点突破，全国遭殃"的态势；④随着自媒体的快速发展，加之智能算法的推动，涉考舆情呈现传播速度快、范围广、燃点低、可控性差、破坏性大等特点，考试有点滴的闪失就会造成很大舆情，甚至会引起社会群体事件；⑤考试组考人员众多，个别人员法律意识淡薄，为了追逐利益，帮助助考组织作弊，甚至窃取或售卖考试试题，或者泄漏考生信息等事件。②一些招考机构的信息安全有较大漏洞，没有严格划分安全域、监测和发现安全隐患的能力较弱、无法有效保护敏感性数据等。为此，必须将信息化手段与教育考试制度进行深入融合，③进一步加强考试安全防控体系建设研究、开发和应用，构筑以网上巡查系统、互联网舆情信息监控系统、考生身份验证系统和无线电信号防范系统等为主体的考试安全防控体系，净化教育考试环境，确保考试安全。

当然，在当前高速发展的信息化时代，向社会公众公开高校考试招生信息，是维护公众知情权、参与权和监督权的公平性必然要求。高校考试招生一直强调工作的安全性与保密性，却并不注重信息公开工作。由于相关信息公开不完整、监督不到位，

---

①鲁欣正.用信息化推进国家教育考试治理能力现代化的思考[J].中国考试，2020（05）：49-54.
②李桂领，褚庆军，赵先龙.新时代国家教育考试安全体系建设探析[J].中国考试，2022（08）：66-70.
③曾滟.浅析教育考试信息化的发展现状[J].中国高新区，2018（10）：247.

也滋生了一些不规范甚至腐败现象，引发了社会的广泛关注和质疑，极大地影响了考试招生工作的社会公信力。早在2005年，《教育部关于高等学校招生工作实施阳光工程的通知》就指出，"普通高校招生要实施'阳光工程'，把切实维护广大考生的合法权益作为招生工作的出发点和落脚点，以增强招生工作的透明度，接受舆论监督和群众监督，逐步建立和完善与我国社会发展相适应的、更加公开透明的高校招生工作体系。"为此，完善考试招生信息发布制度，实现信息公开透明，进一步扩大信息公开范围，规范公开程序和内容，提高信息公开时效，都是非常必要的手段和措施。但受安全保密制度的约束，我国高校考试招生过程中对外公布的有效信息相对比较匮乏，主要是囿于信息公开与安全保密之间关系的处理难以把握。其破解之路主要在于：①注重方式方法创新，特别是注重运用科技手段，通过使用网络服务平台、微信、微博、QQ、短信、咨询电话等互动性更强的公开方式，使相关高校考试招生信息能够产生较大的社会效益；②健全完善各项规章制度，提高信息公开的科学化、规范化、制度化水平；③不断增强服务意识，使为考生、为社会服务的意识贯穿于高校考试招生信息公开的始终；④积极与社会主动交流沟通，社会和公众的认同度提高了，招生考试机构的社会形象才能更加改善。[1]

总之，在考试信息化不断深入的今天，越来越多的电子题目、试卷、题库被开发出来，越来越多的考试实施通过管理信息系统进行，越来越多的考试服务通过网上提供，考试发展越来越依赖于信息技术的应用和创新。但并非所有技术都能应用于考试领域。由于考试的高利害性，为避免试用技术对考试产生消极影响，应选择成熟的技术。要充分认识到信息技术对考试评价的适应性问题，[2]只有根据考试评价的实际情况选择适合的技术，才能推动考试信息化不断稳步向前发展。也就是说，技术是中性的，单独技术本身并不能解决教育评价中的所有问题，而决定技术应用方向的教育考试招生目标，教育考试招生的智能定位，教育考试招生的管理模式却是产生不同技术应用模式重要原因。换句话说，技术只有被优秀的思想所运用才能产生好的效果。[3]

---

[1] 樊本富.加强信息公开 确保高校考试招生公平公正[J].中国考试，2017（06）：39-43.
[2] 柳学智.考试信息化评析[J].中国考试（研究版），2009（04）：25-28.
[3] 万雅奇.国内外教育考试信息化现状与发展[J].中国考试，2005（04）：37-41.

第二节 校园考试评价的智慧化

现阶段学校考试大都采取线下考试的方式，一般包括教师出卷、学校统一组织学生现场答卷、教师人工阅卷、人工试卷分析等过程。其弊端显而易见，如过程复杂、占用场地、组织难度大、浪费人力物力财力、后勤保障困难、试卷分析烦琐等。"互联网+"时代，随着计算机技术及网络技术的快速发展以及校园网的普及，各种在线教学、混合式教学的兴起，在线考试作为一种新型的考核方式，具备流程简化、效率高、成本低、数据分析反馈性强等诸多优势。[①] 特别是新型冠状病毒疫情发生期间，大部分学校采取了"在线教学+在线考试"的方式，更显示了其迫切性和应用价值。因此，原有的学校考试模式正面临新的挑战与变革，在线考试成为信息化教育的发展趋势，推进校园考试评价智慧化已成当务之急。

一、标准化考点建设

考点是实施教育考试的场所，是对应考者进行学业评价和衡量的场域，是体现庄重严肃、纪律严明的一方净土。[②] 现今要组织的考试众多，高考、中考、学考、成考、自考、研考、教师资格考试笔试、全国大学英语四六级考试、全国计算机等级考试等，报名考生更是不断增长，对于这些考试，国家都要求安排在标准化考点考试。标准化考点，相当或属于"现代贡院"，一般在校园中建设和管理。标准化考点的建设标准，主要是每个考场安装有视频监控设备，配备金属探测器、无线信号屏蔽器、钟表，以及旨在验证考生身份的防范替考作弊设备和语音播放系统、外语听力播放系统等。[③] 高考标准化考点系统主要包括网上巡查系统、视频指挥系统、考试业务管理系统、作弊防控系统和考生身份验证系统五大子系统，该系统充分利用网络技术、无线通信技术、

---

① 李桃，王之."互联网+"背景下在线考试的推进措施研究[J].中国现代教育装备，2021（05）：32-34.
② 程飞，郭贵潮.建设标准化考点 增强考试公信力[J].中国考试，2013（02）：46-49.
③ 陈建伟，付佳.河北省标准化考点建设的现状与对策[J].中国高新科技，2020（03）：75-77.

数据库技术等高科技手段，完成指挥中心、保密室、试卷分发回收室、标准化考场的合理布局，要求试卷流转区域配备视频监控，且所有监控信号能够实现国家、省、市、县、考点五级网络远程监控，为考生创造一个安全、公平、公正的考试环境。[1]

我国标准化考点建设从 2007 年开始试点，《教育部关于进一步改进和加强国家教育考试工作的几点意见》明确要求"统筹规划，规范国家教育考试标准化考点建设"。2010 年教育部出台《国家教育考试标准化考点规范》，考点建设获得质的飞跃。考点建设目标由规范化标准提升为标准化水平，增加了现代化技术装备的硬性标准，把建设"视频及网络监控巡查系统、考生身份认证系统、无线信号防控系统、专用移动应急指挥系统、考试综合业务管理系统"等作为标准化考点硬件建设的主要内容。[2]2011 年《教育部财政部关于大力推进国家教育考试标准化考点建设工作的通知》明确提出标准化考点建设必须同时做好硬件和软件建设，硬件方面要建设并完善"五大系统"，从技术层面予以保障。软件方面要完善考试制度，加强队伍建设，强化保障措施。软件和硬件相互配合，共同促进和维护国家考试的严肃性、权威性与公平公正。2012 年的高考，首次在全国范围内普遍使用标准化考点，此举使监考更加规范、巡考更加高效、考生违规违纪的现象大幅下降。[3]此后，各类国家的教育考试均应在标准化考点内进行。

标准化考点是全国性的联网系统，主要利用数据通信、网络、数据库、视频、系统、管理等技术手段建立的国家教育考试体系。学校考点系统是国家教育考试网上标准化考点平台最基础的部分。学校标准化考点由考场部分、传输部分、监控部分组成。考场部分一般在教室前后位置安装有两个彩色广角云台摄像机，用于监控考场内情况，同时选配高灵敏度拾音器，用于考场监听。考场部分的主要功能在于完成监考期间观察考场情况及音视频的采集。传输部分是将各个考场摄像机和拾音器采集的音视频信号通过传输系统送至监控中心，以保证监控信号的正常传输。监控部分由网关/转发/中心三合一服务器、流媒体服务器、电视墙、远程巡查客户端软件等组成。三合一服

---

[1] 张凯.高考标准化考点系统应用于学校日常教育教学及管理[J].中国现代教育装备，2019（20）：23-24.

[2] 程飞，郭贵潮.建设标准化考点 增强考试公信力[J].中国考试，2013（02）：46-49.

[3] 孙军.标准化考点建设之浅见[J].教育与考试，2012（05）：5-10.

务器完成 SIP 网关、媒体转发和巡查系统管理注册中心功能；流媒体服务器完成各考场监控的存储和控制功能；电视墙用于显示考场监控信号。[1]

当前，学校的标准化考点系统往往只是在会考和高考等上级教育部门的要求下才开启使用，平时系统都处于关闭状态，显然是对国家资源的极大闲置与浪费。完全可以先把学校每次的正规考试都尽量安排在标准化考场进行。现在很多地方高考推行的是在本校进行考试，这样可以让学生从入校考试就逐步适应高考环境，让平时考试都成为"常态化的高考"，从而减少不必要的心理因素方面的影响。[2]其次，在考点学校的日常教学活动中应当充分利用考点的平台设备对学生和教师的教学情况进行评价反馈。学校建成的标准化考点，在考点监控室就能看到所有班级的师生形态，想听课，随时可以点这个班级的画面，方便及时了解教师在课堂上的表现，了解学生的上课状态、学习情况，及时评价。教师还可回放录像，发现反思问题，主动解决问题。[3]特别是还能实时反馈设备平台的漏洞与问题，便于相关人员及时修复和改造设备，进而将平台的升级与维护工作列入学校的日常事务，保障考点的设施能够处于长期投入使用的状态中，从而及时对其进行改造、更新与升级，以确保中考、高考等大规模考试的顺利进行。[4]

随着人工智能、大数据、5G 移动通信和物联网技术的发展和应用，标准化考点利用新技术扩展新功能进一步成为可能。例如，利用物联网传感器和 RFID 技术结合，能够自动提取试卷的流转信息并通过网络传输至信息管理平台完成自动化管理。身份验证系统中使用的验证终端，不仅仅是在考试入场时用于对考生进行身份验证，在报名信息的采集、体检信息的采集中同样可以使用，提高设备的利用率，甚至可以在高考体检中实施"无纸化体检"。而利用云存储存放录像资料，减少存储设备的数量及设备的维护量，提高了设备利用率，增强了资料保存的安全性。探索这些技术在标准化考点中的应用，可以继续推进标准化考点的创新与发展，为教育考试的公平公正提供更

---

[1] 解雁松，王芳.标准化考点系统功能分析[J].科技创新导报，2014（03）：240.
[2] 张凯.高考标准化考点系统应用于学校日常教育教学及管理[J].中国现代教育装备，2019（20）：23-24.
[3] 徐光静，宋继玺.标准化考点创设学校管理新模式[J].考试与评价，2013（12）：120.
[4] 姚轶敏.国家教育考试标准化考点的优化管理[J].高考，2020（35）：94-95.

加有力的保障。[1]

总之，考场是实施考试和严肃考风考纪的第一线。然而，随着信息技术的发展，个别考生将日益先进的信息技术也用于作弊，作弊行为更为隐蔽、迅速，对作弊的探查更为困难，考试实施的公平性受到严重威胁。为此，加强考场基础建设，建立标准化考点，提高考试管理的科技含量，提高考场的技术建设水平，充分利用现代信息技术，对考场进行监控，就能够创造出"无法作弊"的考试环境。[2] 截至2020年，全国已建设大约1.3万标准化考点、58万标准化考场。[3] 随着考试招生制度改革的深化，特别是学业水平考试的开展，需要进一步完善标准化考点建设，以适应国家教育考试发展的新需求、新要求。今后的标准化考点建设重在补短板、扩功能、强弱项，要以推进国家教育考试综合管理平台的建设为龙头，适当补足考点数量，实施对原有标准化考点系统的升级、改造和系统集成。同时，还应在纸笔考试标准化考点的基础上，建设计算机化考试标准化考场及英语听力和口语考试计算机考试系统，以适应英语"一年两考"及未来计算机化智能考试的需要。

二、智能机考网考："无纸化考试"抑或"在线考试"

如今，形成教育考试发展新业态的数字化转型已实现对传统考试作业模式的颠覆。机考和网考成为现代教育考试评价技术发展的必然趋势。随着计算机和网络技术的发展，一些国际著名标准化考试已经经历了从纸笔考试到计算机考试再到网考的发展过程，打破纸笔化考试传统模式，推行绿色、安全、便捷的机考、网考是改进人才选拔和评价模式的需要。机考、网考改变了原有的考试组考业态，建立起全新的常态化、日常化、连续化的考试新业态。考试机构可以借此把一次性大规模考试灵活分解为多批次、小规模的无纸化考试，考生也可以按需预约考试，既能更好地满足考生需要，为考生提供更多考试机会，也将缩短试卷印制和传输环节，降低试题泄露和考试作弊

---

[1] 符耀章,刘明岩.国家教育考试标准化考点建设及应用实践：以江苏省为例[J].科学技术创新, 2020（32）：105-107.

[2] 柳学智.推进考试信息化建设提高人事考试的公平与公正[J].中国考试（研究版），2007（01）： 16-17.

[3] 鲁欣正.用信息化推进国家教育考试治理能力现代化的思考[J].中国考试，2020（05）：49-54.

等风险，减少考试运行和管理成本，提高考务管理的安全性和精确性。[①]

以智慧化为特征的机考网考源自无纸化考试。"无纸化考试"是考试在计算机上进行，答题无须纸笔。20世纪60年代，随着计算机及相关技术的出现与不断发展，无纸化考试首先作为一种先进、高效的技术手段在国外逐渐兴起并应用到各个领域。所谓无纸化考试，是以电子信息技术革命为前提，以电脑、网络等硬件电子设备或系统为载体，以信息技术和软件系统为手段，以数字化题库资源为支撑，各方面有机联动的教育测量形式，是一项系统工程。无纸化考试是通过网络化的考试管理信息系统实现的，即在后台题库系统和前台考务系统支撑下，考生通过无纸化考试系统平台考试后，由系统自动评卷生成考试成绩。考试的具体过程是：前期，命题管理人员组织命题专家，在封闭、保密环境下，通过题库管理系统征集采编试题、审核优化题库；管理人员通过考务管理系统采集考生报考信息、生成考场编排数据。开考前，由考务、系统管理人员共同将考试题库和考生报考编排数据导入无纸化考试系统。考试时，考生通过网络前端考试机从无纸化考试系统平台抽取试题（随机组卷），作答完毕后交卷。最后由系统管理人员利用评分系统收集、评阅试卷并统计生成考生考试成绩报告。[②]美国的研究生考试（GRE）、托福考试等较早就采用了无纸化在线考试形式，我国最先使用无纸化考试的有计算机等级考试、驾驶员模拟考试、会计从业资格考试等。

初期，无纸化考试系统的网络应用软件体系结构主要有三类模式：C/S模式、B/S模式、混合模式。三者具有不同的特点，都有广泛应用。C/S模式主要的缺点是安装、维护、使用、升级较麻烦，在Internet环境下C/S模式明显不如B/S模式具有优势，其客户端集中了大量应用软件，在每一次不同的考试进行之前都要将相关的应用程序重新安装在每台考试用机上，这样就造成了考务工作的烦琐，在C/S两层结构中，对每次的事务处理，客户机与数据库需进行多次交互；而B/S模式客户端仅需要一个标准的浏览器，服务器端是Web Server，尽管考试的科目和内容随着教学过程的发展而不断变化、更新，考试系统本身也要经常地进行修改和维护，而这些升级和维护工作只需要在服务器端进行就可以了。在B/S三层结构中，事务处理在应用服务器上进行，数据的多次交互可限定在应用服务器与数据服务器之间，客户机的数据交互只需

---

① 鲁欣正.关于教育考试数字化转型的若干思考[J].中国考试，2022（09）：1-8.
② 魏和平.无纸化考试刍议[J].中国考试，2016（03）：28-31.

要一次，从而大大降低了通信量，减轻了网络负载。B/S 模式易于管理和维护，其无须开发客户端软件、开发效率高、开放性好等特点，使得这种模式的应用范围不断扩大。混合模式综合了 C/S 与 B/S 的特点，在 B/S 模式下，实现页面的显示和与客户的交流。在 C/S 模式下实现试卷的评分、评析及备份等功能，快速科学的评分、评析，并把结果数据填写在本地服务器上，提供给 Web 显示。同时系统还提供数据的导入、导出、备份等功能。①

无纸化考试的优势是：考生进入考场开始考试时才组题，从根本上杜绝了试题事先泄密的可能性；系统为每个考生随机组题，使得每个考生作答的试卷几无可能完全一致，从而避免了各种作弊的可能。无纸化考试由系统自动评卷和统分，破除了人为因素的干扰，差错完全可以避免。还可以把除文字之外的更多的媒体形式，如图片、声音乃至必要的动画和影视，通过屏幕呈现在考生面前，这是传统考试方式所无法实现的，从而改变考试面貌，丰富考试内容，提高考试质量。特别是可以通过网络来进行考试，出题、收卷、判卷和考试分析等均由服务器来完成，大大减轻了考试工作强度，使考试的公平性和严密性更有保障，还可以节省大量的人力、物力、财力，有助于实现教考分离，提高考试结果的客观性。无纸化考试系统还有良好的通用性，各专业和学科均可以使用无纸化考试系统实施考试。②

但当前的无纸化考试大多数还是传统考试的简单照搬，只是考试形式发生了改变，由纸笔考试转为计算机考试，在试卷的设计方面没有多大改观，依然是以经典项目理论考试为指导。而真正以项目反应理论为指导设计的无纸化考试系统较少，究其缘由可能是基于项目反应理论的数学模型用数值计算复杂，在国内大范围的应用受到一定的限制。为此，需要在考试系统开发和题库建设方面，培养专职的技术开发和设计人员，特别是要大力推进和完善无纸化考试系统的智能化发展。当今考试中的主观性试题依然需要人工来阅卷评分，考试结果多以量化数据显示，缺乏质性评价，没有针对性的反馈意见，如何实现和提升考试系统的智能化，仍需深入研究、探索和实践。③

随着网络技术不断发展和计算机、手机、平板电脑不断普及，在移动互联网技术

---

① 陈明.无纸化考试系统综述[J].计算机教育，2007（05）：12-15.
② 魏和平.无纸化考试刍议[J].中国考试，2016（03）：28-31.
③ 郭婷婷，王娇娇.关于无纸化考试的几点思考[J].湖北招生考试，2017（03）：41-44.

和智能手机的支持下和智慧校园的建设中，在线教育遂成为现代信息技术与教育教学深度融合所产生的教育新形态，各级各类学校广大师生充分利用信息化教育资源和平台纷纷开展线上教育。"在线考试"作为在线教育的重要组成部分，对促进学生学习、评价学生学习效果发挥了不可缺少的重要作用。一般而言，在线考试是指基于网络教学平台或专业考试系统，依托互联网，在计算机或移动终端进行网络考试的行为。在此过程中，考试的载体不再是纸笔，整个过程无须传统纸介质参与，同时也摆脱了纸质考试对时间、空间的高度依赖性，考试可以是选择任意时间或地点，如机房、标准化考场、普通教室、宿舍等。现阶段的在线考试系统主要分为两种：一种是面向学校教育的网络教学平台自带的考试模块，如学习通、雨课堂、Canvas、Blackboard、智慧树、中国大学MOOC等；另一种是专注于考试领域的在线考试系统，如考试星、优考试、易考、讯飞AI考试（在线）平台、问卷星等。[①]

那么，在线考试作为技术赋能教育所产生的一种新型评价方式，其评价结果与传统考试相比是否具有等效性？在线考试能否测量出考生的真实水平？考生的在线考试成绩会受到哪些因素影响？相关研究表明，在线考试（online examination）是指基于网络教学平台或智能考试系统在计算机或移动终端进行的远程网络考试，也称"线上考试""网络考试""远程考试"等。相较于基于纸笔的传统考试方式，在线考试具有智能出题、智能组卷、智能考务、智能阅卷和智能反馈等特点，以及降低成本、保障安全、自动保存、随时调阅等优势。具体来说，对学生而言，首先在线考试可以使考生摆脱时间和空间限制，提高考试便利性；其次在线考试丰富、立体、快速的反馈有利于学生开展形成性评价与自我评价，及时发现自己的优势与不足。对教师而言，在线考试可以提高工作效率、减少阅卷统计失误、保证考试公平，并可以及时查看反馈数据分析报告（如学生作答数据、成绩数据、试卷知识点分析、难度分析等）用于教学改进。对教学管理者而言，在线考试可以减少试题打印与保管、考场安排与监考、试卷分发与收集等传统环节，提高组织效率和管理质量。教学管理者还可利用在线考试系统快速分析考试数据，查看不同班级、年级，甚至不同学校、不同地区的考试分析

[①] 李桃，王之."互联网+"背景下在线考试的推进措施研究[J].中国现代教育装备，2021（05）：32-34.

报告，从而进行确切的教学评估，有针对性地开展教学干预。①

当然，在线考试仍存在场地、安全性、稳定性、普适应、防作弊等方面的局限，还不能完全代替纸质考试而普及使用。一是容易作弊。若在线考试在非固定的考试环境中进行，并且在线考试系统缺少身份识别和作弊监测等功能，在线考试在某种程度上等同于开卷考试。二是存在技术门槛。编制在线考试试题材料需要教师具备一定信息处理能力，实施在线考试也需要师生对操作考试系统较为熟练。三是易受外部条件影响。在线考试不仅需要具备良好的硬件设备、流畅的考试系统以及稳定的网络环境，②而且对学生自身意志力也提出了更高要求。同时也要防止网络崩溃等突发事件的发生。另外，对于实践操作类，需要专门场地、设备类的课程支持度又明显不足。

现今，基于信息通信技术的测评研究已走过了"计算机测试—计算机自适应测试—持续性测评—智能测评"四个发展阶段。其中前两个阶段的研究重心是如何利用计算机有效地测查学生的真实学业水平。而后两个阶段，由于数据挖掘技术的提升，计算机可以瞬间诊断出不同学生的认知水平、给予即时反馈并提供个性化的学习方案，测评的最终目的变成了精准地"促进学生的学习"，实现了"测试即学习"的理念。③今后，伴随着云计算、虚拟化、大数据、泛在与移动互联、人工智能等新兴信息技术与教育教学深度融合，考试信息化建设在技术层面已然具备了可行性，在线考试现存问题也将逐一得到解决。在线考试符合教育信息化的发展趋势，对促进教育教学改革、提高教学效率和质量意义重大。

三、构建综合素质评价电子化平台

2014年9月《国务院关于深化考试招生制度改革的实施意见》发布，要求"建立规范的学生综合素质档案，客观记录学生成长过程中的突出表现，注重社会责任感、创新精神和实践能力，主要包括学生思想品德、学业水平、身心健康、兴趣特长、社

---

① 窦营山.在线考试与传统考试成绩等效性研究：基于2000—2020年国际实证研究的元分析[J].中国远程教育，2022（01）：73-84.
② 窦营山.在线考试与传统考试成绩等效性研究：基于2000—2020年国际实证研究的元分析[J].中国远程教育，2022（01）：73-84.
③ 黄志军.学校层面的核心素养测评：国际经验的参照[J].湖北教育（教育教学），2017（04）：5-7.

会实践等内容。"并明确要求高中阶段要进行综合素质评价,"采用写实的手法来反映学生在高中的表现,学生综合素质评价将成为高校录取考生的重要参考"。于是,在新高考背景下,如何在学校教育过程中做细做实学生综合素质评价,确保其客观公正、可信可用,遂成为普通高中面临的新课题。如果高中提供的综合素质评价信息不能真实地反映学生的个性、特长和优势,不能用于预测学生的发展潜能,这样的评价信息高校是"不能用"也"不敢用"的;如果高中提供的是一个包罗万象、未经专业分类整理的记录袋,这样的评价信息高校显然是"不想用"也"无法用"的。特别是在以往实践中被广泛应用的纸质记录袋评价存在着多主体评价难落实、评价信度难保障、评价资料难处理、评价价值难实现等问题。运用电子成长记录平台进行综合素质评价,就可以明确评价主体责任,有效展开评价过程,建立监督保障机制,有效保障评价信度,方便应用评价结果,有效提升评价价值,让信息技术助力基础教育综合素质评价和为高校招生服务。①

2014年,教育部颁布《关于加强和改进普通高中学生综合素质评价的意见》,据此,天津市教委利用信息化技术创新研发了"天津市普通高中学生综合素质评价信息管理平台"。该平台的搭建可以科学、规范、真实、公平、客观地记录每一个学生全面成长过程,最终形成《天津市普通高中毕业生综合素质档案》,作为学生高中阶段综合素质评价的依据。《天津市普通高中学生综合素质评价实施办法》实行学校、区、市三级管理模式和三级用户模式登录平台管理,同时平台与全国中小学生学籍系统、全国教师系统进行同步对接,实现了学生、教师基本信息的数据共享。校级用户管理是综合素质评价数据信息采集的来源,该级用户管理分为多个用户角色,每个用户角色按照自己的职责填写评价内容。平台以常态化方式记录学生高中三年学习、生活、成长过程,引导学生提升自我认知水平,促进自身全面发展。同时,平台如实记录学生平时的修习成绩、学业考试成绩、个人综合素质评价等数据,提供了一个真实、全面的评价体系,为高中毕业提供依据,为高校招生录取提供参考,为学校、教育行政部门提供管理依据,引导学校开展多样化的素质教育活动,促进学生全面、个性化发展。②

---

① 李勤.以电子记录平台优化学生综合素质评价[J].江苏教育研究,2014(34):27-31.
② 陈昕.浅析普通高中学生综合素质评价信息管理平台的应用[J].天津教育,2018(07):44-45.

"北京市初中学生综合素质评价电子平台"的主要特点是：①评价内容的全面性。平台设计了九个方面的评价内容，分别为"新学期伊始的我""学期结束时的我""思想道德""学业成就""合作与交流""运动与健康""审美与表现""综合实践活动"和"个性发展"，每个评价内容又分解为26个可操作的具体评价内容。如"新学期伊始的我"下设"刚开学时的我"和"我的发展目标"两个栏目；"学期结束时的我"下设"学期末的我""班主任评语"和"家长评语期望"三个栏目等。②存储信息的完整性。电子平台系统集采集、存储、传递、汇总和应用为一体，是对初中学生进行的全员、全方位、全程评价。全员包括学生、同学、教师、家长和社会人士等多主体；全方位包括学生的思想道德、学业成就、合作与交流、运动与健康、审美与表现以及个性发展等六个方面；全程包括初一至初三共六个学期的过程性评价，平台真实、客观地存储了学生三年成长轨迹的过程性记录，能对学生终身发展起积极的导向作用。③应用操作的可行性。电子平台系统的用户分为八类：学生、任课教师、班主任、学生家长、教务教师、系统管理员以及区（县）和市级项目成员。平台为不同用户设计权限：学生填写自己的各项成长记录，并可以给同班同学填写评语；任课教师为所教班级的学生填写"学科学习成绩"和"课程评语"；班主任可查看本班学生的记录情况，填写"班主任评语"；家长可查看孩子的记录情况并填写"家长评语及期望"；教务教师可查看所有学生的记录情况；管理员设置系统参数备份数据；区（县）项目成员可查看本区（县）各学校学生的记录等相关信息；市级项目成员可查看全市、各区（县）及各学校学生的记录等相关信息。④评价结果的公开性。学生本人可以根据评价内容进行评价，包括增加、修改、查询和删除等操作。同学、任课教师、班主任和家长作为他评主体，也可以对学生的相关信息进行评价，且家长在评价之前，可以浏览自己孩子的自评、同学对他的评价以及班主任、任课教师对孩子的评价之后，再根据其学习生活表现进行评价。此外，区（县）级人员可以查看本区（县）评价完成的情况，市级人员可查看每一个区（县）评价完成的情况，了解整体信息。[①]

为了充分发挥电子平台的引导、监督、便捷的功能。学校要职责明确到人、对新生进行统一培训、定期检查反馈，保障电子平台的运行。而如实记载学生的成长经历，

---

① 杜文平.推进初中学生综合素质评价的有效举措：北京市初中学生综合素质评价电子平台的实施[J].教育理论与实践，2015（08）：9-11.

是保证综合素质评价客观性的前提性条件。为了确保填写内容的真实，学生本人必须提供必要的描述性文字以及可供证明下载的图片资料附件。这样，学生在填写时就不可能无中生有，也不敢言过其实。学生成绩、体能数据等由学校统一记载，他人不得随意改动。学生毕业时所有数据进入学校管理库，供需要时调阅查询。这就既保证了评价的严肃性和信度，也增强了平台的生命力、形成了积极的导向。除了学生的考试成绩、体质体能数据以及违规记录，可以作为隐私不公开、不可查外，其他所有可以公开的内容，尤其是学生参加的社会实践活动、个人获得的荣誉等，都必须在平台上展示，用事实说话。另外，填写成长记录一定要及时。学生经历的事，最强烈的体验感应该在四小时以内，如果规定只能等到在某个时间才能填写，可能事件已经过了好几天，就会减弱促进和激励强度，寄宿生可能要等到回家才能上传，那种强烈的体验感若不能及时呈现，就会使平台发挥的作用大打折扣。[①]

总之，电子化平台有助于学生综合素质评价工作的常态化与简便化，也能够提升评价材料的真实性与可信度，可谓有百利而无一害，因此，电子化平台建设应成为综合素质评价发展的方向。但鉴于还存在着平台利用度不够、操作性不高的现状，进一步完善综合素质评价电子化建设刻不容缓。[②]一方面，应当尽快研发容量更大、自由度更高的省级电子化平台并投入使用，方便学生自由上传。使得高校或用人单位不必链接到校级平台就能够阅览到相对详尽的材料，确保材料使用的公平性。尽管目前关于是否将大数据技术引入综合素质评价这一问题存在争论，担心会面临隐私泄露、数据负担、预测不准等问题，但大数据的整体思维、复杂思维和相关思维仍可以被适度借鉴，比如适当拓宽数据采集渠道，增加书籍借阅记录、学习作业情况记录等通道，对学生综合素质动态发展水平作出整体性、科学性、非线性的判断。另一方面，基础教育师生与高校使用综合素质评价电子平台的能力与意愿亟待提升。重点突破没有家庭电脑的学生与办学条件薄弱的学校，保障这些学生的材料能够顺利录入，同时提升教师的平台使用率，争取将平台材料与日常教育教学结合起来，使得平台数据与材料能够切实帮助教师监控学生学习进程、诊断素质发展水平。综合素质评价电子化平台不

---

① 吕建.电子平台建设：让学生综合素质评价精彩纷呈[J].中小学管理，2014（11）：29-31.
② 郑若玲，孔苓兰.综合素质评价方案的特征、困境与突围：基于对第三批新高考综合改革方案的分析[J].河北师范大学学报（教育科学版），2020（01）：19-27.

仅能起到储存与提取材料的作用，还能够充当公示板的角色。如果非隐私性质的评价材料以及高校使用情况能够在综合素质评价平台上公开，或在类似"阳光高考"的网站上发布，将会大大提升群众监督的力度与积极性，从而提升综合素质评价的认可度。

第三节　试题库建设：考试命题信息化

题库（Item Bank）的直译是"题目银行"、试题的储备；意译就成了题目之库。题库一词源于20世纪60年代的英国，目前尚无统一的定义。米尔曼和阿特把题库定义为："一个容易取得测验题目的相对大的项目集合。"[①] 张厚粲认为："题库乃是大量具有必要参数的考题的有机组合。"[②] 还有研究者认为，题库"是按照一定的教育测量理论，在计算机系统中实现的学科试题的集合，是在数学模型基础上建立起来的教育测量工具。"[③] 从这些定义可以看出，试题库有三个主要特征：① 试题库中必须有大量的优质试题，具有良好的考核功能；② 试题的主要技术指标已经查明或给定，而这些指标的设置是为一定考试目的服务的；③ 试题库中的试题不是无序组合，而是在教育测量学（考试理论）指导下储存起来的，可以快速准确地检索、调出、组成满足各种需要的试卷。[④] 可见，题库的出现是教育测量技术与计算机技术共同发展的结果，是教育考试管理与实施走向规范化、专业化、科学化的重要途径与方式。题库除了是一个信息集合外，还是一个服务系统。通常，高级题库拥有存储、查询、组卷、在线实施等功能。题库的服务功能主要包括：命题、组卷、考试、阅卷、分析报告等考试全流程；试题有严密科学的入库、编码标准；系统能够支持计算机化考试（线性计算机化考试、计算机化自适应考试）；题库内的试题、题库系统的功能都在持续地更新、完善。题库由于在管理方面具有高效、灵活、保密的特点，有利于提高命题的科学性与试卷质量的稳定性，已成为当今教育测

---

① 侯光文.教育评价概论[M].石家庄：河北教育出版社，1999：7.
② 张厚粲.现代心理与教育统计学[M].北京：北京师范大学出版社，2011：17.
③ 余胜泉，何克抗.网络题库系统的设计与实现[J].中国远程教育，2000（09）：53-57.
④ 何克抗.建立题库的理论，全国CBE学会第七届学术会议论文集[C].长沙：国防科技大学出版社，1995：15.

量领域的研究热点与考试评价实践的发展方向。[①]

一、试题库建设的发展与重要性

在传统的考试中，准备一次考试是一件很烦琐的事，从搜集资料开始，选取命制考题、对考题赋分、考卷排版、考卷印刷、考试、评卷、到最后记录分数、试卷分析等，工作量十分繁重，工作周期也比较长。随着计算机技术的不断发展及其功能的不断强大，对传统的考试过程进行改革成为可能。随着考试次数的增多，命题工作量不断加大，对试题质量的要求却不能降低。为了更科学合理地解决这一问题，题库应运而生了。题库可以大大提高命题工作的效率，能做到高效、灵活、经济，尤其适用于大规模的常态化考试。题库就是大量具有必要参数的试题的有机组合，其构成单位是相对独立的试题而不是试卷。题库即试题的仓库，它所储存的每道题都是经过仔细筛选并附有参数，可以重复使用，并可以与其他题目组合而编制成性质、难度、信度和效度各不相同的试卷，由此生成的试卷质量会更高，性能会更加稳定。题库应该有足够的题量，一批试卷的集合不叫题库叫"卷库"，卷库不等于题库。试题一经组成试卷，其性能就被固化，就很难再显示其优越性了。题库建设是一项系统工程，需要在科学的理论指导下进行。[②]建立和使用题库的目的就是为了进一步克服在命题中人为的主观性和片面性，提高考试命题的客观性和科学性，以及命题的质量和效率。运用了试题库系统后，还可以实现教学与考试的分离，使得任课老师必须按照教学大纲的要求认真备课，认真组织教学内容，改进教学方法，对提高教学质量和整体教学水平都有十分重要的意义。

早在 20 世纪 60 年代末，西方发达国家的题库建设已趋成熟。20 世纪末期，国外开始由专门的研究机构负责题库的建设，建立起了适应大规模考试的题库系统，如美国教育考试服务中心（ETS）、美国大学入学考试（ACT）、英国剑桥评价（CA）以及 TOEFL、GRE、GMAT 等。在这些机构里，题库不仅是试题的管理平台，而且是命题过程的平台，涉及题目编辑、试测、计算试题参数、等值、参数检验、统计学检验

[①] 田一，张咏梅.义务教育阶段学业质量监测题库建设的理论与实践[J].心理学探新，2014（01）：62-67.

[②] 何立新.基于项目反应理论的大学英语分级测试题库建设[J].沈阳师范大学学报（社会科学版），2013（05）：78-80.

等一系列过程。迄今为止，我国高考命题基本上是经验式命题，命题的科学技术含量较低，命题还没有充分体现"能力立意""素养立意"，这与目前高考命题技术、阅卷技术存在不足有关。但要选拔出符合国家所需要的、有能力的人才，就必须不断革新命题技术，让高考等命题技术始终走在应试技巧的前面，降低答题套路、经验和模板的干扰，实现人才选拔理念与技术的统一。[①]

在考试的实践化操作中，无论是计算机智能化组卷，还是计算机自适应测验，都离不开题库，题库对教育考试评价的进一步科学化、现代化具有重要的基础作用和巨大的推动价值。20世纪80年代中期，随着标准化考试在我国的实施与推广，题库建设被提上了改革日程，不少中学、大学、考试机构都在酝酿或开始建设题库。20世纪90年代初，我国开始逐步对题库建设依托的理论进行研讨，进入21世纪后题库建设发展相对较快，一些高校和考试机构开始逐步关注题库建设与研究，[②] 1997年，组织开展了高等教育自学考试全国统考课程的题库建设，开始探索建立国家题库运行的管理模式。特别是1999年教育部考试中心与英国剑桥合作开发了全国英语等级考试（PETS）题库，取得了非常显著的成效，并为后续国家题库的建设奠定了坚实的基础。21世纪初，国家集中力量开发了教育考试国家题库系统（China Item Banking System，简称CIBS 1.0），此系统的建设初具规模并投入使用，有力促进了命题工作理念和工作方式的转变，为各项考试项目储备了大量优质试题。《国家中长期教育改革和发展规划纲要（2010—2020年）》明确提出，要"完善国家考试科目试题库"。2014年国务院《关于深化考试招生制度改革的实施意见》又明确提出了"加强国家教育考试机构、国家题库建设"的新任务。

此前，由教育部考试中心负责的国家教育统一考试包括普通高校招生考试、成人高等学校招生考试、成人专升本考试、研究生招生统一考试、自学考试全国统考课程、港澳台侨联合招生考试和国家体育总局委托考试等，共计7大项目200余个考试学科，这些项目的考试形式、考试目的各有不同，对题库的利用情况也有很大差异。国家题

[①] 周序，杨琦蕙，王玉梅.人才选拔的关键在于选拔理念与技术的统一："强基计划"面临的技术困境及破解思路[J].湖南师范大学教育科学学报，2020（06）：44-49.

[②] 王玥，常淑娟，韩晓玲，陆宏.基于项目反应理论的题库构建及其有效性检验：以"现代教育技术"公共课为例[J].现代教育技术，2019（10）：41-47.

库开发了题库管理软件系统,为有关考试项目储备了几十万道试题,每年提供试卷一千多套,为数千万的考生提供服务,特别是题库在应对自然灾害造成的缓考、延考等突发事件方面发挥了重要作用。后来,教育部考试中心对教育考试国家题库建设进行了统一规划,区分轻重缓急,选取影响力最大、复杂度最高的普通高考进行示范库建设与开发,以高考示范库为蓝本研制国家题库2.0(简称CIBS2.0)。其中主要包含2个库:"流通库"用于进行题库技术研究及试测,其开发建设分为两步:第一步,开发广义征题系统,包括命题模块、组卷模块;第二步,开发综合测试系统,包括考试模块、阅卷模块、分析报告模块。"保密库"服务于高考命题、组卷、阅卷及数据分析。期间,需要着力突破的关键性技术有:试题参数标定与自动审核与预警技术、客观题难度预估技术、自动组卷技术、在线考试技术、基于项目反应理论及概化理论的数据分析技术等。[1]

事实证明,设计一个通用性、智能性、保密性都很高的题库软件最为重要和迫切。"通用考试题库软件"应划分成文件、基础数据、试题、组卷、排版、评估、安全、帮助八个模块。使用和建立通用试题库的实践表明:①题库容量要大。题库的建立需要一个不断地增加和减少题目及更新题目的维护过程。②题库质量要好。要特别重视两个指标,一是试题的难易度指标,另一个是试题的区分度指标。③题库的保密性要强。[2]为此,在题库设计时主要考虑四个方面:第一,要打破单一科目的题库软件设计,使研制的软件能够完成组建多层次、多学科题库命题考试的测量需要;第二,要能够自动组配试卷并自动排版印刷;第三,题库的每一个题目要有各种指标的要求,如难易度、区分度等;第四,保密性要强,对不同的人,了解、掌握、使用题库有不同的权限,以保证教育测量的准确性、稳定性、科学性与公平公正。

现今,通用型国家题库系统已初步建成,具有应用范围广、管理能力强、智能化水平高、安全级别高等特点,在优化命题工作流程,完善征题、命题、审题、组卷、考后分析等环节已发挥作用,为高考内容改革提供了重要的技术支撑和服务保障。[3]今

---

[1] 于涵,陈昂,王蕾.新时代高考改革背景下教育考试国家题库建设的思考[J].清华大学教育研究,2018(01):62-67.

[2] 金越峰."通用考试题库软件"应用的理论与实践[J].辽宁教育研究,2003(02):70-71.

[3] 林蕙青.全面推进高考内容改革 助力建设高质量教育体系[J].中国考试,2021(01):1-7.

后，随着高考改革的深入推进，考试次数增多，命题工作量增大，评价机制也需要进一步完善，对考试的要求也愈发严格。在此基础上，教育考试国家题库的建立需要为从根本上改变我国高利害考试经验式、作坊式、封闭式的命题模式创造条件，实现考试命题的流程化、常态化、开放化，发挥命题在考试中的枢纽和龙头作用，服务并保障考试内容和形式改革，增强考试选拔的公平性、科学性和对教育教学的积极导向作用，满足新时代深化教育考试评价改革和加快中国式教育现代化的需要。

从国内外建设题库的经验来看，题库主要在两个方面显示出优越性。第一是题库管理学上的优越性，也就是能做到高效、灵活、经济和高度的保密性。第二是题库测量学上的优越性，由于对考试范围、能力层次、难度等有严格的要求，从而使根据题库生成的试卷质量更高，统计特性可比，性能更加稳定一致。[1]当然，题库不同于传统的考试试题，需要保持动态的更新和改进。根据学生学习的特点和考试评价及选拔的需要，不断调整重难点、考察点，适应个性化的需求和比较的需要。当前我们的题库建设还不完善，简单地把传统的试题放入题库，只是考试形式发生了改变；试题更新速度慢，内容僵化，未能进行及时的更新和维护；由于技术性难题，试题偏重于客观试题，侧重于知识识记，忽视能力的测评；考试内容偏重于文字表述，缺乏声音、视频等其他展示形式；试题开发个性不足，不能体现出因生设考；结果多以量化评定，缺少个性化分析和反馈，未能显示出发展性功能。[2]

我国的题库建设起步较晚，现今人们已经高度认识到题库建设的重要性并抓紧开展相应的建设工作。在当前"互联网+"背景下，题库建设已成为各级各类学校课程考试形式改革的必然趋势。首先，题库建设是现代教育发展的需要。无论是网络教学还是翻转课堂，为即时检测学生的学习情况，每一章节都需要建立题库，期末测试也需建立题库。同时，数字化教材已成为教材编写的方向和趋势，建立配套的题库符合教材数字化的发展要求。其次，题库建设是提升教学质量的需要。对教师而言，在题库建设中，教师需要更加全面地理解和掌握教材，从课程标准入手不断补充及完善专业知识，增强教学能力。同时，题库建成后还能够减轻教师组卷和阅卷的工作量，使教师能将更多的时间用于教学改革从而提升教学质量。对学生而言，题库的运行能使

---

[1] 马世晔.题库理论与目前我国题库的发展状况[J].教育理论与实践，1996（01）：44-46.
[2] 郭婷婷，王娇娇.关于无纸化考试的几点思考[J].湖北招生考试，2017（03）：41-44.

其进行有针对性的练习和复习，帮助其充分理解和强化所学，提高学生的积极性和主动性。而从学生那里收到的反馈信息，又使得题库得以修正和完善。[①] 总之，推进和加强题库建设是加快考试管理信息化的基础，也是加快网络化考试和探索新型数字化考试模式的重要前提。

二、题库建设理论

标准化测验的早期还没有形成题库理论，二战以后，由于经济的迅速发展，竞争日益激烈，对职业人员的专业知识和各项技能都提出了更高的要求。如何准确、有效地评价人的知识和技能成为社会急需解决的问题，考试事业得到了前所未有的发展，各种理论层出不穷。有的大规模考试一年要举办多次，同时要求试卷具有很高的信度和效度，这就要求考试做到科学化、标准化、系统化，而题库的出现则满足了这些考试要求，它改变了传统考试那种临考前抽调专家命题的方式或反复使用一两份标准化试卷测验的形式，是对测量手段的一种革新。[②] 然而，建立题库首先要有教育测量理论为支撑，这样才能实现题库建设的意义。如果只是直接把经验得来的试题或网上下载的习题集电子化变为题库，有的则是把历年试题汇编起来称作题库等，都会因为缺乏科学的理论指导，必然会使题库建设偏离正轨，达不到目的。[③]

目前指导考试的测量理论有经典测量理论（Classical Test Theory，CTT）和项目反应理论（Item Response Theory，IRT），这是两个进行题库建设的基础测量理论。两种现代测量理论渗透在等值设计、试题分析与校准、标准制定、自动组卷、计算机自适应测验等环节中，两者相辅相成，互为补充。

经典测量理论，是以真分数理论为核心理论假设的测量理论及其方法体系，也称真分数理论。1950年，美国学者古力克森（Harold O. Gulliksen）的《心理测验的理论》一书出版，标志着经典测量理论的成熟。经典测量理论的核心议题是在编制和施测测量时，务必在各个环节上通过各种方法和技术尽量减小测量误差，如计算测量的

[①] 柴光林.基于经典测量理论的高校课程题库建设探索：以市场营销学为例[J].河南财政税务高等专科学校学报，2021（02）：41-44.
[②] 徐萍.高考制度伦理研究[M].武汉：华中师范大学出版社，2016：77.
[③] 柴光林.基于经典测量理论的高校课程题库建设探索：以市场营销学为例[J].河南财政税务高等专科学校学报，2021（02）：41-44.

难度、区分度、等值等，以提高测量的可靠性与准确性。但由于测量误差的客观存在，测量结果不可能得到完全没有误差的真值，而只能获得包含测量误差在内的实得分数。因此，真分数只是一个理论构想，实际测得的分数则是真分数与误差之和。经典测量理论假定，实得分数与真分数之间是一种线性关系，二者之差是一个测量误差，从而形成了真分数理论的数学模型：X=T+E。其中，X 为实得分数，即实际测量到的分数；T 为真分数，即反映某种特质真正水平的分数；E 为随机误差，即观察分数接近真分数的程度。真分数理论的数学模型有三条基本假设：① 在所讨论的问题范围内，反映个体某种心理特质水平的真分数不变；② 实得分数被假定等于真分数和误差分数之和，即假定实得分数与真分数之间是线性关系，而不是其他关系；③ 测量误差是随机的，并服从均值为零的正态分布，就是说测量误差与真分数二者之间相互独立，各种不同来源的测量误差之间以及测量误差与其他变数之间都是相互独立的。[①] 真分数模型是构成经典测验理论的基础。经典测量理论在真分数理论假设的基础上构建了丰富的概念体系，主要包括信度、效度、难度、区分度等基本概念。其中，难度和区分度在学业质量监测中作为统计属性的两项重要指标被纳入题库中。

经典测量理论是最早的也是最实用的测验理论，现在许多通用的测验和传统的考试方式仍然是根据这一理论的方法来编制。经典测量理论也是国际上较为流行的题库理论依据之一，该理论提出的一套完整的题目分析指标体系和评价标准，能严格地控制各种误差，客观地测量出考生素质和智能。它要求每一道入库的试题具有包括编号、来源、知识点、难度值、区分度大小、干扰项应答比例、测试情况以及试题的信度与效度等在内的几十个定性、定量数据，能够较好地指导题库的建设工作。采用经典测量理论建立题库的关键工作在于编码。编码有利于题库分类体系的通用化、标准化，有利于运用计算机进行试题的组卷工作，大大提升题库建设和使用的效率。[②]

项目反应理论（Item Response Theory，IRT）创立于 20 世纪五六十年代，是一种新兴的心理与教育测验理论，它是在批评经典测量理论局限性基础上发展起来的，又称"潜在特质理论"或"项目特征曲线理论"。假设考生对试题的反应与考生的潜在

[①]张厚粲，龚耀先.心理测量学[M].杭州：浙江教育出版社，2012：109-114.
[②]柴光林.基于经典测量理论的高校课程题库建设探索：以市场营销学为例[J].河南财政税务高等专科学校学报，2021（02）：41-44.

特质（即观察不到的潜在能力）有关，并通过试题特征曲线描述考生潜在特质与其做出正确反应概率之间的关系，[1]进而通过一系列的数学模型来描述在什么样的概率上对一个题目将会出现某个特殊的水平反映。通过对题目难度、能力量度及其标准误差的计算，可以算出所有能力不同的考生答对不同难度题目的概率，也可以预测能力不同的考生答对题目的可能性。[2]即项目反应理论是一种把对于一个项目的正确反应概率与考生的潜在能力联系起来的心理测验理论。其基本思想是通过考生对项目（试题）的反应（测试成绩）去确定考生的能力并估计出具有此能力的考生的分数。然后，再用该分数去预测和解释项目及测试的成绩。项目反应理论的数学模型是项目特征曲线（ICC）和项目反应函数，项目反应函数是一种能较全面地反映作答成绩与被试水平和试题质量之间关系的数学模型。项目反应理论显著的特点是被试能力以及项目参数都不依赖于样本。[3]

在项目反应理论指导下的题库建设中，难度和工作量最大的是项目参数估计。在项目参数估计之前，研究人员先要确定项目反应模型，测量特质是单维还是多维？是0，1评分还是多值评分？是正态卵形模型还是逻辑斯蒂模型或是其他模型？是单参数还是双参数或是三参数？必须解决这些问题后，再考虑项目参数估计方法和使用什么软件进行项目参数估计。特别是根据项目反应理论建立的题库要做模型资料拟合性检验。拟合性检验包括单维性检验、数据——模型拟合性检验、参数不变性检验、题库项目分布合理性检验等。题库的题量很大，因而项目参数估计要分批进行，在不同批次获得的参数值，一定要使用等值技术转换到同一量表系统上去。试题编制好后，经试测、参数估计和等值处理，如果各项指标都符合标准，就准备入库储存。题目储存要根据编码系统，将试题正文、答案、参数等信息按一定逻辑规则存放起来，并标识编号。试题有序储存的目的是便于试题的调用和组卷。项目反应理论指导下的选题策略有两种：一是自动组卷的选题策略，二是自适应测验的选题策略。前者是根据测验目的，对试题和试卷提出多重约束条件，然后计算机根据多重约束条件，自动地从题

---

[1] 田一，张咏梅.义务教育阶段学业质量监测题库建设的理论与实践[J].心理学探新，2014（01）：62-67.

[2] 韩雪娜，关绍云.谈高校无纸化考试[J].教育探索，2009（11）：67-68.

[3] 何立新.基于项目反应理论的大学英语分级测试题库建设[J].沈阳师范大学学报（社会科学版），2013（05）：78-80.

库中选取符合条件的试题并组成相应的试卷。后者是依据试题信息大小，被选到的试题对某一 θ 估计值来说，它能提供最大的信息量，而试题信息量大小是由试题信息函数决定的。[①]

同经典测量理论相比，项目反应理论具有以下优点：①题目参数估计更为准确；②全面解决考试等值问题；③定义了信息函数这一综合质量指标，作为更科学地挑选题目的标准；④更适合于自适应考试系统。[②] 在传统考试中，对于每个考生而言，题目中只有一部分是符合自己真正能力的。由于项目反应理论具有参数不变性，它不受测验样本的影响，同时可以根据题目的信息量，选择难度与受测者能力相匹配的题目，所以以项目反应理论为指导，可以建立计算机化自适应考试（CAT）系统和基于 Web 的自适应考试系统，使在线考试系统成为现实。基于 Web 的自适应考试系统可以发挥强大的网络优势，建立大型、高效、共享的题库和实现随时随地地考试，降低考试成本，且对受测者的测评会更加正确和客观。[③] 特别是项目反应理论提出了崭新的数学模型，可直接刻画一定特质水平被试接受某一性能试题测验时，其特质水平与作答反应间的函数关系，并能不依赖于样本来确定特质水平与试题性能的参数，还定义了经典理论所从未提出过的试题与测验信息函数概念。这样，项目反应理论不但能更好地来编制常模参照测验，而且，为准确把握标准参照测验的考核要求，以及深入分析与提高其质量，开辟了新的可能，提供了新的方法与工具。[④]

虽然项目反应理论有很多优点，但没有经典测量理论应用得广泛，这主要是因为项目反应理论的理论假设非常严谨，是建立在数学模型上的测量理论。后随着计算机技术的快速发展，项目反应理论模型中的各种计算都可以通过计算机的应用高效完成，使得项目反应理论在实际应用方面得以迅速推广。20 世纪 80 年代后，几乎所有测试领域中经典测量理论已让位于项目反应理论，也促使以项目反应理论为基础的计算机自适应考试得以在世界范围内引起广泛关注并逐步在社会各个方面得以应用。目前，国

[①] 一帆.项目反应理论指导下的题库建设[J].教育测量与评价（理论版），2014（03）：24.
[②] 唐滢.美国高校招生考试制度研究[M].武汉：华中师范大学出版社，2007：67.
[③] 戴海崎，漆书青，丁树良.现代教育与心理测量学原理[M].北京：高等教育出版社，2002：238-239.
[④] 漆书青，戴海崎，丁树良，等.博采两种测量理论之长，努力提高自考题库质量：高教自考"逻辑学"题库建设经验[J].江西师范大学学报，1997（01）：90-93.

内运用项目反应理论建设的题库还很少，对项目反应理论在题库建设中的应用研究，尤其是对计算机自适应测试题库的研究还处于初级阶段。① 而今后，也要努力探索一条把经典测量理论和项目反应理论结合起来促进题库建设的新路径。

三、题库系统的建设与运行

试题库建设包括命题、组卷、考试、阅卷、分析报告的考试全流程。首先要建立系统的数学模型，然后确定试题的属性指标以及试题的组成结构，再组织大批量的优秀学科教师编写试题。为了保证这些试题的科学性和有效性，还要组织大量的被试样本，进行抽样测试，对试题参数标注的有效性进行校正。一个相对完整的基于测量理论的题库系统建设和运行，需要编写和测试这些试题的工作量是无比巨大的，也是一个部门或仅靠教育考试机构自身的专业技术人员无法完成的。② 题库建设是一项需要花费大量人力物力财力、环节众多、程序复杂、周期较长的浩大工程。

1. 建立题库的必要条件

组建一支由教育测量、学科命题、计算机编程人员组成的高水平专业队伍是题库建设的首要环节。其中，教育测量组由具有教育测量学理论功底和大规模实测数据分析处理经验的专业人员组成，主要负责拟定题库整体建设方案、测验设计方案、数据分析方案、标准制定方案、指标入库方案、组卷方案等；学科命题组由具有学科教育教学理论背景和实践经验，掌握学科命题技术的学科专家、教研员和一线教师组成，主要负责制定学科测试方案、编制细目蓝图、命制试题等；计算机编程组由掌握计算机编程技术的专业人员组成，主要负责基于题库建设方案进行计算机程序开发设计，并形成最终的题库管理系统。③ 该系统应具备录入原始题目方便，生成试卷和试卷答案快捷、准确，试卷和试卷答案预览、更改、打印直观等特点。其次，要有一个命题和审题的专门班子，负责程序的设计，试题的编写和审议。这个专门班子必须由懂得教育学、教育测量学、心理学和语言学，特别是题库建设理论和计算机设计和应用理论

---

① 何立新. 基于项目反应理论的大学英语分级测试题库建设[J]. 沈阳师范大学学报（社会科学版），2013（05）：78-80.
② 李光明，关丹丹. 关于题库建设若干问题的思考[J]. 中国考试，2011（12）：3-8.
③ 田一，张咏梅. 义务教育阶段学业质量监测题库建设的理论与实践[J]. 心理学探新，2014（01）：62-67.

的专业人员组成。一门课程题库要依附一本主导教材和一本成熟稳定的课程标准或考试大纲。因为考试内容的规定与教材、大纲、标准密不可分，试题的表达与标准答案也与之有着紧密的联系。因此，建库时必须选定一本较高权威、使用范围最广的统编教材。或者根据课程标准、考试大纲的对象和用途规定考试的性质、内容、题型、分量、权重、时间、分数的解释等。[①]一般来说，首次启用最低试题数量不能低于500，否则就会失去题库的意义。

2.题库试题的命制技术流程[②]

在项目反应理论指导下的题库建设是我们的努力方向和发展重点，一般可分为题库总体设计、命题与参数设计、设计题库的生成系统、设计评分和解释等。题库总体设计应包括题库性质与功能的确定、试题类型和题量的规划、数学模型的选择、试题参数的估计方法、试题代码系统的设计、题库内部的分区方式、题库试卷生成系统的思想、题库的日常维护等的总体考虑和规划。命题之前，相关人员应先根据题库的性质与功能，测量的内容、试题类型与质量，难度和区分度的要求，编制具体的命题计划，最重要的是编制命题三向细目表（内容、认知层次、题型），以保证试题的全面系统，提高题库对整个内容的代表性。[③]

（1）制定测试方案。由学科专家、教研员、教师组成的学科命题小组，依据国家课程标准相应学段内容与学科教学的实际，经过反复研究、讨论，广泛征求意见后最终形成，是指导学科测试工作的重要基础。一般包括学业测试框架、学业测试内容标准、测试方式与题型、测试领域的分数构成、学业成就水平等的描述。其中，学科学业测试框架、学业测试内容标准与学生成就水平标准是构成学科学业测试方案的三大核心要素。

（2）编制细目蓝图。根据题库测试方案，编制学科命题细目蓝图，其主要目的是使试题在内容上具有代表性，在内容领域、难度、区分度分配上具有合理性，从而保证测验工具具有良好的结构。命题细目蓝图包括试题在内容领域、能力领域上的分布，

---

①李兆增.外语测试题库理论及试题编制策略的研究[J].山东师大外国语学院学报，2002（01）：95-98.

②田一，张咏梅.义务教育阶段学业质量监测题库建设的理论与实践[J].心理学探新，2014（01）：62-67.

③一帆.项目反应理论指导下的题库建设[J].教育测量与评价（理论版），2014（03）：24.

试题描述及与内容标准的对应情况、错误选项的类型,以及试题预计难度、区分度等指标。

(3)命制试题和评分标准。根据命题细目蓝图,组织专家分组进行平行试题及评分标准的命制工作。以国家课程标准为依据,遵循命题细目蓝图,结合具体试题类型(如客观题与主观题)的要求进行命制,形成初步的题库试题。此外,制定相应的评分标准也是命题的重要组成部分。其中,客观题的答案具有唯一性,评分标准制定略易。主观题的答案则较为开放,大多答案不唯一,评分标准制定相对较为复杂。

(4)审定试题。入选题库的试题均要经过预测、筛选和修改的程序。题库中的题目主要来源:一是组织专家和有经验的教师按要求命题。二是向社会广泛征集试题。前者多是临时性工作,后者为经常性工作。这两个途径获得的原始题,都要经过预测和筛选后,才能存入题库。国家掌握的题库要受到法律的保护,任何人不得以任何方式泄露试题。[1] 为了确保测验试题符合国家课程标准、兼顾不同版本教材内容、区分不同学业成就水平和各领域考查的层次比例合理,必须对试题进行审定,以促进方案的完善和测验的持续改进。

3. 题库软件的管理与动态维护

题库中的试题要按学科内容层次分类的原则,或者学科考查目标分类的原则归类存档。为了鉴别各种水平的考生,题库中要有各种难度的试题。这样,在编制试卷时,才能视考查对象和目的挑选最佳难度配合的试题。而试题的区分度是反映试题鉴别考生知识或能力差异的重要指标,因此对存入题库的试题应有一个区分度的下限值。另外,题库中的试题应标记测试时间和实际使用情况等记录。超过一定年限(比如十年为限)的试题应重新测试,以取得新的质量指标。[2]

特别是题库必须根据新的课程标准、教学大纲或考试大纲进行动态维护,使题库内容与学科发展同步,与教学考试大纲、质量标准同步。题库中那些过时的试题应该及时剔除,反映新知识能力素养的试题应该及时补充进来,这样才能使题库具有学科

---

[1]华南师范大学考试研究中心.标准化考试理论与实践的若干问题[J].华南师范大学学报(社会科学版),1988(01):26-31.

[2]华南师范大学考试研究中心.标准化考试理论与实践的若干问题[J].华南师范大学学报(社会科学版),1988(01):26-31.

发展的特性，组卷出来的试题才能适合学科发展的要求，才能真正考查学生对学科知识掌握的全面性。为此，在设计题库系统的结构时就要考虑到以后补充、修改、删减和扩充的需要，使系统在整体框架不变的前提下，具有一定的扩充能力，并保持相对的稳定。

另外，题库管理软件应具有普及性和兼容性，试题管理程序最终在不同的用户机器上使用时，要充分考虑到用户的机器档次和运行环境，要尽可能减少程序的大小和降低对硬件的要求。操作要简便，不要求使用者具备专业的数据库知识，普通的教师也可以运用自如，要与目前使用广泛的文字处理软件比如 WPS、WORD 等相兼容，能直接读入这些文档并使生成的试卷文档可被这些软件直接打开，[1] 以充分体现试题库的维护是一个动态持续的过程之特点。

4. 加强命题教师队伍建设

题库承担着保障和服务国家教育考试和学校学业考试评价的重要任务，是考试现代化的重要体现，在支撑建立教育考试评价新业态、促进教育考试信息化方面具有重要作用。教师必须成为测试学生的专家，为学生的考试分数真正负起责任，要积极深入参与到试题库建设之中。《深化新时代教育评价改革总体方案》提出，"加强国家教育考试工作队伍建设，健全教师参与命题和考务工作的激励机制"。"十四五"期间，要进一步加强教育考试专业化建设，健全和完善考试命题能力建设体系，建立适应新时代要求的命题管理标准，建设专业化的命题队伍，为考试内容改革提供强有力的支撑体系。特别是要建设专业化的命题队伍，涉及督促高校选派优秀教师参与命题工作，加强考试机构与高校、科研机构、中学的联系，扩大命题教师选聘来源，严格命题教师遴选办法，推动命题人员激励机制落实，加强对命题教师的保密管理和命题业务培训等，稳步提高命题水平和试题质量。[2]

高水平的命题教师队伍不仅是各级各类学业考试和招生考试试题质量的重要保证，也是贯彻落实教育教学内容改革要求的人才基础和智力支撑。考试内容改革的要求能否落实到位，命题教师是关键因素之一，因此，要建设一支符合新形势新要求、政治

---

[1] 袁玉萍，代冬岩，汪洪艳.高校试题库理论及题库系统的建立[J].哈尔滨职业技术学院学报，2007（03）：42-43.

[2] 林蕙青.全面推进高考内容改革 助力建设高质量教育体系[J].中国考试，2021（01）：1-7.

素质高、业务水平好的命题教师队伍，选聘的教师政治要强、情怀要深、思维要新、视野要广、自律要严、人格要正。① 同时，要以信息化命题平台为支撑，创新征题形式，积极探索建立面向社会的征题机制，扩大面向题库命题的教师队伍，源源不断地为题库注入高质量试题。此外，利用题库探索开展试测工作，加强试测数据的收集和统计分析工作，为各种考试的综合改革提供技术支撑，提升考试机构的专业化水平，为构建和研发覆盖命题全流程、智能化的题库系统，提升命题的质量和水平做出努力。

5.建立命题评估制度

题库建设要以完善的学科建设为基础，在我国当前的考试中，很多考试科目没有完善的学科体系，并不具备建设题库的基础，主要表现在：一是课程或考试科目设置的随意性较大，经常将一个或多个学科的不同部分任意组合，设置为一个考试科目，缺乏严密的学科专家和测量学专家的论证；二是考试科目所覆盖的内容经常变动，考试范围难以界定；三是考试科目所覆盖的内容缺乏建设，知识结构、认知要求、能力层次划分不清，考试内容无法细化、编码，题库建设的基础条件难以满足。

题库建设的困难还来自考试的高利害性。我国当前的大部分考试，尤其是大规模考试，都具有高利害性，这使得应试人员和一些不法人员想方设法想得到考试题目，导致每一次考试之后考试题目曝光，考试题目难以重复使用。考试的高利害性还使得考试管理部门不得不把考前的题目、试卷列为保密和绝密材料，考试机构不敢在考前对题目进行测试，难以获得题目参数的测试值。如此，很多考试只能依赖命题专家年复一年地命制试题，依靠专家经验的估计决定考试内容、题目参数、试卷结构等诸多方面的适合性。②

其实，做好对考试自身的评价或者对命题的评价，检验这把"量才尺"的科学性、合理性非常重要。如果考试的实施没有达到预设的目标，特别是考试标准不科学或者考试标准把握不准确，命题程序不规范，命题质量不高，考试的信度和效度就难以保证，后续的评价结果也可能产生偏差。加强对考试自身的评价，充分利用现代评价的理念、方法和手段来改进命题工作，是深化考试内容改革的重要途径和必要步骤。通过对考试后数据的深入挖掘，分析试题的效度，检查试题设计的合理性程度，为完善

---

① 姜钢.发挥高考内容改革导向作用 助力推进教育评价改革[J].中国考试，2019（06）：1-4.
② 柳学智.考试信息化发展趋势分析[J].中国考试（研究版），2009（11）：49-52.

试题质量标准提供证据,也才能为建立科学、合理的试题命制与标准提供有力支撑。①

为此,需要建立命题评估制度,通过对试题的分析与评价,明晰试题的特点或者创新点,检验考查的能力目标或者核心素养水平、解题思路和方法、试题考查效果的达成度以及试题在选拔人才、引导教学、扭转应试教育倾向等方面的作用等。2019年11月20日《教育部关于加强初中学业水平考试命题工作的意见》就明确要求开展命题质量评估,"建立考试命题评估制度"。教育部将按照试点先行、逐步扩大、有序推进、确保质量的原则,分区域、分学科开展考试命题评估工作,并进行典型试题案例分析,开展命题经验交流,发挥示范引领作用。省级教育行政部门还要开展省级命题自评或对地市命题进行评估,认真总结命题经验,深入分析突出问题,及时改进命题工作,不断提高命题水平。据悉,全国中考命题评估工作已于2018年开始,教育部组织专家对全国东中西部13个省份19个命题单位的语文、数学、历史、道德与法治4个学科,已经做了中考命题评估,并提出到2020年实现学科全覆盖、全国省份全覆盖,建立起命题评估常态化工作机制,并通过建立中考命题评估信息化平台和大数据,推进命题评估工作的科学化和规范化。

第四节 教育考试评价的数字化转型

进入21世纪以来,以云计算、物联网、移动互联网、大数据、人工智能、区块链等为代表的新一代信息技术快速发展,把世界带入了一个前所未有的网络化、智能化、数字化时代。当今,数字技术正在推动教育系统发生全方位、多层次、立体化的变革,集中体现在数字技术重塑的教学、课程与评价不断迭代,突出强调个性化学习,终身学习由理念到实践并不断深化。我国在加快建设数字中国宏伟目标蓝图下,积极深入实施教育数字化战略行动,构建网络化、数字化、个性化、终身化的教育体系,旨在促进学校社会资源共享,形成方式更加灵活、资源更加丰富、学习更加便捷的全民终身学习推进机制,扎根中国大地,建设人人皆学、处处能学、时时可学的学习型社会、

---

① 李勇,徐奉先,赵静宇,等.基于核心素养的高考内容改革理念及路径[J].课程·教材·教法,2019(07):76-83.

学习型大国。①《深化新时代教育评价改革总体方案》提出，要充分利用信息技术，提高教育评价的科学性、专业性、客观性。特别强调要创新评价工具，利用人工智能、大数据等现代信息技术，探索开展学生学习情况全过程纵向评价和德智体美劳全要素横向评价。从信息化向数字化转型是新一轮教育考试评价变革的突破口。教育考试数字化转型不是对考试管理过程的电子化翻版或数字搬家，其核心是借助于数字技术、人工智能等，对教育考试评价管理的全流程、全要素、全环节进行业务模式创新重构、业务流程优化再造，②激发数据要素创新驱动潜能，推动考试信息化的技术创新，实现从考试管理向考试治理的变革，最终实现教育考试评价现代化、自动化和科学化。

一、大数据在教育考试评价中的应用

大数据（big data）一词正越来越多地被提及，人们用它来描述和定义信息爆炸时代产生的海量数据。随着经济社会的发展，大数据可能带来的深刻影响和巨大价值日益被认识，它通过技术的创新和发展，以及数据的全面感知、收集分析、共享，为我们提供了一种全新的看待世界的方法，其带来的信息风暴正全方位地改变着我们的生活、工作、学习、考试和思维。③

目前对大数据尚未有一个公认的定义，人们主要是从大数据的特征出发，通过这些特征的阐述和归纳试图给出其定义，在这些定义中，比较有代表性的是4V定义，即大数据的特点可以总结为四个V④：规模性（Volume）、多样性（Variety）、高速性（Velocity）、价值性（Value）。（1）规模性：当前数据集的规模不断扩大，已从GB到TB再到PB级，甚至开始以EB和ZB来计数。（2）多样性：大数据的数据类型，从结构化数据（如关系型数据库中保存的数据），拓展到文本、音频、视频、图片、地理位置、Web页面、微博、即时通信等其他半结构化或非结构化的数据。（3）高速性：大数据往往以数据流的形式动态、快速地产生，具有很强的时效性，用户只有把握好对数据流的掌控才能有效利用这些数据。（4）价值高和密度低（Value High and Low

---

① 怀进鹏.加快建设教育强国[N].人民日报，2022-12-21（009）.
② 鲁欣正.关于教育考试数字化转型的若干思考[J].中国考试，2022（09）：1-8.
③ 广崇武.大数据时代的招生考试[J].湖北招生考试，2015（02）：58-63.
④ 甘容辉，何高大.大数据时代高等教育改革的价值取向及实现路径[J].中国电化教育，2015（11）：70-76.

Density）。以视频安全监控为例，连续不断的监控流中，有重大价值者可能仅为一两秒的数据流；360度全方位视频监控的"死角"处，可能会挖掘出最有价值的图像信息。有人在此基础上又增加为"6V"，认为大数据具有海量性（Volume）、速度性（Velocity）、多样性（Variety）、真实性（Veracity）、可核查性（Verification）和价值性（Value）特点。[1]

大数据的突出特征使得数据已从传统意义上的简单处理对象变为一种基础性的资源，这些资源可以用来辅助解决其他领域的问题。教育考试评价流程中，涉及的数据很多、结构复杂、来源广泛，部分数据具有很强的时效性，呈现出典型的大数据特征。正是由于这些数据中蕴含着大量有价值的知识和信息使得支持考试决策成为可能。从决策过程模型可以看到，考试决策的每个环节都需要大数据的支持，这些数据包括已有的历史数据、产生的过程性数据和结论性数据，它们都直接或间接地支持着决策分析。需要说明的是，在进行数据分析时，各决策模型还需要不断调整，对数据进行分解或合并，甚至要对已有的数据按照新规则进行重组。[2]

2015年，党的十八届五中全会首次提出"国家大数据战略"，《促进大数据发展行动纲要》同时发布；2016年，《政务信息资源共享管理暂行办法》出台；2017年，《大数据产业发展规划（2016—2020年）》实施。大数据时代的到来，使整合招生考试与评价的巨量信息成为可能。大数据的核心代表是分析信息时的三个转变：一是可以分析更多的数据，甚至可以处理和某个特别现象相关的所有数据，不再依赖于随机采样，大数据可以让人们看到样本无法解释的细节信息。二是研究数据如此之多，人们不再热衷于追求精确度，不再需要对一个现象刨根究底，只要掌握大体的发展方向，更好地考察宏观层面的现象即可。三是不再热衷于寻找因果关系，大数据提供事物间的相关关系，它也许不能准确告知我们某件事为何会发生，但是会提醒我们这件事正在发生。[3]利用大数据技术，依托大数据服务提供商，建立官方的招生考试大数据服务平台，可以真正实现孤立化信息资源的堆积管理转变为信息资源的多元化大数据服务。据此：

---

[1] 蔡基刚,林芸.大数据时代下的外语社会化考试[J].中国电化教育,2016(06):127-131.

[2] 马尚玮,马元让.大数据背景下的自学考试决策支持系统研究[J].电化教育研究,2013(12):56-59.

[3] 维克托·迈尔-舍恩伯格,肯尼斯·库克耶.大数据时代:生活、工作与思维的大变革[M].盛杨燕,周涛,译.杭州:浙江人民出版社,2013:30.

第一，可以设立覆盖全程教育发展过程的招生考试"记录仪"。各类招生的信息资源应该覆盖全程教育发展过程，形成全社会招生考试的"记录仪"新设置。包含各学历阶段的所有录取信息、在校成绩记录、各学科成绩评价、毕业信息以及学生的情感、态度、价值观方面的评价等"全程教育记录"，这个"记录"可以是数字、文档、图片及视频资料等。

第二，通过建设各类考试评价数据库实施大数据管理。在我国，各类考试几乎贯穿每个人的成长过程。全国和各省都有相应的考试管理数据库，对各类考试资源数据的分析和管理不能仅停留在报名、组织考试和公布成绩的原始资源记录上，应该通过大数据管理各类考试的题库建设，开展考试评价服务。通过考试测评技术，使考试成绩报告内容更加丰富、测评结果更有针对性，对学习者、命题方、教学方都有借鉴指导服务功能，实现教、学、考的彼此促进，实现考试为教育服务，为培养人才服务。[1]

第三，要建设国家教育考试大数据库。没有数据何谈大数据。考试大数据应用一般包括数据采集、数据分类、数据存储、数据处理、数据建模、数据安全等。编制数据标准、建立考试大数据库是考试大数据的基础性工作。为此，要全面梳理考试数据，进行科学分类，建立完备的数据资产目录，按照"以数据标准为基础，以信息共享为目标，以挖掘应用为导向"的原则，重点建设考生、考务、命题、考试评价等主题数据库，在此基础上建立跨业务、跨系统、跨时间、跨部门、跨层级的考试数据仓库，为实施考试数据的全面采集、深度分析和融合应用奠定基础。[2]

第四，大数据技术应用为信息安全管理提供了一种新的方式。基于大数据整理与分析，招生考试信息管理人员及机构可及时发现网络活动中的异常或不稳定行为，能够较为精准地定位问题所在，继而针对性地采取治理措施，提高安全等级。并且互联网上的非法侵入会留下蛛丝马迹，大数据技术可沿此线路探寻信息安全因子，进而做出有效抵御行为和制定更加完备的防范预案。此外，大数据时代，得益于云计算、物联网等先进科技应用联合作用，还进一步实现了资源配置优化，最大限度地保障了信息安全，为其提供了良好的运行环境。当然，大数据时代，计算机、互联网技术应用本身的开放性、共享性特点，又增加了考试信息安全风险因子，巨大容量的数据在平

---

[1] 周晶.构建招生考试就业服务大数据平台[J].中国教育学刊，2015（11）：29-32.
[2] 鲁欣正.用信息化推进国家教育考试治理能力现代化的思考[J].中国考试，2020（05）：49-54.

台上交换和传递，而计算机网络系统漏洞层出不穷，时刻面临着数据错误或被篡改的风险，以及人为操作失误等亦是导致数据安全的重要因素。这都是我们必须面对的大数据时代考试评价信息安全挑战。①

二、人工智能赋能教育考试评价的前景

人工智能开启了人类第四次工业革命的新纪元。2019年5月，中国政府与联合国教科文组织合作在北京举办国际人工智能与教育大会。来自全球100多个国家、10余个国际组织的约500位代表共同探讨智能时代教育发展大计，审议并通过了《北京共识——人工智能与教育》44条建议。其中最主要的是强调人工智能促进学习和评价，聚焦促进人工智能与学习方式变革深度融合，应用或开发人工智能工具以支持动态适应性学习过程；发掘数据潜能，辅助不同学科领域的学习任务，支持开发跨学科技能的人工智能工具，支持学生综合能力多维评价和大规模远程评价。2020年10月，中共中央、国务院发布的《深化新时代教育评价改革总体方案》明确提出"创新评价工具，利用人工智能、大数据等现代信息技术，探索开展学生各年级学习情况全过程纵向评价、德智体美劳全要素横向评价。"可见，新时代教育评价改革是人工智能时代教育发展的必然诉求。

人工智能是研究、开发用于模拟、延伸和扩展人的智能的理论、方法、技术及应用系统的一门新的技术科学，包括专家系统、自然语言理解、机器学习、自动定理证明、模式识别、智能数据库、自动编程、智能控制等。迄今为止，人工智能的发展已经历了三次浪潮，20世纪50年代以图灵测试为代表的第一次人工智能热潮；20世纪80年代到90年代以语音识别为代表的第二代人工智能热潮；2006年开始的深度学习携手大数据引领的第三次人工智能热潮。2017年7月8日国务院印发《新一代人工智能发展规划》指出，在移动互联网、大数据、超级计算、传感网、脑科学等新理论新技术以及经济社会发展强烈需求的共同驱动下，人工智能加速发展，呈现出深度学习、跨界融合、人机协同、群智开放、自主操控等新特征。大数据驱动知识学习、跨媒体协同处理、人机协同增强智能、群体集成智能、自主智能系统成为人工智能的发展重

---

① 张雷，王维.大数据时代信息安全面临的机遇和挑战：以招生考试信息安全为例[J].高考，2018（15）：260.

点,受脑科学研究成果启发的类脑智能蓄势待发,芯片化硬件化平台化趋势更加明显,人工智能发展进入新阶段。当前,新一代人工智能相关学科发展、理论建模、技术创新、软硬件升级等整体推进,正在引发链式突破,推动经济社会各领域从数字化、网络化向智能化加速跃升。

人工智能带来教育发展和评估变革的新机遇。经过多年的持续积累,我国在人工智能领域取得重要进展,部分领域核心关键技术实现重要突破。语音识别、视觉识别技术世界领先,自适应自主学习、直觉感知、综合推理、混合智能和群体智能等初步具备跨越发展的能力,中文信息处理、智能监控、生物特征识别、工业机器人、服务机器人、无人驾驶逐步进入实际应用,人工智能创新创业日益活跃。但与发达国家相比仍存在差距,缺少重大原创成果,在基础理论、核心算法以及关键设备、高端芯片、重大产品与系统、基础材料、元器件、软件与接口等方面差距较大。特别是2022年11月30日,美国OpenAI研发的聊天机器人程序ChatGPT发布,一时火爆全球。ChatGPT是人工智能技术驱动的自然语言处理工具,它能够通过学习和理解人类的语言来进行对话,还能根据聊天的上下文进行互动,真正像人类一样来聊天交流,甚至能完成撰写邮件、视频脚本、文案、翻译、代码,写论文和做题等任务。据报道,ChatGPT在美国执业医师资格考试中取得了合格或接近合格的成绩,也能无需经过专门训练或加强学习就能通过或接近通过我国的高考等。于是,这一基于人工智能完成学习与考试任务的工具很快引起了人们的忧虑、争议、甚至禁止。

随着人工智能技术在计算机视觉领域、语音领域、自然语言处理领域的广泛应用,其对教育考试评价产生了巨大影响。最初人工智能技术的应用主要体现在普通话机测和英语听说考试、"无纸化"测验和计算机自适应测验中。从2005年起,国家普通话等级考试全面采用口语智能评测技术。[1]在进行英语听说考试时,可以利用考生和计算机之间的对话完成考试,并由计算机进行考核评判。中考、高考和四六级的听说考试,机考的题型包括听后选择、听后回答、听后记录、听后转述和听后朗读五种题型。"人机对话"方式可实时接受作答反应并报告测验成绩,但这种考试测验的策略跟原来的纸笔测验一样,所有被试都接受一套固定结构试题的测验,其最大局限是高水平与低

---

[1] 竺博,付瑞吉,盛志超,等.人工智能在教育考试评测中的应用探索[J].电子测试,2019(14):5-9.

水平被试一律对待，测验中包含的所有难题与易题全都需要作答。[①]

智慧考试是大数据、人工智能技术与传统考试的融合应用，以形成基于数字化的全新应用场景。一是人工智能评卷，控制评分误差，提高考试阅卷的精准度。实验数据表明：人工智能辅助网上评卷已取得实质性进展，在评分效果方面，人工智能评分具有极高的效率和良好的评分准确性，其评卷准确度较之人工评卷更接近专家评卷水平，已经具备了大规模推广使用的条件和基础。二是人工智能题库建设，提高命题效率和保密性。当前的计算机题库系统，由于缺乏人工智能技术的应用，智能化、智慧化程度不够。随着人工智能技术在预估试题难度、等值、模拟考生试做、智能查重、智能勘误等方面的应用，将给传统题库带来质的飞跃，题库将实现能理解、会思考，将会根据设定的考核目标智能化地产出高质量成品试卷。三是计算机化自适应考试。现今，计算机化考试技术取得了长足进步，从最初的机考发展到网考，从线性考试发展到自适应考试，从集中考试发展到分散甚至居家考试。在不久的将来，随着人工智能技术在自适应考试中的深化应用，一种全新的人机交互的计算机化自适应考试（Computer-adaptive Testing，CAT）会出现，这将大大提高考试的智慧化程度。[②]

参加计算机自适应考试，相当于给每位被试一份独特的试卷。事实上，计算机自适应考试的主要目的就是要为每一位被试量身打造一份试卷，从而对被试的水平进行更加精确的测度。具体的做法就是依据被试的答题情况，从题库里连续选取最接近被试实际水平的项目让其作答。换句话说，项目难度是与被试的能力水平相匹配的。这样一来，水平较高的被试就不必回答过多的简单考题，而水平相对较低的被试也不必回答太多难题。因此，计算机自适应考试能通过较少的考题就对被试的水平做出更加有效的测度。这是它较之传统纸笔测验的优势之一。[③] 此外，由于计算机化自适应考试能够通过更少的试题就对考生的能力水平做出更加精确的估计，更少的试题节省了考试的组织成本和考生的考试时间，更加经济，为一年多次的预约式考试奠定了基础；计算机自适应测验中被试的成绩由正确率和试题难度共同决定，更能体现被试的能力

---

① 贾静，王绯烨.大数据时代的教育变革："首届京师教育大数据挖掘与应用年会"会议综述[J].教育测量与评价，2017（10）：10-14.

② 鲁欣正.关于教育考试数字化转型的若干思考[J].中国考试，2022（09）：1-8.

③ 喻晓锋，秦春影.高校考试形式改革：从纸笔测验到计算机自适应测验[J].考试周刊，2009（09）：1-2.

水平；被试在考试完毕后马上能够得到成绩；被试在参加考试时较少受地域限制；由于计算机自适应测验的理论基础是项目反应理论，被试能力与项目难度是定义在同一个量表上，测验成绩具有可比性。然而，计算机自适应考试也存在一些问题，其中最无法回避的是专家无法检查与调控即时呈现给考生的试题，因此，计算机自动组成试卷的质量难免会存在瑕疵。可见，人工智能在教育考试评价中的应用和发展还需要进一步促进教育考试评价转变新理念、拓展新内容和探索新方式。

三、充分挖掘考试数据促进教育评价改革

当今，我们已经从信息大爆炸时代进入了大数据和人工智能时代。大数据结合人工智能技术，为各个领域带来了数据分析与人工模拟思维的新技术，利用人工智能对大数据进行挖掘与分析，并搜寻有价值的信息，利用这些信息去找到事物变化的规律，指导和预测未来趋势和走向就变得更加重要。随着考试信息化的应用不断加深，教育考试评价系统的数据不断累积，大数据挖掘与分析的应用变得越来越重要和紧迫，对大量的、复杂的考试评价数据进行挖掘，揭示隐藏的、未知的或验证已知的规律性，以此来指导和改进教育考试评价，将有助于教育的发展和改革。特别是大数据分析方法突破了传统数据分析方法，通过数据的关联、聚合、碰撞等，发现隐藏在数据背后的规律，挖掘数据的潜在价值。可见，考试数据是宝贵的财富，蕴藏巨大价值，有必要研究和推进考试大数据应用，让沉寂的考试数据"说话"，焕发出新的生命活力，为进一步促进教育评价改革和提高教育考试评价治理能力的现代化发挥作用。[1]

长期以来，对考试数据的处理更多的是建立在传统教育测量学和统计学理论的基础上，重点围绕考试本身的难度、区分度、信度和效度等展开研究，数据获取和处理的手段也相对单一，考试数据价值的挖掘和利用还不够充分。在大数据时代，随着分布式计算、机器学习、自然语言处理、深度学习等新技术的不断出现和成熟，以及无纸化考试、网上评卷、各种报名信息系统的普遍使用，特别是考试大数据作为教育大数据的重要组成部分，其中蕴藏着的巨大价值。大数据与传统数据分析最本质的区别体现在数据的来源、规模和处理模式上，能够实现全样本、多模态、智能化的数据挖掘分析。要真正实现对人的多元评价，最重要的是解决传统评价手段信息收集和处理

---

[1] 鲁欣正.用信息化推进国家教育考试治理能力现代化的思考[J].中国考试，2020（05）：49-54.

能力不足的问题，延伸和拓展评价内容的维度，实现对群体和个体的全方位评价。大数据技术能够实现对学业数据和非学业数据、结构化数据和非结构化数据、日常学习行为数据和大规模考试数据等评价所需要的各种数据的采集和处理，挖掘数据关系中隐藏的大量信息和规律，通过可视化的方式将分析结果呈现，从而精准实现多元评价功能。①

考试本身是一种测量被试者心理特征的工具，通过文字、数字、符号、图片等各种载体将测试内容呈现给被试者，被试者的知识、能力以答卷和分数的形式被记录和表征。一次完整的考试活动，包含了考生角度的报名、参加考试、知晓录取结果等环节，考试机构角度的命题、制卷、考试实施、评卷等环节，招生和录用机构涉及确定录取标准、筛选和最终录用等环节，在这些环节中会产生大量的各种形式和特征的数据，并且数据之间存在着非常强的关联性，而考试的规模和厉害程度，直接决定着考试数据的量级和关联性。考试数据根据不同的内容划分，可以分为考生报名数据、答卷过程数据、阅卷成绩数据、招生录取数据等；根据不同的形式，可以分为由信息系统采集和存储的结构化数据和以扫描图片等形式存在的非结构化数据。考试大数据具备一般大数据的"4V"特征，即 Volume（数据量巨大）、Variety（数据类型多）、Velocity（数据流动快）和 Value（数据潜在价值大）的特点。②通过对这些数据的挖掘分析，将结果生成报表、可视化报告，并将分析结果应用于管理和决策，实现数据应用升级，从而实现考试评价数字化转型。

考试机构应全面采集考试业务全过程的数据，建设教育考试大数据分析与评价服务平台，持续地对考试大数据进行深度分析，发现数据背后的规律，不仅向考生提供考试成绩，还要拓展评价考生（如生成考生画像）、反馈教学、评价教育质量的功能；同时，利用数据分析评价试题试卷的质量，监测考试的组织管理水平，辅助决策，防范化解考试安全风险，最终建成基于大数据应用，集考试指挥、管理、应用为一体的数字驾驶舱（即"数字大脑"）。③进而利用其掌握的考试和考生数据，能为教育决策提

---

① 李骐，李全龙.从评价到决策：考试大数据的价值分析与实践路径[J].中国考试，2019（09）：72-78.

② 李骐，李全龙.从评价到决策：考试大数据的价值分析与实践路径[J].中国考试，2019（09）：72-78.

③ 鲁欣正.关于教育考试数字化转型的若干思考[J].中国考试，2022（09）：1-8.

供有效支撑，从而推动教育制度改革，同时也能在分析和开发数据过程中对教育教学的状况进行反馈。具体来说，分析考试数据有助于发现考生在知识、技能、能力和素养上的优势和不足，可以为教师改进教学、为学生改善学习和激发学生学习潜力提供建议，有利于发挥考试的积极导向作用。通过数据挖掘和学习分析技术以可视化的方式呈现学习群体和个体的学习结果，更有利于发挥考试的诊断功能，再基于数据展开研判，作出学习预测和提供学习建议，从而为实现个性化和多元化的评价创造可能。

当然，"数据必须在比较下才有价值"。我们应对测量所得的数据有针对性地进行重新整理，根据既定的主题和内容，合并对应的数据，通过多维数据交叉对比，保持比较水平的一致和数据分类等途径，在同类数据内部以及多类数据之间进行关联或对比。在此基础上，将数据重组并创新性地应用于试题命制、教学改进等方面。但不是所有数据都可以直接拿来比较的，最简单的一个例子，就是不能直接拿不同学校的及格人数作对比，因为每个学校的学生基数不同，处理成及格率之后，才有横向的可比性。大数据理念下的考试数据分析，为教学精细化管理提供了强大的量化支持。在考试数据的挖掘上，我们可以在现有测量理论的支持下，建立更多更合理的数学模型，使数据波动中蕴含的信息被赋予更准确地内涵、更丰富的解读，为教与学的发展提供帮助。[①]

目前制约考试大数据应用的最大障碍就是大量的考试数据由于采集、存储、传输手段的不足而导致出现"信息孤岛"现象，造成了数据资源得不到有效的开发和利用。发展考试大数据需要首先加强数据库、信息处理云平台、高性能计算中心、通用无纸化考试系统等基础设施的建设和使用，可以先从高考、硕士研究生招生考试、自学考试等国家教育考试项目入手，建立面向全国的考生、考试和考务基础信息数据库和考试综合管理云平台，将原本分散在各省市的报名、阅卷、成绩、招生等考试基础信息统一管理起来。其次，按照通用的信息系统架构标准，预留出与基础教育信息、高校管理信息、人力资源与就业信息、个人信用信息等相关信息系统和平台的数据接口，为今后实现考试数据在更大范围数据链中的流通做好准备。要继续加大无纸化考试、网上评卷、标准化考场等技术在各种考试中的应用力度，扩展和丰富考试大数据的采

[①] 朱丹红.大数据时代下的考试数据分析[J].福建教育，2014（12）：24-27.

集手段，提升考试大数据的采集质量。加快建设专门服务于考试大数据处理的性能计算中心，为不断增长的海量考试数据处理提供运算和存储能力支持。①

最后，对人工智能、大数据技术和数据挖掘在教育考试评价中的应用也要进行全面评估。一方面，充分挖掘大数据技术促进教育评价改革的潜能，继续推进人工智能在教育考试评价中的应用；另一方面，将大数据技术、人工智能与正确的教育评价价值取向、科学的教育评价体系有机结合在一起，避免大数据技术和人工智能在教育评价中的错误应用，尤其要克服大数据技术助长对学生学习和教师教育教学工作的全过程控制，严禁依赖 AI 工具完成作业和考试，杜绝基于大数据技术所收集的有关教师、学生和学校的有关数据的商业化和不安全使用，加强对基于大数据、人工智能开展教育评价的伦理审查，②避免陷入伪科学化、价值观独断和结构僵化的整体性风险。③

本章小结

信息化是实现教育考试评价现代化的必由之路。信息化不仅能有效提高考试评价工作的效率，降低管理成本，开发和利用有价值的考试信息资源，还能提高考试评价的公平性、科学性。我国考试信息化起步于 20 世纪 80 年代初期。随着光标阅读器、计算机、网络等开始在高考等大规模考试招生中的应用，网上报名、网上阅卷、计算机编排考场、网上录取等成为考试管理普遍采用的工作模式，促进了信息技术与考试业务的深度融合。现今以数字化、网络化、智能化为特征的新一代信息技术正极大地促进着考试理念的变革和考试评价方式的创新。

在校园，伴随着计算机技术及网络技术的快速发展以及校园网的普及，各种在线教学、混合式教学的兴起，在线考试作为一种新型的考核方式，具备流程简化、效率高、成本低、数据分析反馈性强等诸多优势。结合标准化考点建设，机考和网考等在线考试成为现代教育考试评价技术发展的趋势，并为构建综合素质评价电子化平台提供条件，教育考试发展新业态的数字化转型实现对传统考试评价模式的颠覆，有助于

---

① 李骐，李全龙.从评价到决策：考试大数据的价值分析与实践路径[J].中国考试，2019（09）：72-78.
② 石中英.回归教育本体：当前我国教育评价体系改革刍议[J].教育研究，2020（09）：4-15.
③ 余清臣.现代教育评价的技治主义及其限度[J].山西大学学报（哲学社会科学版），2019（01）：103-109.

促进学生全面、个性化发展。

信息化使考试命题更加方便高效。但无论是计算机智能化组卷,还是计算机自适应测验,都离不开题库,题库对教育考试评价的进一步科学化、现代化具有重要的基础作用和推动价值。题库在管理学、测量学上都有显著的优越性,建立题库首先要有教育测量理论作为支撑,目前指导考试的测量理论有经典测量理论和项目反应理论。试题库建设包括命题、组卷、考试、阅卷、分析报告等的考试全流程,是一项需要花费大量人力物力财力、环节众多、程序复杂、周期较长的浩大工程。

进入21世纪以来,以云计算、物联网、移动互联网、大数据、人工智能、区块链等为代表的新一代信息技术快速发展,把教育考试评价带入一个前所未有的网络化、智能化、数字化时代。要充分利用新一代信息技术,提高教育评价的科学性、专业性、客观性。特别要创新评价工具,利用人工智能、大数据等现代信息技术,探索开展学生学习情况全过程纵向评价和德智体美劳全要素横向评价。进而充分挖掘考试数据,推进考试大数据应用,为全面促进教育评价改革和提高教育考试评价治理能力的现代化发挥作用。

思考题

1. 结合自身体会,谈谈信息技术对教育考试评价所带来的具体改变。
2. 网上评卷最大的优势和可能的风险有哪些?
3. 你认为教师如何才能成为测评学生的专家?
4. 如何防范和解决使用现代化信息技术手段作弊对考试安全带来的威胁和挑战。
5. 简述建设标准化考点的意义。
6. 在线考试能否测量出考生的真实水平?
7. 简述经典测量理论和项目反应理论。
8. 请结合个人实践经验,就如何改进考试命题工作谈谈你的对策和建议。
9. 试述实现教育考试评价数字化转型的目的、条件和策略。

参考文献

[1] 瞿葆奎.教育学文集.教育评价[M].北京：人民教育出版社，1989.

[2] 陈玉琨.教育评价学[M].北京：人民教育出版社，2014.

[3] 胡中锋.教育评价学（第三版）[M].北京：中国人民大学出版社，2016.

[4] 朱德全.教育测量与评价[M].北京：高等教育出版社，2016.

[5] 郑日昌.考试的教育测量学基础[M].北京：高等教育出版社，1990.

[6] 王孝玲.教育评价的理论与技术[M].上海：上海教育出版社，1999.

[7] 刘本固.教育评价的理论与实践[M].杭州：浙江教育出版社，2000.

[8] 韩家勋.教育考试评价制度比较研究[M].北京：人民教育出版社，2010.

[9] 周彬.教育考试与评价政策[M].上海：上海教育出版社，2011.

[10] 翟天山.教育评价学[M].北京：高等教育出版社，2003.

[11] 朱永新，袁振国，马国川.重构教育评价体系[M].太原：山西教育出版社，2019.

[12] 袁振国.高考改革深化研究[M].上海：华东师范大学出版社，2019.

[13] 戴家干.从考试到评价[M].北京：高等教育出版社，2009.

[14] 深化新时代教育评价改革总体方案[M].北京：人民出版社，2020.

[15] 杨学为.中国考试史文献集成（第1—9卷）[M].北京：高等教育出版社，2003.

[16] 杨学为.中国高考史述论（1949—1999）[M].武汉：湖北人民出版社，2007.

[17] 谢青，汤德用.中国考试制度史[M].合肥：黄山书社，1995.

[18] 邓嗣禹.中国考试制度史[M].长春：吉林出版集团有限责任公司，2011.

[19] 沈兼士.中国考试制度史[M].北京：中国和平出版社，2014.

[20] 何怀宏.选举社会及其终结：秦汉至晚清历史的一种社会学阐释[M].北京：生活·读书·新知三联书店，1998.

[21] 阎步克.察举制度变迁史稿[M].北京：北京师范大学出版社，2021.

[22] 宫崎市定.九品官人法研究：科举前史[M].韩昇，刘建英，译.北京：中华书局，2008.

[23] 王炳照，徐勇.中国科举制度研究[M].石家庄：河北人民出版社，2002.

[24] 刘海峰，李兵.中国科举史：修订本[M].上海：东方出版中心，2021.

[25] 刘海峰.科举学导论[M].武汉：华中师范大学出版社，2005.

[26] 刘海峰.科举考试的教育视角[M].武汉：湖北教育出版社，1996.

[27] 刘海峰.高考改革的理论思考[M].武汉：华中师范大学出版社，2007.

[28] 刘海峰，田建荣，张亚群，等.中国考试发展史[M].武汉：华中师范大学出版社，2002.

[29] 田建荣.中国考试思想史[M].北京：商务印书馆，2004.

[30] 田建荣.科举教育的传统与变迁[M].北京：教育科学出版社，2009.

[31] 杜威.评价理论[M].冯平，余泽娜，译.上海：上海译文出版社，2007.

[32] B.S.布卢姆.教育评价[M].邱渊，王钢，夏孝川，等译.上海：华东师范大学出版社，1987.

[33] L.W.安德森.学习、教学和评估的分类学：布卢姆教育目标分类学修订版[M].皮连生，译.上海：华东师范大学出版社，2008.

[34] 埃贡·G.古贝，伊冯娜·S.林肯.第四代评估[M].秦霖，蒋燕玲，译.北京：中国人民大学出版社，2008.

[35] 罗伯特·蒙哥马利.考试的新探索[M].黄鸣，译.南宁：广西人民出版社，1984.

[36] 田中耕治.教育评价[M].高峡，译.北京：北京师范大学出版社，2011.

[37] 罗伯特·M.桑代克，特雷西·桑代克–克莱斯特.教育评价：教育和心理学中的测量与评估：第8版[M].北京：商务印书馆，2018.

[38] STIGGINS R J. 促进学习的学生参与式课堂评价：第4版[M]. 国家基础教育课程改革"促进教师发展与学生成长的评价研究"项目组, 译. 北京：中国轻工业出版社，2005.

[39] 安吉洛, 克罗斯. 课堂评价技巧：大学教师手册[M]. 唐艳芳, 译. 杭州：浙江大学出版社，2006.

[40] E. 格伦隆德, C. 基思·沃. 学业成就评测：第9版[M]. 杨涛, 边玉芳, 译. 北京：教育科学出版社，2011.

[41] 琳达·达令–哈蒙德, 弗兰克·亚当森. 超越标准化考试：表现性评价如何促进21世纪学习[M]. 陈芳, 译. 长沙：湖南教育出版社，2020.

[42] 经济合作与发展组织. 为了更好地学习：教育评价的国际新视野[M]. 窦卫霖, 译. 上海：上海教育出版社，2019.

[43] 蒋德仁. 国际学生评价（PISA）概说[M]. 杭州：浙江教育出版社，2012.

[44] 雷新勇. 基于标准的教育考试：命题、标准设置和学业评价[M]. 上海：上海科学技术出版社，2011.

[45] 雷新勇. 大规模教育考试：命题与评价[M]. 上海：华东师范大学出版社，2006.

[46] 王蕾. 大规模考试和学业质量评价[M]. 北京：高等教育出版社，2013.

[47] 许世红, 黄小平, 王家美. 基础教育质量监测研究[M]. 广州：广东高等教育出版社，2016.

[48] 崔允漷, 王少非, 夏雪梅. 基于标准的学生学业成就评价[M]. 上海：华东师范大学出版社，2008.

[49] 杨向东. 理论驱动的心理与教育测量学[M]. 上海：华东师范大学出版社，2014.

[50] 张远增. 考试评价论[M]. 上海：华东师范大学出版社，2018.